李明／主编

中国法院类案检索与裁判规则专项研究丛书

中国法学会研究会支持计划
最高人民法院审判理论研究会主持

民事诉讼证据裁判规则（一）

当事人举证责任专辑

人民法院出版社

图书在版编目（CIP）数据

民事诉讼证据裁判规则. 一，当事人举证责任专辑 / 李明主编. -- 北京 ： 人民法院出版社，2022.8
（中国法院类案检索与裁判规则专项研究丛书）
ISBN 978-7-5109-3532-9

Ⅰ. ①民… Ⅱ. ①李… Ⅲ. ①民事诉讼－证据－审判－案例－中国 Ⅳ. ①D925.113.5

中国版本图书馆CIP数据核字(2022)第117610号

中国法院类案检索与裁判规则专项研究丛书
民事诉讼证据裁判规则（一）
（当事人举证责任专辑）

李　明　主编

责任编辑：马　倩
执行编辑：姚丽蕾
封面设计：鲁　娟
出版发行：人民法院出版社
地　　址：北京市东城区东交民巷 27 号（100745）
电　　话：（010） 67550662（责任编辑） 67550558（发行部查询）
65223677（读者服务部）
客服 QQ：2092078039
网　　址：http://www.courtbook.com.cn
E - mail：courtpress@sohu.com
印　　刷：天津嘉恒印务有限公司
经　　销：新华书店

开　　本：787 毫米×1092 毫米　1/16
字　　数：415 千字
印　　张：23.25
版　　次：2022 年 8 月第 1 版　2022 年 8 月第 1 次印刷
书　　号：ISBN 978-7-5109-3532-9
定　　价：88.00 元

中国法院类案检索与裁判规则专项研究

首席专家组组长：姜启波

首席专家组成员（以姓氏笔画为序）：

丁文严　王保森　王　锐　王毓莹　代秋影　包献荣
刘俊海　李玉萍　李　明　杨　奕　吴光荣　沈红雨
宋建宝　陈　敏　范明志　周海洋　胡田野　袁登明
钟　莉　唐亚南　曹守晔　韩德强　黎章辉

民事诉讼证据裁判规则（一）

（当事人举证责任专辑）

主　编：李　明

副主编：付少军　邱星美　尚　华

专家团队成员（以姓氏笔画排序）：

太秀颖　毋爱斌　付少军　李　明　邱星美　张　维
张云凯　武萌萌　范　响　尚　华　周　珍　周伯翰
施　忆　谢　凡

中国法院
类案检索与裁判规则专项研究
说　明

最高人民法院《人民法院第五个五年改革纲要（2019—2023）》提出“完善类案和新类型案件强制检索报告工作机制”。2020年9月发布的《最高人民法院关于完善统一法律适用标准工作机制的意见》（法发〔2020〕35号）对此进行了细化，并进一步提出“加快建设以司法大数据管理和服务平台为基础的智慧数据中台，完善类案智能化推送和审判支持系统，加强类案同判规则数据库和优秀案例分析数据库建设，为审判人员办案提供裁判规则和参考案例”。为配合司法体制综合配套改革，致力于法律适用标准统一，推进人民法院类案同判工作，中国应用法学研究所组织了最高人民法院审判理论研究会及其下设17个专业委员会的力量，开展中国法院类案检索与裁判规则专项研究，并循序推出类案检索和裁判规则研究成果。

最高人民法院审判理论研究会及其分会的研究力量主要有最高人民法院法官和地方各级人民法院法官，国家法官学院和大专院校专家教授，国家部委与相关行业的专业人士。这些研究力量具有广泛的代表性，构成了专项研究力量的主体。与此同时，为体现法为公器，应当为全社会所认识，并利用优秀的社会专业人士贡献智力力量，专项研究中也有律师、企业法务参加，为专项研究提供经验与智慧，并参与和见证法律适用的过程。以上研究力量按照专业特长组成若干研究团队开展专项研究，坚持同行同专业同平台研究的基本原则。

专项研究团队借助大数据检索平台，形成同类案件大数据报告，为使用者提供同类案件裁判全景；从检索到的海量类案中，挑选可索引的、优秀的例案，为使用者提供法律适用参考，增加裁判信心，提高裁判公信；从例案中提炼出同类案件的裁判规则，分析裁判规则提要，提供给使用者参考。从司法改革追求的目标看，此项工作能够帮助法官从浩如烟海的同类案件中便捷找到裁判思路清晰、裁判法理透彻的好判决（即例案），帮助法官直接参考从这些好判决中提炼、固化的裁判规则。如此，方能帮助法官在繁忙工作中实现类案类判。中国法院类案检索与裁判规则专项研究，致力于统一法律适用，实现法院依法独立行使审判权与法官依法独立行使裁判权的统一。这也正是应用法学研究的应有之义。

专项研究的成果体现为电子数据和出版物（每年视法律适用的发展增减），内容庞大，需要大量优秀专业人力长期投入。有关法院裁判案件与裁判内容检索的人工智能并不复杂，算法也比较简单，关键在于"人工"，在于要组织投入大量优秀的"人工"建设优质的检索内容。专项研究团队中的专家学者将自己宝贵的时间、智力投入到"人工"建设优质内容的工作中，不仅仅需要为统一我国法律适用、提升裁判公信力作出贡献的情怀，还需要强烈的历史感、责任感，具备科学的体系思维和强大的理性能力。此次专项研究持续得越久，越能向社会传达更加成熟的司法理性，社会也越能感受到蕴含在优质司法中的理性力量。

愿我们砥砺前行。

2022 年 8 月

民事诉讼证据裁判规则（一）

前 言

为统一法律适用和裁判尺度，规范法官自由裁量权，增强民商事审判的公开性、透明度以及可预期性，提高司法公信力，近年来，最高人民法院制定并发布了多部司法文件，2015 年 9 月 21 日施行的《最高人民法院关于完善人民法院司法责任制的若干意见》中要求人民法院建立审判业务研讨机制，通过类案参考、案例评析等方式统一裁判尺度；2017 年 8 月 1 日起试行的《最高人民法院司法责任制实施意见（试行）》中要求法官在办理案件时应制作类案与关联案件检索报告制度；2019 年 10 月 28 日施行《最高人民法院关于建立法律适用分歧解决机制的实施办法》，旨在深化司法体制综合配套改革，严格落实全面推进“类案和新型案件强制检索”制度；2020 年 7 月 15 日，最高人民法院发布《关于统一法律适用加强类案检索的指导意见（试行）》，对类案检索的适用范围、检索主体及平台、检索范围和方法、类案识别和比对、检索报告或说明、结果运用、法官回应、法律分歧解决、审判案例数据库建设等予以明确。强调法官对指导性案例的参照和对其他类案的参考，旨在实现法律的统一适用。2019 年 11 月 8 日，最高人民法院发布《全国法院民商事审判工作会议纪要》，重点对公司纠纷、合同纠纷、担保纠纷、金融纠纷、破产纠纷等案件审理中存在的争议问题统一裁判思路。2019 年 12 月 25 日，最高人民法院发布《关于修改〈关于民事诉讼证据的若干规定〉的决定》，通过《民事证据规定》的修改，完善民事诉讼证据规则，能够更好地促进民事诉讼证据采信的准确性和规范化，更有利于实现司法审判工作“事实认定符合客观真相，办案结果符合实体公正、办案过程符合程序公正”的目标。

为了不断满足新时代对人民法院审判工作提出的新要求、新期待，最高人民法院审判理论研究会开展的类案检索与裁判规则专项研究，借助大数据检索平台，形成同类案件大数据报告，为使用者提供同类案件的裁判全景，并从大数据检索到的海量类案中挑选可索引的、优秀的例案，对司法实践遇到的法律适用问题予以引领和规范，目的是保证司法裁判的严肃性和权威性，实现好、维护好、发展好最广大人民群众的根本利益。

民商事案件的审判过程中经常会遇到民事证据的适用问题，而如何理解与正确适用民事证据裁判规则，涉及人民群众生存发展的根本利益。面对新时代人民群众对权利保护的新要求、新期待，非常有必要从中国实际出发，立足解决中国的现实问题，对审判实践中的民事证据裁判规则进行梳理和总结，规范民事证据的审查认定和判断标准，推动民事证据的法律适用统一，发挥法学理论服务司法实践，服务人民法院中心工作的基本要求。

应当承认，在检索类案大数据报告和提炼裁判规则过程中，仍然存在一些需要进一步改进和完善的地方，如检索关键词的选择与识别、关键词与裁判规则之间是否匹配、算法的不同下数据不一致等，不一而足。任何值得去的地方，都没有捷径，这就需要我们在今后的类案检索和裁判规则研究中迈难关、找思路、想办法，这也就是我们前进动力和努力方向，只要路是对的，就不怕远。

类案检索与裁判规则专项研究工作是一项系统工程，特别是在民商事案件证据适用领域，更需要多方的协同努力，集腋成裘，聚沙成塔，通过助力人民法院的类案与关联案件检索制度，希望能够为促进经济健康发展，为促进社会主义市场经济健康发展贡献绵薄之力。

民事诉讼证据裁判规则（一）

凡 例

一、法律法规

1.《中华人民共和国宪法》，简称《宪法》。

2.《中华人民共和国民法典》，简称《民法典》。

3.《中华人民共和国民法总则》（已失效），简称《民法总则》。

4.《中华人民共和国合同法》（已失效），简称《合同法》。

5.《中华人民共和国物权法》（已失效），简称《物权法》。

6.《中华人民共和国继承法》（已失效），简称《继承法》。

7.《中华人民共和国侵权责任法》（已失效），简称《侵权责任法》。

8.《中华人民共和国民事诉讼法》，简称《民事诉讼法》。

9.《中华人民共和国劳动争议调解仲裁法》，简称《劳动争议调解仲裁法》。

10.《中华人民共和国信托法》，简称《信托法》。

11.《中华人民共和国道路交通安全法》，简称《道路交通安全法》。

12.《中华人民共和国消费者权益保护法》，简称《消费者权益保护法》。

13.《中华人民共和国产品质量法》，简称《产品质量法》。

14.《中华人民共和国律师法》，简称《律师法》。

二、司法解释及司法文件

1.《最高人民法院关于适用〈中华人民共和国民事诉讼法〉的解释》，简称《民事诉讼法司法解释》。

2.《最高人民法院关于民事诉讼证据的若干规定》（法释〔2001〕33 号，自 2002 年 4 月 1 日起施行），简称 2001 年《民事证据规定》；该司法解释已于 2019 年 10 月 14 日被法释〔2019〕19 号解释修正，简称 2019 年《民事证据规定》。

3.《最高人民法院关于适用〈中华人民共和国物权法〉若干问题的解释（一）》（已失效），简称《物权法司法解释（一）》。

4.《最高人民法院关于适用〈中华人民共和国合同法〉若干问题的解释（一）》（已失效），简称《合同法司法解释一》。

5.《最高人民法院关于适用〈中华人民共和国合同法〉若干问题的解释（二）》（已失效），简称《合同法司法解释二》。

6.《最高人民法院关于审理买卖合同纠纷案件适用法律问题的解释》，简称《买卖合同司法解释》。

7.《最高人民法院关于适用〈中华人民共和国公司法〉若干问题的规定（一）》，简称《公司法司法解释一》。

8.《最高人民法院关于适用〈中华人民共和国公司法〉若干问题的规定（二）》，简称《公司法司法解释二》。

9.《最高人民法院关于适用〈中华人民共和国公司法〉若干问题的规定（三）》，简称《公司法司法解释三》。

10.《最高人民法院关于审理民间借贷案件适用法律若干问题的规定》，简称《民间借贷司法解释》。

11.《最高人民法院关于审理道路交通事故损害赔偿案件适用法律若干问题的解释》，简称《交通事故损害赔偿解释》。

12.《最高人民法院关于审理融资租赁合同纠纷案件适用法律问题的解释》，简称《融资租赁司法解释》。

13.《最高人民法院关于审理劳动争议案件适用法律问题的解释（一）》，简称《劳动争议司法解释》。

14.《最高人民法院关于适用中华人民共和国婚姻法若干问题的解释（一）》（已失效），简称《婚姻法司法解释（一）》。

目 录

第一部分

民事诉讼证据裁判规则摘要

民事诉讼证据裁判规则第 1 条：

原告向人民法院起诉，应当提供符合起诉条件的相应的证据

【规则描述】《民事诉讼法》第 67 条第 1 款规定，当事人对自己提出的主张，有责任提供证据。这就是我们通常所说“谁主张，谁举证”的基本诉讼证明规则。原告向人民法院起诉，应当提供符合起诉条件的相应证据。作为诉讼一方当事人，原告行使诉权，向人民法院提起民事诉讼要求保护权益时，应当就自己所提出的诉讼符合起诉条件承担提供初步证据的责任。在起诉阶段，原告举证证明的主要内容是起诉符合《民事诉讼法》第 122 条规定的条件，举证证明的目的是通过适当举证，证明原告主张请求权的基础事实、具有诉的利益、属于人民法院受理民事诉讼范围、诉讼当事人明确且具备相应诉讼权利能力和诉讼行为能力、所提诉讼属于受案人民法院管辖范围等，以此达到诉讼为人民法院立案受理从而产生诉讼系属的法律效果。

民事诉讼证据裁判规则第 2 条：

被告提出反诉，应当提供符合起诉条件的相应的证据

【规则描述】 根据《民事诉讼法》第 54 规定，提起反诉是被告依法享有的诉讼权利。本诉原告提起诉讼后，本诉被告可以启动相反的诉讼，用以抵销或者吞并本诉原告的诉讼请求、维护自身利益。反诉虽然在程序启动时点、当事人选择等方面一定程度上依附于本诉存在，但也具有其相对独立性，仍然是一个独立的诉。启动反诉程序也与启动本诉程序一样，必须提供符合起诉条件的证据。应当重点围绕以下几个方面进行举证：反诉当事人范围是否未超出本诉当事人范围、本诉与反诉的诉讼请求的请求权基础、反诉是否属于受理本诉人民法院管辖范围等。

民事诉讼证据裁判规则第 3 条：

当事人及其代理人因客观原因不能自行收集的证据，可书面申请人民法院调查收集

【规则描述】 在辩论主义诉讼模式下，当事人负责提供证据证明其事实主张。但在现实生活中，当事人收集证据的能力受制于方方面面的因素，其收集证据的手段也不甚完备，在这种情况下，由于当事人举证不充分，很可能影响法院对于争议事实的正确认定，进而影响法院实体裁判，赋予当事人及其代理人申请人民法院调查收集证据的权利，有利于保证人民法院在发现真实的基础上保护当事人的合法民事权益，维护国家的民事法律秩序，避免简单依据举证责任作出轻率裁判。从现行《民事诉讼法》及司法解释规定可以看出，我国民事诉讼中有关证据调查收集坚持“以当事人自行调查收集为原则、以人民法院依申请调查收集或者人民法院依职权调查收集为例外”。

民事诉讼证据裁判规则第 4 条：

主张法律关系存在的当事人，应当对产生该法律关系的基本事实承担举证责任

【规则描述】《民事诉讼法》第 67 条第 1 款规定，当事人对自己提出的主张应当及时提供证据。《民事诉讼法司法解释》第 90 条则从证据提出责任、证明结果责任两个方面规定了当事人的举证责任。我国现行民事诉讼中的举证责任分配基本规则概括为：“主张权利存在者，应对其主张所依据的要件事实承当举证责任；否认权利存在者，应当就权利受妨碍或限制或消灭的要件事实承当举证责任。”举证责任的分配不仅涉及民事程序法，也与民事实体法密切关联。在理解举证责任分配的同时，还应当特别注意条文规定的“但法律另有规定的除外”。即除举证责任分配的一般规则之外，在部分特殊案件中基于实体法的特殊规定，举证责任分配并非按照一般规则进行。

民事诉讼证据裁判规则第 5 条：

私文书证的真实性，由主张以私文书证证明案件事实的当事人承担举证责任

【规则描述】 私文书证不同于公文书证，公文书证因其作出主体和作出程式的特殊性，被法律赋予了推定的形式真实性和实质真实性，举证方不必证其为真，但相对方欲推翻公文书证记载的事实就要承担本证意义上的证明责任。私文书因作出主体一般不具有社会公信力或没有法定职权，其形式真实性需要举证方承担本证证明责任，实质真实性则由法官自由心证来判断，相对方欲推翻私文书证记载的事实只需提出反证来使待证事实陷入真伪不明状态即可。若举证方无法在本证意义上证明私文书证的真实性，导致在法庭调查和法庭辩论结束时其欲证明的待证事实真伪状态仍无法确定，则要承担其主张不被法院支持的不利后果，进而承担案件败诉的风险。

民事诉讼证据裁判规则第 6 条：

双方当事人无争议的事实，涉及可能损害国家利益、社会公共利益的，人民法院可以责令当事人提供有关证据

【规则描述】 根据民事诉讼辩论主义和处分原则，当事人可自主决定民事诉讼中的实体权利和程序权利；但对涉及可能损害国家利益、社会公共利益的情况时，双方当事人关于无争议的事实的这种合意的法律效果就应受到限制，也即私权处分不能有损于包括国家利益和社会公共利益在内的合法权益。否则，人民法院有权代表国家进行干预，根据案件的实际需要，适时主动地责令当事人提交有关证据或者依职权调查收集证据以查明案件事实，从而维护国家利益和社会公共利益。

民事诉讼证据裁判规则第 7 条：

当事人反驳对方诉讼请求所依据的事实，应当提供证据加以证明，但法律另有规定的除外

【规则描述】 本条规则是关于民事诉讼中提出抗辩主张一方应承担的证明责任的问题。《民事诉讼法》第 67 条第 1 款规定，当事人对自己提出的主张，有责任提供证据。该条文是对“谁主张，谁举证”的概括性规定，其中应该包含两方面的含义：其一，一方当事人就其提出的诉讼请求所依据的事实有责任提供证据；其二，当事人就反驳对方诉讼请求所依据的事实有责任提供证据。《民事诉讼法司法解释》第 90 条第 1 款明确了上述两方面的含义：当事人对自己提出的诉讼请求所依据的事实或者反驳对方诉讼请求所依据的事实，应当提供证据加以证明，但法律另有规定的除外。民事诉讼法上的抗辩包含程序抗辩和实体抗辩，前者主要包括违反管辖规定、当事人不适格、诉讼不具有诉的利益、违反禁止重复起诉原则、证据取得不合法等情形；后者是指当事人根据实体法规范，针对相对方所提诉讼请求依据的要件事实提出的法律关系变更、消灭或权利受到妨害的反对性主张。

民事诉讼证据裁判规则第 8 条：

主张法律关系变更的当事人，应当对该法律关系变更的基本事实承担举证证明责任

【规则描述】 本裁判规则是关于主张法律关系变更的当事人应承担的证明责任问题。在“谁主张，谁举证”的概括性证明责任规则基础上，结合法律要件说中规范说的理论，《民事诉讼法司法解释》第 91 条确立了以法律关系的变动为连接的一般证明责任规范，主张法律关系产生、变更、消灭或权利受到妨害的当事人，应当对该法律关系产生、变更、消灭或权利受到妨害的基本事实承担举证证明责任，但法律另有规定的除外。该条规定使民事诉讼证明责任的一般规则具有了更为明确的判断标准、司法实践中的可操作性明显增强。法律关系变更包含法律关系的主体、客体及内容的变更，当事人主张法律关系变更的，应该就其主张的法律关系主体、客体或者内容发生变更所依据的基本事实提供证据证明。要件事实即实体法律关系

或者权利构成要件所依赖的事实。当事人主张的法律关系变更所依据的要件事实真伪不明时，不产生其主张的法律关系变更的法律效果。

民事诉讼证据裁判规则第 9 条：

主张法律关系消灭或者权利受到妨害的当事人，应当对该法律关系消灭或者权利受到妨害的基本事实承担举证证明责任

【规则描述】 本裁判规则是关于主张法律关系消灭或者权利受到妨害的当事人应承担的证明责任问题。根据《民事诉讼法司法解释》第 91 条规定，主张法律关系变更、消灭或者权利受到妨害的当事人，应当对该法律关系变更、消灭或者权利受到妨害的基本事实承担举证证明责任，但法律另有规定的除外。这也是在“谁主张，谁举证”的基础上，结合规范说理论对我国证明责任一般规则具体化的一部分。主张法律关系消灭或权利受到妨害一般属于事实抗辩的范畴，通过主张新的事实来抵抗创设法律关系的基础事实，使之出现与法律关系创设规范不同的法律后果，从而使相应的实体法规范不适用。主张法律关系消灭的抗辩和主张权利受到妨害的抗辩二者主要区别在于抗辩基础不同，法律关系消灭的抗辩基础是指已产生的法律关系因特定事由归于消灭的法律规范；权利受到妨害的抗辩基础是指权利因特定事由受到妨害而未能产生的法律规范。主张法律关系消灭或权利受到妨害时所依据的基本事实常为消极事实，消极事实证明难度较大，但并非无法证明，故对于消极事实主张应在遵循证明责任一般规则的基础上结合实体法规定及证明标准等合理确定证明责任的负担。

民事诉讼证据裁判规则第 10 条：

当事人未能提供证据或者证据不足以证明其事实主张的，由负有举证证明责任的当事人承担不利的后果

【规则描述】 举证责任包括双层含义：当事人就其主张的事实负有提供证据的责任之行为意义上的举证责任，和在诉讼终结时事实真伪不明时负举证责任的当事人承担不利诉讼后果的责任之结果意义上的举证责任。前者也称为主观上的举证责

任，旨在明确当事人在民事诉讼中负有提供证据的行为意义的责任，只要当事人在诉讼中提出于己有利的事实主张，就应当提供证据加以证明。后者也称为客观上的证明责任，所解决的是待证事实真伪不明时法官如何裁判的问题，实质上是对事实真伪不明的一种法定的风险分配方式。《民事诉讼法司法解释》第 90 条规定："当事人对自己提出的诉讼请求所依据的事实或者反驳对方诉讼请求所依据的事实，应当提供证据加以证明，但法律另有规定的除外。在作出判决前，当事人未能提供证据或者证据不足以证明其事实主张的，由负有举证证明责任的当事人承担不利的后果。"第 1 款是关于行为意义上举证责任的规定，第 2 款是关于结果意义上举证责任的规定。

民事诉讼证据裁判规则第 11 条：

当事人无正当理由拒不到场、拒不签署或宣读保证书或者拒不接受询问，待证事实无其他证据证明的，人民法院应当作出不利于该当事人的认定

【规则描述】 当事人陈述是民事诉讼法规定的证据种类之一。司法实践中，许多当事人并不亲自出庭参加审判，而是委托诉讼代理人代为参加诉讼，这是法律赋予当事人的权利，本无可厚非。但是在有些案件中，待证事实除当事人陈述之外没有其他证据证明，为此需要通过询问当事人的方式，获取当事人亲身经历的见闻的陈述，帮助法院查明案件事实。此时，当事人亲自参加诉讼并进行陈述，不仅仅是一种诉讼权利，亦是一种应尽的诉讼义务。但是，有的当事人出于各种原因和考虑，无正当理由拒绝出庭，拒绝接受询问，导致案件的要件事实真伪不明，需要法律对此种情形下作出不利于该当事人的规定。此规定一方面可以促使负有举证责任的当事人积极参加诉讼，积极举证；另一方面可以督促不负有举证责任的一方当事人参加诉讼并陈述，防止对负有举证责任的当事人的举证构成妨碍。

民事诉讼证据裁判规则第 12 条：

对需要鉴定的待证事实负有举证责任的当事人，在人民法院指定期间内无正当理由不提出鉴定申请或者不预交鉴定费用，或者拒不提供相关材料，致使待证事实无法查明的，应当承担举证不能的法律后果

【规则描述】 民事诉讼中，对于涉及专门性问题的事实，法院主要通过委托具有专门鉴定资质的鉴定机构对委托鉴定事项作出鉴定意见作为对相关证据的搜集、调查的主要手段。鉴定意见属于专家证据的一种形式，在民事诉讼中用于弥补法官专门性知识的不足。根据《民事诉讼法》第 79 条的规定，鉴定的启动程序分为法院依当事人申请启动和法院依职权启动。对于依当事人申请启动鉴定的程序，2019 年《民事证据规定》第 31 条规定："当事人申请鉴定，应当在人民法院指定期间内提出，并预交鉴定费用。逾期不提出申请或者不预交鉴定费用的，视为放弃申请。对需要鉴定的待证事实负有举证责任的当事人，在人民法院指定期间内无正当理由不提出鉴定申请或者不预交鉴定费用，或者拒不提供相关材料，致使待证事实无法查明的，应当承担举证不能的法律后果。"该规定是本规则的法律依据。本规则旨在督促对待证事实负有举证责任的当事人积极行使申请鉴定的权利，同时在申请鉴定后积极履行预交鉴定费用、提供相关材料等义务，促进鉴定的顺利进行，以解决诉讼中的专门性问题。

民事诉讼证据裁判规则第 13 条：

主张存在欺诈、胁迫、恶意串通以及口头遗嘱、赠与的事实，应当提供证据证明，人民法院确信该待证事实存在的可能性能够排除合理怀疑的，应当认定该事实存在

【规则描述】 根据证明标准多元化和多层次性的原理，对于当事人主张存在欺诈、胁迫、恶意串通以及口头遗嘱、赠与的事实，由于该类事实性质的特殊性和后果的严重性，对该类待证事实规定了较高的证明标准，即"人民法院确信该待证事实存在的可能性能够排除合理怀疑"。同时，对于诉讼保全、回避等程序事项有关的事实，则降低了证明标准，即"认为有关事实存在的可能性较大"。在适用该规则时，一方面应区别于一般待证事实的“高度盖然性”证明标准，另一方面应区别于刑事诉讼中的“排除合理怀疑”证明标准。

民事诉讼证据裁判规则第 14 条：

根据已知的事实和日常生活经验法则推定出的另一事实，当事人无须举证证明

【规则描述】 事物之间因果联系的必然性和人类对历史经验把握的高度盖然性，使得在某些已知事实（基础事实）被证明存在的前提下，根据日常生活经验法则就可以合乎逻辑地认为待证事实（结果事实）的存在也具有高度盖然性。因此，当待证事实受客观因素制约很难被证明的情况下，法律允许当事人对更容易证明的基础事实进行举证证明，若基础事实被证明存在，则根据日常经验法则的推定，视为待证事实已被证明，免除当事人对待证事实的举证责任。在适用日常经验法则的推定中，基础事实的举证责任不发生转移，仍应由推定受益方承担且应达到本证的证明标准，所选择的日常经验法则也必须是客观存在的且与该推定密切相关，相对方既可以对基础事实提出反证，也可以对日常经验法则提出反证，还可以对推定事实提出反证，来排除日常经验法则推定的适用。

民事诉讼证据裁判规则第 15 条：

当事人在证据交换、询问、调查过程中，或者在起诉状、答辩状、代理词等书面材料中，明确承认于己不利的事实的，另一方当事人无需举证证明

【规则描述】 在我国民事诉讼职权主义向当事人主义转型变革的进程中，诉讼程序中当事人的各项权利愈加完善，体现当事人主义的各种诉讼规则和证据规则也逐步发展，自认制度随之问世。自认作为一项在证据制度与证明阶段的规则，明显体现了辩论主义的特性。本条裁判规则是在 2001 年《民事证据规定》的第 8 条规定及 2015 年《民事诉讼法司法解释》的第 92 条规定的基础上，对诉讼中自认规则的进一步修改与完善。

民事诉讼证据裁判规则第 16 条：

一方当事人对于另一方当事人主张的于己不利的事实既不承认也不否认，经审判人员说明并询问后，仍然不明确表示肯定或者否定的，视为对该事实的承认

【规则描述】 本条是关于拟制自认的规定。根据当事人具有的真实陈述义务和诉讼促进义务原则，在诉讼中，当事人应当积极主动地提出事实进行主张，如实陈述，对对方陈述为真的事实，也应当如实承认。根据这两项原则，一方当事人对对方当事人提出的于己不利的事实陈述，假设为真时，出于利己之意，不愿承认，又顾及法律约束不敢否认，企图以沉默达到利己目的时，法律不得不制定相应规范，确定这种状态下的法律效果。根据经验法则，当事人双方应充分行使诉讼权利，积极使用各种攻击防御武器，使己方处于证据优势地位，以便法官作出利己的事实认定。当事人消极面对对方当事人提出的于己不利的事实主张，此时认定对方当事人主张事实的为真，具有合理性，故法律拟制为自认。本条规定对拟制的客体进行了限制，仅在对方当事人提出的事实主张的范围内；当事人表现为既不承认也不否认，即沉默；且要以法官的说明及询问为前提。另外，对法官的说明没有“充分”的要求，只要将事实和法律后果向当事人解释清楚即可，并询问，即给予这份当事人以充分的机会作出意思表示。

民事诉讼证据裁判规则第 17 条：

自认的事实与已经查明的事实不符的，人民法院不予确认

【规则描述】 根据辩论主义的要求，当事人对于已不利的事实表示承认的，法院须得认定，原则上不能自行调查取证。但司法实践中会出现当事人自认的事实与法院已经查明的事实相矛盾的情形，可分为两大类，一是法官根据现有证据，依据法律的规定，遵循法官职业道德，运用逻辑推理和日常生活经验，对案件事实已经形成了内心确信，但此时当事人的自认与法院对案件事实的认定存在矛盾；二是法官综合全案证据无法形成完整一致的证据链，对案件主要事实的真伪不能作出认定，但此时当事人的自认与法院已经查明的部分事实相矛盾的情况。这两类矛盾的情形

指向自认存在虚假，法院认定的案件事实以证据为基础，而当事人的自认仅为口头陈述，故真实性无法确定。出现上述情形时，多为当事人为了不正当的利益，进行虚假自认，以取得法院裁判文书，以合法的形式获取非法的利益，即虚假诉讼。本条裁判规则一是为了防止虚假诉讼，二是出于裁判真实的要求，法院的裁判应当以事实为依据，不能任由当事人篡改、虚构事实，威胁实体公正。故本条在人民法院依职权调查的事项之外，对自认的适用进行了限制。

民事诉讼证据裁判规则第 18 条：

涉及身份关系的，不适用自认

【规则描述】 自认是实行辩论主义即当事人主义国家的民事诉讼证据中通行的制度，但自认不是绝对的，自认并非完全排除法院依职权调查。为维护公共利益、维护身份关系社会秩序等，在法律规定的实行职权探知主义领域，同时又均有限制自认的规定。完整的自认制度包括自认规则本身及其例外规则。我国民事证据制度在引入自认制度时，同时也确定了自认的例外规则，例如 2011 年《民事证据规定》第 8 条第 1 款中的“但涉及身份关系的案件除外”。2019 年《民事证据规定》在 2001 年的基础上，从第 3 条开始到第 9 条结束，总计 9 个条文，比较完整地确立了自认原则、自认的限制及自认的撤销等一系列规范。其中第 8 条第 1 款第 1 项规定，对涉及国家利益、社会公共利益的事实，不适用自认，法院可以依职权调查取证；该条第 2 款规定，自认的事实与已经查明的事实，人民法院不予确认。可见，我国民事诉讼证据自认制度的例外，即限制的自认情形包括：涉及国家、公共利益的事实，涉及身份关系的事实，涉及公益诉讼的案件事实，当事人可能恶意串通虚假诉讼案件以及自认与法院以及查明的事实不符的情形。

民事诉讼证据裁判规则第 19 条：

控制书证的当事人无正当理由拒不提交书证的，人民法院可以认定对方当事人所主张的书证内容为真实

【规则描述】 本条规则是书证提出命令制度的组成部分。书证提出命令是最高

人民法院为了提高当事人的举证能力、扩展当事人收集证据方式创设的重要举措，其宗旨在于提升当事人调查取证活动的效率同时保障诉讼代理人调查取证权的顺利运行，最终达到提高举证效率、促进诉讼进程的目的。

民事诉讼证据裁判规则第 20 条：

持有书证的当事人以妨碍对方当事人使用为目的，毁灭有关书证或者实施其他致使书证不能使用行为的，人民法院可以认定对方当事人主张以该书证证明的事实为真实

【规则描述】 本条规则亦是书证提出命令制度的组成部分，是对 19 条规则的发展和延伸。该条规则中控制书证的当事人由“拒不提交”之不作为转换为了作为的方式，通过作出毁灭有关书证或者实施其他致使书证不能使用行为以影响对方当事人进行正常举证。对于这种妨碍证明的情况，首先是《民事诉讼法司法解释》第 112 条规定了对被申请人拒不提交书证的情况，人民法院可以认定申请人主张书证内容为真；其次，2019《民事证据规定》第 48 条第 2 款再次明确，控制书证的当事人存在《民事诉讼法司法解释》第 113 条规定情形的，人民法院可以认定对方当事人主张以该书证证明的事实为真实。2019 年《民事证据规定》第 95 条确立的证明妨碍一般规则也重申了证明妨碍的直接法律后果，规定一方当事人控制证据无正当理由拒不提交，对待证事实负有举证责任的当事人主张该证据的内容不利于控制人的，人民法院可以认定该主张成立。

民事诉讼证据裁判规则第 21 条：

以动产作为证据的，应当将原物提交人民法院

【规则描述】 根据证据法中最佳证据规则的要求，原始证据的获得是追求实体真实的客观需要。本条规则是对优先提供原件或者原物作为证据的规定。本条规则中的原件指的是书证的原件，是最初形成的原本或者底本；而原物的对象是物证，要求其为法律关系争议指向的原始物件。最佳证据规则能够在防止错误或欺诈行为的发生，促使当事人合理保存证据方面发挥积极的作用。

民事诉讼证据裁判规则第 22 条：

以数字化形式存储、处理、传输的能够证明案件事实的信息，属于电子数据

【规则描述】 随着社会发展和科技进步，电子数据的范围在客观上也在不断地扩张，2019 年《民事证据规定》中对电子数据进行详细类型化为网络平台电子信息、应用服务电子信息、电子静态和动态信息以及电子文件等几大类型，能够帮助裁判者在审判时形成更为清晰的判案思路，更准确地理解和认定电子数据。

第二部分

民事诉讼证据裁判规则

民事诉讼证据裁判规则第 1 条：原告向人民法院起诉，应当提供符合起诉条件的相应的证据

【规则描述】 《民事诉讼法》第 67 条第 1 款规定，当事人对自己提出的主张，有责任提供证据。这就是我们通常所说“谁主张，谁举证”的基本诉讼证明规则。原告向人民法院起诉，应当提供符合起诉条件的相应证据。作为诉讼一方当事人，原告行使诉权，向人民法院提起民事诉讼要求保护权益时，应当就自己所提出的诉讼符合起诉条件承担提供初步证据的责任。在起诉阶段，原告举证证明的主要内容是起诉符合《民事诉讼法》第 122 条规定的条件，举证证明的目的是通过适当举证，证明原告主张请求权的基础事实、具有诉的利益、属于人民法院受理民事诉讼范围、诉讼当事人明确且具备相应诉讼权利能力和诉讼行为能力、所提诉讼属于受案人民法院管辖范围等，以此达到诉讼为人民法院立案受理从而产生诉讼系属的法律效果。

一、类案检索大数据报告

时间：2020 年 8 月 3 日之前；案例来源：Alpha 案例库；案由：民事纠纷；检索条件：引用法条：2019 年《民事证据规定》第 1 条；法院认为包含：应当提供符合起诉条件的相应的证据；本次检索获取 2020 年 8 月 3 日之前共计 47 篇裁判文书。其中：

1. 认为驳回原告诉讼请求的共计 34 件，占比为 72.34%；
2. 认为支持原告诉讼请求的共计 4 件，占比为 8.51%；
3. 认为撤销原裁定，指令审理的共计 1 件，占比为 2.13%；
4. 认为驳回起诉的共计 5 件，占比为 10.64%；
5. 认为不予受理的共计 1 件，占比为 2.13%；

6. 认为部分支持，部分驳回的共计 2 件，占比为 4.25%。

整体情况如图 1–1 所示：

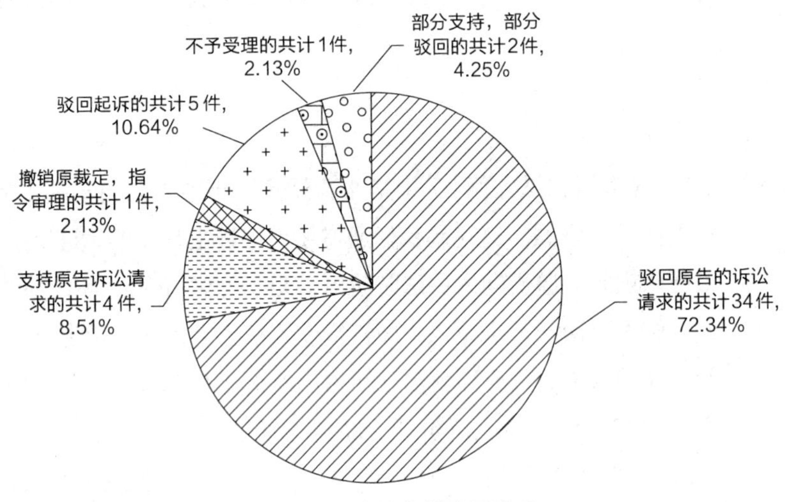

图 1–1　案件裁判结果情况

如图 1–2 所示，从案件年份分布可以看出，在当前条件下，涉及应当提供符合起诉条件的相应的证据纠纷案例数量的变化趋势。

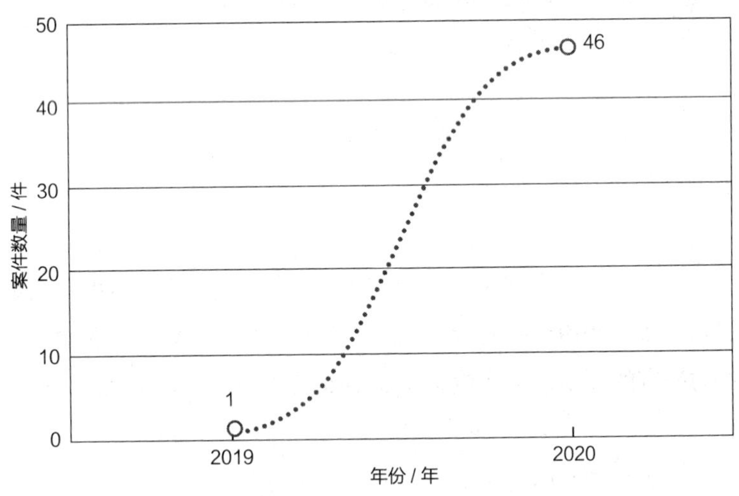

图 1–2　案件年份分布情况

如图 1–3 所示，从程序分类统计可以看到当前的审理程序分布状况。其中一审案件有 41 件，二审案件有 6 件，并能够推算出一审上诉率约为 14.63%。

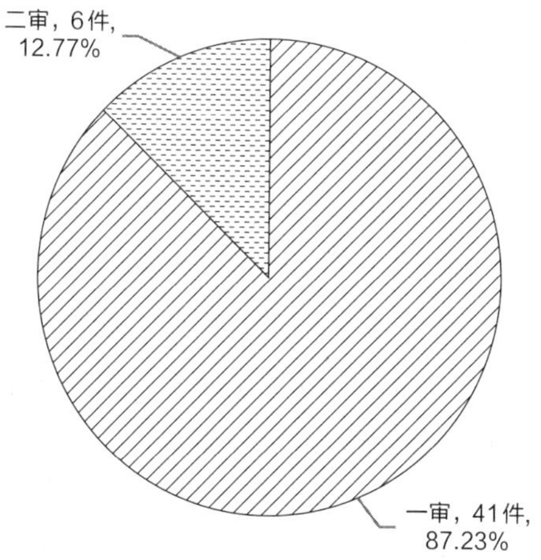

图 1-3　案件审理程序分类

二、可供参考的例案

例案一：唐某新等与张某等房屋租赁合同纠纷案

【法院】

湖南省长沙市中级人民法院

【案号】

（2020）湘 01 民终 6702 号

【当事人】

上诉人（原审原告）：唐某新

上诉人（原审原告）：唐某华

上诉人（原审原告）：雷某海

被上诉人（原审被告）：张某

被上诉人（原审被告）：刘某媛

【基本案情】

张某、刘某媛系夫妻关系。2014 年 8 月 20 日，唐某华、雷某海（甲方）与唐某新（乙方）签订《合伙协议书》，约定：甲方于 2014 年 8 月 20 日开始建造长沙市天心区江语庭院食府，由于甲方发展需求并应乙方要求，甲方同意乙方入股，甲方投资 180 万元，占 90% 的股份比例，乙方投资 20 万元，占 10% 的股份比例，乙方享有股东相应权益和分红，承担相应义务，乙方参与甲方管理工作，并享有相应岗位工资和福利。2014年9月8日，刘某媛（甲方）与唐某新（乙方）签订《房屋租赁合同》，约定乙方向甲方承租坐落在长沙市九峰张家老屋组建筑面积120平方米、使用面积120平方米民房，租赁期限为8年，从2014年9月28日至2022年12月7日，房屋租金5万元/年，房屋租金2年后每年递增10%，第6年不递增，其他按10%递增；合同签订进场之日起，甲方给予乙方70天的免费装修时间；因不可抗力或政府行为导致合同无法履行时，双方互不承担责任，实际租金按入住天数计算，多退少补。合同签订后，刘某媛向唐某新交付了租赁物，唐某华、雷某海、唐某新以该租赁物用于经营“长沙市天心区江语庭院食府”。2015年4月9日，刘某媛（甲方）与唐某新（乙方）又签订《租房合同》，约定：甲方将位于长沙市天心区房屋租赁于乙方，租赁时间：一年（2015年4月11日至2016年4月10日），租赁为15000元/月。合同签订后，刘某媛又向唐某新交付了租赁物，唐某华、雷某海、唐某新以该租赁物用于长沙市天心区。但上述两份合同所涉租赁物（以下简称案涉租赁物）均无产权证。庭审中，双方陈述该租赁合同中的房屋建筑面积、使用面积均系随意填写，并未实际测量。2014年11月11日，唐某华以其名义向工商行政管理部门注册登记了“长沙市天心区江语庭院食府”，经营场所位于长沙市天心区，即案涉房屋。

2019年5月14日，长沙市国土资源局天心区分局向长沙市天心区黑石铺街道办事处出具《关于〈关于请求出具新昌学校项目张某凯、张某、张某球户房屋违章认定的报告〉的回复》，载明：张某凯、张某、张某球分别在1997年、2000年、1990年申请原基改建，改建后的房屋已于2009年在石竹路二期项目中拆迁安置，故张某凯、张某、张某球现有老宅基地及周边搭建的房屋属违法用地。2019年5月15日，长沙市城乡规划局天心分局向长沙市天心区黑石铺街道办事处出具《关于请求出具新昌学校项目张某凯、张某、张某球户房屋违章认定的回复意见》，陈述其经核实内档，张某凯、张某、张某球户房屋未在该单位办理《建设工程规划许可证》，系违法建筑。2019年5月23日，长沙市天心区黑石铺街道项目拆迁指挥部与张某签订《新昌学校临建过渡房屋补助协议》，约定：根据长沙市天心区黑石铺街道九峰集资办新昌学校项目征地范围内的临建过渡房屋的情况，黑石铺街道项目拆迁指挥部争取政府对临建过渡房屋给予适当建设成本补助，补助标准为：临建过渡房屋按500元/平方米，活动板房、钢架棚按300元/平方米进行补助，即张某的临建过渡房屋补助金额为：840平方米×500元/平方米=42万元，并约定张某于2019年5月30日前全部完成财务转移和房屋拆除。2019年5月25日，长沙市天心区黑石铺街道办事处与张某签订《新昌学校项目房屋交接文书》，载明项目拆迁指挥部于2019年5月25日11时20分正式接收张某的被征收房屋，并按照相关要求统一拆除。2019年9月12日，张某领取了补偿款42万元。现唐某华、雷某海、唐某新以张某能获得42万元的补偿款，系建立在唐某华、雷某海、唐某新对案涉房屋扩建、翻新、装饰装修的基础上，故要求张某、刘某媛支付其承租用于经营"长沙市天心区江语庭院食府"部分的补偿款105000元，因协商不成，遂诉至一审法院。

【案件争点】

起诉时所附的证据要件。

【裁判要旨】

《民事诉讼法》（2017年修正）第64条[①]规定，当事人对自己提出的主张，有责任提供证据。2019年《民事证据规定》第1条规定，原告向人民法院起诉或者被告提出反诉，应当提供符合起诉条件的相应的证据。本案中，唐某新、唐某华、雷某海主张案涉房屋由其翻建、装修，政府拆迁补偿款中包含了对其翻建、装修部分的补偿，故起诉张某、刘某媛要求其给付105000元房屋拆迁补偿款。因此，唐某新、唐某华、雷某海应当就以下事实承担举证责任：（1）唐某新、唐某华、雷某海对案涉房屋进行了翻建；（2）张某、刘某媛获得的房屋拆迁补偿款中包含有对装修的补偿。对于第一个待证事项，虽然《房屋租赁合同》与《新昌学校临建过渡房屋补助协议》中的房屋面积存在差异，但《新昌学校临建过渡房屋补助协议》所载明的房屋面积是房屋拆迁部门与张某之间进行协商、确认的结果，并不能证明超出部分就是唐某新、唐某华、雷某海翻建的面积。由于承租人对租赁房屋进行翻建、装修会对出租人的权利产生重大影响，且翻建行为的影响明显大于装修行为，故按照一般生活经验，张某、刘某媛与唐某新、唐某华、雷某海应会在合同中对此进行约定。但案涉《房屋租赁合同》只对装修的用途、条件、方式、合同终止后的处理进行了约定，却没有关于房屋能否翻建、如何翻建以及合同终止后如何处理的约定，明显有悖常理。在唐某新、唐某华、雷某海既未提供翻建、装修的施工合同、付款凭证，也未提供案涉房屋翻建、装修前后的照片的情况下，现有证据不能证明唐某新、唐某华、雷某海对案涉房屋进行了翻建。对于第二个待证事项，《新昌学校临建过渡房屋补助协议》载明500元/平方米的拆迁补偿标准是按照临建过渡房屋的适当建设成本计算的，未单列装修成本，而唐某新、唐某华、雷某海也没有提供证据证明该补偿标

---

① 该法已于2021年12月24日第四次修正，本案所涉第64条修改为第67条，内容未作修改。

准包含了装修补偿款，故现有证据不能证明张某、刘某媛获得的房屋拆迁补偿款中包含有对装修的补偿。因此，唐某新、唐某华、雷某海未对其诉讼主张提供充分证据，应承担举证不能的法律后果。综上，唐某新、唐某华、雷某海的上诉请求不成立，应予驳回；一审判决认定事实清楚，适用法律正确，应予维持。

例案二：桂林市灌阳县兴农电子商务有限公司与周某全等与公司有关的纠纷案

【法院】

广西壮族自治区桂林市中级人民法院

【案号】

（2020）桂 03 民终 2200 号

【当事人】

上诉人（原审原告）：桂林市灌阳县兴农电子商务有限公司

被上诉人（原审被告）：周某全

【基本案情】

上诉人桂林市灌阳县兴农电子商务有限公司上诉请求：撤销灌阳县人民法院（2020）桂 0327 民初 1 号民事裁定书，发回继续审理。事实和理由：上诉人桂林市灌阳县兴农电子商务有限公司成立于 2015 年 8 月 1 日，被上诉人周某全是法定代表人，在其把持下长期未召开股东会议，未公布股东名册，财务会计报告、账簿和公司盈亏，亦未向股东派发红利，致使公司股东无法知悉现任股东及出资情况、公司经营及财务情况。股东蒋某松、周某高为维护知情权向灌阳县人民法院提起诉讼，经二审终审并经人民法院强制执行，被上诉人周某全才交出账簿供二股东查阅，查阅得知，被上诉人周某全利用该公司职权从该公司账户转出 72 万元，损害了公司和其他股东的利益，违反了公司章程第 10 章第 40 条规定。为维护公司和股东权益，桂林市灌阳县兴农电子商务有限公司于 2019 年 11 月 28 日召开了股东会议，罢免了被上诉人周某全担任的董事长、法定代表人职务，选举任命蒋某松为执行董事长、法定代表人。根据《公司法》第 20 条的规定和《民事诉讼法司法解释》第 50 条第 2 款规定：“法定代表人已经变更，但未完成登记，变更后的法定代表人要求代表法人参加诉讼的，人民法院可以准许。”因为被上诉人周某全弄虚作假，谎称上诉人桂林市灌阳县兴农电子商务有限公司公章丢失，未经过股东会同意私刻公章，故导致一审法院以“上诉人的印章不符”为由裁定驳回上诉人的起诉。上诉人完全具备原告的主体资格，一审驳回上诉人的起诉是错误的，请二审支持上诉人的上诉请求。二审期间，被上诉人周某全、谌某文未予答辩。

桂林市灌阳县兴农电子商务有限公司向一审法院起诉请求：（1）判令被告周某全、谌某文将滥用职权从公司账户转入其个人账户的72万元返还给原告桂林市灌阳县兴农电子商务有限公司；（2）本案诉讼费由被告承担。

【案件争点】

起诉时的提交的证据条件。

【裁判要旨】

根据《民事诉讼法》（2017年修正）第48条第2款①规定：“法人由其法定代表人进行诉讼。其他组织由其主要负责人进行诉讼。”2019年《民事证据规定》第1条规定：“原告向人民法院起诉或者被告提出反诉，应当提供符合起诉条件的相应的证据。”本案中，上诉人桂林市灌阳县兴农电子商务有限公司以公司名义起诉要求被上诉人周某全、谌某文返还从公司转出的款项，上诉人桂林市灌阳县兴农电子商务有限公司应当提供该诉讼是其法人真实意思表示的证据。首先，上诉人桂林市灌阳县兴农电子商务有限公司为证明公司已变更法定代表人为蒋某松所提供的股东会决议，缺少股东史某德的授权，该决议内容亦未得到史某德同意；其次，上诉人桂林市灌阳县兴农电子商务有限公司提供的起诉状落款处编码为4503272002610的公章已于2018年9月7日注销；最后，上诉人桂林市灌阳县兴农电子商务有限公司营业执照登记注册的法定代表人为周某全，该公司重刻后起用并在公安部门备案登记的公章编号为450327007809，故上诉人桂林市灌阳县兴农电子商务有限公司提供的证据尚不能证明本案诉讼是上诉人法人的真实意思表示。因此，一审法院裁定驳回上诉人桂林市灌阳县兴农电子商务有限公司的起诉符合法律的规定，法院予以维持。

例案三：屈某国与北京玉禾商贸有限公司买卖合同纠纷案

【法院】

北京市第二中级人民法院

① 该法已于2021年12月24日第四次修正，本案所涉第48条第2款修改为第51条第2款，内容未作修改。

【案号】

（2020）京02民终1192号

【当事人】

上诉人（原审原告）：屈某国

被上诉人（原审被告）：北京玉禾商贸有限公司

【基本案情】

屈某国上诉称：永辉超市与北京玉禾商贸有限公司（以下简称玉禾公司）之间的对账信息显示出玉禾公司在永辉超市设置店铺的数量和地点，与屈某国销售单据上显示的送货店铺数量和地点一致。同时玉禾公司设置在永辉超市店员也证明屈某国在给玉禾公司送货，此外还有玉禾公司向屈某国支付货款的凭证支票。一审庭审后屈某国找到了与玉禾公司签订的买卖合同，双方存在现实的买卖合同关系。双方于2017年签订书面供货合同，通过与对方对账显示玉禾公司支付了104万元货款中的7万元，尚欠97万元未给付。请求撤销一审裁定，指令一审法院进行实体审理，本案诉讼费由被上诉人负担。

玉禾公司辩称：同意一审裁定，不同意屈某国的上诉请求。（1）本案一审4次开庭中，法官均问双方之间是否签订买卖合同，屈某国均称只有口头协议，没有签订买卖合同。一审笔录中也显示屈某国每次开庭均称没有合同，屈某国二审期间提交的合同系伪造。（2）一审过程中屈某国向法院提供的转账支票属于伪造，原因是玉禾公司的公章、玉禾公司财务章、人名章均在2018年12月18日作废，该月21日补了新章，并到银行更换了新的印鉴留存卡。但是屈某国提供的支票上的日期几乎均为玉禾公司公章作废后的日期，且收款人一栏为空白。一审庭审中屈某国称支票是王某开具的，支票上面的字体也是王某本人所写。（3）2018年12月6日，玉禾公司收到杨某科对其提起诉讼的传票，杨某科保全了玉禾公司账户。该案调解过程中，玉禾公司找王某要回公司公章，但王某拒绝返还。（4）根据北京市第二中级法院审理的玉禾公司的另一案件判决书，该案中涉案支票也是王某开具，法院最终判决玉禾公司胜诉。（5）屈某国送货送至永辉超市，而非玉禾公司仓库，其应当起诉永辉超市。（6）与屈某国做生意的应为王某，而王某却在一审过程中出庭作为屈某国的证人，并声称自己是玉禾公司与屈某国之间的联络员，但王某的个人账户与屈某国有大量经济往来，并和永辉超市采购经理存在大量转账往来。

屈某国向一审法院起诉请求：（1）请求玉禾公司给付所欠屈某国货款97万元；（2）判决玉禾公司支付利息等。

【案件争点】

起诉时所附的证据条件。

【裁判要旨】

法院认为：屈某国以玉禾公司为被告，提起本案买卖合同纠纷诉讼，请求判令玉禾公司向其支付货款及利息等。一审法院结合屈某国提供的证据，认为无法认定屈某国与玉禾公司之间存在买卖合同关系，进而裁定驳回起诉。法院二审期间，屈某国提交了载有玉禾公司公章的《食品供货合同》一份，主张双方之间存在买卖合同法律关系。玉禾公司虽主张其从未与屈某国签订过书面买卖合同，该合同的签字人王某并未获得玉禾公司授权，但认可其将公司公章等交由王某使用。本案中，玉禾公司与屈某国之间是否存在买卖合同法律关系，玉禾公司是否应当承担法律责任等问题须经法院实体审理后进行确定。根据 2019 年《民事证据规定》第 1 条之规定，原告向人民法院起诉或者被告提出反诉，应当提供符合起诉条件的相应的证据。现屈某国提供的证据能够证明其与本案有直接利害关系，其所提本案诉讼符合《民事诉讼法》第 119 条[①]关于起诉条件的规定。一审法院应在查明事实的基础上，对屈某国的诉讼请求予以实体审理。据此，二审法院裁定撤销一审裁定，指令一审法院重新审理本案。

三、裁判规则提要

证据是证明争议事实、确认程序或者实体权利的基础。在原告向人民法院起诉时，其需要向人民法院证明自己依法享有诉权、所提诉讼属于人民法院民事诉讼主管范围、属于受诉人民法院管辖范围等，原告能否向人民法院提交符合法律规定的证据，决定了其起诉能否被人民法院立案受理，起诉证据对于人民法院受理立案、当事人诉讼权益的实现都具有至关重要的作用。

关于原告起诉时是否应当向人民法院提供相应证据，在认识上存在一定争议，有一种观点认为，应当坚持“起诉状一本主义”，只要原告向人民法院提出诉状，人民法院即应当受理，以此来保障当事人能够充分行使诉权；另外一种观点认为，从有效控制滥诉、节约司法资源、高效解决纠纷的角度，人民法院对于公民提起的诉讼应当进行必要的审查，以确定公民所提起诉是否符合《民事诉讼法》规定的立案

① 该法已于 2021 年 12 月 24 日第四次修正，本案所涉第 119 条修改为第 122 条，内容未作修改。

条件、是否具备诉的利益，进而决定是否启动司法审判程序。

2015年4月15日，最高人民法院通过了《关于人民法院推行立案登记制改革的意见》，意见明确提出要“坚持有案必立、有诉必理”。对符合法律规定条件的案件，法院必须依法受理，任何单位和个人不得以任何借口阻挠法院受理案件。意见规定，与本案有直接利害关系的公民、法人和其他组织提起的民事诉讼，有明确的被告、具体的诉讼请求和事实依据，属于人民法院主管和受诉人民法院管辖的，人民法院应当登记立案。但意见同时明确，违法起诉或者不符合法定起诉条件的，不予登记立案。因此，“有案必立、有诉必理”不等于完全放弃对于起诉条件的审查。原告主张因出现特定事由导致其权利受到损害或者出现了其权利需要司法救济的情形，其即可通过提起民事诉讼的方式寻求公力救济，这是公民诉权应有之义。但其在向司法机关提出权利保护请求时，应当就其主张提出初步证据，由法官依据其所提交证据，对其所提诉讼是否符合法律规定的程序启动条件进行审查判断，进而决定是否启动司法审判程序。在此阶段，提出证据的义务在原告而非被告，如果原告没有提出初步证据证明基础事实、需要启动司法保护的特定情形存在，被告即没有必要耗费精力对原告所提主张进行反驳和证明，人民法院也无启动司法审判程序的必要。

2001年《民事证据规定》第1条规定：“原告向人民法院起诉或者被告提出反诉，应当附有符合起诉条件的相应的证据材料。”2019年《民事证据规定》第1条规定：“原告向人民法院起诉或者被告提出反诉，应当提供符合起诉条件的相应的证据。”从条文看，最高人民法院前后两个司法解释条文规定的内容并无明显变化，仅是在文字表述上由“应当附有”变为“应当提供”、由“证据材料”变为“证据”。

由“应当附有”变为“应当提供”可以看出，最高人民法院更加强调原告在起诉时提供相应证据的义务是一种举证责任和义务，而非只是简单地对起诉事项的材料提出说明义务（因后文对被告提出反诉有专门论述，故本节只围绕原告起诉展开）。基于此种定性，如果原告在起诉时未按照相关规定完成相应举证责任，其依法应当承担相应不利后果，人民法院可以按照证据裁判规则进行程序裁判（如裁定不予受理、裁定驳回起诉等）。由“证据材料”到“证据”的表述变化可以看出，法官在收到当事人附随起诉状一并提交的材料时，应当首先审查是否符合证据的形式要件，确定是否属于“证据”，同时还应当围绕民事诉讼证据的“三性”（真实性、合法性和关联性）并根据相关民事诉讼证据认证规则审查，确定是否能够证明原告所提起诉已经符合《民事诉讼法》第122条所规定的起诉条件。

上述规定，从诉讼理论层面看，来源于当事人的证据提出义务，从法律和司法解释条文渊源上看，来源于《民事诉讼法》第 67 条第 1 款、《民事诉讼法司法解释》第 90 条规定的“谁主张，谁举证”基本诉讼证明规则。

一般认为，可以从不同的角度来分析当事人在诉讼中要承担证据提出的责任：第一，从证明责任的角度来看，为支持自己所提出的诉讼主张，避免败诉结果，当事人就自己的主张有提出证据的责任；如《民事诉讼法司法解释》第 90 条规定，当事人对自己提出的诉讼请求所依据的事实或者反驳对方诉讼请求所依据的事实，应当提供证据加以证明，但法律另有规定的除外。第二，从举证时限的角度来看，当事人应当迅速、全面地提出有利于己方主张的证据，否则会因为超过举证期限导致证据失权等；如《民事诉讼法司法解释》第 102 条第 1 款规定，当事人因故意或者重大过失逾期提供的证据，人民法院不予采纳。第三，从证明妨碍的角度来看，为了缓解事实证明上的困难，避免机械适用证明责任所带来的实质不公平，即使证据可能有利于对方当事人，控制该证据的当事人也有义务予以提交，否则，则会产生非证据控制人的主张成立的法律后果。例如，2019 年《民事证据规定》第 95 条规定，一方当事人控制证据无正当理由拒不提交，对待证事实负有举证责任的当事人主张该证据的内容不利于控制人的，人民法院可以认定该主张成立。

起诉阶段的证据与诉讼阶段的证据虽然都属于民事诉讼中的证据，但两者在证据提出主体、证明对象、证明目的等方面都具有不同的特点。首先，证据提出的时间节点不同，前者主要发生在诉讼系属之前、后者主要发生在诉讼系属之后。其次，起诉证据的举证责任主体只限于原告，被告对原告所提起诉是否符合法定起诉条件并无证明义务，法院对于起诉证据，一般也不启动依职权调查取证程序，而在诉讼过程中，当事人双方均依法负有相应举证义务，人民法院也可依据《民事诉讼法》规定启动依职权调查取证程序。再次，两者的证明对象不同，起诉证据的证明对象是《民事诉讼法》第 122 条规定的起诉条件，从性质上讲这些属于程序性事项，而诉讼过程中的举证，既可能涉及程序性事项也可能涉及实体事项。最后，举证的目的有所不同，起诉证据的举证目的主要在于证明原告起诉符合法律规定的起诉条件，从而产生诉讼系属的效果，但诉讼中的举证主要目的在于证明诉讼主体在诉讼中所提主张成立、相关实体请求具有相应事实依据，从而达到诉讼主张被人民法院采信的效果。在部分情况下，在起诉阶段所提交证据也可能涉及诉讼中程序或者实体争议事实的证明，与原告所提诉讼请求直接相关，但在立案阶段，这并不属于立案法官关注和审查的重点。

根据《民事诉讼法》有关起诉条件的规定，在起诉阶段，起诉人有义务提供的证据包括以下内容：

（一）用以证明原告具备相应主体资格的证据

原告在起诉时应当提交相应证据证明提起诉讼的主体具有相应的诉讼权利能力和诉讼行为能力，根据《民事诉讼法》第 51 条第 1 款规定，公民、法人和其他组织可以作为民事诉讼的当事人。

根据《最高人民法院关于人民法院登记立案若干问题的规定》第 6 条规定，起诉人是自然人的，在向人民法院提交诉状时，应当向人民法院提交身份证、户籍登记等用以证明身份。《民事诉讼法》第 60 条规定，无诉讼行为能力人由他的监护人作为法定代理人代为诉讼。法定代理人之间互相推诿代理责任的，由人民法院指定其中一人代为诉讼。《民事诉讼法司法解释》第 83 条规定，在诉讼中，无民事行为能力人、限制民事行为能力人的监护人是他的法定代理人。事先没有确定监护人的，可以由有监护资格的人协商确定；协商不成的，由人民法院在他们之中指定诉讼中的法定代理人。当事人没有《民法典》第 27 条、第 28 条规定的监护人的，可以指定《民法典》第 32 条规定的有关组织担任诉讼中的法定代理人。因此，未成年当事人、无民事行为能力人或者限制民事行为能力人作为原告提起诉讼的，还应当向人民法院提供能够证明诉讼行为实施人系上述人员法定代理人的证据，比如能够证明监护关系的户籍登记文件、有关机关指定监护人的文件或者人民法院指定监护的法律文书。对于法定代理人相互推诿代理责任的，应当启动先行程序指定诉讼中的法定代理人。

起诉人是法人或者其他组织的，应当提交营业执照或者组织机构代码证复印件、法定代表人或者主要负责人身份证明书；法人或者其他组织不能提供组织机构代码的，应当提供组织机构被注销的情况说明。需要注意的是，根据《民事诉讼法司法解释》第 52 条规定，以下不具备法人资格的其他组织也具有相应民事诉讼权利能力和行为能力：依法登记领取营业执照的个人独资企业；依法登记领取营业执照的合伙企业；依法登记领取我国营业执照的中外合作经营企业、外资企业；依法成立的社会团体的分支机构、代表机构；依法设立并领取营业执照的法人的分支机构；依法设立并领取营业执照的商业银行、政策性银行和非银行金融机构的分支机构；经依法登记领取营业执照的乡镇企业、街道企业；其他符合本条规定条件的组织。

（二）用以证明被告明确的证据

根据《民事诉讼法》第122条规定，起诉必须有明确的被告，因此原告在起诉时，应当提交相应证据证明其所诉被告系明确的主体。

《民事诉讼法》第124条规定，起诉状应当记明被告的姓名、性别、工作单位、住所等信息，法人或者其他组织的名称、住所等信息。2016年6月28日最高人民法院发布的《民事诉讼文书样式》也明确，被告是自然人的，民事起诉状应当写明姓名、性别、工作单位、住所等信息；被告是法人或者其他组织的，民事起诉状应当写明名称、住所等信息。因此，在起诉阶段，起诉人应当提交被告人身份证、户籍登记信息等证据证明被告的明确姓名、性别、年龄、民族、籍贯和住址等，被告是法人或者其他组织时，应当提交工商登记信息、法人证书等证据证明法人或者其他组织的全称、地址、法定代表人、工商登记信息等。

《民事诉讼法司法解释》第209条规定："原告提供被告的姓名或者名称、住所等信息具体明确，足以使被告与他人相区别的，可以认定为有明确的被告。起诉状列写被告信息不足以认定明确的被告的，人民法院可以告知原告补正。原告补正后仍不能确定明确的被告的，人民法院裁定不予受理。"在起诉阶段，起诉人提交证据只要证明被告"明确"即可，无需提交证据证明被告"正确"。原告所诉被告是否"正确"关系到原告所提出的诉讼请求能否得到支持，属于实体判断内容，故应当由在后续审判程序中审查确定而不宜在立案条件审查阶段予以审查确定。所谓"明确"是指起诉人所起诉的被告姓名、名称等信息与户籍登记信息或者工商登记信息一致，至于起诉人主张的被告是否属于本案诉讼的适格主体、在起诉人主张的法律关系中是否享有权利承担义务则不属于立案审查范围。

关于被告的地址，原告应当提供尽可能准确的被告地址，方便人民法院进行送达等，但《最高人民法院关于依据原告起诉时提供的被告住址无法送达应如何处理问题的批复》规定："人民法院依据原告起诉时所提供的被告住址无法直接送达或者留置送达，应当要求原告补充材料。原告因客观原因不能补充或者依据原告补充的材料仍不能确定被告住址的，人民法院应当依法向被告公告送达诉讼文书。人民法院不得仅以原告不能提供真实、准确的被告住址为由裁定驳回起诉或者裁定终结诉讼。因有关部门不准许当事人自行查询其他当事人的住址信息，原告向人民法院申请查询的，人民法院应当依原告的申请予以查询。"

（三）用以证明原告与案件有利害关系的证据

根据《民事诉讼法》第122条规定，原告应当是与本案有直接利害关系的公民、法人和其他组织，故原告在起诉时应当提交证据证明其与案件具有利害关系。关于“利害关系”，相关法律和司法解释并未予以明确，一般来讲这属于法官内心判断，属于自由裁量范围，实践中法官主要依靠自身对于法律规定的理解并结合案件具体情况，从以下两个方面对于是否存在利害关系进行审查判断：一是诉讼请求所依赖的基础法律关系发生、变更和消灭的事实，二是原告是该法律关系的一方主体，享有权利、承担义务。

在立案阶段，原告要证明其与案件具有利害关系，仅需要提供其与诉讼提出的基础法律关系具有利害关系即可，而无须证明其所提诉讼请求具有充分的证据和事实根据，也就是说原告无需举证证明达到确定其所提诉讼请求足以确认和成立的程度。人民法院在立案阶段也仅是对此进行形式审查，而无须对此进行实体审查。例如，原告起诉要求解除与被告之间的合同关系，那其在起诉时即应当提交能够证明双方之间存在合同关系的基础证据（如书面合同、付款协议、付款凭证等），至于其所主张合同关系是否合法成立生效、双方权利义务是否存续均非立案审查的范围。又如，原告起诉要求离婚，那其在起诉阶段即应当提交证据证明其与被告之间存在合法婚姻关系的证据（如结婚证等），否则其所提的起诉因缺乏基础事实关联性而被人民法院裁定予以驳回，至于其所提交证据是否足以证明其所提离婚的诉讼请求则在所不问。一般来讲，原告与案件有利害关系只需要提供形式证据即可，无须达到诉讼中证据的证明标准，当然，因为起诉证据也属于诉讼证据，因此人民法院在对证据进行审查时，也应当对证据真实性、合法性、关联性依法进行审查和确认。

（四）证明案件由受诉人民法院管辖的证据

根据《民事诉讼法》第122条规定，起诉应当属于人民法院受理民事诉讼的范围和受诉人民法院管辖。

首先，案件是否属于人民法院受理民事诉讼范围决定了公民能否通过民事诉讼途径寻求权利救济，是民事诉讼程序启动的前提和基础，因此起诉人应当提供证据证明其所提起诉属于人民法院受理民事诉讼的范围。《民事诉讼法》第3条规定，人民法院受理公民之间、法人之间、其他组织之间以及他们相互之间因财产关系和人身关系提起的民事诉讼，适用本法的规定。根据此条规定，财产和人身关系之外发生的争议，不属于人民法院受理民事诉讼的范围。在起诉阶段，起诉人应当提供初步证据证明其所提起诉属于公民之间、法人之间、其他组织之间以及他们相互之间因财产、人身关系产生的争议。

其次，起诉人应当提供证据证明其所提起诉属于受诉人民法院管辖范围，符合《民事诉讼法》有关级别管辖和地域管辖的规定。“原告就被告”是民事诉讼确定管辖的基本原则，理论上讲，起诉人已经提供相关证据证明被告的名称、住址等，即可确定相应的管辖法院。但在存在多个管辖法院的情况下，起诉人选择向其中一个具有管辖权的法院提起诉讼，其应当提供相关证据证明其所提起诉与受诉法院之间存在管辖连接点，如受诉法院所在地是侵权行为发生、侵害结果发生地、合同履行地等。在法律规定属于专属管辖的案件中，起诉人在起诉时应当提供相应证据证明案件与受诉法院之间存在法律规定的专属管辖连接点，例如受诉法院所在地系不动产所在地、受诉法院所在地系港口所在地等。

关于起诉证据的审查，一般应当坚持以下几个原则：

1. 形式审查原则。只要起诉证据在形式上符合了法定证据形式要求，基本可信，且能够证明当事人身份、符合启动诉讼程序的条件即可。对于证据与实体诉讼请求之间是否具有关联性、是否足以证明诉讼请求，则在所不问。当然，在司法实践中，对于起诉证据的形式审查原则，并非完全放弃基本的证据形式要件门槛。例如，当事人对于证明信息的证据，至少应当提供相关身份证、户口本、工商登记证照原件；离婚案件当事人对于婚姻关系的证明，应当提供结婚证原件等。总之，立案法官只需根据起诉人提交的证据从形式上可以推导出起诉符合《民事诉讼法》第 122 条规定的条件，依法可以启动诉讼程序即可，对于证据与诉讼请求之间的关联性、证明力大小等，均不需作出审查和判断。

2. 适度审查原则。一方面，如上文所述，“有案必立、有诉必理”不意味着对于起诉不作任何审查。在起诉阶段，应当依法对起诉是否符合《民事诉讼法》第 122 条规定的条件进行审查。但另一方面，这种审查应当遵循适度原则，既要充分保障当事人诉权，又要尽量将滥诉和恶意诉讼挡在门外，从而确保司法资源充分、合理、高效实质地用于解决社会矛盾纠纷。为做到适度审查，首先，应当将对起诉证据的审查严格限定于《民事诉讼法》第 122 条规定的事项范围，不应当任意扩大起诉人举证证明事项范围；其次，人民法院对于起诉证据的审查判断标准可以相对低于审判中的证据认证标准，只要起诉人提交的证据从形式上可以达到证明《民事诉讼法》规定的起诉条件标准即可，至于证据是否失权、证明力有无及证明力大小等，可以考虑从宽把握。

3.程序审查原则。起诉阶段，相关证据证明对象主要是起诉的程序性事项，因此对于起诉证据的审查应当遵循程序审查的原则，只要起诉证据足以满足《民事诉讼法》规定的程序启动条件（即起诉条件），即可认为起诉人完成了此阶段的举证责任。至于起诉人是否就其所提出的诉讼请求提供了充分、有力的证据，则不属于立案阶段证据审查的范围。也就是说，对于起诉证据的审查应当主要围绕其能否证明已经满足民事诉讼程序启动条件进行，而不能从实体请求角度对证据充分和必要性进行审理。因此，在实践中要尽量避免“以立代审”情况的出现，即要避免在对起诉证据进行审查时涉及相关实体权利证明事项，超出了《民事诉讼法》第122条规定的程序性事项范围，从而造成“未审先定”的局面。从这个角度讲，起诉人在起诉阶段完成了相应举证责任，意味着其所提诉讼达到了法律规定的起诉条件，可以进行实体审理，但并不意味着其在后续诉讼过程中一定能够得到胜诉的裁判。

四、辅助信息

《民事诉讼法》

第三条　人民法院受理公民之间、法人之间、其他组织之间以及他们相互之间因财产关系和人身关系提起的民事诉讼，适用本法的规定。

第五十一条　公民、法人和其他组织可以作为民事诉讼的当事人。

法人由其法定代表人进行诉讼。其他组织由其主要负责人进行诉讼。

第六十七条　当事人对自己提出的主张，有责任提供证据。

当事人及其诉讼代理人因客观原因不能自行收集的证据，或者人民法院认为审理案件需要的证据，人民法院应当调查收集。

人民法院应当按照法定程序，全面地、客观地审查核实证据。

第一百二十二条　起诉必须符合下列条件：

（一）原告是与本案有直接利害关系的公民、法人和其他组织；

（二）有明确的被告；

（三）有具体的诉讼请求和事实、理由；

（四）属于人民法院受理民事诉讼的范围和受诉人民法院管辖。

《民事诉讼法司法解释》

第九十条　当事人对自己提出的诉讼请求所依据的事实或者反驳对方诉讼请求所依据的事实，应当提供证据加以证明，但法律另有规定的除外。

在作出判决前，当事人未能提供证据或者证据不足以证明其事实主张的，由负有举证证明责任的当事人承担不利的后果。

2019年《民事证据规定》

第一条　原告向人民法院起诉或者被告提出反诉，应当提供符合起诉条件的相应的证据材料。

民事诉讼证据裁判规则第 2 条：

被告提出反诉，应当提供符合起诉条件的相应的证据

【规则描述】 根据《民事诉讼法》第 54 规定，提起反诉是被告依法享有的诉讼权利。本诉原告提起诉讼后，本诉被告可以启动相反的诉讼，用以抵销或者吞并本诉原告的诉讼请求、维护自身利益。反诉虽然在程序启动时点、当事人选择等方面一定程度上依附于本诉存在，但也具有其相对独立性，仍然是一个独立的诉。启动反诉程序也与启动本诉程序一样，必须提供符合起诉条件的证据。应当重点围绕以下几个方面进行举证：反诉当事人范围是否未超出本诉当事人范围、本诉与反诉的诉讼请求的请求权基础、反诉是否属于受理本诉人民法院管辖范围等。

一、类案检索大数据报告

时间：2020 年 8 月 3 日之前；案例来源：Alpha 案例库；案由：民事纠纷；检索条件：检索条件：（1）引用法条：2019 年《民事证据规定》第 1 条；（2）法院认为包含：被告提出反诉；（3）法院认为包含：应当提供符合起诉条件的相应的证据；本次检索获取 2020 年 8 月 3 日之前共计 35 篇裁判文书。其中：

1. 认为驳回原告诉讼请求的共计 27 件，占比为 77.15%；
2. 认为支持原告诉讼请求的共计 1 件，占比为 2.86%；
3. 认为驳回反诉请求的共计 2 件，占比为 5.71%；
4. 认为驳回起诉的共计 3 件，占比为 8.57%；
5. 认为部分支持原告诉讼请求，部分驳回的共计 2 件，占比为 5.71%。

整体情况如图 2–1 所示：

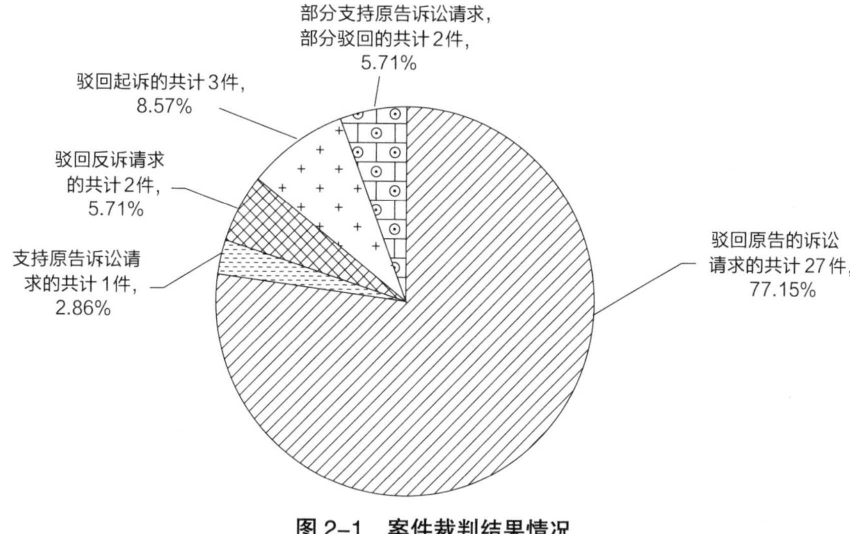

图 2-1　案件裁判结果情况

如图 2-2 所示，从案件年份分布可以看在当前条件下，涉及“反诉应当提供符合起诉条件的相应的证据”的相应的民事纠纷案例数量的变化趋势。

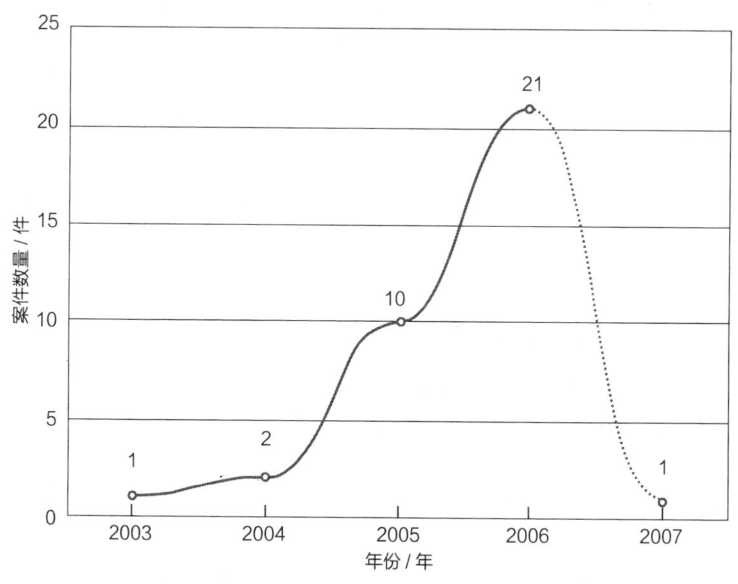

图 2-2　案件年份分布情况

如图 2-3 所示，从上面的程序分类统计可以得出当前的审理程序分布状况，其中一审案件有 29 件，二审案件有 6 件，并能够推算出一审上诉率约为 20.69%。

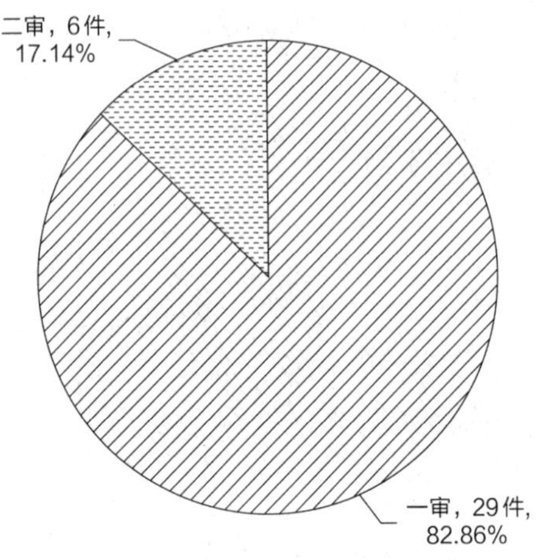

图 2-3 案件审理程序分类

二、可供参考的例案

例案一：张某与四川中大矿业有限公司缔约过失责任纠纷案

【法院】

四川省高级人民法院

【案号】

（2017）川民终540号

【当事人】

上诉人（原审原告、反诉被告）：张某

被上诉人（原审被告、反诉原告）：四川中大矿业有限公司

被上诉人（原审第三人）：江某明

【基本案情】

2009年11月3日，四川中大矿业有限公司（以下简称中大公司）注册成立；2010年2月4日，中大公司取得了四川省小金县潘安乡门子沟大理石矿的《采矿许可证》，此后安排江某明担任该矿山的现场负责人。2010年11月中旬，张某与江某明签订了《关于矿山（3号开采平台）的租赁合同》（以下简称《租赁合同》），合同签订后张某便投入生产。

2012年3月20日，因在生产中发生安全事故，矿山暂停所有作业。2012年3月

24日中大公司与死者家属达成“死亡善后处理协议书”，就死亡善后事宜达成一次性赔偿死者家属130万元的赔偿金。2012年3月28日中大公司与阿坝州金盾爆破有限公司小金分公司达成“死亡善后处理一次性赔付协议书”，由阿坝州金盾爆破公司承担死者赔偿金总额的30%即39万元，中大公司最终承担死者赔偿金91万元。后经中大公司提起确认《租赁合同》无效的诉讼，四川省小金县人民法院于2014年3月10日作出（2014）小法民初字第37号民事判决：确认该合同无效。

张某以中大公司为被告、江某明为第三人诉至法院，要求中大公司赔付张某实际损失3093617元，诉讼费用由中大公司承担。中大公司提起反诉，要求张某支付因安全事故给中大公司造成的经济损失91万元，本案诉讼费由张某承担。

一审法院经审理认为，《合同法》第58条[①]规定：“合同无效或者被撤销后，因该合同取得的财产，应当予以返还；不能返还或者没有必要返还的，应当折价补偿。有过错的一方应当赔偿对方因此所受到的损失，双方都有过错的，应当各自承担相应的责任。”张某作为完全民事行为能力人和中大公司作为取得合法采矿资质的企业法人，理应知晓采矿权不得随意转让或租赁给任何不具备采矿资质条件的第三人，对于《租赁合同》被确认为无效，双方均有过错，应当由各自承担相应损失。据此，一审法院依照《合同法》第58条[②]之规定，判决：一、驳回本诉原告张某的诉讼请求；二、驳回反诉原告中大公司的诉讼请求。本诉案件受理费31549元，由张某承担；反诉案件受理费12900元，由中大公司承担。

一审法院判决后，张某不服，认为一审程序错误、认定事实不清、适用法律错误，故持原诉请求提起上诉。其中，关于反诉提出如下上诉意见：根据《民事诉讼法》相关规定，提起反诉的实质条件是反诉与本诉的牵连性，该牵连性是指反诉请求与本诉请求有同一事实上或法律上的联系或基于诉讼标的的同一或主观权益上的联系。一审中张某以缔约过失责任纠纷提起诉讼，依据的是《租赁合同》被确认无效后缔约过失过程中的责任赔偿问题；而中大公司以追偿权纠纷提起反诉，实质是因事故造成案外第三人死亡后的侵权赔偿法律关系引起；本诉为合同之诉，反诉为侵权之诉，一审法院将两个不同法律关系合并审理违反了关于本诉、反诉合并审理的相关规定，程序错误。

被上诉人中大公司不同意张某的上诉请求，针对反诉所提出的上诉意见答辩如

① 该法已失效，《民法典》中无对应法条。

② 该法已失效，《民法典》中无对应法条。

下：本次诉讼的起因是张某认为在开采过程中有投入，产生的损失要求中大公司赔偿，中大公司提出反诉，认为张某在开采过程中，造成一村民死亡，张某逃避赔偿责任，而由中大公司垫付了赔偿费用 91 万元，中大公司要求上诉人张某承担赔偿费用，而引发反诉。因此，本诉和反诉都是基于张某开采矿山这一事实而产生，具有牵连性，合并审理完全符合《民事诉讼法》的规定。

二审法院经审理后认为：一审判决未查清当事人双方损失金额，亦未对双方的责任大小进行认定，事实认定不清，适用法律不当，依法应予纠正。上诉人张某的部分上诉请求成立，法院予以支持，依法对本案予以改判。

【案件争点】

反诉时的证据条件。

【裁判要旨】

《民事诉讼法司法解释》第 233 条规定："反诉的当事人应当限于本诉的当事人的范围。反诉与本诉的诉讼请求基于相同法律关系、诉讼请求之间具有因果关系，或者反诉与本诉的诉讼请求基于相同事实的，人民法院应当合并审理。反诉应由其他人民法院专属管辖，或者与本诉的诉讼标的及诉讼请求所依据的事实、理由无关联的，裁定不予受理，告知另行起诉。"本案中，张某起诉中大公司赔偿损失，其诉讼请求所依据的基本事实是张某与中大公司之间签订矿山平台《租赁合同》，后合同被认定为无效的事实；中大公司反诉张某支付赔偿款，系基于张某在租赁矿山平台期间发生责任事故的事实，两个诉的诉讼请求均基于张某租赁矿山平台开采这一相同的法律事实，中大公司诉张某支付赔偿款与张某诉中大公司赔偿损失具有事实上的牵连关系，中大公司提起的诉讼构成反诉。虽然中大公司提起的反诉不属于一审法院的级别管辖范围，但一审法院基于牵连管辖而获得对反诉的管辖权，不受级别管辖的限制，因此，本案涉及的本反诉可以合并审理。张某主张中大公司的起诉不构成反诉、不应合并审理，应当裁定驳回起诉的上诉理由不成立，法院不予支持。

例案二：三明鱼网网络科技有限公司与三明市芭乐网文化传媒有限公司商业诋毁纠纷案

【法院】

福建省高级人民法院

【案号】

（2017）闽民终 329 号

【当事人】

上诉人（原审原告、反诉被告）：三明鱼网网络科技有限公司

被上诉人（原审被告、反诉原告）：三明市芭乐网文化传媒有限公司

被上诉人（原审被告）：廖某平

【基本案情】

三明鱼网网络科技有限公司（以下简称鱼网公司）于 2012 年 7 月 4 日成立，经营范围为计算机软件开发等；该公司三条鱼图标已申请注册。三明市芭乐网文化传媒有限公司（以下简称芭乐网公司）于 2014 年 4 月 9 日成立，经营范围为文化艺术交流策划等。

2016 年 2 月 29 日，鱼网公司的委托代理人李某向三明市天鸿公证处申请对相关网页内容进行保全证据公证。当日，在该公证处公证员罗某、吴某现场监督下，由鱼网公司委托代理人李某使用李某微信号 ××× 登入微信，分别进入“三明碧桂园媒体交流群”“三明万达广场媒体群”“磐石新媒体交流群”微信群，对相关操作过程及内容进行截屏（共截屏 18 张）。在上述三个微信群中均有“三明芭乐网刘佳丽”发布文章《让三明人评评理，这样的商业竞争卑劣吗？》。在“芭乐网廖某平”微信号内，有评论和评论下方链接文章《让三明人评评理，这样的商业竞争卑劣吗？》。同年 3 月 2 日，鱼网公司向三明市天鸿公证处申请对相关网页内容进行保全证据公证。当日，在该公证处公证员罗某、吴某现场监督下，鱼网公司的委托代理人邹某懿使用该公证处计算机上网，在网址为 ×× 的网站上，对相关帖子的内容进行截屏（共截屏 22 页）。在该网站上，有署名作者“廖某平”发布文章《呼唤三明正义坚信文明力量》等。同年 7 月 12 日，鱼网公司再次向三明市天鸿公证处申请对相关网页内容进行保全证据公证。当日，在该公证处公证员罗某、吴某现场监督下，鱼网公司的委托代理人陈某帆使用该公证处计算机上网，在网址为 ×× 的网站上，对相关帖子的内容进行截屏（共截屏 49 张）。在该网站上的小侠龙旋风的个人空间里有发布帖子《让三明人评评理，这样的商业竞争卑劣吗？》。鱼网公司为本案诉讼支出律师代理费 3000 元、公证费用 3320 元、复印费用 63.60 元。

2016 年 3 月 25 日 15 时 30 分许，鱼网公司员工石某、丁某珍在外跑业务。经过左海（三明）家具建材有限公司时，将贴在 3 号店大门的芭乐网公司广告标贴撕毁。该行为被 3 号店店主江某用手机拍下来，并将视频发送给廖某平。丁某珍在发现廖

某平将视频发布在微信群内并附评论后，打电话告知鱼网公司老板。后石某、丁某珍找到江某要求删除视频，双方争吵，江某遂向三明市公安局徐碧派出所报警。芭乐网公司为本案诉讼支出律师代理费2000元。

鱼网公司向一审法院起诉请求：（1）芭乐网公司、廖某平赔偿其损失1万元，并承担其为制止商业诋毁行为而支出的律师代理费用3000元，公证费用2020元；（2）芭乐网公司、廖某平停止诋毁鱼网公司及其经营管理的三明鱼网的行为，删除在芭乐网及三明芭乐网微信公众号上、廖某平个人的微信号朋友圈、芭乐网公司员工的微信朋友圈已经发布的有损鱼网公司形象的信息，消除负面影响；（3）芭乐网公司、廖某平在芭乐网及三明芭乐网微信公众号和廖某平个人的微信号上、三明碧桂园媒体交流群、三明万达广场媒体群、磐石新媒体交流群等微信群以及三明地区范围内有影响的媒体上公开发布赔礼道歉的信息；（4）芭乐网公司、廖某平承担本案的诉讼费用、证据保全费用。

芭乐网公司向一审法院反诉请求：（1）鱼网公司赔偿芭乐网公司广告标贴损失4元，并承担其为制止不正当竞争行为而支出的律师代理费2000元；（2）鱼网公司立即停止实施包括但不限于撕毁、毁坏、覆盖其张贴在各场所、物件上的芭乐网广告标贴等不正当竞争行为；（3）鱼网公司恢复其在左海（三明）家具建材有限公司3号门店的4个芭乐网广告标贴原状；（4）鱼网公司在三明电视台、三明网、三明芭乐网以及其他三明地区内有影响的媒体上公开发布赔礼道歉的书面信息及不再针对其开展不正当竞争行为的书面承诺；（5）鱼网公司承担本案所有诉讼费用。

一审法院经审理后认定涉案文章《让三明人评评理，这样的商业竞争卑劣吗？》系芭乐网公司发布，《呼唤三明正义坚信文明力量》系廖某平发布。涉案文章直接指向鱼网公司。芭乐网公司、廖某平在发布及转发文章用语及表述对鱼网公司的企业形象一定程度上会产生影响，但是鱼网公司未提供证据证明其市场竞争力由此降低或芭乐网公司因此谋取了竞争优势地位及获取不当利益。故芭乐网公司及廖某平发布转发涉案文章的行为，在侵权内容和损害后果上尚未达到商业诋毁程度。经法院释明，鱼网公司拒绝以法人名誉权受侵害提起诉讼，仍以商业诋毁提起诉讼。芭乐网公司及廖某平发布上述不当言论，虽然不是针对鱼网公司的商品或服务捏造、散布虚伪事实，进行虚假陈述，但客观上对鱼网公司的名誉造成一定程度的损害，应予自行纠正。

关于芭乐网公司提起的反诉是否符合反诉条件的问题。一审法院认为，《民事诉讼法司法解释》第233条规定："反诉的当事人应当限于本诉的当事人的范围。反诉与本诉的诉讼请求基于相同法律关系、诉讼请求之间具有因果关系，或者反诉与本诉的诉讼请求基于相同事实的，人民法院应当合并审理。反诉应由其他人民法院专属管辖，或者与本诉的诉讼标的及诉讼请求所依据的事实、理由无关联的，裁定不予受理，告知另行起诉。”本案中，芭乐网公司提出的反诉符合反诉的主体要求、起诉条件、程序要求、提起时间要求。本案属于知识产权纠纷，依照相关规定，应由一审法院集中管辖。故芭乐网反诉未违反反诉关于管辖法院的要求。并且芭乐网的反诉与本诉具有事实上的牵连关系。鱼网公司起诉的事实依据是芭乐网公司的“小编YY”在计算机公众平台上发表文章《让三明人评评理，这样的商业竞争卑劣吗？》，该文列举出了包括鱼网公司实施了将其广告标贴覆盖在芭乐网广告标贴上等几种不正当竞争行为，而芭乐网反诉的事实依据是鱼网公司在相关场所和物件上恶意覆盖、撕毁芭乐网公司广告标贴。故本案反诉与本诉在事实上均有牵连关系，符合反诉的实质要件。法院确认，芭乐网公司提起的反诉符合法律规定的反诉条件。法院进一步认为，鱼网公司撕毁并覆盖芭乐网公司广告标贴的行为，虽然违反公平竞争原则，但情节显著轻微，且未包含在《反不正当竞争法》规定的11种不正当竞争行为中，故法院认定鱼网公司撕毁并覆盖芭乐网公司广告标贴的行为不构成不正当竞争。

据此一审法院判决：一、驳回鱼网公司的诉讼请求。二、驳回芭乐网公司的诉讼请求。

一审判决后，鱼网公司不服提出上诉。其中，关于芭乐网公司所提反诉，鱼网公司上诉认为，芭乐网公司的反诉请求不成立，应另案起诉。《民事诉讼法司法解释》第233条规定：“反诉的当事人应当限于本诉的当事人的范围。反诉与本诉的诉讼请求基于相同法律关系、诉讼请求之间具有因果关系，或者反诉与本诉的诉讼请求基于相同事实的，人民法院应当合并审理。反诉应由其他人民法院专属管辖，或者与本诉的诉讼标的及诉讼请求所依据的事实、理由无关联的，裁定不予受理，告知另行起诉。”本案鱼网公司起诉的事实是芭乐网公司、廖某平发布的诋毁鱼网公司的文章，系商业诋毁纠纷，属于《反不正当竞争法》第14条[①]规定的不正当竞争行为，由中级人民法院管辖。但是反观芭乐网的诉讼请求，对照《反不正当竞争法》及《最高人民法院关于审理不正当竞争民事案件应用法律若干问题的解释》，其是依

① 该法已于2019年4月23日修正，本案所涉第14条修改为第11条：“经营者不得编造、传播虚假信息或者误导性信息，损害竞争对手的商业信誉、商品声誉。”

据其已张贴的标签被撕毁的行为提起诉讼，而不是基于鱼网公司起诉的同一事实，且只是一般侵权行为，应按侵权行为确定案件管辖，即应由梅列区人民法院管辖，而非三明市中级人民法院管辖。本诉与反诉既不是基于同一法律事实（是两个完全不同的事实），两个案件的法律关系和管辖层级都不一样，一个是不正当竞争纠纷，一个是侵权纠纷，两个案件之间也没有因果关系，根本不能成立反诉。但一审法院却认定芭乐网公司成立反诉。同时，也没有任何证据证明撕芭乐网标贴的行为系鱼网公司指使或授意的。

二审法院经审理认为，鉴于一审法院对芭乐网公司的反诉请求予以驳回，芭乐网公司二审未对此提出上诉，应认定芭乐网公司对该部分的内容服判，二审法院不再进一步审查。关于鱼网公司所提其他上诉意见，二审法院予以采纳，部分支持其上诉请求。

【案件争点】

反诉时所附的证据条件。

【裁判要旨】

反诉应当符合《民事诉讼法》有关反诉诉讼主体、起诉条件、提起程序、提起时间的要求，反诉应当属于受理本诉法院管辖范围，本诉与反诉在事实上要存在牵连关系。

例案三：北京长信万林科技有限公司与武汉红卫房地产开发有限公司股权转让纠纷案

【法院】

湖北省高级人民法院

【案号】

（2016）鄂民终585号

【当事人】

上诉人（原审被告、反诉原告）：武汉红卫房地产开发有限公司

被上诉人（原审原告、反诉被告）：北京长信万林科技有限公司

被上诉人（原审第三人、反诉被告）：北京旷世达资源环境工程发展中心

原审第三人：武汉长信旷世达资源环境有限公司

【基本案情】

2011年9月15日，武汉红卫房地产开发有限公司（以下简称红卫公司）与北京旷世达资源环境工程发展中心（以下简称旷世达中心）签订《关于PCSB技术合作协议书》（以下简称《技术合作协议》），2011年9月20日，红卫公司与北京长信万林科技有限公司（以下简称长信公司）、旷世达中心三方签订《收购协议书》，2012年3月，红卫公司与长信公司、旷世达中心三方签订《补充协议》。

2014年5月12日，长信公司以红卫公司为被告、以旷世达公司、武汉长信旷世达资源环境有限公司（以下简称长信旷世达公司）为第三人，以红卫公司未按《收购协议书》《补充协议》约定支付股权转让款为由，提起本诉，请求判令：（1）红卫公司继续履行《收购协议书》《补充协议》；（2）红卫公司支付长信公司股权转让款212万元，并赔偿违约金16.6万元（合计228.6万元）等。

2014年6月11日，红卫公司以长信公司、旷世达中心为被告，以长信公司、旷世达中心未按《技术合作协议》约定按期完成项目调试为由，提起反诉，请求判令：（1）解除《技术合作协议》《收购协议书》及《补充协议》；（2）长信公司返还红卫公司已支付的120万元股权转让款，并赔偿违约金16.6万元（合计136.6万元），旷世达中心对长信公司返还转让款及违约金承担连带责任。

一审法院经审理认为，根据《民事诉讼法司法解释》第233条之规定："反诉的当事人应当限于本诉的当事人的范围。反诉与本诉的诉讼请求基于相同法律关系、诉讼请求之间具有因果关系，或者反诉与本诉的诉讼请求基于相同事实的，人民法院应当合并审理。反诉应由其他人民法院专属管辖，或者与本诉的诉讼标的及诉讼请求所依据的事实、理由无关联的，裁定不予受理，告知另行起诉。"本案红卫公司提出的反诉主张，不符合法律规定的受理条件。其一，不符合反诉的主体要求。本诉中，原告为长信公司，被告为红卫公司，第三人为旷世达中心和长信旷世达公司；反诉中，反诉原告为红卫公司，被告为长信公司（本诉原告）、旷世达中心（本诉第三人）。本诉与反诉的当事人并不相同，也不符合本诉与反诉当事人诉讼地位互换的对应关系。其二，不符合反诉受理的实质要件。本案中，长信公司提起诉讼，是基于其与红卫公司、旷世达中心的三方协议，即《收购协议书》及《补充协议》；而本诉被告、反诉原告红卫公司提起反诉，是基于其与旷世达中心的《技术合作协议》。尽管红卫公司主张三份协议是不可分割的组成部分，并主张一并解除，但从协议签订主体看，三份协议主体并不相同，设定的权利义务也并未直接交叉。其中，《收购协议书》及《补充协议》为三方协议，主要涉及红卫公司收购长信公司股权、旷世达中心予以配合的股权转让关系；《技术合作协议》为双方协议，仅涉及红卫公司与旷世达中心的技术合作关系，而长信公司并非合同当事方，《技术合作协议》也并未对长信公司设定权利和义务，其仅仅是红卫公司产生收购长信公司股权意向的动机，而非红卫公司与长信公司权利义务关系的基础，因此，本诉实为长信公司与红卫公司的股权转让纠纷，反诉实为红卫公司与旷世达中心的技术合同纠纷，本诉和反诉并非基于同一法律事实，也不属于同一法律关系。此外，反诉本质上也是一个独立的诉，本案红卫公司认为反诉存在专属管辖情形，即不属于汉阳区人民法院管辖时，本可直接向有管辖权的法院另行起诉，但红卫公司却先向汉阳区人民法院以反诉形式提起诉讼，被受理后，又立即主张汉阳区人民法院无管辖权不应受理该诉讼，有违诚信原则。因此，本案反诉不符合反诉条件，应另行起诉。综上裁定：一、驳回红卫公司的反诉；二、本诉继续审理。

红卫公司不服提起上诉，请求撤销（2015）鄂武汉中知初字第00610号民事裁定，依法裁定一审法院将本案的本诉与反诉合并审理。二审法院经审理认为，关于本案反诉能否与本诉合并审理的问题，第一，从主体要件看，《民事诉讼法司法解释》第233条规定，反诉的当事人应当限于本诉的当事人的范围。本案中，反诉原告红卫公司以本诉被告长信公司、本诉第三人长信旷世达公司为被告提起反诉，未超出本诉当事人的范围。第二，从实质要件看，《民事诉讼法司法解释》第233条规定，反诉与本诉的诉讼请求基于相同法律关系、诉讼请求之间具有因果关系，或者反诉与本诉的诉讼请求基于相同事实的，人民法院应当合并审理。本案中，本诉原告长信公司起诉本诉被告红卫公司，是依据《收购协议书》及《补充协议》的约定，认为长信公司将其与旷世达中心共同投资成立的长信旷世达公司的60%股权转让给红卫公司，红卫公司未按《收购协议书》《补充协议》的约定按期支付股权转让款，长信公司请求判令红卫公司继续履行《收购协议书》及《补充协议》，支付剩余的股权转让款及违约金。而反诉原告红卫公司起诉反诉被告长信公司和旷世达中心，则是红卫公司认为其在收购长信公司对长信旷世达公司享有的60%股权过程中，因旷世达中心未按《收购协议书》的约定在2011年10月之前完成涉案项目的试产，红卫公司请求判令解除《技术合作协议》《收购协议书》及《补充协议》，长信公司返还红卫公司已支付的120万元股权转让款及违约金，旷世达中心承担连带责任。反诉与本诉在继续履行或者解除《收购协议书》及《补充协议》、支付剩余股权转让款或者返还已支付的股权转让款这两项诉讼请求上，是基于相同的法律关系和事实，两者应当合并审理。至于反诉原告红卫公司还起诉要求解除《技术合作协议》，由于红卫公司与长信旷世达公司签订《技术合作协议》的目的是在长信公司将股权转让给红卫公司后，红卫公司与长信旷世达公司对技术合作的具体事项进行约定。且《收购协议书》约定“在办理长信公司持有长信旷世达公司股权变更手续过程中，该项目的工程技术由旷世达中心全权负责……长信公司给予积极配合，争取该项目在2011年10月底前试产”。红卫公司以涉案项目未能在约定的期限内完成试产为由提起反诉，并要求长信旷世达公司承担连带责任。上述三份协议的内容以及本诉、反诉的诉讼请求之间具有牵连和因果关系，从有利于事实的查明、纠纷的解决和减少当事人讼累的角度，一审法院应当将反诉与本诉合并审理。第三，从程序上看，《民事诉讼法司法解释》第232条规定，在案件受理后，法庭辩论结束前，被告提出反诉，可以合并审理的，人民法院应当合并审理。第233条规定，反诉应由其他人民法院专属管辖的，裁定不予受理，告知另行起诉。本案中，红卫公司在本诉受理后，法庭辩论结束前提出反诉，且反诉包含的技术合同部分一审法院也有管辖权，本案反诉由一审法院合并审理未违反法律对专属管辖的规定。第四，从案件审理的实际情况看，本案经过了两次开庭质证和一次开庭审理，两次开庭质证过程中一审法院引导当事人就本诉和反诉分别进行了举证、质证，且开庭审理过程中一审法院向当事人释明“为了避免造成当事人的讼累，将本诉与反诉合并审理”，各方当事人对此也无异议，案件后进入实体审理阶段。一审法院现裁定驳回红卫公司的反诉，程序不当。关于红卫公司主张其未违反诚信原则的上诉理由，法院认为，红卫公司在法定期限内分别对本诉提出管辖权异议和提起反诉，属于当事人行使其诉讼权利的行为，一审法院认为红卫公司的行为有违诚信原则不当，法院予以纠正。

综上，红卫公司的上诉理由成立，本案反诉应与本诉合并审理，一审法院程序错误，二审法院依照《民事诉讼法》第51条[①]、第140条[②]、第170条[③]第1款第2项，《民事诉讼法司法解释》第232条、第233条之规定，裁定：一、维持湖北省武汉市中级人民法院（2015）鄂武汉中知初字第00610号民事裁定第2项，即“本诉继续审理”；二、撤销湖北省武汉市中级人民法院（2015）鄂武汉中知初字第00610号民事裁定第1项，即“驳回武汉红卫房地产开发有限公司的反诉”；三、本案本诉与反诉合并审理。

---

① 该法已于2021年12月24日第四次修正，本案所涉第51条修改为第54条，内容未作修改。

② 该法已于2021年12月24日第四次修正，本案所涉第140条修改为第143条，内容未作修改。

③ 该法已于2021年12月24日第四次修正，本案所涉第170条修改为第177条，内容未作修改。

【案件争点】

反诉时所附的证据条件。

【裁判要旨】

在案件受理后，法庭辩论结束前，被告提出反诉，可以合并审理的，人民法院应当合并审理。反诉与本诉的诉讼请求基于相同法律关系、诉讼请求之间具有因果关系，或者反诉与本诉的诉讼请求基于相同事实的，人民法院应当合并审理。

三、裁判规则提要

反诉是在已经开始的民事诉讼程序中，被告为抵销或吞并本诉，以本诉的原告为被告，向人民法院提出的与本诉之诉讼标的和理由有牵连地保护自己民事权利和合法利益的相反诉讼。关于反诉的性质，存在“独立之诉说”“反请求说”“诉讼手段说”“相互牵连说”“抵销吞并说”等不同观点。

《民事诉讼法》第 54 条规定：“原告可以放弃或者变更诉讼请求。被告可以承认或者反驳诉讼请求，有权提起反诉。”根据《民事诉讼法》第 146 条规定，在被告已经提起反诉的情况下，如果原告经传票传唤，无正当理由拒不到庭的，或者未经法庭许可中途退庭的，可以缺席判决。此外，《民事诉讼法司法解释》第 239 条规定，人民法院准许本诉原告撤诉的，应当对反诉继续审理；被告申请撤回反诉的，人民法院应予准许。从以上三个条文来看，现行《民事诉讼法》赋予了被告提起反诉的独立诉权，而且在本诉过程中，本诉原告行使撤诉等程序权利，并不影响反诉程序推进。从这个角度来看，我国《民事诉讼法》及其司法解释采用的是“独立之诉说”。

但同时我们也应当注意到，《民事诉讼法司法解释》第 233 条对于反诉与本诉之间的牵连条件也进行了限制性规定，要求反诉与本诉的诉讼标的及诉讼请求所依据的事实、理由要存在关联，具体来讲包括以下三个方面：一是反诉的当事人限于本诉的当事人的范围。二是反诉与本诉的诉讼请求基于相同法律关系、诉讼请求之间具有因果关系，或者反诉与本诉的诉讼请求基于相同事实。三是反诉属于本诉受诉法院管辖范围。

综合现行《民事诉讼法》和司法解释的上述规定，我们可以看出，我国立法和司法解释对于反诉的性质，兼采了“独立之诉”和“相互牵连”两种观点，既承认反诉的相对独立性，同时又要求反诉与本诉存在一定关联性。

反诉的独立性体现在以下几个方面：（1）本诉当事人与反诉当事人虽然诉讼地位相反，但反诉的提起不会导致本诉原告或者本诉被告在本诉中诉讼地位的丧失或者改变，本诉的存在也不会导致反诉原告或者反诉被告在反诉中诉讼地位的丧失或者改变；（2）反诉原告提起反诉应当具备诉权，同时符合《民事诉讼法》规定的起诉条件，其本质上是一种特殊形式的起诉，反诉原告的诉权并不会因为本诉原告不行使诉权而消灭，如果本诉原告没有行使诉权，反诉原告也可以提起单独的诉讼，启动单独的诉讼程序；（3）本诉原告行使程序处分权（如撤回起诉），不会影响反诉，也不会导致反诉原告请求权的消灭，人民法院仍然要对反诉继续进行审理并作出相应裁判，当然反诉的撤回也不会影响本诉的审理；（4）在反诉中，反诉原告和反诉被告均享有《民事诉讼法》赋予当事人的完整诉讼权利，本诉的存在不会导致当事人在反诉中的诉讼权利受到限制。

但反诉的独立性又是相对的，其在一定程度上又受制于本诉，主要体现在以下几个方面：（1）在时间节点上，反诉发生在本诉诉讼系属之后，因为“本”和“反”是相对而言，没有“本”的存在，也就无所谓“反”。也就是说，如果本诉原告未行使诉权，那即使本诉被告以本诉原告作为被告起诉，其所提起之诉也不构成反诉，而只是一个一般意义上独立之诉，也就无所谓“本诉”“反诉”之分。（2）在当事人范围上，反诉当事人范围限于本诉当事人的范围，或者至少说本诉原告与反诉被告、本诉被告与反诉原告应当是同一对应的。如果反诉原告在起诉时，既将本诉原告作为反诉被告，又将其他主体（非本诉原告）列为反诉被告，或者将本诉当事人之外的其他主体列为反诉原告或者反诉第三人，是否还构成反诉？“在英美法系，反诉除了可以向本诉原告提起，还可以向第三人提起，如果第三人作为被告加入诉讼，其也可以对本诉的原告、被告提起反诉。法国禁止反诉当事人扩张，反诉当事人仅限于本诉双方当事人。《德国民事诉讼法》对反诉当事人未作特别规定。但实践中反诉当事人限于本诉当事人，不允许扩张于第三人。日本最高法院判例认为反诉系本诉被告对于本诉原告所提起者如非属于本诉当事人间不得提起反诉。即使与本诉原告有共同侵权行为关系之第三人亦不得对之提起反诉。我国台湾地区的学者也普遍认为反诉系本诉被告对于原告提起之诉讼反诉当事人不得超出本诉当事人范围。”[①] 我国《民事诉讼法》及司法解释对于反诉的诉讼主体能否扩张没有明确规定，但在司法实

---

① 张嘉军：《扩张与限制：试析两大法系两种不同反诉观》，载《安徽大学学报（哲学社会科学版）》2005 年第 2 期。

践中，反诉原被告一般都严格限定在本诉原被告范围之内，不允许诉讼主体的扩张，如果主体上进行了扩张，法官会认为突破了反诉的条件进而向当事人释明要求其另行起诉。（3）本诉与反诉之间具有关联性，或者两者的诉讼请求基于相同事实，或者两者的诉讼请求基于相同法律关系、具有因果关系。在这个问题上，英美法系与大陆法系亦是持不同的态度。英美法系对于反诉提起一般没有任何限制。英国民诉理论认为反诉是一种被告对抗原告的诉讼，反诉无需与原告的诉讼请求存在任何联系。《美国联邦民事诉讼规则》第 13 条规定，被告可以反请求的形式向原告提出任何请求，该请求并非基于对方当事人请求的诉讼标的交易或事件而产生。但大陆法系严格将反诉的客观范围限定在与本诉具有牵连关系的范围之内。《德国民事诉讼法》第 33 条第 1 款规定，反诉请求提起必须与本诉请求有牵连关系。《日本民事诉讼法》第 146 条第 1 款规定，反诉标的需以本诉标的的请求或者防御方法有关联者为限。我国台湾地区也规定反诉需与本诉有牵连。《法国民事诉讼法》原则上也要求反诉与本诉有牵连关系。我国《民事诉讼法司法解释》第 233 条第 2 款、第 3 款也明确规定："反诉与本诉的诉讼请求基于相同法律关系、诉讼请求之间具有因果关系，或者反诉与本诉的诉讼请求基于相同事实的，人民法院应当合并审理。反诉应由其他人民法院专属管辖，或者与本诉的诉讼标的及诉讼请求所依据的事实、理由无关联的，裁定不予受理，告知另行起诉。"（4）受理本诉的人民法院对反诉依法有权管辖。

从现行《民事诉讼法》及《民事诉讼法司法解释》有关反诉的规定来看，现行法律和司法解释规定提起反诉必须具备的条件包括以下几个方面：（1）反诉必须符合起诉的一般条件，即《民事诉讼法》第 122 条规定的条件，原告是与本案有利害关系的公民、法人和其他组织；有明确的被告；有具体的诉讼请求、事实及理由；属于人民法院受理民事诉讼的范围和受诉人民法院管辖。（2）从《民事诉讼法司法解释》第 232 条规定可以看出，反诉应当在人民法院受理本诉后、法庭辩论终结前提出。（3）反诉必须向受理本诉的人民法院提起，且反诉不因专属管辖的规定排除受理本诉人民法院的司法管辖权。（4）反诉的原告必须是本诉的被告，反诉的被告必须是本诉的原告，本诉原告、被告与反诉被告、原告形成一一对应关系。（5）反诉必须与本诉存在事实上或法律上的关联性，即反诉与本诉的诉讼请求基于相同法律关系、诉讼请求之间具有因果关系，或者反诉与本诉的诉讼请求基于相同事实。

由于反诉是一种"相对特殊的"诉的形式，围绕现行《民事诉讼法》及《民事诉讼法司法解释》规定的条件，本诉被告在提出反诉时，既要举证证明其所提反诉符合《民事诉讼法》第 122 条规定的起诉条件，同时还应当举证证明符合《民事诉讼法司法解释》第233条规定的条件。此节着重论述反诉原告对于《民事诉讼法司法解释》第233条的证明。与《民事诉讼法》第122条起诉条件规定有关的举证责任，在前文中已经进行了详细论述，提起反诉时参照理解和适用即可，此处不再展开。本节主要围绕《民事诉讼法司法解释》第233条规定内容展开。

（一）对反诉当事人范围的证明

反诉在诉讼主体上有相应限制。在诉讼主体方面，反诉原被告与本诉原被告之间要形成对应关系，本诉原告为反诉被告、本诉被告为反诉原告，这个问题相对明确，也无需反诉原告加以证明，在本诉原被告诉讼地位已经固定的情况下，反诉状将本诉原被告诉讼地位进行反向列写即可，无需耗费过多精力予以证明。

这里需要特别讨论的是反诉诉讼主体扩展的问题，关于反诉诉讼主体能否突破本诉当事人范围，理论界存在不同意见。

一种观点认为，反诉当事人范围应当严格限定在本诉当事人范围之内，在诉讼主体上不能扩张，立论理由主要包括：（1）限制反诉诉讼主体扩张，可以避免诉讼程序复杂化，将诉讼程序控制在相对简单的界限范围之内，避免造成诉讼冗繁、程序拖延，保证诉讼效率。（2）限制反诉诉讼主体扩张，可以防止反诉原告为拖延本诉程序而恶意滥诉，在程序上确保本诉、反诉之间的“攻防平衡”。

另一种观点认为，应当允许反诉诉讼主体的扩张，突破本诉当事人范围的限制，通过扩张保证一次性解决与本诉相关的所有纠纷，保证程序公正、诉讼效率和司法统一。立论理由主要包括：（1）本诉原告有权追加、变更诉讼请求和当事人，从程序公平和诉讼攻防手段平衡的角度，也应当允许反诉原告自由决定反诉当事人的范围。（2）有助于关联纠纷一次性解决，通过诉讼程序一揽子解决所有关联纠纷，减少当事人诉累、节省司法资源，实现诉讼经济、达到诉讼最大效益。（3）可以避免关联案件作出相互矛盾的裁判，防止因裁判不统一影响司法权威。

我国理论界通说认为，反诉的当事人应当限定于本诉的当事人。反诉、本诉的当事人必须相同，反诉的原告只能是本诉的被告，反诉的被告只能是本诉的原告。也就是说，反诉只能由本诉的被告向本诉的原告提起，反诉实际上是变更当事人的相互地位，原告变为被告，被告变为原告。反诉与本诉并存于同一诉讼程序之中，使双方当事人都同时居于原告与被告的双重诉讼地位。反诉的当事人包含了本诉当事人的范围，无论是提起反诉的主体，抑或是反诉的对象，如果超越了本诉当事人的范围，则均不构成反诉，需要另行起诉。[①]

在对反诉主体进行审查时，要兼顾两个方面，一是满足一般起诉的主体要件，即反诉原告是与案件有利害关系的人、反诉被告明确、反诉当事人具有相应的诉讼权利能力和诉讼行为能力等。具体举证规则和内容参见前文所述。二是满足反诉特定主体限制，即本诉的被告针对本诉的原告，这只需根据反诉原告所提诉状列写内容进行形式判断即可，反诉原告也无需提供专门证据。

（二）对反诉提出时点的证明

根据《民事诉讼法司法解释》第 232 条的规定，反诉应当在人民法院受理本诉后，法庭辩论终结前提出，因此反诉原告提起反诉的时点应当符合上述规定。被告提出反诉的时限，应当在法庭辩论结束前，而非一审举证期限内。[②] 一般来讲，反诉是在本诉程序中提起，本诉各个诉讼时间节点也很明确，因此反诉原告在提起反诉时，无需对此进行专门举证证明。只有在双方就反诉时点存在争议的情况下，反诉原告才需要就此进行专门证明。反诉原告在本诉中收到的立案通知书、起诉状副本签收回证、递交答辩状回执、开庭传票、庭前会议笔录、证据交换笔录等，都可以证明本诉程序节点，均可以提交用以证明反诉提起时间在本诉受理后、法庭辩论终结前。

（三）证明反诉属于受理本诉人民法院管辖

《民事诉讼法》第 36 条规定：“两个以上人民法院都有管辖权的诉讼，原告可以向其中一个人民法院起诉；原告向两个以上有管辖权的人民法院起诉的，由最先立案的人民法院管辖。”第 143 条规定：“原告增加诉讼请求，被告提出反诉，第三人提出与本案有关的诉讼请求，可以合并审理。”《民事诉讼法司法解释》第 36 条规定：“两个以上人民法院都有管辖权的诉讼，先立案的人民法院不得将案件移送给另一个有管辖权的人民法院。人民法院在立案前发现其他有管辖权的人民法院已先立案的，不得重复立案；立案后发现其他有管辖权的人民法院已先立案的，裁定将案件移送给先立案的人民法院。”第 39 条规定：“人民法院对管辖异议审查后确定有管辖权的，不因当事人提起反诉、增加或者变更诉讼请求等改变管辖，但违反级别管

---

① 参见最高人民法院民法典贯彻实施工作领导小组办公室编著：《最高人民法院新民事诉讼法司法解释理解与适用》（上），人民法院出版社 2022 年版，第 500 页。

② 江必新主编：《新民事诉讼法条文理解与适用》（上），人民法院出版社 2022 年版，第 224 页。

辖、专属管辖规定的除外。”

因此，在本诉已经由人民法院立案受理的情况下，反诉原告向受理本诉的人民法院提起反诉，按照上述第35条的规定，受理本诉的人民法院原则上依法有权管辖。但《民事诉讼法司法解释》第233条第3款同时规定，反诉应由其他人民法院专属管辖，裁定不予受理，告知另行起诉。因此，如果反诉双方当事人就此存在争议，反诉原告还应当举证证明反诉不属于应当由其他法院专属管辖范围，或者反诉专属管辖法院属于受理本诉的人民法院。

（四）证明反诉与本诉存在事实上或法律上的牵连关系

上文所述的主体、时点、管辖等条件均只属于形式条件，反诉与本诉存在关联性则是反诉成立的实质条件。根据《民事诉讼法司法解释》第233条第2款规定，反诉与本诉的诉讼请求基于相同法律关系、诉讼请求之间具有因果关系，或者反诉与本诉的诉讼请求基于相同事实的，人民法院应当合并审理。这就要求反诉与本诉诉讼标的及诉讼请求所依据的事实、理由必须存在牵连关系。因此，反诉与本诉之间是否具备牵连关系审查是反诉审查的关键所在。所谓反诉与本诉有牵连关系，是指反诉标的及请求与本诉标的及请求有牵连，这种牵连包括法律上的牵连和事实上的牵连，即反诉与本诉的诉讼请求必须在事实上或法律上有牵连关系。只有具备了这种牵连性，反诉才能成立。主流观点认为，反诉与本诉的牵连关系包括反诉的诉讼请求与本诉的诉讼请求基于同一法律事实或者属于同一法律法律关系，具体来说，本诉与反诉的牵连关系主要表现在：一是诉讼请求基于相同法律关系；二是诉讼请求之间具有因果关系；三是本诉与反诉的诉讼请求建立在相同事实基础上。

四、辅助信息

《民事诉讼法》

第五十四条　原告可以放弃或者变更诉讼请求。被告可以承认或者反驳诉讼请求，有权提起反诉。

第一百二十二条　起诉必须符合下列条件：

（一）原告是与本案有直接利害关系的公民、法人和其他组织；

（二）有明确的被告；

（三）有具体的诉讼请求和事实、理由；

（四）属于人民法院受理民事诉讼的范围和受诉人民法院管辖。

第一百四十六条 原告经传票传唤，无正当理由拒不到庭的，或者未经法庭许可中途退庭的，可以按撤诉处理；被告反诉的，可以缺席判决。

《民事诉讼法司法解释》

第二百三十二条 在案件受理后，法庭辩论结束前，原告增加诉讼请求，被告提出反诉，第三人提出与本案有关的诉讼请求，可以合并审理的，人民法院应当合并审理。

第二百三十三条 反诉的当事人应当限于本诉的当事人的范围。

反诉与本诉的诉讼请求基于相同法律关系、诉讼请求之间具有因果关系，或者反诉与本诉的诉讼请求基于相同事实的，人民法院应当合并审理。

反诉应由其他人民法院专属管辖，或者与本诉的诉讼标的及诉讼请求所依据的事实、理由无关联的，裁定不予受理，告知另行起诉。

第二百三十九条 人民法院准许本诉原告撤诉的，应当对反诉继续审理；被告申请撤回反诉的，人民法院应予准许。

2019年《民事证据规定》

第一条 原告向人民法院起诉或者被告提出反诉，应当提供符合起诉条件的相应的证据。

民事诉讼证据裁判规则第 3 条：

当事人及其代理人因客观原因不能自行收集的证据，可书面申请人民法院调查收集

【规则描述】　在辩论主义诉讼模式下，当事人负责提供证据证明其事实主张。但在现实生活中，当事人收集证据的能力受制于方方面面的因素，其收集证据的手段也不甚完备，在这种情况下，由于当事人举证不充分，很可能影响法院对于争议事实的正确认定，进而影响法院实体裁判，赋予当事人及其代理人申请人民法院调查收集证据的权利，有利于保证人民法院在发现真实的基础上保护当事人的合法民事权益，维护国家的民事法律秩序，避免简单依据举证责任作出轻率裁判。从现行《民事诉讼法》及司法解释规定可以看出，我国民事诉讼中有关证据调查收集坚持“以当事人自行调查收集为原则、以人民法院依申请调查收集或者人民法院依职权调查收集为例外”。

一、类案检索大数据报告

时间：2020 年 5 月 9 日之前；案例来源：Alpha 案例库；案由：民事纠纷；检索条件：（1）全文：申请人民法院调查收集；（2）法院认为包含：同句“因客观原因不能自行收集的证据”；（3）法院认为包含：同句“申请人民法院调查收集”；本次检索获取 2020 年 5 月 9 日之前共计 1602 篇裁判文书。其中：

1. 认为是庭审结束后申请调查收集未予准许的共计 57 件，占比为 3.56%；
2. 认为申请调查收集的证据与本案无关联性的共计 355 件，占比为 22.16%；
3. 认为超过举证期限不予准许的共计 411 件，占比为 25.66%；
4. 认为调查收集申请不符合法定条件的共计 632 件，占比为 39.45%；
5. 认为未提供证据证明调取内容系不能自行收集的共计 63 件，占比为 3.93%；

6. 法院予以调查收集的共计 43 件，占比为 2.68%；

7. 认为未提交调查收集申请的共计 41 件，占比为 2.56%。

整体情况如图 3-1 所示：

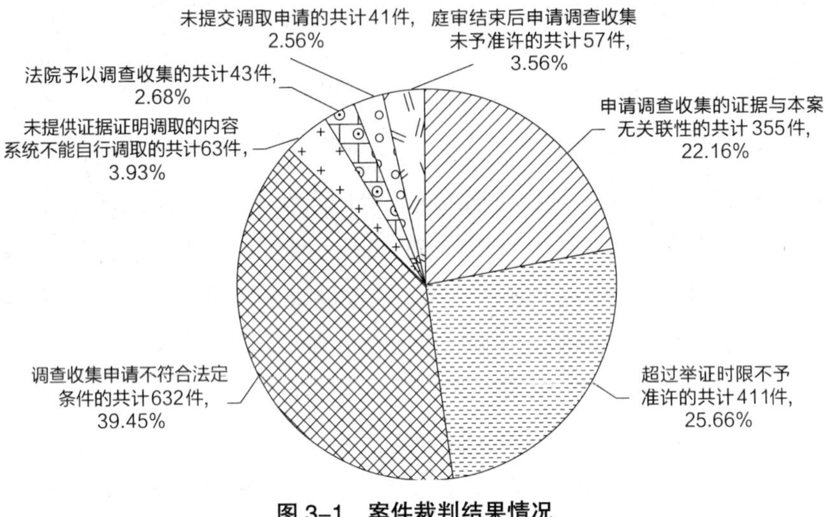

图 3-1 案件裁判结果情况

如图 3-2 所示，从案件年份分布可以看在当前条件下，涉及“因客观原因不能自行收集的证据”和“申请人民法院调查收集”条件的相应民事纠纷案例数量的变化趋势。

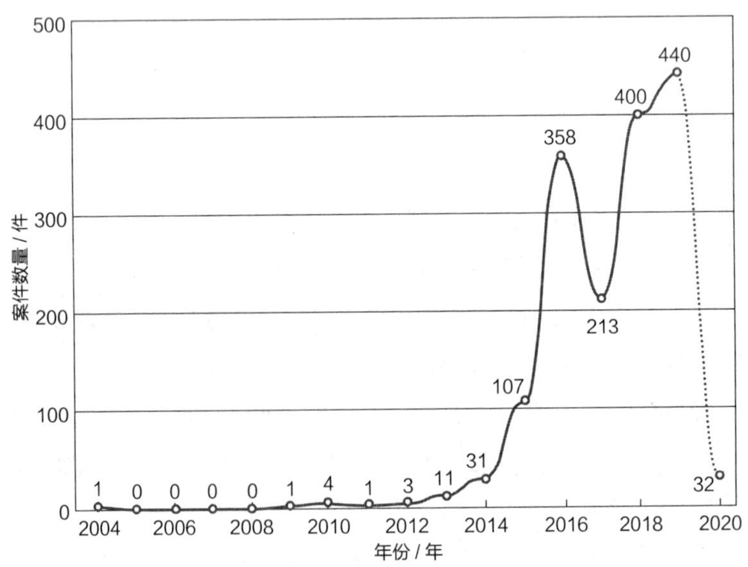

图 3-2 案件年份分布情况

如图 3–3 所示，从程序分类统计可以看到当前的审理程序分布状况。一审案件有 184 件，二审案件有 942 件，再审案件有 471 件，执行案件有 4 件，其他案件有 1 件。

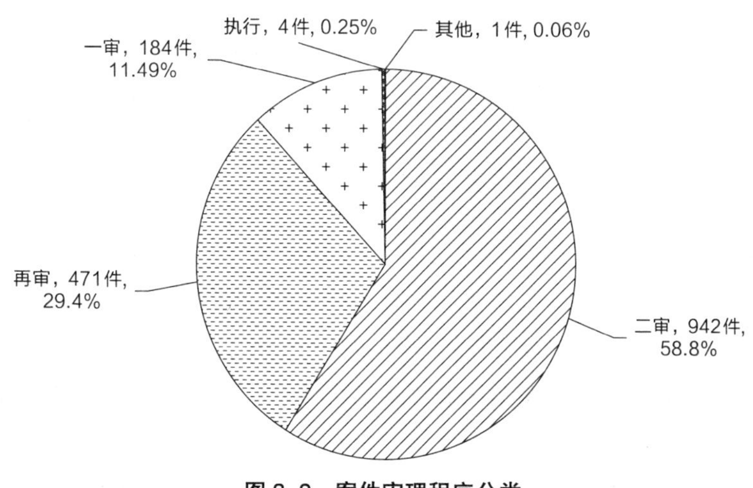

图 3–3　案件审理程序分类

二、可供参考的例案

例案一：中机建（上海）钢结构股份有限公司与中国建筑一局（集团）有限公司等建设工程施工合同纠纷案

【法院】

最高人民法院

【案号】

（2019）最高法民申 3754 号

【当事人】

再审申请人（一审原告、二审上诉人）：中机建（上海）钢结构股份有限公司

被申请人（一审被告、二审上诉人）：中国建筑一局（集团）有限公司

一审第三人：潮峰钢构集团有限公司

【基本案情】

中机建（上海）钢结构股份有限公司（以下简称中机建公司）申请再审称：一

审法院应该依职权到相关部门调取相关材料，以查明中机建公司施工的具体范围，不应对中机建公司的调查取证申请不予准许，后以证据不足驳回诉讼请求，二审维持原判错误。中机建公司依据《民事诉讼法》第200条[①]第5项、第6项的规定向法院申请再审。

中国建筑一局（集团）有限公司提交意见称，中机建公司的再审申请缺乏事实与法律依据，应当予以驳回。

【案件争点】

法院是否应当调取证据。

【裁判要旨】

关于中机建公司申请法院依职权到相关部门调取相关材料原审未予准许是否错误的问题。《民事诉讼法》第64条第2款[②]规定："当事人及其诉讼代理人因客观原因不能自行收集的证据，或者人民法院认为审理案件需要的证据，人民法院应当调查收集。"中机建公司自述其系施工方，却对施工的范围及工程量未能提交充分证据，也未能证明存在法律规定不能自行收集的情形，中机建公司申请人民法院到相关部门调取相关材料以查明其施工范围，申请事项并不明确，主张原审未能准许其申请错误，依据不足。中机建公司的该项再审申请理由，不能成立。

例案二：江苏扬州建工建设集团有限公司与乌鲁木齐长青恒大建筑安装劳务有限公司劳务合同纠纷案

【法院】

最高人民法院

【案号】

（2019）最高法民申4443号

【当事人】

再审申请人（一审被告、二审上诉人）：江苏扬州建工建设集团有限公司

被申请人（一审原告、二审上诉人）：乌鲁木齐长青恒大建筑安装劳务有限公司

---

① 该法已于2021年12月24日第四次修正，本案所涉第200条第5项、第6项修改为第207条第5项、第6项，内容未作修改。

② 该法已于2021年12月24日第四次修正，本案所涉第64条第2款修改为第67条第2款，内容未作修改。

【基本案情】

江苏扬州建工建设集团有限公司（以下简称扬州建工公司）申请再审称：（1）扬州建工公司有新证据足以推翻原判决。二审判决作出后，涉案审计机构新疆祥瑞万和工程项目管理有限公司（以下简称祥瑞万和公司）评估人员马某出具意见称：因审计机构所作《水塔山济困医院棚户区改造项目三标段劳务分包项目结算书》（以下简称《结算书》）计入了案外人张某某的工程量，该机构又依据2014年的《备忘录》作出不属于乌鲁木齐长青恒大建筑安装劳务有限公司（以下简称长青恒大公司）施工工程量价款的《情况说明》，该部分工程款应扣除。马某证言与以上证据证明二审判决没有从《结算书》的工程价款中扣减《情况说明》涉及的工程价款，是错误的。（2）二审法院未经当事人申请就到乌鲁木齐市建设委员会调查取证，程序违法。（3）二审判决判处支付全部工程价款不符合付款条件。扬州建工公司依据《民事诉讼法》第200条[①]第1项、第2项的规定向法院申请再审。

【案件争点】

法院是否可以调取证据。

【裁判要旨】

关于二审法院向乌鲁木齐市建设委员会调查取证程序是否错误的问题。《民事诉讼法》第64条第2款[②]规定："……人民法院认为审理案件需要的证据，人民法院应当调查收集。"本案中，扬州建工公司与长青恒大公司就工程量和价格发生争议，乌鲁木齐市建设委员会参与调解，了解相关情况。再审审查期间，根据法院要求，扬州建工公司补交了2016年11月29日与长青恒大公司达成的协议，协议载明："甲（即扬州建工公司，下同）乙（即长青恒大公司，下同）双方为推进水塔山济困医院棚户区改造项目工程结算，双方协议如下：甲乙双方共同委托祥瑞万和公司，按主合同约定和乙方实际完成工程量对以上项目进行审计，审计结果双方无条件接受。审计费用甲乙双方各承担一半。"二审法院向乌鲁木齐市建设委员会核实的情况与扬州建工公司提交协议所载内容可以相互印证。二审法院为查明案件事实，依职权向乌鲁木齐市建设委员会调查取证并无不当。扬州建工公司认为二审法院调查取证未经其同意，属于程序错误依据不足。扬州建工公司的该项再审申请理由不能成立。

---

① 该法已于2021年12月24日第四次修正，本案所涉第200条第1项、第2项修改为第207条第1项、第2项，内容未作修改。

② 该法已于2021年12月24日第四次修正，本案所涉第64条第2款修改为第67条第2款，内容未作修改。

例案三：大连晟瀛国际贸易有限公司与厦门全洋超杰物流有限公司大连分公司货运代理合同纠纷案

【法院】

最高人民法院

【案号】

（2019）最高法民申2679号

【当事人】

再审申请人（一审原告、二审上诉人）：大连晟瀛国际贸易有限公司

被申请人（一审被告、二审被上诉人）：厦门全洋超杰物流有限公司大连分公司

【基本案情】

大连晟瀛国际贸易有限公司（以下简称晟瀛公司）向法院申请再审称：（1）晟瀛公司在一审中提交的8张BV罚单记载案涉14份提单中有13份提单项下货物因未进行BV检测而受到刚果（金）海关处罚，SinoYare公司出具的说明和由刚果（金）海关工作人员出具的证明同样可以证明上述事实。晟瀛公司亦提供证据证明13份提单中共有36个集装箱超重。（2）厦门全洋超杰物流有限公司大连分公司（以下简称全洋超杰公司）作为货运代理人有保证出口货物安全以及符合目的港法律规定的法定义务，因违反该义务致使晟瀛公司遭受处罚，全洋超杰公司均应当承担赔偿责任。（3）二审审理期间，晟瀛公司根据二审法院的要求向刚果（金）海关部门申请出具符合该院要求的证据材料，刚果（金）海关部门明确表示其所出具的罚单完全能够证明晟瀛公司因未进行BV检测及超重原因被罚款的事实，拒绝再次为晟瀛公司出具任何与本案相关的资料，晟瀛公司已经穷尽举证责任。（4）晟瀛公司提供的证据可以证明待证事实存在高度可能性，全洋超杰公司并未提供任何相反的证据，根据《民事诉讼法司法解释》第108条第1款“对负有举证证明责任的当事人提供的证据，人民法院经审查并结合相关事实，确信待证事实的存在具有高度可能性的，应当认定该事实存在”之规定，二审判决应当认定全洋超杰公司未履行法定义务导致晟瀛公司被罚款的事实，而不应对晟瀛公司科以举证义务。（5）根据《民事诉讼法》第

64条第2款[①]“当事人及其诉讼代理人因客观原因不能自行收集的证据，或者人民法院认为审理案件需要的证据，人民法院应当调查收集”的规定，如果原审法院认为必须有直接证据才能证明晟瀛公司因未进行BV检测及超重而被刚果（金）海关处以罚款，原审法院应当依职权或者依晟瀛公司申请向刚果（金）海关调查收集相关证据，查明本案事实，但原审法院并未依法调取证据。综上，晟瀛公司根据《民事诉讼法》第200条[②]第2项、第6项的规定申请再审。

【案件争点】

法院是否应当调查取证。

【裁判要旨】

《民事诉讼法》第64条第1款[③]规定：“当事人对自己提出的主张，有责任提供证据。”二审判决认定晟瀛公司应举证证明全洋超杰公司负有为其申请办理BV检测的法定义务或者约定义务以及装载出口货物的集装箱重量超过卸货港限重标准，举证责任分配并无不当。《民事诉讼法司法解释》第96条第1款[④]规定：“民事诉讼法第六十四条第二款规定的人民法院认为审理案件需要的证据包括：（一）涉及可能损害国家利益、社会公共利益的；（二）涉及身份关系的；（三）涉及民事诉讼法第五十五条规定诉讼的；（四）当事人有恶意串通损害他人合法权益可能的；（五）涉及依职权追加当事人、中止诉讼、终结诉讼、回避等程序性事项的。”该条第2款[⑤]规定：“除前款规定外，人民法院调查收集证据，应当依照当事人的申请进行。”本案并不存在人民法院应当调查收集证据以及当事人因客观原因不能自行收集，书面申请人民法院调查收集，人民法院未调查收集的情形。

---

① 该法已于2021年12月24日第四次修正，本案所涉第64条第2款修改为第67条第2款，内容未作修改。

② 该法已于2021年12月24日第四次修正，本案所涉第200条第2项、第6项修改为第207条第2项、第6项，内容未作修改。

③ 该法已于2021年12月24日第四次修正，本案所涉第64条第1款修改为第67条第1款，内容未作修改。

④ 该司法解释已于2022年3月22日第二次修正，本案所涉第96条第1款修改为：“民事诉讼法第六十七条第二款规定的人民法院认为审理案件需要的证据包括：（一）涉及可能损害国家利益、社会公共利益的；（二）涉及身份关系的；（三）涉及民事诉讼法第五十八条规定诉讼的；（四）当事人有恶意串通损害他人合法权益可能的；（五）涉及依职权追加当事人、中止诉讼、终结诉讼、回避等程序性事项的。”

⑤ 该司法解释已于2022年3月22日第二次修正，本案所涉第96条第2款的条数、内容均未作修改。

三、裁判规则提要

司法调查权的启动有两种方式：一是依职权启动，二是依申请启动。满足《民事诉讼法》第 67 条与《民事诉讼法司法解释》第 96 条规定情形，人民法院依职权启动司法调查程序，除此之外，司法调查权的启动必须依据当事人申请进行。

当事人申请调查取证权是指在民事诉讼中，当事人及其诉讼代理人因为客观障碍，无法收集获取必要证据，请求人民法院予以帮助收集的权利。当事人申请法院调查取证权是审判方式转型背景下《民事诉讼法》赋予当事人的一项重要权利。该项权利的实现有利于法院在发现真实的基础上保护当事人的合法民事权益和维护国家民事法律秩序。

第一，赋予当事人申请调查取证权利，是人民法院发现真实的需要。《民事诉讼法》的任务是保护当事人行使诉讼权利，保证人民法院查明事实，分清是非，正确适用法律，及时审理民事案件，确认民事权利义务关系，制裁民事违法行为，保护当事人的合法权益，教育公民自觉遵守法律，维护社会秩序、经济秩序，保障社会主义建设事业顺利进行。查明事实（有学者称为“发现真实”）是民事诉讼的基本任务之一，也是实现其他任务的基础。《民事诉讼法》虽然赋予了当事人双方调查收集证据的权利，但当事人在调查收集证据过程中，并没有强大的国家强制力作为支撑，因此无法通过自身的能力获取所有诉讼所需的证据。如果人民法院不及时予以补充，则当事人因受调查收集能力所限，可能导致对某一争议事实无法充分举证，进而影响人民法院查明事实，实现民事诉讼的基本任务。

第二，赋予当事人申请调查取证权利，是保障当事人诉讼证明权利的需要。诉讼证明权利是当事人在诉讼中依法享有的至关重要的核心诉讼权利，直接关系到其诉讼请求能否得到支持。诉讼证明权利包括调查收集证据、提供证据、进行质证、围绕证据进行辩论等诸多内容。而调查收集证据是其他权利内容的基础。但在现实生活中，并非所有证据材料都可以仅凭当事人能力调查收集到，在当事人因客观原因出现调查收集证据障碍时，从保障其诉讼证明权利实现的角度，人民法院应当予以适当协助。

第三，赋予当事人申请调查取证权利，是程序公正的重要保障。《民事诉讼法》程序建构的基础是双方当事人处于平等诉讼对抗地位，但这种法律规范层面的应然平等并不等于实践中的实然平等。实践中，当事人的诉讼能力、举证能力、调查收集证据能力可能存在巨大差异，例如，单个消费者对抗庞大的现代企业，在此情况下，如果法院无视此种差异，而一味强调形式上的平等，则可能导致诉讼结果的实质不平等。在明显处于弱势的当事人因客观原因出现证据调查收集能力不足时，人民法院有必要补齐当事人取证的短板，从而确保诉讼双方在平等的平台上展开诉讼对抗。

第四，赋予当事人申请调查取证权利，是提高司法权威和司法公信力的需要。证明责任的基本内涵之一就是当事人对于自己所提出的诉讼主张负有举证证明的义务，当该义务未得到履行或者其所提交证据未达到诉讼证明标准时，承担证明责任的一方要承担不利的后果，即承担败诉的风险。赋予当事人申请调查取证的权利，可以在一定程序上弥补当事人调查收集证据能力不足的问题，与证明责任共同完成查清案件事实的作用，从而确保人民法院司法裁判更接近客观真实，提高裁判的公信力和司法权威。

当事人申请人民法院调查收集证据在我国民事诉讼发展中经历了一个相对长期的发展变化过程。

1982 年《民事诉讼法（试行）》第 56 条第 1 款较为原则地规定了“当事人对自己提出的主张，有责任提供证据”，限于当时社会发展水平和社会公众总体诉讼能力，1982 年《民事诉讼法（试行）》第 2 款明确规定“人民法院应当按照法定程序，全面地、客观地收集和调查证据”，体现了鲜明的职权主义特点，该法并未涉及当事人申请人民法院调查收集证据的内容。

随着社会发展，越来越多的纠纷涌入法院，诉讼的形式和内容也较计划经济时代发生了根本性变化，纠纷日益复杂化、专业化，传统职权主义模式应对新的纠纷解决形势已显得力不从心。1988 年召开的第十四次全国法院工作会议中明确强调了“谁主张，谁举证”的原则，强调人民法院工作重心是对证据的核实和认定。1991 年《民事诉讼法》第 64 条第 3 款规定：“人民法院应当按照法定程序，全面地、客观地审查核实证据。”从民事诉讼立法层面明确了人民法院的工作重心不是调查收集证据，而是审查核实证据。同时，1991 年《民事诉讼法》第 64 条第 2 款也规定了“当事人及其诉讼代理人因客观原因不能自行收集的证据，或者人民法院认为审理案件需要的证据，人民法院应当调查收集。”以此为标志，我国民事诉讼当事人主义的诉讼模式在举证责任方面初见端倪，我国《民事诉讼法》确立了“以当事人举证为主、以申请人民法院调查收集和人民法院依职权调查收集为辅”的基本框架，但是对于当事人申请人民法院调查收集证据的范围、条件、程序等均没有进行明确。

1992年《最高人民法院关于适用〈中华人民共和国民事诉讼法〉若干问题的意见》（已失效）第73条明确了人民法院依职权调查收集证据的范围，但对于当事人申请人民法院调查收集证据未进一步作出明确规定。1998年《最高人民法院关于民事经济审判方式改革问题的若干规定》（已失效）规定了"当事人及其诉讼代理人因客观原因不能自行收集并已提出调取证据的申请和该证据线索的，应由人民法院调查收集"，首次明确当事人申请人民法院调查取证应当提供"证据线索"，回应了当时司法实践中反映较为普遍的"当事人动动嘴、法官跑断腿"问题。

2001年《民事证据规定》对于当事人申请人民法院调查收集证据和人民法院依职权调查收集证据进行了详细的规定。2001年《民事证据规定》第15条，第16条，第17条，第18条，第19条第1款、第2款对当事人申请法院调查取证的范围、形式要件、时间要件、不予准许的救济均作出了规定，明确了在以当事人为本位的诉讼模式中，证据的收集、运用过程由当事人主导和控制，法院只起到辅助的作用。

《民事诉讼法》和《民事诉讼法司法解释》在当事人申请人民法院调查收集证据方面，沿袭了2001年《民事证据规定》的内容。2019年《民事证据规定》用专节规定了"证据的调查收集和保全"，对申请人民法院调查收集证据进行了系统规定。从制度特点来看，人民法院依当事人申请调查取证制度具有被动性、附条件性、范围限定性、程序救济性等特点，在申请主体、调查收集范围、启动条件、调查收集程序等诸多方面都应当严格遵守法律规定，既有效弥补当事人调查收集能力不足，同时又避免司法权力的"任性"。

（一）申请人民法院调查收集证据的主体

《民事诉讼法》第67条第2款规定，当事人及其诉讼代理人因客观原因不能自行收集的证据，人民法院应当调查收集。有权申请人民法院调查收取证据的主体除了当事人之外，还包括代理诉讼的律师和其他诉讼代理人。《民事诉讼法司法解释》第94条亦规定了当事人及其诉讼代理人申请人民法院调查收集证据的权利。2019年《民事证据规定》第2条第2款规定，当事人因客观原因不能自行收集的证据，可申请人民法院调查收集。从上述规定可以看出，有权申请人民法院调查收集证据的主体包括两类：一是当事人，二是当事人的诉讼代理人。

（二）当事人申请人民法院调查收集证据的范围

根据上述《民事诉讼法》第67条第2款、《民事诉讼法司法解释》第94条、

2019年《民事证据规定》第2条第2款规定，当事人申请人民法院调查收集证据总体范围是“当事人及其诉讼代理人因客观原因不能自行收集的证据”。《民事诉讼法司法解释》第94条进一步明确了“当事人及其诉讼代理人因客观原因不能自行收集的证据”包括：（1）证据由国家有关部门保存，当事人及其诉讼代理人无权查阅调取的；（2）涉及国家秘密、商业秘密或者个人隐私的；（3）当事人及其诉讼代理人因客观原因不能自行收集的其他证据。

何为“客观原因”？如何判断当事人及其诉讼代理人系因客观原因导致无法调查收集？这是法官在审判实践中首先需要判断的问题。所谓“客观原因”就是超出当事人及其诉讼代理人意志、其无法掌控的原因，当事人及其诉讼代理人穷尽一切手段也无法调查收集到。是否属于客观原因，法官需要进行内心判断，实践中一般从以下几个方面把握：

一是要结合具体案件情况、当事人诉讼和举证能力，遵循诚信原则判断所涉证据凭借当事人能力是否可以获取，不能获取是否是因为客观原因所限。

二是要始终坚持司法中立的基本原则，司法调查权只是在特定情形下为弥补当事人客观举证能力不足而行使，在正常情形下，当事人对于自己的诉讼主张要承担积极举证的义务，而不能由法院“包办”，因此法官应当审慎行使此项司法权力，尤其要避免掺入个人情感。

三是申请人民法院调查取证的权利要平等地赋予诉讼双方，对于任何一方出现了法律规定的情形，均平等地有权向人民法院申请调查取证。

四是法院依据申请启动调查收集证据程序，但如仍无法调查收集到目标证据或者依据调查收集到的证据仍然无法证明当事人所提诉讼主张，对于待证事实负有举证责任的一方当事人要因此承担不利的后果。

《民事诉讼法司法解释》第94条虽然列举规定了人民法院依申请调查收集的证据范围，但审判实践中还需要结合具体情况和条文规定对调查收集的证据内容进行判断。在审判实践中，以下证据材料一般来讲当事人及其诉讼代理人无法获取，需要人民法院调查收集：

1. 由档案管理部门（包括单位内部档案管理部门）保存的档案材料。如诊疗机构保存的主观病历、工商管理部门保存的非公开工商登记信息、税务机关保存的非公开的税收档案、土地及房屋管理部门保存的非公开房屋、土地登记档案、公安机关、司法机关保存的非公开卷宗档案等。

2. 涉及国家秘密、商业秘密、个人隐私的证据，如无司法权力介入，保存的单位或者个人有权拒绝当事人及其诉讼代理人所提出的披露请求。如未成年人犯罪记录。

3. 其他涉及案件基本事实认定、当事人及其诉讼代理人客观上无力提供的关键证据，如涉及关键事实认定的证人证言等，《民事诉讼法司法解释》赋予了法官依据个案自由裁量的权力。

（三）申请人民法院调查收集证据的形式要件和期限

《民事诉讼法司法解释》第 94 条第 2 款规定"当事人及其诉讼代理人因客观原因不能自行收集的证据，可以在举证期限届满前书面申请人民法院调查收集"，2019 年《民事证据规定》第 20 条第 1 款规定，当事人及其诉讼代理人申请人民法院调查收集证据，应当在举证期限届满前提交书面申请。因此当事人及其诉讼代理人申请人民法院调查收集证据的形式要求是"书面申请"，而且应当在"举证期限届满前"提出。如果当事人及其诉讼代理人未以书面申请形式提出或者未在举证期限届满前提出，其所提申请可能因不符合形式要件或者时间期限而不被人民法院采纳。

根据 2019 年《民事证据规定》第 20 条第 2 款规定，当事人提交的调查收集证据书面申请应当载明被调查人的姓名或者单位名称、住所地等基本情况、所要调查收集的证据名称或者内容、需要由人民法院调查收集证据的原因及其要证明的事实以及明确的线索。

（四）书面调查收集证据申请的审查

调查收集证据书面申请的审查包括几个方面：

一是提出申请的主体是否适格，有权申请人民法院调查收集证据的主体仅限于当事人和诉讼代理人，其他主体无权申请人民法院调查收集证据。

二是是否在法律规定的期限内提出，即书面申请是否在举证期限届满之前提出。

三是申请调查收集的证据是否符合《民事诉讼法司法解释》第 94 条规定的范围。

四是依据《民事诉讼法司法解释》第 95 条规定，对申请调查收集证据内容进行实质判断，即与待证事实是否存在关联、对证明待证事实有无意义、有无调查收集的必要。

此处是对审查内容予以适当的展开。当事人申请人民法院调查收集的证据，应当是与案件基本事实认定密切相关、对于人民法院查明争议事实至关重要的关键证据。也就是说人民法院在收到当事人及其诉讼代理人调查收集证据申请时，首先应当审查调查收集的必要性。如果申请调查收集的证据与解决本案争议不存在关联，或者在本案争议中无关紧要，或者证明力太弱起不到实质性的证明作用，或者超出本案争议事实所需要的证明范围，或者当事人能够通过其他可以自行收集的证据证明，人民法院都没有启动调查收集证据的程序的必要。

对于当事人及其诉讼代理人提出的符合法律规定条件且有必要的调查取证申请，人民法院应当依法予以调查收集，根据《民事诉讼法》第207条规定，对审理案件需要的主要证据，当事人因客观原因不能自行收集，书面申请人民法院调查收集，人民法院未调查收集，当事人提出再审申请的，人民法院应当再审。

（五）个人和单位配合人民法院调查取证的义务

《民事诉讼法》第70条第1款规定，人民法院有权向有关单位和个人调查取证，有关单位和个人不得拒绝。《民事诉讼法》规定了受调查单位和个人必须配合人民法院调查取证，这是法定义务，受调查单位和个人不得拒绝。

根据《民事诉讼法》第117条规定，有义务协助调查的单位拒绝或者妨碍人民法院调查取证的，人民法院除责令其履行协助义务外，并可以予以罚款。人民法院可以对其主要负责人或者直接责任人员予以罚款；对仍不履行协助义务的，可以予以拘留；并可以向监察机关或者有关机关提出予以纪律处分的司法建议。

根据《民事诉讼法》第114条规定，诉讼参与人或者其他人伪造、毁灭重要证据，妨碍人民法院审理案件的，以暴力、威胁、贿买方法阻止证人作证或者指使、贿买、胁迫他人作伪证的，对司法工作人员、诉讼参加人、证人、翻译人员、鉴定人、勘验人、协助执行的人，进行侮辱、诽谤、诬陷、殴打或者打击报复的，以暴力、威胁或者其他方法阻碍司法工作人员执行职务的，人民法院可以根据情节轻重予以罚款、拘留；构成犯罪的，依法追究刑事责任。对于有上述行为之一的单位，可以对其主要负责人或者直接责任人员予以罚款、拘留；构成犯罪的，依法追究刑事责任。

（六）人民法院调查收集证据的程序和证据形式要求

关于调查取证的程序，《民事诉讼法司法解释》第97条规定，人民法院调查收集证据，应当由两人以上共同进行。调查材料要由调查人、被调查人、记录人签名、捺印或者盖章。

关于调取证据的形式，根据《民事诉讼法》第73条、《民事诉讼法司法解释》

第111条规定，书证应当提交原件。物证应当提交原物。提交原件或者原物确有困难的，可以提交复制品、照片、副本、节录本。

根据2019年《民事证据规定》第21条至第23条的规定，可以根据不同的调取对象予以确定：

1. 如果当事人及其诉讼代理人申请人民法院调查收集书证，人民法院可以调查收集书证原件，也可以是经核对无误的副本或者复制件。如果调取书证副本或者复制件，应当在调查笔录中说明来源和取证情况。根据2019年《民事证据规定》第44条规定，摘录有关单位制作的与案件事实相关的文件、材料，应当注明出处，并加盖制作单位或者保管单位的印章，摘录人和其他调查人员应当在摘录件上签名或者盖章。摘录文件、材料应当保持内容相应的完整性。

2. 如果当事人及其诉讼代理人申请人民法院调查收集物证，人民法院应当调查收集原物。被调查人提供原物确有困难的，可以提供复制品或者影像资料。提供复制品或者影像资料的，应当在调查笔录中说明取证情况。

3. 如果当事人及其诉讼代理人申请人民法院调查收集视听资料、电子数据，应当要求被调查人提供原始载体。提供原始载体确有困难的，可以提供复制件。提供复制件的，人民法院应当在调查笔录中说明其来源和制作经过。

如果人民法院依申请调查收集到的证据可能需要进行鉴定，根据2019年《民事证据规定》第24条，应当遵守相关技术规范，人民法院应当采取必要手段，确保证据不被污染。

（七）对人民法院调查收集证据的质证

根据《民事诉讼法》第71条规定，证据应当在法庭上出示，并由当事人互相质证。对涉及国家秘密、商业秘密和个人隐私的证据应当保密，需要在法庭出示的，不得在公开开庭时出示。《民事诉讼法司法解释》第103条规定，证据应当在法庭上出示，由当事人互相质证。未经当事人质证的证据，不得作为认定案件事实的根据。当事人在审理前的准备阶段认可的证据，经审判人员在庭审中说明后，视为质证过的证据。涉及国家秘密、商业秘密、个人隐私或者法律规定应当保密的证据，不得公开质证。因此，作为认定事实依据的证据，必须经过当事人质证，人民法院依据当事人申请调查收集到的证据也不例外，需要当事人质证。

根据2019年《民事证据规定》第62条第2款规定，人民法院根据当事人申请调查收集的证据，审判人员对调查收集证据的情况进行说明后，由提出申请的当事人与对方当事人、第三人进行质证。在具体理解适用中，要注意区分人民法院依申请调查收集的证据和人民法院依职权调查收集的证据。对于人民法院依职权调查收集的证据，根据2019年《民事证据规定》第62条第3款规定，由审判人员对调查收集证据的情况进行说明后，听取当事人的意见即可，而不是"质证"。

（八）民事证据调查令

调查令是指当事人在民事诉讼中因客观原因无法取得自己需要的证据，经申请并经人民法院准许，由人民法院签发给当事人的诉讼代理律师向有关单位和个人调查收集所需证据的法律文书。《律师法》第35条第1款规定，受委托的律师根据案情的需要，可以申请人民检察院、人民法院收集、调取证据或者申请人民法院通知证人出庭作证。2015年，最高人民法院、最高人民检察院、公安部、国家安全部、司法部联合出台的《关于依法保障律师执业权利的规定》第20条明确规定，在民事诉讼过程中，律师因客观原因无法自行收集证据的，可以依法向人民法院申请调取。经审查符合规定的，人民法院应当予以调取。

在民事诉讼模式从职权主义模式向当事人主义模式转换过程中，当事人举证义务和责任越来越强化，法院依职权调查取证的范围越来越缩减，为了解决当事人调查收集证据能力的短板，民事证据调查令制度逐步在实践中被推广运用。1996年上海市第一中级人民法院试行民事调查令，授权当事人及其代理律师持法院核发的调查令向案外人直接调查收集证据，自此我国掀起了一波探索民事调查令制度的热潮。截至2018年12月中旬，全国约有26个省级行政区、20个市级行政区、9个县区级行政区制定和实施了关于调查令的地方司法规范性文件。从现有公开资料查询来看，实践中各地司法机关有关调查令的探索主要有几种形式：

一是整体规定民事诉讼中的调查令制度，对持令主体、调查范围、申领和调查程序等完整予以规定，例如《吉林省高级人民法院关于在民事诉讼中实施律师调查令的意见（试行）》《广东省高级人民法院、广东省司法厅关于在民事诉讼中实行律师调查令的规定》《河南省高级人民法院、河南省司法厅、河南省律师协会关于在民事诉讼和民事执行中实行律师调查令的若干规定》《安徽省高级人民法院关于民事诉讼调查令的实施办法（试行）》《陕西省高级人民法院关于民事诉讼调查令实施办法（试行）》《重庆市高级人民法院关于在民事诉讼中试行律师调查令的意见》《天津市高级人民法院关于在民事诉讼中实行律师调查令的若干规定（试行）》《湖南省高级人民法院关于在民事审判和执行程序中实行律师调查令的工作规程（试行）》《浙江省高级人民法院关于在民事诉讼和执行程序中试行律师调查令的若干意见》《辽宁省高级人民法院关于在民事诉讼中实行律师调查令的若干指导意见（试行）》《新疆维吾尔自治区高级人民法院关于民事诉讼证据调查令的若干规定（试行）》《福建省高级人民法院、福建省司法厅、福建省律师协会关于民事执行调查令的规定（试行）》。

二是针对不同的诉讼阶段制定调查令制度，例如《贵州省高级人民法院、贵州省司法厅关于在执行程序中使用律师调查令的若干规定（试行）》《上海市高级人民法院关于立案审查阶段适用调查令的操作规则（试行）》《江苏省高级人民法院关于执行案件使用调查令的实施意见（试行）》《北京市高级人民法院关于委托调查制度的若干意见（试行）》《北京市高级人民法院、北京市建设委员会关于规范房产执行和协助执行的有关通知》。

三是从律师执业保障角度出台相应规范，明确律师有权向人民法院申请调查令。例如《安徽省关于律师执业的若干规定》第 15 条规定，律师代理民事诉讼，自行调查难以获得相关证据时，可以向人民法院申请调查令。

但截至目前，民事调查令制度仍处在各层级司法机关个性化探索阶段，尚未在诉讼制度层面形成统一适用的规范。

总结各地法院的实践规范，可以看出当前各地推行的调查令制度具有以下特点：

第一，调查令的申请主体一般为当事人委托的律师；第二，调查令的申请条件为因客观原因无法获取证据时；第三，调查令的适用阶段涵盖了民事诉讼的起诉、审判及执行整个阶段；第四，调查令获得法院批准后，具有相应的约束力；第五，调查令由律师或基层法律服务工作者持令调查；第六，调查令的被调查者既包括单位，也包括个人。

四、辅助信息

《民事诉讼法》

第六十七条 当事人对自己提出的主张，有责任提供证据。

当事人及其诉讼代理人因客观原因不能自行收集的证据，或者人民法院认为审理案件需要的证据，人民法院应当调查收集。

人民法院应当按照法定程序，全面地、客观地审查核实证据。

第七十条 人民法院有权向有关单位和个人调查取证，有关单位和个人不得拒绝。

人民法院对有关单位和个人提出的证明文书，应当辨别真伪，审查确定其效力。

第七十一条　证据应当在法庭上出示，并由当事人互相质证。对涉及国家秘密、商业秘密和个人隐私的证据应当保密，需要在法庭出示的，不得在公开开庭时出示。

第七十三条　书证应当提交原件。物证应当提交原物。提交原件或者原物确有困难的，可以提交复制品、照片、副本、节录本。

提交外文书证，必须附有中文译本。

第二百零七条　当事人的申请符合下列情形之一的，人民法院应当再审：

（一）有新的证据，足以推翻原判决、裁定的；

（二）原判决、裁定认定的基本事实缺乏证据证明的；

（三）原判决、裁定认定事实的主要证据是伪造的；

（四）原判决、裁定认定事实的主要证据未经质证的；

（五）对审理案件需要的主要证据，当事人因客观原因不能自行收集，书面申请人民法院调查收集，人民法院未调查收集的；

（六）原判决、裁定适用法律确有错误的；

（七）审判组织的组成不合法或者依法应当回避的审判人员没有回避的；

（八）无诉讼行为能力人未经法定代理人代为诉讼或者应当参加诉讼的当事人，因不能归责于本人或者其诉讼代理人的事由，未参加诉讼的；

（九）违反法律规定，剥夺当事人辩论权利的；

（十）未经传票传唤，缺席判决的；

（十一）原判决、裁定遗漏或者超出诉讼请求的；

（十二）据以作出原判决、裁定的法律文书被撤销或者变更的；

（十三）审判人员审理该案件时有贪污受贿，徇私舞弊，枉法裁判行为的。

《民事诉讼法司法解释》

第九十四条　民事诉讼法第六十七条第二款规定的当事人及其诉讼代理人因客观原因不能自行收集的证据包括：

（一）证据由国家有关部门保存，当事人及其诉讼代理人无权查阅调取的；

（二）涉及国家秘密、商业秘密或者个人隐私的；

（三）当事人及其诉讼代理人因客观原因不能自行收集的其他证据。

当事人及其诉讼代理人因客观原因不能自行收集的证据，可以在举证期限届满前书面申请人民法院调查收集。

第九十五条 当事人申请调查收集的证据，与待证事实无关联、对证明待证事实无意义或者其他无调查收集必要的，人民法院不予准许。

第九十六条 民事诉讼法第六十七条第二款规定的人民法院认为审理案件需要的证据包括：

（一）涉及可能损害国家利益、社会公共利益的；

（二）涉及身份关系的；

（三）涉及民事诉讼法第五十八条规定诉讼的；

（四）当事人有恶意串通损害他人合法权益可能的；

（五）涉及依职权追加当事人、中止诉讼、终结诉讼、回避等程序性事项的。

除前款规定外，人民法院调查收集证据，应当依照当事人的申请进行。

第九十七条 人民法院调查收集证据，应当由两人以上共同进行。调查材料要由调查人、被调查人、记录人签名、捺印或者盖章。

第一百零三条 证据应当在法庭上出示，由当事人互相质证。未经当事人质证的证据，不得作为认定案件事实的根据。

当事人在审理前的准备阶段认可的证据，经审判人员在庭审中说明后，视为质证过的证据。

涉及国家秘密、商业秘密、个人隐私或者法律规定应当保密的证据，不得公开质证。

第一百一十一条 民事诉讼法第七十三条规定的提交书证原件确有困难，包括下列情形：

（一）书证原件遗失、灭失或者毁损的；

（二）原件在对方当事人控制之下，经合法通知提交而拒不提交的；

（三）原件在他人控制之下，而其有权不提交的；

（四）原件因篇幅或者体积过大而不便提交的；

（五）承担举证证明责任的当事人通过申请人民法院调查收集或者其他方式无法获得书证原件的。

前款规定情形，人民法院应当结合其他证据和案件具体情况，审查判断书证复制品等能否作为认定案件事实的根据。

2019年《民事证据规定》

第二条　人民法院应当向当事人说明举证的要求及法律后果，促使当事人在合理期限内积极、全面、正确、诚实地完成举证。

当事人因客观原因不能自行收集的证据，可申请人民法院调查收集。

第二十一条　人民法院调查收集的书证，可以是原件，也可以是经核对无误的副本或者复制件。是副本或者复制件的，应当在调查笔录中说明来源和取证情况。

第二十二条　人民法院调查收集的物证应当是原物。被调查人提供原物确有困难的，可以提供复制品或者影像资料。提供复制品或者影像资料的，应当在调查笔录中说明取证情况。

第二十三条　人民法院调查收集视听资料、电子数据，应当要求被调查人提供原始载体。

提供原始载体确有困难的，可以提供复制件。提供复制件的，人民法院应当在调查笔录中说明其来源和制作经过。

人民法院对视听资料、电子数据采取证据保全措施的，适用前款规定。

第二十四条　人民法院调查收集可能需要鉴定的证据，应当遵守相关技术规范，确保证据不被污染。

第六十二条　质证一般按下列顺序进行：

（一）原告出示证据，被告、第三人与原告进行质证；

（二）被告出示证据，原告、第三人与被告进行质证；

（三）第三人出示证据，原告、被告与第三人进行质证。

人民法院根据当事人申请调查收集的证据，审判人员对调查收集证据的情况进行说明后，由提出申请的当事人与对方当事人、第三人进行质证。

人民法院依职权调查收集的证据，由审判人员对调查收集证据的情况进行说明后，听取当事人的意见。

民事诉讼证据裁判规则第 4 条：

主张法律关系存在的当事人，应当对产生该法律关系的基本事实承担举证责任

【规则描述】 《民事诉讼法》第 67 条第 1 款规定，当事人对自己提出的主张应当及时提供证据。《民事诉讼法司法解释》第 90 条则从证据提出责任、证明结果责任两个方面规定了当事人的举证责任。我国现行民事诉讼中的举证责任分配基本规则概括为："主张权利存在者，应对其主张所依据的要件事实承当举证责任；否认权利存在者，应当就权利受妨碍或限制或消灭的要件事实承当举证责任。"举证责任的分配不仅涉及民事程序法，也与民事实体法密切关联。在理解举证责任分配的同时，还应当特别注意条文规定的"但法律另有规定的除外"。即除举证责任分配的一般规则之外，在部分特殊案件中基于实体法的特殊规定，举证责任分配并非按照一般规则进行。

一、类案检索大数据报告

时间：2020 年 5 月 7 日之前；案例来源：Alpha 案例库；案由：民事纠纷；检索条件：（1）引用法条：《民事诉讼法司法解释》第 91 条第 1 项；（2）全文：应当对产生该法律关系的基本事实承担举证证明责任；（3）法院认为包含：同句"主张法律关系存在的当事人"；（4）法院认为包含：同句"应当对产生该法律关系的基本事实承担举证证明责任"。本次检索获取 2020 年 5 月 7 日之前共计 3175 篇裁判文书。其中：

1. 认为负举证责任当事人未能完成举证，驳回诉讼请求的共计 1411 件，占比为 44.44%；

2. 认为特殊侵权案件等抗辩人未能未完成举证，承担不利后果的共计 43 件，占比为 1.35%；

3. 认为负举证责任的当事人已完成举证的共计 301 件，占比为 9.48%；

4. 认为被告未能提供证据证明的共计 27 件，占比为 0.85%；

5. 认为负举证责任当事人提交证据不充分，部分支持的共计 405 件，占比为 12.76%；

6. 认为负举证责任当事人未能完成举证的共计 141 件，占比为 4.44%；

7. 认为当事人（上诉人、再审申请人）未能完成举证，驳回起诉（上诉、再审申请）的共计 847 件，占比为 26.68%。

整体情况如图 4–1 所示：

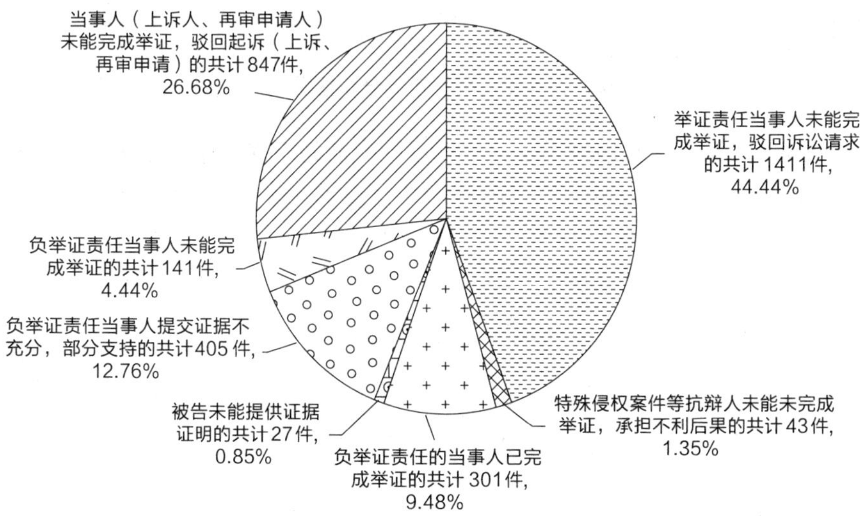

图 4–1　案件裁判结果情况

如图 4–2 所示，从案件年份分布可以看在当前条件下，涉及在引用法条：《民事诉讼法司法解释》第 91 条第 1 项的项下，包含“主张法律关系存在的当事人”和同句“应当对产生该法律关系的基本事实承担举证证明责任”，相应的民事纠纷案例数量的变化趋势。

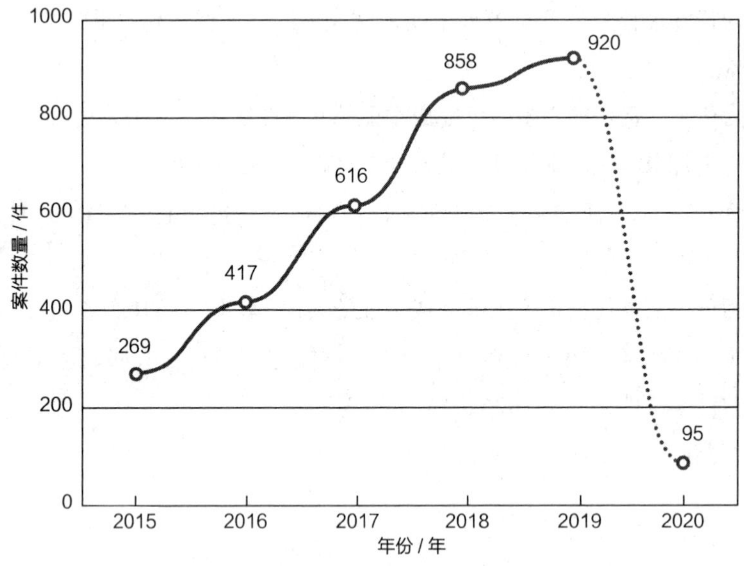

图 4–2　案件年份分布情况

如图 4–3 所示，从程序分类统计可以看到当前的审理程序分布状况。一审案件有 1698 件，二审案件有 1301 件，再审案件有 173 件，执行案件有 3 件。

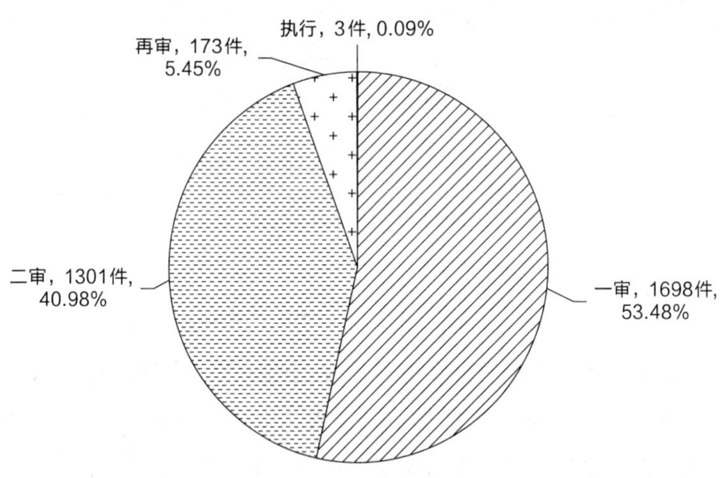

图 4–3　案件审理程序分类

二、可供参考的例案

例案一：赵某军与赵某伍民间借贷纠纷案

【法院】

最高人民法院

【案号】

（2017）最高法民终24号

【当事人】

上诉人（一审原告）：赵某军

被上诉人（一审被告）：赵某伍

【基本案情】

赵某军、刘某胜、赵某伍签订一份《借款合同》，约定借款人刘某胜分期分批向出借人赵某军借款1亿元整，实际借款以到账金额及刘某胜借款条据为准。借款期限为一年，按月利率20‰计算利息并按月结息。债务人可提前还款，债权人可提前收回本金。保证人赵某伍为刘某胜对上述借款承担连带责任担保。保证担保范围为借款本金、利息以及实现债权的费用。当日，赵某军、刘某胜和赵某伍在该合同上签名，但没有写明签约日期。赵某军当庭称：该合同签约日期处所注明的“2014年3月10日”是其妻汪某秀于2014年6月20日左右补签。

2014年3月15日、17日和22日，中锐石材公司分别向国翠置业公司、安徽大自然藏品有限公司、安徽信诚电脑有限公司、桐城市长生电脑经营部转款5笔。其中，中锐石材公司2014年3月15日向国翠置业公司转入3000万元。当日，国翠置业公司分别向安徽龙纹商贸有限公司、桐城市大自然玉文化投资有限公司、安徽信诚电脑有限公司分别转入1000万元，共计3000万元。中锐石材公司出具的说明称：2014年3月15日至22日赵某军通过该公司曾向刘某胜指定账户转款7600万元。

2014年6月19日，刘某胜因涉嫌非法吸收公众存款罪被安徽省桐城市公安局决定刑事拘留并上网追逃。同年7月14日被抓获归案。2016年1月5日，安庆市人民检察院对刘某胜提出公诉。起诉书指出刘某胜向赵某伍集资诈骗5320.110065万元。

2014年11月7日，赵某伍向安徽省桐城市公安局报案称：刘某胜与赵某军以非法占有为目的，在签订案涉合同时隐瞒真相，故意将合同签订日期提前到2014年3月10日，属于合同诈骗。

【案件争点】

主张合同关系成立的，应当对合同成立承担举证责任。

【裁判要旨】

《民事诉讼法》第64条[①]规定，当事人对自己提出的主张，有责任提供证据。《民事诉讼法司法解释》第91条规定："人民法院应当依照下列原则确定举证证明责任的承担，但法律另有规定的除外：（一）主张法律关系存在的当事人，应当对产生该法律关系的基本事实承担举证证明责任；（二）主张法律关系变更、消灭或者权利受到妨害的当事人，应当对该法律关系变更、消灭或者权利受到妨害的基本事实承担举证证明责任。"赵某军依据案涉《借款合同》请求赵某伍就案涉5880万元债权承担担保责任，即为主张赵某军与赵某伍之间就该笔债权存在担保法律关系。赵某军与刘某胜在案涉《借款合同》签订之前就存在资金往来且不存在担保人，案涉《借款合同》亦未约定赵某伍对该合同签订前的借款承担担保责任，故赵某伍仅对案涉《借款合同》签订后，为履行该合同实际交付的借款承担担保责任。依据前述《民事诉讼法》及其司法解释的规定，赵某军应就案涉5880万元借款系案涉《借款合同》项下的借款，该借款系在案涉《借款合同》签订后实际交付承担证明责任。原判决认为赵某军有义务证明案涉借款在合同签订后实际交付，符合前述《民事诉讼法》及其司法解释的规定，分配举证责任并无错误。

例案二：江西省鹤群房地产开发有限责任公司与武宁县国土资源局建设用地使用权出让合同纠纷案

【法院】

最高人民法院

【案号】

（2016）最高法民终59号

【当事人】

上诉人（一审原告）：江西省鹤群房地产开发有限责任公司

上诉人（一审被告）：武宁县国土资源局

---

① 该法已于2021年12月24日第四次修正，本案所涉第64条修改为第67条，内容未作修改。

【基本案情】

2004年2月24日，武宁县国土资源局（以下简称武宁县国土局）挂牌出让武宁县豫宁南路东侧（原武宁县二粮库）31000平方米国有土地使用权。同年3月27日，武宁县粮食局向武宁县国土局出具《关于二粮库整体拍卖后仓房重建的几点说明》，要求必须本着“拆一还一”的原则重建粮库，且拍卖资金必须进入该局专用账户进行管理等。

2004年4月30日，江西省鹤群房地产开发有限责任公司（以下简称鹤群公司）与武宁县国土局签订《国有土地使用权出让合同》约定，武宁县国土局出让位于豫宁南路东侧（原武宁县二粮库）地块国有土地使用权给鹤群公司，宗地总面积为31000平方米。武宁县国土局应于2005年4月30日前将该土地交付给鹤群公司。合同签订后，鹤群公司于2004年5月20日缴纳土地出让金70万元，加上于2004年4月9日缴纳的230万元，共计支付土地出让金300万元。2004年5月25日，武宁县国土局为鹤群公司颁发了案涉出让地块国有土地使用权证。

2004年7月8日，武宁县人民政府经研究决定，将案涉武宁县二粮库迁建至新宁镇宋家村燕子垅。同年8月3日，武宁县粮食局与武宁县新宁镇宋家村民委员会签订《土地征收补偿协议书》。因新粮库的建设及用地规划未获批准，武宁县二粮库难以拆除，武宁县国土局未能按《国有土地使用权出让合同》约定的期限交付出让土地。2009年9月武宁县人民政府召开常务会议，同意继续履行《国有土地使用权出让合同》，并请武宁县国土局就继续履行合同问题与鹤群公司再签订协议，协议内容至少要包括（但不局限于）以下内容：（1）要求开发商将所欠土地出让金交付到位，原则上一个月内到位；（2）搬迁时间要确定，分期分批交地，原则上分两期等。

2009年10月26日，武宁县国土局、武宁县粮食局与鹤群公司签订《原二粮库土地出让补充协议》约定：（1）武宁县国土局、武宁县粮食局同意分两期将二粮库46.5亩国有土地使用权交付鹤群公司。第一期交付粮库中间道路以东地块，该区域内除北侧第二栋12#粮仓装满粮食暂时无法拆除外，其余空粮库在本补充协议签订后由武宁县粮食局及时交付给鹤群公司拆除。涉及6户住房拆迁，由武宁县国土局、武宁县粮食局协助拆迁办在1至2个月完成拆迁。第二期交付剩余的粮仓及全部土地，期限截至2011年6月底（期间边搬边拆，确系不可抗力可顺延）。（2）武宁县国土局、武宁县粮食局同意将粮库西大门无偿提供给鹤群公司在小区建设期间通行，待小区建成后，如规划无需保留此通道，由武宁县粮食局封闭使用。如规划要求保留此通道，则应作为小区通道，涉及补偿事项，由双方依法协商解决。（3）鹤群公司同意自本协议签订后一个月内将所欠351万元土地出让金交付给武宁县粮食局用于新粮库建设。（4）鹤群公司同意在武宁县注册分公司对二粮库出让土地实施开发建设，所实现的税收全部依法在武宁县交纳。（5）本协议未涉及事项仍按原土地出让合同约定履行。（6）本协议自双方签字盖章后生效，均应严格履约，否则违约方应承担违约责任。（7）本协议一式三份，与土地出让合同具同等法律效力。该补充协议签订后，武宁县国土局交付了第一期土地。鹤群公司也于2009年12月1日支付了尚欠的351万元土地出让金。

鹤群公司于2009年12月7日向武宁县国土局呈报《建设用地项目呈报审批表》，拟开发建设案涉武宁县鹤群—清华苑住宅小区，武宁县国土局、武宁县人民政府分别于同年12月10日、12月12日批复同意。2010年2月4日，武宁县发展和改革委员会向鹤群公司下达《关于下达江西省鹤群房地产开发有限公司鹤群—清华苑16#、19#、20#、21#、22#商住楼基建项目的通知》。

2011年4月25日，武宁县国土局、武宁县粮食局与鹤群公司签订《原二粮库土地合同出让的第二次补充协议》，主要约定：（1）鹤群公司打算新建9#、11#、13#楼，需要地磅周边5#、6#、7#仓以东地块。武宁县粮食局同意交付该地块给鹤群公司，但鹤群公司的开发施工不得影响粮库的储粮安全。如因施工造成储粮损失，鹤群公司必须照价赔偿，并承担相应的法律责任，具体施工安排由鹤群公司同粮库签订协议再行开工。（2）二粮库剩余的全部土地交付期限截至2012年2月底（期间边搬边拆，确系不可抗力可顺延）。（3）本协议未涉及事项仍按原土地出让合同和2009年10月26日签订的补充协议约定履行。（4）本协议自双方签字盖章后生效，双方均应严格履行，否则违约方应按合同承担违约责任。（5）本协议一式三份，武宁县粮食局二份，鹤群公司一份，与原土地出让合同和2009年10月26日签订的补充协议具有同等效力。

2010年3月，武宁县粮食局与吉安市建筑安装工程总公司签订武宁县国家粮食储备库建设施工合同，该施工合同于2012年2月16日解除。2012年8月，武宁县粮食局经重新招标，将武宁县国家粮食储备库（续建）工程发包给江西嘉业建设集团公司承建。2013年9月28日，武宁县国家粮食储备库工程经验收合格。2014年2月10日，武宁县国土局向鹤群公司发出《交地通知书》，鹤群公司于同月19日签收该《交地通知书》。

【案件争点】

主张受到欺诈的证明责任问题。

【裁判要旨】

至于鹤群公司关于《原二粮库土地出让补充协议》《原二粮库土地合同出让的第二次补充协议》系受欺诈签订的上诉主张，一方面，《民事诉讼法》第64条第1款[①]规定，当事人对自己提出的主张，有责任提供证据证明。《民事诉讼法司法解释》第91条规定，主张法律关系存在的当事人，应当对产生该法律关系的基本事实承担举证证明责任；主张法律关系变更、消灭或者权利受到妨害的当事人，应当对该法律关系变更、消灭或者权利受到妨害的基本事实承担举证证明责任。根据上述法律和司法解释规定，在案涉出让合同、补充协议的形成过程及客观表现形式并不存在瑕疵的情况下，则应由鹤群公司提供证据证明武宁县国土局具有实施欺诈行为的事实，但在本案诉讼过程中鹤群公司并未提供证据加以证明，故应承担举证不能的法律后果。另一方面，从鹤群公司在案涉《原二粮库土地出让补充协议》《原二粮库土地合同出让的第二次补充协议》签订后，积极履行支付剩余土地出让金的义务来看，其系以实际履行行为明确同意上述二补充协议的内容，而不认为该二补充协议系欺诈签订。结合上述两个方面的因素，对鹤群公司关于《原二粮库土地出让补充协议》《原二粮库土地合同出让的第二次补充协议》系受欺诈签订的上诉主张，法院不予支持。一审判决依据《国有土地使用权出让合同》《原二粮库土地出让补充协议》《原二粮库土地合同出让的第二次补充协议》处理本案，事实依据充分，法院予以确认。

例案三：杨某琴与福建省惠建发建设工程有限公司等承包合同纠纷案

【法院】

最高人民法院

【案号】

（2017）最高法民申178号

【当事人】

再审申请人（一审原告、二审被上诉人）：杨某琴

被申请人（一审被告、二审上诉人）：福建省惠建发建设工程有限公司

被申请人（一审被告、二审上诉人）：福建省惠建发建设工程有限公司漳州分

---

① 该法已于2021年12月24日第四次修正，本案所涉第64条第1款修改为第67条第1款，内容未作修改。

公司

一审第三人：林某隆

【基本案情】

杨某琴申请再审称，案涉工程系何某宁挂靠中标后转给杨某琴承包，杨某琴为此支付给何某宁143万元，并支付保证金及各项费用给福建省惠建发建设工程有限公司（以下简称惠建发公司）、福建省惠建发建设工程有限公司漳州分公司（以下简称惠建发漳州公司），后由于杨某琴无法自己施工，又把工程转包给林某隆。二审判决认定杨某琴与惠建发公司、惠建发漳州公司不存在建设工程施工承包法律关系错误。二审法院在开庭后调取林某隆的陈述不属于新证据，其做法违背《民事诉讼法》及司法解释的规定，该陈述不应作为定案依据。惠建发公司、惠建发漳州公司未提供证据证明其与林某隆存在债权债务关系，其认可收到案涉资金并用于项目建设，即负有返还杨某琴款项的责任。杨某琴系根据《民事诉讼法》第200条①第2项、第6项之规定申请再审。

【案件争点】

是否存在工程承包关系的举证责任承担。

【裁判要旨】

《民事诉讼法司法解释》第91条第1项规定："主张法律关系存在的当事人，应当对产生该法律关系的基本事实承担举证证明责任。"杨某琴主张其因与惠建发公司、惠建发漳州公司存在工程承包关系而向两公司支付了工程保证金，应当就该事实主张承担举证证明责任。现杨某琴提交的证据仅能证明其向惠建发漳州公司支付款项271万元的事实，但就其与惠建发公司、惠建发漳州公司存在工程承包关系，未提供证据证明。此外，惠建发漳州公司、惠建发公司与林某隆签订的《经营责任制承包合同》以及惠建发漳州公司、惠建发公司向招标代理单位等实际缴付保证金的时间，均早于杨某琴向惠建发公司、惠建发漳州公司转账的时间，且杨某琴的转账数额与两公司实际向案外人缴付保证金的数额不相符。在杨某琴向两公司完成转账后的次日，林某隆与杨某琴之夫郑某德签订一份《借款协议书》，约定林某隆为完成案涉项目建设向郑某德借款547万元，并委托郑某德向惠建发漳州公司负责拨款等事项。在此情况下，二审判决对杨某琴主张其与惠建发公司、惠建发漳州公司间存在工程承包关系未予采信并无不当。

---

① 该法已于2021年12月24日第四次修正，本案所涉第200条第2项、第6项修改为第207条第2项、第6项，内容未作修改。

三、裁判规则提要

关于举证责任分配的基本理论，存在不同的学说和观点，但主要就是两大类："一类是从案件事实出发，根据待证事实的性质和特征来分配证明责任，称为待证事实分类说，包括消极事实说、外界事实说、推定说、基础事实说等；另一类是法律要件事实分类说、规范说以及后来的新说等都可统称为'法律要件分类说'。"[①]法律要件分类说以德国学者罗森贝克提出的规范说最具有代表性，我国《民事诉讼法司法解释》在《民事诉讼法》第66条的基础上，借鉴了法律要件分类说的基本观点，明确了举证责任分配的一般规则。[②]即以民事实体法为基石，并在此基础上建立举证责任分配的整体框架。将民事实体法规范分为两大类：一为权利发生规范，也即基本规范，是指能够引发权利发生的法律规范。二是对立规范，包括权利妨碍规范，即在权利发生开始时妨碍权利发生的效果，使权利不能发生的法律规范；权利消灭规范，即在权利发生之后使已经存在的权利归于消灭的法律规范；权利限制规范，即在权利发生之后，权利人欲行使权利时，能够使权利的效果予以遏制或消除，从而使权利不能实现的法律规范。在上述对实体法规范分类的基础上，规范说认为，凡主张权利存在的当事人应当对权利发生的法律要件存在的事实负举证责任，否认权利存在的当事人应当就权利妨碍法律要件、权利消灭法律要件或者权利限制法律要件存在的事实负举证责任。[③]

2001年《民事证据规定》第4条、第5条、第6条分别规定了特殊侵权、合同纠纷、劳动争议案件中的举证责任分配规则，同时在第7条中规定"在法律没有具体规定，依本规定及其他司法解释无法确定举证责任承担时，人民法院可以根据公平原则和诚实信用原则，综合当事人举证能力等因素确定举证责任的承担"。2019年《民事证据规定》删除了上述4个条文规定，不再以列举的方式对举证责任分配进行规定，也不再规定法无明文规定时法官对于举证责任分配的自由裁量，而是在《民事诉讼法司法解释》第91条中将上述第4条、第5条、第6条、第7条规定抽象为

① 张永泉：《民事诉讼证据原理研究》，厦门大学出版社2005年版，第180页。

② 最高人民法院民事审判第一庭：《民事诉讼证据司法解释的理解与适用》，中国法制出版社2002年版，第24页。

③ 参见最高人民法院民法典贯彻实施工作领导小组办公室编著：《最高人民法院新民事诉讼法司法解释理解与适用》(上)，人民法院出版社2022年版，第253~254页。

民事诉讼中举证责任分配的基本规则，即“人民法院应当依照下列原则确定举证证明责任的承担，但法律另有规定的除外：（一）主张法律关系存在的当事人，应当对产生该法律关系的基本事实承担举证证明责任；（二）主张法律关系变更、消灭或者权利受到妨害的当事人，应当对该法律关系变更、消灭或者权利受到妨害的基本事实承担举证证明责任”。相较于2001年《民事证据规定》《民事诉讼法司法解释》更为抽象和概括，也是我国民事诉讼立法和司法解释首次对民事诉讼中的举证责任分配基本规则进行概括性规定。

从《民事诉讼法》第67条以及《民事诉讼法司法解释》第90条、第91条规定可以看出，我国民事诉讼立法及司法解释主要采取的是法律要件分类说，将法律要件事实分为权利发生规范、权利消灭规范、权利变更规范和权利受限规范，根据不同规范确定举证责任分配。但从《民事诉讼法》第67条第2款、第3款也看出我国民事诉讼中还保留了部分职权探知主义的色彩。

鉴于举证责任分配既是民事诉讼程序法规范的内容，也涉及民事实体法规范，人们将举证责任分配问题称为“两栖问题”，这个问题横跨了民事实体法和民事程序法两个法域，也是理论和实践中争辩最多的问题之一，因此也学说纷呈，概括而言，主要包括以下几种学说：

1. 法律要件分类说。德国法学家罗森贝克是法律要件分类说的代表，按照罗氏理论，举证责任分配要根据实体法律规范规定的法律要件不同分类予以确定。罗森贝克将民事实体法分为能够引起权利产生的发生规范和能够引起对抗（抑制）权利产生的变动规范两大类。权利变动规范又细分为权利妨害规范、权利消灭规范和权利受制规范。根据罗氏理论，主张权利存在者应就权利发生的法律要件存在的事实举证；否认权利存在（或者受到妨害、权利受制）者，应就权利妨害法律要件、权利消灭法律要件或权利受制法律要件的存在事实承担举证责任。

2. 危险领域说。此学说把证明的难易和有利于防止损害的发生作为举证责任分配的根据，即根据当事人在法律上或者事实上对于危险领域的支配能力作为举证责任分配的依据，由对危险领域支配能力强者承担举证责任。这在医疗损害、环境污染、高度危险责任、饲养动物损害案件中最为常见。例如，根据《民法典》第1230条[①]规定，环境污染案件中，污染者要对其行为与损害之间不存在因果关系承担举证

①　对应《民法典》第1230条：“因污染环境、破坏生态发生纠纷，行为人应当就法律规定的不承担责任或者减轻责任的情形及其行为与损害之间不存在因果关系承担举证责任。”

责任，而不是由受害人对损害与侵害行为之间存在因果关系承担举证责任。《侵权责任法》之所以如此规定，就是相较于受害人，污染者对于污染危险的发生、控制及可能造成的后果更具有掌控和支配的能力，因此《民法典》作出了上述规定。

3. 盖然性说。即当事实处于真伪不明状态时，如根据统计资料或人们的生活经验，该事实发生的盖然性高，主张该事实发生的当事人不负举证责任，而由对方当事人对该事实未发生负举证责任。也就是说，以当事人的主张是否与日常生活经验的概率大致相符，如大致相符其不承担举证责任，如与日常生活经验不相符则其应当就此承担举证责任。例如，根据诚信原则，在合同法律关系中，受要约人向要约人作出承诺，承诺生效时合同即告成立，这是符合一般生活经验的大致概率。但如果受要约人主张其受胁迫作出承诺，其应当就受到胁迫的事实承担举证责任，而且根据《民事诉讼法司法解释》第 109 条规定，其对于受胁迫事实的证明要达到“人民法院确信该待证事实存在的可能性能够排除合理怀疑”的标准，这一证明标准明显高于第 108 条规定的高度盖然性标准。

4. 损害归属说。该学说主张举证责任的分配要以公平正义为基本原则，同时将这一基本原则细化为盖然性原则、保护原则、担保原则、信赖原则、社会危险分担原则。2001 年《民事证据规定》第 7 条中规定的“在法律没有具体规定，依本规定及其他司法解释无法确定举证责任承担时，人民法院可以根据公平原则和诚实信用原则，综合当事人举证能力等因素确定举证责任的承担”，即体现了 2001 年《民事证据规定》中采用了在法无明文规定时，由法官依据公平正义原则分配举证责任的观点。

举证责任的分配事关当事人权利的实现，是民事诉讼的核心问题之一。确定举证责任分配的因素是复杂多样的，甚至是发展变化的，举证责任的分配也不是由某一个因素所确定的，它往往是众多因素综合的结果，因此举证责任的分配应当遵循以下基本原则：

第一，体现和实现实体法律规范的立法目的和价值追求。举证责任分配横跨民事实体法和程序法两大法域，举证责任分配实质上就是在分配事实真相真伪不明时的败诉风险。在诉讼程序过程中，分配举证责任不能脱离相应实体法律规范的立法目的。比如，在劳动争议案件中，相关劳动争议法律规范大多以特殊保护劳动者权益作为出发点，因此在分配举证责任时，不能偏离这一基本价值判断。

第二，举证责任分配要有利于促进查明真实。虽然举证责任分配本质上是对败诉风险的分配，但在具体适用时，不能简单以败诉风险负担为由消极查明真实。相反，法官应当从最有利于查明真实的角度将待证事实的举证责任公平地分配给一方当事人，通过举证责任的合理分配，促成当事人积极地提供证据还原客观真实情况，从而确保人民法院裁判尽可能地“接近客观真实”。

第三，举证责任的分配要体现程序公正的价值准则。举证责任分配本质上是在分配程序的公平与正义，必须建立在诉讼双方平等对抗、法官中立的基础上。法官中立是举证责任分配顺利运行的基础和保障，如果没有法官的中立，必然造成举证责任分配不公平，从而难以实现公平和正义的合理分配。对于某一待证事实，双方当事人的证明条件、证明能力往往是不对等的，实践中经常出现一方占有或接近证据材料，有条件和有能力收集并提供证据，另一方远离证据材料又缺乏必要的收集证据的条件和手段的情况。在此情况下，要根据当事人举证能力、条件等，合理地分配举证责任，从而确保公平。对于持有证据但无正当理由拒不提交、影响查明案件事实者，要适用对其不利的“反向推定”，从而促使其积极提交与待证事实相关的证据。例如，《民事诉讼法司法解释》第 112 条规定：“书证在对方当事人控制之下的，承担举证证明责任的当事人可以在举证期限届满前书面申请人民法院责令对方当事人提交。申请理由成立的，人民法院应当责令对方当事人提交，因提交书证所产生的费用，由申请人负担。对方当事人无正当理由拒不提交的，人民法院可以认定申请人所主张的书证内容为真实。”

第四，举证责任的分配要符合诉讼经济的要求。即要用最小的举证成本实现最大限度查明真实的效果，从而节约当事人及人民法院的诉讼成本和司法资源。

一般认为，举证责任的分配具有法定性，因此在理解适用《民事诉讼法司法解释》第 91 条规定时，法官应当遵循以下基本逻辑步骤：

第一步，如果实体法对于案涉待证事实举证责任分配有明确规定的，应当根据实体法相关规定分配举证责任；

第二步，如果实体法对于案涉待证事实举证责任分配没有明确规定，应当对案涉待证事实是属于权利发生规范，还是属于权利消灭规范，还是权利妨害规范，还是权利限制规范进行识别判断；

第三步，在第二步识别判断基础上，根据《民事诉讼法司法解释》第 91 条规定分配举证责任。

为了便于理解和掌握，本书对相关实体法中对于举证责任分配的规定予以梳理。当然，要在浩如烟海的实体法律规范条文中提炼出所有举证责任分配规则是不可能的，因此本书仅在相对典型的法律规范中对举证责任分配的规定予以简单梳理。

《民法典》“合同编”中有关举证责任分配的相关规定：

（1）不可抗力的举证责任。《民法典》第 590 条规定："当事人一方因不可抗力不能履行合同的，根据不可抗力的影响，部分或者全部免除责任，但是法律另有规定的除外。因不可抗力不能履行合同的，应当及时通知对方，以减轻可能给对方造成的损失，并应当在合理期限内提供证明。当事人迟延履行后发生不可抗力的，不免除其违约责任。"（2）买受人的举证责任。《民法典》第 614 条规定："买受人有确切证据证明第三人对标的物享有权利的，可以中止支付相应的价款，但是出卖人提供适当担保的除外。"（3）客运合同承运人的举证责任。《民法典》第 823 条规定："承运人应当对运输过程中旅客的伤亡承担赔偿责任；但是，伤亡是旅客自身健康原因造成的或者承运人证明伤亡是旅客故意、重大过失造成的除外。前款规定适用于按照规定免票、持优待票或者经承运人许可搭乘的无票旅客。"（4）货运合同承运人的举证责任。《民法典》第 832 条规定："承运人对运输过程中货物的毁损、灭失承担赔偿责任。但是，承运人证明货物的毁损、灭失是因不可抗力、货物本身的自然性质或者合理损耗以及托运人、收货人的过错造成的，不承担赔偿责任。"（5）保管合同保管人的举证责任。《民法典》第 897 条规定："保管期内，因保管人保管不善造成保管物毁损、灭失的，保管人应当承担赔偿责任。但是，无偿保管人证明自己没有故意或者重大过失的，不承担赔偿责任。"等。

《民法典》"侵权责任编"中的举证责任规定。

（1）行为人的举证责任。《民法典》第 1165 条规定："行为人因过错侵害他人民事权益造成损害的，应当承担侵权责任。依照法律规定推定行为人有过错，其不能证明自己没有过错的，应当承担侵权责任。"（2）幼儿园、学校或者其他教育机构的举证责任。《民法典》第 1199 条规定："无民事行为能力人在幼儿园、学校或者其他教育机构学习、生活期间受到人身损害的，幼儿园、学校或者其他教育机构应当承担侵权责任；但是，能够证明尽到教育、管理职责的，不承担侵权责任。"（3）污染环境、破坏生态发生纠纷中行为人的举证责任。《民法典》第 1230 条规定："因污染环境、破坏生态发生纠纷，行为人应当就法律规定的不承担责任或者减轻责任的情形及其行为与损害之间不存在因果关系承担举证责任。"（4）用核设施的营运单位的举证责任。《民法典》第 1237 条规定："民用核设施或者运入运出核设施的核材料发生核事故造成他人损害的，民用核设施的营运单位应当承担侵权责任；但是，能够证明损害是因战争、武装冲突、暴乱等情形或者受害人故意造成的，不承担责任。"（5）民用航空器的经营者的举证责任。《民法典》第 1238 条规定："民用航空器造成他人损害的，民用航空器的经营者应当承担侵权责任；但是，能够证明损害是因受害人故意造成的，不承担责任。”等。

在产品质量和消费者权益保护领域，也有相关举证责任分配的规定。《产品质量法》第41条规定，缺陷产品致人损害中，生产者对于法律规定的三个免责事由承担举证责任。第55条规定，销售禁止销售的产品，销售者对于其主观不明知负有举证责任。《消费者权益保护法》第8条规定，经营者对于提供商品的价格、产地、生产者、用途、性能、规格、等级、主要成份、生产日期、有效期限、检验合格证明、使用方法说明书、售后服务，或者服务的内容、规格、费用等有关情况负有举证责任。第23条规定，经营者对于机动车、计算机、空调等耐用商品或者装饰装修服务六个月内发现的瑕疵承担举证责任。

在劳动争议案件中也有举证责任分配的规定。《劳动争议调解仲裁法》第49条规定，用人单位对于劳动争议仲裁裁决具有可撤销的情形负有举证责任。《工伤保险条例》第19条第2款规定，职工或者其近亲属认为是工伤，用人单位不认为是工伤的，由用人单位承担举证责任。

以上仅是对实体法中对于举证责任分配规定的简单列举，仅仅是浩如烟海的举证责任分配规则中极小的一部分，法官在审理具体个案中，需要根据案件“找法”，确定相关实体法中对于诉讼中的待证事项的举证责任分配是否有明确规定，如有规定应该严格按照实体法中的相关规定分配举证责任。但对于千变万化的社会生活，成文法规范总会存在空白，成文法规定不可能列举现实生活中的所有情况。如果相关实体法对于待证事项的举证责任分配未予以明确，则法官需要对待证事项属于何种规范进行识别，根据不同规范类型确定举证责任的分配。权利发生规范是使权利或者法律关系发生的规范，是肯定权利的存在，由主张权利或者法律关系发生的一方当事人举证证明。权利妨碍规范则是阻碍权利或者法律关系发生的规范。权利消灭规范是指使权利或法律关系消灭的规范。权利受限规范是指既有权利受到限制的规范。权利妨碍规范和权利消灭规范是否定权利的存在，由主张妨碍、消灭权利的一方当事人即主张权利发生的相对方来举证证明。

何为“权利发生规范”，即某一特定法律事实的出现，即产生某项特定权利的规范。例如，《民法典》第230条规定：“因继承取得物权的，自继承开始时发生效力。”即当发生了继承或者受遗赠的法律事实，就产生了继承人或者受遗赠人取得物权的法律效果，这就是典型的“权利发生规范”。

何为“权利消灭规范”，即某一特定法律事实的出现，即产生消灭既有权利的规范。例如，《民法典》第231条规定：“因合法建造、拆除房屋等事实行为设立或者消灭物权的，自事实行为成就时发生效力。”一旦发生了合法拆除的事实行为，房屋既有的物权即告消灭。

何为“权利妨害规范”，即某一特定法律事实的出现，即产生妨害某项既有权利的规范。例如，根据《民法典》第527条规定：“应当先履行债务的当事人，有确切证据证明对方有下列情形之一的，可以中止履行：（一）经营状况严重恶化；（二）转移财产、抽逃资金，以逃避债务；（三）丧失商业信誉；（四）有丧失或者可能丧失履行债务能力的其他情形。当事人没有确切证据中止履行的，应当承担违约责任。”先履行债务人有证据证明存在特定情形时，其享有不安抗辩权，对方要求其先履行合同义务的权利即受到妨害，不安抗辩权人有权以中止履行的方式对抗合同对方当事人要求其履行合同的权利。

法律规范的识别倚赖于当事人的诉讼请求权的基础，因此法官在对案涉待证事实法律规范要件进行识别时，要明确当事人请求权基础。一般来讲，当事人的请求权基础相对明确，比如基于侵权事实基础、基于合同约定事实基础等，但在某些情况下，当事人提出的请求权基础不甚明确或者存在请求权竞合的情况，此时就需要法官在识别判断之前予以必要释明。例如，在加害给付的情况下，出现了合同请求权与侵权请求权的竞合，此时需要法官予以释明，由当事人选择并明确请求权的基础，法官在当事人选择明确的基础上对案涉待证事实属于何种法律规范进行识别和判断。如果法院通过解释能够确定当事人请求权基础的，可以直接确定；如果不能确定的，应当向当事人说明其请求权基础尚不明确的事实以及当事人在指定期限内不明确选择的后果，而不是代当事人作出选择。法官之所以要予以必要释明并由当事人作出明确选择，是因为承担举证责任的主体是当事人而不是法院，当事人有义务向法官说明其以什么理由提起诉讼，法官根据证据和法律规定审查判断当事人据以起诉的事实是否成立、在法律上是否应当得到支持。如果法院代替当事人作出选择和明确，则有违法院居中裁判的立场。

综上，“主张法律关系存在的当事人，应当对产生该法律关系存在的基本事实承担举证责任”实质上就是权利发生规范的举证责任分配规则，即主张权利产生规范的当事人对此基本事实负有举证责任。当事人对自己提出的诉讼主张负有举证义务是举证责任的一般规则。但是，在具体诉讼中，当事人需要举证的内容并非单一不变的，随着诉讼进程的推进和当事人诉辩主张的变化，举证的主体可能随着发生变化。此外，在不同类型的诉讼中，当事人承担举证责任的程度也是有所区别的，有的案件中当事人需要承担完全证明责任，有的案件中当事人仅需要承担初步证明责任。举证责任分配规则，仅仅是从抽象的角度考虑，规定提出主张的一方应当提供证明自己主张成立的证据，而不可能考虑到每一种案件中具体的举证责任如何分配，因此除了实体法律中对于举证责任负担有明确规定之外，还需要法官根据程序法和实体法规则以及具体案件情况对于举证责任予以合理分配。

一般来讲，原告主张其存在某项权益需要司法保护，其应当就该权益产生的基本事实承担举证责任，当其举证达到法定证明标准，法官形成较高程度心证后，如果被告提出抗辩，则被告应当就其抗辩（双方之间的权利义务关系已经消灭—权利消灭规范、双方之间的权利义务关系已经发生变更—权利变更规范、原告主张的权利应当受到一定限制—权利受限规范）所依据的事实承担相应举证责任。

如果原告就其主张的基本事实没有完成举证责任、所提供证据不足以让法官形成较高心证，则被告就其抗辩无需抗辩或者就抗辩进行举证，原告败诉。如果原告举证已经能够让法官形成较高心证程度，而被告就其抗辩未提供相应证据、原告举证已经达到高度盖然的标准，则原告完成举证责任，由被告承担败诉后果。

如果原告举证虽足以让法官形成较高心证，但被告提出抗辩并且就抗辩事实提供证据，导致案涉待证事实真伪不明，则举证责任移转由原告承担，如果原告未能进一步举证，使己方主张的事实重新达到高度盖然的标准，则原告应承担败诉后果。如果原告进一步举证，并且使己方主张的事实再次让法官形成较高心证程度，则被告应当就抗辩事实继续举证，如果被告未能进一步举证且原告证明已经达到高度盖然标准，则原告胜诉，如果被告就抗辩事实继续举证，并且促使案涉待证事实再次陷入真伪不明的状态，则原告败诉。如此反复，直至所有举证活动完成，则由法官对于案涉待证事实形成心证，如能形成高度盖然的心证，则原告完成举证责任获得胜诉，如果案涉待证事实仍然处于真伪不明的状态，则原告未完成举证责任依法应承担败诉后果。

四、辅助信息

《民事诉讼法》

第六十七条 当事人对自己提出的主张，有责任提供证据。

当事人及其诉讼代理人因客观原因不能自行收集的证据，或者人民法院认为审理案件需要的证据，人民法院应当调查收集。

人民法院应当按照法定程序，全面地、客观地审查核实证据。

《民事诉讼法司法解释》

第九十条　当事人对自己提出的诉讼请求所依据的事实或者反驳对方诉讼请求所依据的事实，应当提供证据加以证明，但法律另有规定的除外。

在作出判决前，当事人未能提供证据或者证据不足以证明其事实主张的，由负有举证证明责任的当事人承担不利的后果。

第九十一条　人民法院应当依照下列原则确定举证证明责任的承担，但法律另有规定的除外：

（一）主张法律关系存在的当事人，应当对产生该法律关系的基本事实承担举证证明责任；

（二）主张法律关系变更、消灭或者权利受到妨害的当事人，应当对该法律关系变更、消灭或者权利受到妨害的基本事实承担举证证明责任。

民事诉讼证据裁判规则第 5 条：

私文书证的真实性，由主张以私文书证证明案件事实的当事人承担举证责任

【规则描述】 私文书证不同于公文书证，公文书证因其作出主体和作出程式的特殊性，被法律赋予了推定的形式真实性和实质真实性，举证方不必证其为真，但相对方欲推翻公文书证记载的事实就要承担本证意义上的证明责任。私文书因作出主体一般不具有社会公信力或没有法定职权，其形式真实性需要举证方承担本证证明责任，实质真实性则由法官自由心证来判断，相对方欲推翻私文书证记载的事实只需提出反证来使待证事实陷入真伪不明状态即可。若举证方无法在本证意义上证明私文书证的真实性，导致在法庭调查和法庭辩论结束时其欲证明的待证事实真伪状态仍无法确定，则要承担其主张不被法院支持的不利后果，进而承担案件败诉的风险。

一、类案检索大数据报告

时间：2020 年 8 月 4 日之前；案例来源：Alpha 案例库；案由：民事纠纷；检索条件：（1）引用法条：2019 年《民事证据规定》第 92 条；（2）法院认为包含：由主张以私文书证证明案件事实的当事人承担举证责任。本次检索获取 2020 年 8 月 4 日之前共计 11 篇裁判文书。其中：

1. 认为私文书证无法定代表人或代理签字，应继续举证的共计 1 件，占比为 9.09%；
2. 认为原告未能证明其主张的真实性，承担不利后果的共计 2 件，占比为 18.18%；
3. 认为被告不认可，原告无其他证据证明私文书证真实性的共计 1 件，占比为 9.09%；
4. 认为需进行鉴定的私文书证未提出鉴定申请不能证明真实性的共计 2 件，占

比为 18.18%；

5. 认为私文书证由制作者或代理人签名，推定为真实的共计 5 件，占比为 45.46%。

整体情况如图 5-1 所示：

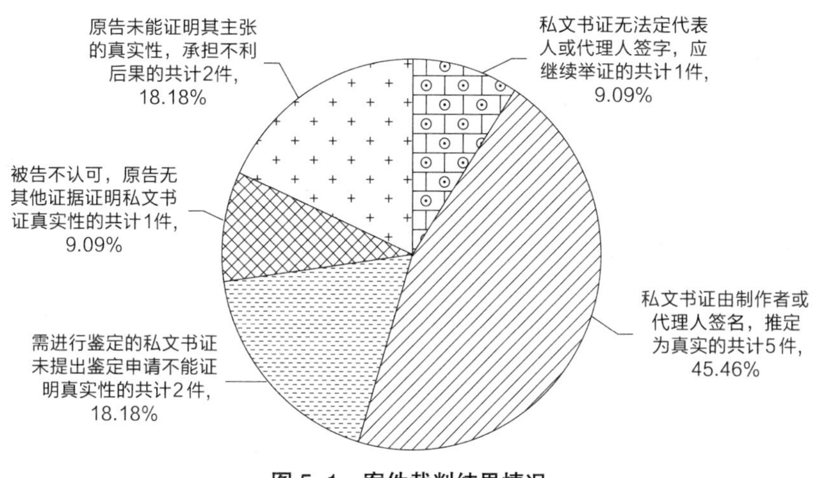

图 5-1　案件裁判结果情况

如图 5-2 所示，从案件年份分布可以看在当前条件下，涉及“由主张以私文书证证明案件事实的当事人承担举证责任”在同段条件下民事纠纷案例数量的变化趋势。

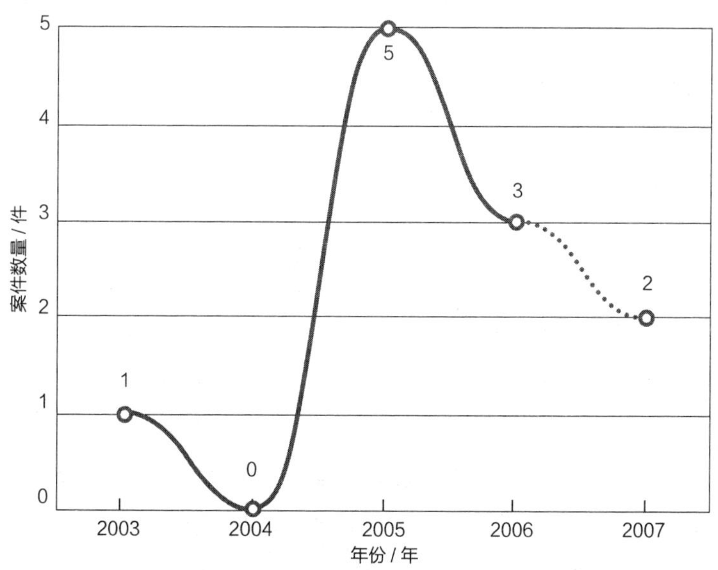

图 5-2　案件年份分布情况

如图 5-3 所示，从上面的程序分类统计可以看到当前的审理程序分布状况。一审案件有 5 件，二审案件有 5 件，再审案件有 1 件。

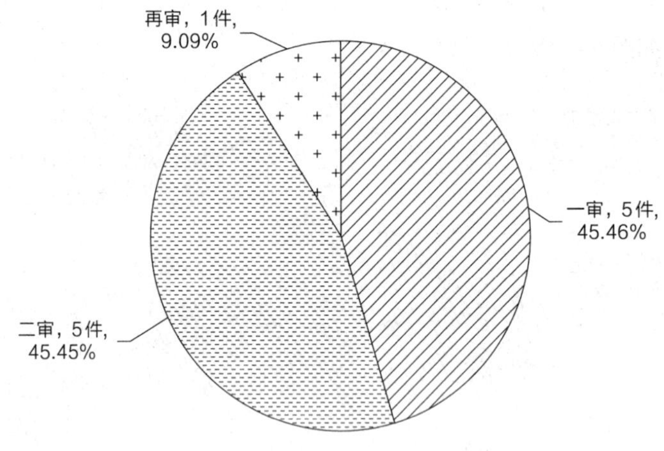

图 5-3　案件审理程序分类

二、可供参考的例案

例案一：张某进与刘某春机动车交通事故责任纠纷案

【法院】

贵州省六盘水市中级人民法院

【案号】

（2020）黔 02 民终 395 号

【当事人】

上诉人（原审原告）：张某进

被上诉人（原审被告）：刘某春

【基本案情】

2019 年 2 月 13 日，张某进驾驶贵 B××× 号小型轿车，从两河沿两河新区 2 号路往红果方向行驶，于 16 时 50 分行驶至盘州市两河新区水厂路段（上端线 2450 公里 200 米）处时，因未按操作规范安全驾驶、文明驾驶致使该车右侧与刘某春驾驶的云 A××× 号小型轿车前端相撞，造成贵 B××× 号小型轿车右侧受损及云 A××× 号小型轿车前端受损以及云 A××× 号小型轿车乘车人吴某艳受轻微伤的道路交通事故。事故发生后，盘州市公安交通警察大队作出第 520222420190001210

号道路交通事故认定书（简易程序），认定：张某进承担此起事故的同等责任，刘某春承担此起事故的同等责任，吴某艳无事故责任。

原告驾驶的贵B×××号小型轿车向中国人民财产保险股份有限公司盘州支公司城关交通路营销服务部购买交强险和第三责任险（50万元），事故发生时在保险期内。被告驾驶的云A×××号小型轿车发生事故时，该车辆已脱保。

【案件争点】

私文书的证明责任。

【裁判要旨】

《民事诉讼法司法解释》第90条规定："当事人对自己提出的诉讼请求所依据的事实或者反驳对方诉讼请求所依据的事实，应当提供证据加以证明，但法律另有规定的除外。在作出判决前，当事人未能提供证据或者证据不足以证明其事实主张的，由负有举证证明责任的当事人承担不利的后果。"第91条规定："人民法院应当依照下列原则确定举证证明责任的承担，但法律另有规定的除外：（一）主张法律关系存在的当事人，应当对产生该法律关系的基本事实承担举证证明责任；（二）主张法律关系变更、消灭或者权利受到妨害的当事人，应当对该法律关系变更、消灭或者权利受到妨害的基本事实承担举证证明责任。"第108条规定："对负有举证证明责任的当事人提供的证据，人民法院经审查并结合相关事实，确信待证事实的存在具有高度可能性的，应当认定该事实存在。对一方当事人为反驳负有举证证明责任的当事人所主张事实而提供的证据，人民法院经审查并结合相关事实，认为待证事实真伪不明的，应当认定该事实不存在。法律对于待证事实所应达到的证明标准另有规定的，从其规定。"就本案而言，上诉人张某进就对其主张因刘某春交通肇事造成贵B×××号小型轿车损失的要件事实承担举证责任，而证明标准是高度盖然性。张某进在一审、二审提供的道交事故责任认定书、车辆右侧被撞的照片，能证实贵B×××号小型轿车右侧被刘某春肇事所撞的事实。其举证证明维修车辆费用为42304元证据达到民事诉讼证明标准，理由如下：（1）2019年《民事证据规定》第92条中规定："私文书证的真实性，由主张以私文书证证明案件事实的当事人承担举证责任。私文书证由制作者或者其代理人签名、盖章或捺印的，推定为真实。"本案中，张某进在一审中提供的维修费收据及维修结算清单属于私文书证，两份书证均加盖有六盘水恒嘉汽车服务有限公司公章，从维修结算单看均是修理车辆右侧相关部件的产生费用，两份书证能相互印证，可以认定车辆维修费用为42304元。（2）刘某春在一审庭审、二审质证中均认可其肇事造成贵B×××号小型轿车右侧受损的事实，仅认为车辆维修费用过高，但未提供相应证据予以反驳。

例案二：赵某洋与王某丽等民间借贷纠纷案

【法院】

河南省平顶山市中级人民法院

【案号】

（2020）豫04民终1319号

【当事人】

上诉人（原审原告）：赵某洋

被上诉人（原审被告）：王某丽

被上诉人（原审被告）：周某超

【基本案情】

2016年4月4日，周某超向赵某洋借款20万元，约定月息2分，当天周某超给赵某洋出具借据一份，内容为："借据今借赵某洋现金贰拾万元整￥200000.00约定利息2分借款人周某超（此款以现金形式已收到）周某超2016.4.4。"该借据出具后，经赵某洋催要，该笔借款一直未还。2017年6月18日，周某超以王某丽名义与赵某洋签订房屋所有权转让协议一份，该协议约定将王某丽所有的位于鑫都财富广场东32号所有的门面房一间二层转让给赵某洋所有，如果周某超一年内将原欠款项一次性偿还赵某洋，赵某洋应将该转让房屋及月租归还周某超。该协议虽标注甲方为王某丽，但王某丽并未在房屋所有权转让协议中签字，协议中甲方签字是由周某超代签。该协议签订后，周某超未将房屋交付赵某洋，协议实际并未履行。2019年4月2日，周某超以自己和王某丽两人的名义与赵某洋再次签订协议书一份，双方约定：因周某超经济困难，暂不能支付赵某洋20万元借款本金及利息，周某超与王某丽系夫妻，王某丽将位于宝丰县人民路中段北侧鑫都财富广场东头32号门面房一间上下交付赵某洋，自2019年4月2日起该房屋所有权、居住权、管理权归赵某洋；其中第3条约定王某丽、周某超承诺赵某洋占用房屋后，从签字起三年内偿还赵某洋借款本金及利息，赵某洋把该房交给王某丽、周某超，超过承诺时间赵某洋有权处置；双方还约定2019年4月2日上午12点前交付房屋，双方签字后具有法律效力。赵某洋作为乙方在协议下方签名，周某超作为甲方在协议下方签名，周某超代王某丽在甲方处签有王某丽的名字，证明人胡某伟在协议下方签名，保证人张某在协议下方签名，落款时间为 2019 年 4 月 2 日。该协议虽签订，但房屋并未在 2019 年 4 月 2 日交付给赵某洋。该协议并未实际履行。周某超支付赵某洋利息 14000 元，之后的本金及利息经赵某洋催要，周某超一直未付，故引起本案诉讼。截至 2019 年 9 月 4 日，周某超借赵某洋款本金 20 万元及利息 15 万元（按月利率 2% 以本金 20 万元为基数自 2016 年 4 月 4 日起计算至 2019 年 9 月 4 日再扣除已付的利息 14000 元）。

【案件争点】

私文书的证明责任。

【裁判要旨】

2019 年《民事证据规定》第 92 条规定，私文书证的真实性，由主张以私文书证证明案件事实的当事人承担举证责任，私文书证由制作者或者其代理人签名、盖章或捺印的，推定为真实。本案中案涉的《房产委托协议》为私文书证，其上有委托人王某丽的签名并加捺有指印，故应当推定为真实。王某丽主张签名及指印非其本人所为，应由其承担举证责任，但其经法院释明后，放弃鉴定权利，是对其自身诉讼权利的处分，其应当承担举证不利的后果。

例案三：舒某等与胡某佳等物权保护纠纷案

【法院】

湖北省黄冈市中级人民法院

【案号】

（2020）鄂 11 民终 365 号

【当事人】

上诉人（原审原告）：舒某

上诉人（原审原告）：胡某林

被上诉人（原审被告）：胡某佳

被上诉人（原审被告）：胡某志

【基本案情】

舒某、胡某林上诉请求：（1）撤销原判，改判或发回重审。（2）判决胡某佳、胡某志立即停止对武穴梅川镇登高山老土管所隔壁登高花园后栋前一排楼朝南房（1×× 号）的非法占有，并退出该房屋使其恢复原状。事实与理由：（1）一审认定事实不清，胡某林、舒某行使占有物权保护请求权没有超过一年保护期，该请求权没有消灭。①一审认定胡某林、舒某发现涉案房屋被胡某志、胡某佳非法占有的时间为 2017 年，该认定没有事实依据，胡某志、胡某佳也没有提供证据予以证实；胡某林、舒某认为一审对此事实认定错误。从高某星诉胡某林、舒某、胡某甲、居某斌、胡某佳、胡某志买卖合同纠纷一案中可以看出，该案立案起诉时间为 2018 年 4 月 4 日，高某星民事诉状也没有说明涉案房屋被胡某佳出卖给胡某志时的发现时间，（2018）鄂 1182 民初 1068 号民事判决书也没有载明涉案房屋被出卖给胡某志时的发现时间，这说明了胡某林、舒某自收到高某星民事诉状之日起才知道涉案房屋被胡某志、胡某佳非法占有，故胡某林、舒某发现涉案房屋被非法占有时间为 2018 年 4 月 4 日之后。②胡某林、舒某发现涉案房屋被非法占有时间为 2018 年 4 月 4 日之后，本案一审立案时间为 2019 年 2 月 27 日立案，这说明了胡某林、舒某行使请求权时间在一年之内，依照《物权法》第 245 条[①]规定，胡某林、舒某行使占有物权保护请求权没有超过一年保护期，该请求权没有消灭。（2）依照《物权法》第 245 条[②]规定，一审认定了胡某林、舒某对涉案房屋享有占有物权，胡某志、胡某佳非法侵占涉案房屋。

【案件争点】

私文书证的证明责任。

【裁判要旨】

法院认为，胡某佳提供该购房协议属私文书证，并由制作者签名。根据 2019 年《民事证据规定》第 92 条第 1 款、第 2 款规定："私文书证的真实性，由主张以私文书证证明案件事实的当事人承担举证责任。私文书证由制作者或者其代理人签名、盖章或捺印的，推定为真实。"推定该购房协议为真实，与本案有关联，法院予以采纳。

三、裁判规则提要

（一）公文书与私文书的含义和特征

以是否依职权制作为标准，可将文书分为公文书和私文书。公文书是指具有公

① 对应《民法典》第 462 条："占有的不动产或者动产被侵占的，占有人有权请求返还原物；对妨害占有的行为，占有人有权请求排除妨害或者消除危险；因侵占或者妨害造成损害的，占有人有权依法请求损害赔偿。占有人返还原物的请求权，自侵占发生之日起一年内未行使的，该请求权消灭。"

② 对应《民法典》第 462 条："占有的不动产或者动产被侵占的，占有人有权请求返还原物；对妨害占有的行为，占有人有权请求排除妨害或者消除危险；因侵占或者妨害造成损害的，占有人有权依法请求损害赔偿。占有人返还原物的请求权，自侵占发生之日起一年内未行使的，该请求权消灭。"

共信用的公共管理机关在行使公权力的过程中基于法定权限所制作的文书。从概念可知，公文书必须由具有社会公信力或者公共信用的公共管理机关在其职权范围内制作，且公文书的制作和发出应当符合法定条件，按照法定程序和方式进行。对于公共管理机关超出职权范围作出的或者未按法定程序和方式作出的文书不属于公文书的范畴。

在我国，国家机关和按照国家机关管理或者行使社会管理职能的共青团、妇联、工会、行业协会等，均具有公共信用或者社会公信力，均可以成为公文书证的制作主体。根据公文书内容的不同，可以分为处分性公文书和报告性公文书。处分性公文书是记载公共管理机关意思表示的公文书，如记载裁决或处罚决定的公文书等；报告性公文书是记载公共管理机关观念表示或认识的公文书，如登记簿、户籍等。当公文书被当作证据使用时，即为公文书证。无论是处分性公文书还是报告性公文书，均依法推定具有形式真实性和实质真实性。提出公文书证一方当事人无需证明公文书为真实，法院认为有必要核实真实性时，可以依职权询问制作该公文书的机构或经办人员。相对方欲推翻公文书证记载的内容，则应当承担公文书证不真实的本证意义上的证明责任。

与之相对，私文书，字面上是指以私人身份或资格作成的文书。从作出私文书的主体来看，一般为自然人及除国家机关或具有社会管理职能的组织之外的其他单位或者组织。当私文书被作为证据使用时，即为私文书证。不过只有经过公证证明或法院审查认可的私文书证才具有证据效力。私文书不同于公文书，私文书非经法定程式制作，欠缺公文书本身具有的公信力和形式真实性，也就无法依据其形式真实性推定私文书具备实质真实性。另外，私文书大多用于处理私务，体制不受限制，表达形式灵活多样，大多无备案审查制度，无法通过法定途径查证真伪，只能由举证方证明其为真。《民事诉讼法司法解释》第 114 条规定了公文书证证明力的特殊性，反映出公文书证与私文书证间的区分，而本条规则实际上又从私文书证证明力的角度，再次明确了公文书证与私文书证在举证责任分配上的不同。

（二）私文书证真实性的双重内涵

私文书证的真实性是指私文书证所记载的名义书写人（形式）及其所表达的内容（实质）是真实的，主张以私文书证证明案件事实的举证方需要证明私文书证的真实性，包括形式真实性与实质真实性。形式真实性，是指私文书证本身真实而非伪造，具备形式真实的私文书证才具有证据能力，进而才能被法官接受。而实质真实性是指私文书证所表达的内容真实或体现的是当事人的真实意思表示，具备实质真实性的私文书证才有一定的证明力，进而对待证事实才能发挥证明作用。形式真实性是实质真实性的基础与前提，某一私文书证只有具备形式真实性才可能具有实质真实性，不具备形式真实性的私文书证也就没有必要继续探究其实质真实性，能够成为定案依据的私文书证一定是形式真实性和实质真实性的统一。

首先，举证方提出私文书证后，认定私文书证真伪程序的推进程度要根据相对方就文书真伪的表态来决定。在审查形式真实性阶段，相对方可能的态度包括认可、否认或不作表态三种情况。相对方认可该私文书证的形式真实性自然就进入到查证实质真实性的阶段，经审判人员充分说明并询问后，相对方仍不明确表示肯定或者否定的，亦推定其认可，同样进入到查证实质真实性的阶段，唯独否认形式真实性的情形涉及举证责任的分配问题。提出异议的相对方不必承担本证意义上的证明责任，只需否认私文书证的真实性而使其陷入真伪不明状态即可，但是举证方应当继续提供其他证据或者通过申请文书鉴定等方式来证明该私文书证形式为真。

其次，对于私文书证形式真实性的判断，可以分为带有署名的私文书证和不带有署名的私文书证两种情形。一般情况下，由制作者或者其代理人签名、盖章或捺印的，签章或者署名的真实性得到确认或者私文书证本身经过公证，则私文书证的形式真实性可得以确认。对于不带有署名的私文书证，则应由举证方对该书证的形式真实性继续承担举证责任。

最后，认定具备形式真实性的私文书证，理论上应由举证方继续对实质真实性承担证明责任。一般情况下，举证人完成了对形式真实性的证明就视为完成了对实质真实性的举证责任，进而完成了对该私文书证整体真实性的证明。如果相对方对私文书证签章真实性无异议，但对私文书证所载内容有异议，如主张私文书证上的签章系于空纸张上所为或者并非本人或者代理人所制作等，此时应由提出异议的相对方对异议主张承担本证意义上的举证责任而不能仅使私文书证陷入真伪不明状态。但若援引的私文书证中所载内容是对举证方不利的内容，则一般直接认定该部分内容具有实质真实性。

（三）举证方承担私文书证真实性证明责任的现实意义

1. 符合法官自由心证的证明过程

在私文书证提出后被相对方否认的情况下，举证方若无其他辅助证据的补强，一般会使该私文书证陷入真伪不明的状态。根据“谁主张、谁举证”的民事诉讼基本原则，法官若要支持举证方的主张就要逐步强化对该证据的信赖，达到高度盖然性的标准，排除合理怀疑，此时由举证方继续证明该私文书证为真符合法官作出心证的心理预期。

2. 有利于引导举证方提交真实证据，减少伪证的发生

根据《民事诉讼法司法解释》第 90 条规定："当事人对自己提出的诉讼请求所依据的事实或者反驳对方诉讼请求所依据的事实，应当提供证据加以证明，但法律另有规定的除外。在作出判决前，当事人未能提供证据或者证据不足以证明其事实主张的，由负有举证证明责任的当事人承担不利的后果。"当事人为了获得有利于自己的诉讼结果，需要承担相应的举证责任，"证明责任规范（Beweislastnormen）的本质和价值就在于，在重要的事实主张（Tatsachenbehauptung）的真实民生不能被确认的情况下，指引法官作出何种内容的裁判。也就是说，谁对不能予以确认的事实主张承担证明责任，谁将承受对其不利的裁判。"[①] 这样，为了实现诉讼目的，避免承担败诉的法律后果，主张以私文书证证明案件事实的一方当事人，就需要提供真实性的私文书证，以对抗对方当事人质疑或抗辩私文书证的真实性；与此同时，真实的私文书证的存在，特别是达到证明标准的私文书证的存在，也可以大大减少或降低对方当事人质疑或抗辩的机率，促进诉讼化解，提高诉讼效率。

3. 能够限制法官自由裁量权，促进法律适用的统一性、稳定性和严肃性

在本条规则颁布之前，实务中存在很多由否认私文书证真实性的相对方承担举证责任的情况，理由包括：举证责任是根据当事人与相关证据距离之远近及对证据形成控制力之大小进行分配，具体而言，举证责任应分配给与证据距离近而且能够控制证据的一方当事人，而不分配给与证据距离远并且不能控制证据的一方当事人；抑或将举证责任分配给更易取得比对样本的一方等。法官对举证责任分配的任意无疑会对法律适用的统一性、稳定性和严肃性带来损害，导致类案不同判现象的发生。由主张以私文书证证明案件事实的当事人承担举证责任，会对统一裁判规则、维护法律的权威更为有益。

---

① ［德］莱奥·罗森贝克:《证明责任论》(第五版)，庄敬华译，中国法制出版社 2019 年版，第 3 页。

（四）从比较法经验看私文书证的证明标准和举证责任

1. 两大法系关于私文书证明标准的规定

大陆法系国家和地区一般由法律明确规定有真实签章的私文书证具备形式真实性，而实质真实性的判断则交由法官自由心证。确定书证形式是否真实的关键在于确定署名或手印的真实与否，若署名或手印被确定为真，则该私文书证依法被推定具有形式真实性，相对方若要推翻法律上的推定，必须证伪签名或者证伪文书内容。最有代表性的当属《德国民事诉讼法》第416条规定："由制作人署名或者经过公证人认证的私文书，完全能证明文书内所为的陈述是由制作人作出的。"第440条第2款的规定："书证上署名的真实性已被确定或者书证上的手印得到公证时，具有该项签名或手印的文字记载，推定其本身是真实的。"《日本民事诉讼法》第228条第4款亦有规定："私文书，有本人或其代理人的签名或盖章时，推定为其制作是真实的。"此外，《奥地利民事诉讼法》第294条、《匈牙利民事诉讼法》第317条和第318条、我国台湾地区"民事诉讼法"第358条也有类似的规定。

与大陆法系不同，按照英美法系的传统，私文书证被提出时首先推定为假，被采纳的前提是通过书证验真程序。如《美国联邦证据规则》第9章901（a）款："为满足对证据进行验真或者辨认的要求，证据提出者必须提出足以支持该证据系证据提出者所主张证据之认定的证据。"

2. 两大法系关于证明责任的分配

在证明责任的分配方面，大陆法系国家和地区一般由法律明确规定私文书证的举证方承担私文书真实性的证明责任。如实行证明责任分配规范说的德国法律规定，对于文书形式上的真伪之争，要求相对方必须对私文书的真伪进行表态，后续程序以其表态为前提。如果相对方认可文书为真，自然不需要进一步的证明；但当相对方否认文书真实性时，一般由私文书提出方承担证明责任；相对方不表态则视为认可，而且除了文书并非相对人制作的情况外，相对人也不得表示不知。《奥地利民事诉讼法》第312条，《法国民事诉讼法》第287条、第298条规定了私文书的证明责任由举证方承担。此外，我国台湾地区"民事诉讼法"第357条也明确规定了私文书应由举证人证其真实。

英美法系国家将私文书证的真实性与证据能力联系起来，私文书必须满足验真法则才可作为证据使用，必须由举证人证明其制作真实，否则不会进入到实质真实性判断阶段。如《美国加州证据法典》第1401条（a）款规定："在文书被接受为证据之前就必须对文书进行鉴识。”加拿大《魁北克民法典》第2828条、《菲律宾证据规则》第21条也有类似的规定。

综上，从比较法的角度，无论是由明文法直接规范还是设置前置验真程序，证明私文书真实的举证责任由书证提出方承担，这一规则实质上得到了两大法系的一致认可。

（五）司法实践中相关问题探析

1. 有瑕疵的私文书证真实性认定

有瑕疵的私文书证，一般是指私文书证本身在形式上存在有删除、涂改、增添或者其他瑕疵现象的私文书证；大体上，可以根据瑕疵程度不同，可以分为“轻微瑕疵”和“重大瑕疵”。在诉讼过程中，对方当事人会对存在“轻微瑕疵”或者“重大瑕疵”的有瑕疵的私文书证提出质疑或抗辩，并进行否定私文书证所要证明案件事实的真实性。其一，私文书证存在瑕疵现象，并不代表私文书证本身不真实，更不代表所想证明的案件事实不真实；如若存在“轻微瑕疵”并不影响私文书证证明待证事实的，可以予以采信。其二，对于具有“重大瑕疵”的私文书证，要考虑是否能够通过其他途径予以证明补强。其三，应当分清“有瑕疵的”私文书证本身形式上“缺陷”或“不足”，与实质上所要证明的待证事实的区别；私文书证本身的真实性，亦可通过司法鉴定的形式予以证实。其四，结合2019年《民事证据规定》第88条规定：“审判人员对案件的全部证据，应当从各证据与案件事实的关联程度、各证据之间的联系等方面进行综合审查判断。”有瑕疵的私文书证的证明力，需要由法官结合其他证据综合考量，放在证据链体系中进行整体看待。

2. 正确区分私文书证自身真伪与所要证明的待证事实的真伪

私文书证真伪问题与私文书证能否证明待证事实的问题是两个层面的问题，不能混为一谈。其一，应当区分证据形式与证明目的。即区分私文书证是以“物证”还是“书证”来证明案件事实的，从而根据“物证”与“书证”的证据形式的不同，来判断私文书证自身的真伪对证明待证事实的问题。其二，私文书证本身或形式上的真伪问题，对方当事人质疑或否认的，也属于要证明的对象；如果证明私文书证自身为假，则不能用以证明案件事实；如果证明私文书为真，则可以根据其证据证明力的高低，发挥证明待证事实的作用。其三，如某一私文书证本身经过证明为假，并不代表当事人提供证据所要证明的整个案件事实必然为假；案件事实的真假判断是由当事人提供的所有的证据事实“综合审查判断”予以支撑的，如某一私文书证的假，并未上升到颠覆整个待证事实真实的层面，并未能够导致案件事实“真伪不明”，则不能因为“个别的”私文书证为假或伪，就自动“推定”或认定案件事实为假或不真实。

3. 发挥能动司法，避免过度依赖鉴定

司法鉴定对私文书证形式真伪的查证至关重要，司法实践中，经常会遇到双方当事人对私文书证的真伪发生争执，因此，会涉及是否启动鉴定程序予以鉴定和查证的问题。其一，鉴定不是必经程序。应当分清当事人争议的是私文书证本身的真伪还是案件事实的真伪问题，减少不必要的私文书证的鉴定程序，也避免拖延诉讼。其二，私文书真实性由其举证方承担证明责任，并不意味着必须存在一个对私文书证的真实性进行独立证明的前置性鉴定程序，如果鉴定与否，并不影响案件的事实查明，或者综合其他证据能够得出待证事实存在的心证，那么，可不必启动鉴定程序。其三，避免以极少数以所谓“私文书证”的真伪为“借口”或“理由”，实质上是达到“拖延诉讼”目的滥用程序权利的个别现象，法官有必要结合实际案情，对并需要进行司法鉴定程序的，应当及时判决。

四、辅助信息

《民事诉讼法》

第六十七条第一款 当事人对自己提出的主张，有责任提供证据。

《民事诉讼法司法解释》

第九十条 当事人对自己提出的诉讼请求所依据的事实或者反驳对方诉讼请求所依据的事实，应当提供证据加以证明，但法律另有规定的除外。

在作出判决前，当事人未能提供证据或者证据不足以证明其事实主张的，由负有举证证明责任的当事人承担不利的后果。

第九十一条 人民法院应当依照下列原则确定举证证明责任的承担，但法律另有规定的除外：

（一）主张法律关系存在的当事人，应当对产生该法律关系的基本事实承担举证证明责任；

（二）主张法律关系变更、消灭或者权利受到妨害的当事人，应当对该法律关系变更、消灭或者权利受到妨害的基本事实承担举证证明责任。

2019年《民事证据规定》

第六十一条　对书证、物证、视听资料进行质证时，当事人应当出示证据的原件或者原物。但有下列情形之一的除外：

（一）出示原件或者原物确有困难并经人民法院准许出示复制件或者复制品的；

（二）原件或者原物已不存在，但有证据证明复制件、复制品与原件或者原物一致的。

第九十二条　私文书证的真实性，由主张以私文书证证明案件事实的当事人承担举证责任。

私文书证由制作者或者其代理人签名、盖章或捺印的，推定为真实。

私文书证上有删除、涂改、增添或者其他形式瑕疵的，人民法院应当综合案件的具体情况判断其证明力。

民事诉讼证据裁判规则第 6 条：

双方当事人无争议的事实，涉及可能损害国家利益、社会公共利益的，人民法院可以责令当事人提供有关证据

【规则描述】 根据民事诉讼辩论主义和处分原则，当事人可自主决定民事诉讼中的实体权利和程序权利；但对涉及可能损害国家利益、社会公共利益的情况时，双方当事人关于无争议的事实的这种合意的法律效果就应受到限制，也即私权处分不能有损于包括国家利益和社会公共利益在内的合法权益。否则，人民法院有权代表国家进行干预，根据案件的实际需要，适时主动地责令当事人提交有关证据或者依职权调查收集证据以查明案件事实，从而维护国家利益和社会公共利益。

一、类案检索大数据报告

时间：2020 年 8 月 4 日之前；案例来源：Alpha 案例库；案由：民事纠纷；检索条件：法院认为包含：引用法条：2019 年《民事证据规定》第 18 条。本次检索获取 2020 年 8 月 4 日之前共计 30 篇裁判文书。其中：

1. 认为应当提交调查收集证据申请而未提交的共计 15 件，占比为 50%；
2. 认为不涉及国家利益、社会公共利益不需调查的共计 3 件，占比为 10%；
3. 认为人民法院可以责令当事人提供有关证据的共计 1 件，占比为 3.33%；
4. 认为未涉及责令当事人提供有关证据的共计 5 件，占比为 16.67%；
5. 认为申请调查收集证据既无意义也无必要的共计 6 件，占比为 20%。

整体情况如图 6–1 所示：

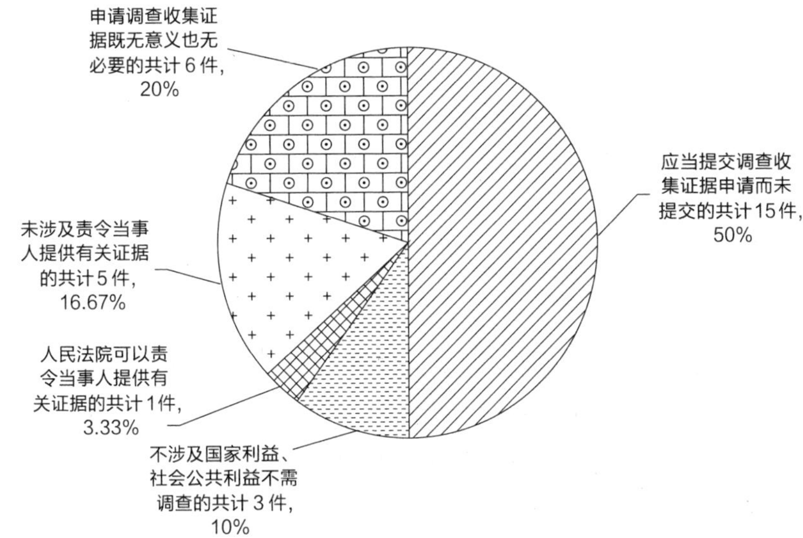

图 6-1　案件裁判结果情况

如图 6-2 所示，从案件年份分布可以看在当前条件下，涉及同段中“人民法院可以责令当事人提供有关证据”条件的相应的民事纠纷案例数量的变化趋势。

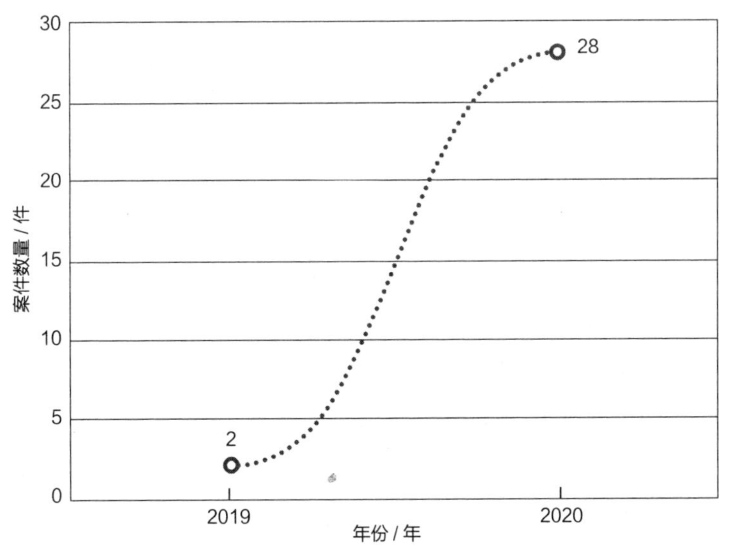

图 6-2　案件年份分布情况

如图 6-3 所示，从上面的程序分类统计可以看到当前的审理程序分布状况。一审案件有 3 件，二审案件有 21 件，再审案件有 6 件。

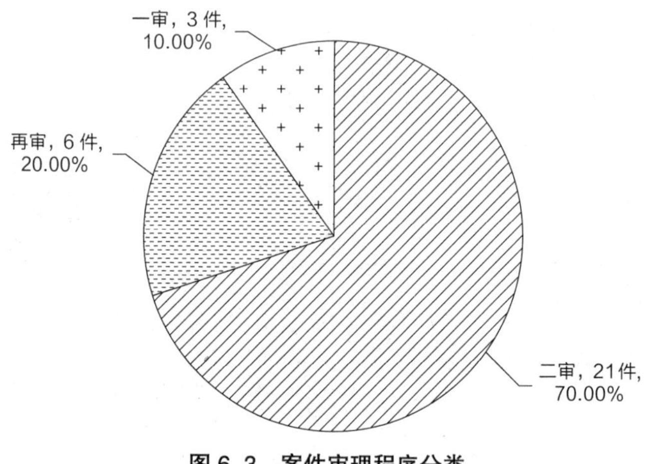

图 6–3　案件审理程序分类

二、可供参考的例案

例案一：四川海藤建设工程有限公司与卢某等劳务合同纠纷案

【法院】

四川省乐山市中级人民法院

【案号】

（2020）川 11 民终 623 号

【当事人】

上诉人（原审被告）：四川海藤建设工程有限公司

被上诉人（原审原告）：卢某

被上诉人（原审被告）：何某业

被上诉人（原审被告）：王某品

【基本案情】

卢某系务工农民。案涉工程位于沐川县梁场。2016 年，卢某为何某业承包的公路工程项目提供劳务。双方口头约定，卢某在工地从事炊事员和后勤生活采购工作，月工资为 8000 元。2018 年 5 月 17 日经双方结算，何某业欠卢某自 2017 年 1 月至 2018 年 4 月工资 128000 元，垫付采购款 60700 元，合计 188700 元。何某业向卢某出具了结算书。后何某业以王某品、四川海藤建设工程有限公司（以下简称海藤公司）

未结算为由未履行付款义务。

生效的（2018）川 1129 民初 1069 号民事判决书确认，2016 年 6 月 2 日，海藤公司与四川志德公路工程有限责任公司（以下简称志德公司）就“五沐快速公路工程”沐川段项目签订了《劳务协作施工合同协议书》，工作内容为双石村 2#、新堂村、官头山，朱基坪大桥梁板工程的劳务，合同总价 6216472 元。同年 12 月 22 日，海藤公司项目代表人曹某华与王某品签订《T 梁预制及安装劳务承包合同》，2017 年 2 月，王某品又将前述《T 梁预制及安装劳务承包合同》中的劳务工程转包给何某业，何某业、王某品为此签订《承包协议》，协议共 6 条对工程内容、双方权利义务等进行了约定。

【案件争点】

什么情况下，法院可以责令当事人提供有关证据。

【裁判要旨】

根据 2019 年《民事证据规定》第 3 条第 1 款规定：“在诉讼过程中，一方当事人陈述的于己不利的事实，或者对于己不利的事实明确表示承认的，另一方当事人无需举证证明。”本案中，何某业于 2018 年 5 月 17 日向卢某出具了《结算书》，认可差欠卢某工资和垫付款，在一审诉讼过程中对卢某主张的事实及诉讼请求无异议，未支付的原因是海藤公司未与其结算。基于何某业的自认和认诺，本应免除卢某的进一步举证证明欠付工资和垫付款存在的其他证据。在通常情况下，对当事人在诉讼上自认的事实，人民法院没有必要再结合其他证据进行审查，即可将其作为认定案件的依据，对方当事人也不必要再对承认的事实进行证明。但根据 2019 年《民事证据规定》第 18 条规定，双方当事人无争议的事实符合《民事诉讼法司法解释》第 96 条第 1 款规定情形的，人民法院可以责令当事人提供有关证据。《民事诉讼法司法解释》第 96 条第 1 款第 4 项[①]规定：“民事诉讼法第六十四条第二款规定的人民法院认为审理案件需要的证据包括：……（四）当事人有恶意串通损害他人合法权益可能的……”在诉讼上，凡对无争议的事实，法院可据此将这种事实作为裁判依据，免除相对一方当事人的举证责任。从这点而言，由此卸除相对一方当事人的举证负担，实质上是一方当事人处分权利的体现。但是，当事人的这种处分行为只能限于当事

① 该司法解释已于 2022 年 3 月 22 日第二次修正，本案所涉第 96 条第 1 款第 4 项修改为：“民事诉讼法第六十七条第二款规定的人民法院认为审理案件需要的证据包括……（四）当事人有恶意串通损害他人合法权益可能的……”

人之间争议的私权纠纷，不具有可能存在恶意串通损害他人合法权益的事实的情形。如果案件处理结果涉及他人合法权益时，当事人对自己权利的处分行为，就可能会损害他人利益，民事实体法和《民事诉讼法》都要对当事人的处分权进行限制，法院审理该案件时可施行干预，即通过审判职能，按照举证责任的分担，责令有关当事人提供相关证据。

例案二：王某与泗水县锦兴新能源有限公司等排除妨害纠纷案

【法院】

山东省高级人民法院

【案号】

（2020）鲁民申 2858 号

【当事人】

再审申请人（一审原告、二审上诉人）：王某

被申请人（一审被告、二审被上诉人）：泗水县锦兴新能源有限公司

被申请人（一审被告、二审被上诉人）：泗水县泉林镇石漏村村民委员会

【基本案情】

王某申请再审称：（1）有新的证据，足以推翻原判决。原审提交山东省地质矿产勘查开发局第五地质大队出具的测绘图两张未加盖公章，现提供加盖公章的该测绘图，证实泗水县锦兴新能源公司设置的隔离网已经远远超过了其承包范围。（2）一审庭审时，申请人当庭申请法院联系国土部门及测绘人员到现场实地测绘，但一审法官仅自己去现场勘查，未找测绘人员实地测量，也没有到申请人主张的侵权点逐一查看。依据《民事诉讼法》第 200 条[①] 第 1 项、第 5 项的规定申请再审。

【案件争点】

什么情况下，法院可以责令当事人提供有关证据。

---

① 该法已于 2021 年 12 月 24 日第四次修正，本案所涉第 200 条第 1 项、第 5 项修改为第 207 条第 1 项、第 5 项，内容未作修改。

【裁判要旨】

2001年《民事证据规定》第18条[①]规定，当事人及其诉讼代理人申请人民法院调查收集证据，应当提交书面申请。经查阅一审卷宗，2018年8月10日第一次庭审中，申请人提出“申请实际测量及现场查勘原告承包土地及被告承包土地的现状及面积”，并未提交申请国土部门及测绘人员实际测绘的书面申请。一审法官与三方当事人进行了现场勘查，申请人将勘查情况作为证据提交由各方当事人质证，申请人并未提出任何异议，亦未再申请测绘。因此，原审不存在对审理案件需要的主要证据，当事人因客观原因不能自行收集，书面申请人民法院调查收集，人民法院未调查收集的情形。

例案三：潘某明与郭某群等提供劳务者受害责任纠纷案

【法院】

重庆市第一中级人民法院

【案号】

（2020）渝01民终997号

【当事人】

上诉人（原审被告）：潘某明

被上诉人（原审原告）：郭某群

原审被告：重庆居益洁物业管理有限公司

原审被告：李某祥

【基本案情】

2018年1月27日，郭某群在重庆市铜梁区围龙服务区（渝蓉高速）打扫卫生时，因铝制梯子梯脚弯曲，致使郭某群从2米高的梯子摔倒在地受伤。郭某群受伤后，被立即送往重庆市璧山区中医院住院治疗5天后好转出院。经医院诊断为：“（1）右侧桡骨远端骨折；（2）右侧尺骨远端骨折；（3）右腕软组织损伤；（4）下嘴唇软组织损伤；（5）……”出院医嘱为：“（1）持续右前臂小夹板固定4～6周，加强各手指功能锻炼，不能私自调整夹板松紧度，需及时来我院调整，休息一月；

---

① 该司法解释已于2019年10月14日修正，本案所涉第18条修改为第20条：“当事人及其诉讼代理人申请人民法院调查收集证据，应当在举证期限届满前提交书面申请。申请书应当载明被调查人的姓名或者单位名称、住所地等基本情况、所要调查收集的证据名称或者内容、需要由人民法院调查收集证据的原因及其要证明的事实以及明确的线索。”

（2）……郭明群住院期间医疗费由他人代付。”

【案件争点】

什么情况下，法院可以责令当事人提供有关证据。

【裁判要旨】

二审中，潘某明举示杨某琼、王某贤的证实材料、身份证复印件、照片以及潘某明及李某祥与王某贤、钱某均于2020年1月2日通话录音视频，因视频未能正常播放，潘某明提供录音内容书面记载。拟证杨某琼、王某贤不认识潘某明，也没有与郭某群到铜梁围龙服务区做过清洁，其一审出具证明及电话录音是伪造的。郭某群对上述证据质证认为杨某琼、王某贤陈述不属实，对其三性不予认可。法院认为，一审中郭某群举示的与杨某琼、王某贤的通话录音，其内容与一审法院依职权与张某容、杨某菊通话录音具有一致性，能够证明郭某群受潘某明安排到铜梁围龙服务区做过清洁的事实。二审中潘某明举示的上述证据，杨某琼、王某贤的陈述与一审通话录音内容不一致，考虑杨平某、王某贤系潘某明雇请清洁工的身份，其向潘某明出具证实材料的证明力较低，法院不予采信。

三、裁判规则提要

（一）如何理解“无争议的事实”

“无争议事实”作为一个名词概念，在我国各部法律及司法解释中并没有规定具体含义。通常情况下，对某一事实双方无争议，属于当事人行使处分权的表现，各方不必承担继续举证的责任，这是兼顾公平与效率的司法安排。但是无争议事实仅是在案件各方当事人之间没有争议，具有相对性和私权性，当这种处分权的行使涉及国家利益、社会公共利益时，处分权的行使就应当受到限制，由法院依职权来对案件事实进行审查，而不是仅仅依靠当事人的合意来决定。从另一个角度讲，即使开始纯粹是私人间的事务，一旦交给法院处理就变成了公共事务。[①]在民事诉讼中，涉及国家利益、社会公共利益的当事人无争议事实一般有两种表现形式：

一是当事人在诉讼过程中隐含的事实。当事人通常在诉答、诉辩中不正面主张

① ［日］谷口安平：《程序的正义与诉讼》，王亚新、刘荣军译，中国政法大学出版社1996年版，第25~26页。

或陈述此类事实，但是其主张的理由中隐含了此类事实，而此类事实却属于其诉讼请求成立的前提条件。如当事人之间就违建房屋归属主张所有权，但是却不提及是否取得土地使用权和规划许可证等，房屋建设是否合法直接影响到当事人的权利义务，这时人民法院就可以依法责令当事人提供房屋建设合法的相关证据。

二是当事人在诉讼中自认的事实。对自认的事实，除法定情况外，法院一般不会主动审查，因此当事人可能在诉讼中将不利于双方但有损于国家利益或社会公共利益的事实通过自认来规避法律制裁。如双方当事人恶意串通、虚构事实，以虚假诉讼来达到非法目的。

在发生时间上，本条规则中所称“无争议事实”，是指在双方对某一事实均予认可的合意达成于诉讼程序中，而并非在其他非诉程序中达成。然而对于社会调解组织主持下当事人达成的无争议事实，通常也有相应的记载凭证，如《调解答复函》《无争议事实确认书》《无争议事实记载表》等。这些庭外记载凭证在诉讼程序中的功能是记载无争议的事实，目的是避免在后续的程序中重复举证、质证以提高诉讼效率。值得注意的是，这些记载凭证可以用来缩小争点但不能混淆记载凭证的法律性质而把其视为证据使用。若将记载的无争议事实直接赋予“免证事实”之地位，不符合司法亲历性的基本要求，而且势必引起民事法律行为与诉讼行为的混淆，进而损害人民法院的司法权威。因此，法官要根据案件实情，把握当事人无争议事实的性质，对于超出私权处分范围，涉及可能损害国家利益、社会公共利益的，人民法院仍可以责令当事人提交。

（二）“公共利益”“国家利益”和“社会公共利益”的联系与区别

我国现行法律体系中存在着“公共利益”“国家利益”和“社会公共利益”等不同的概念，虽然三者都是多元化主体的利益综合，但是三者之间的关系如何，确实是言者人殊。有观点认为，社会公共利益和公共利益是一样的，只是表达方式上有所不同，[①]也有学者认为，公共利益完全可以退出民法领域，理由是公共利益完全可以被公序良俗与禁止权利滥用所囊括。目前占据主流观点的学说认为公共利益包括了国家利益与社会公共利益，公共利益属于上位概念。“在马克思的市民社会理论中，社会是独立于国家的另一种自治的共同体，以经济关系为核心，靠社会成员之间的文化纽带联结。在社会与国家高度融合的情况下，社会利益与国家利益是

① 李赛璞：《论民法总则中的公共利益》，载《行政与法》2019 年第 2 期。

重叠的；在社会与国家分离的情况下，社会利益与国家利益分别代表不同的利益领域，但都从属于公共利益。”[①] 从我国现行法律、法规的规定看，也体现了公共利益属于国家利益和社会公共利益的上位概念这一假定。例如，《国有土地上房屋征收与补偿条例》第 8 条规定：“为了保障国家安全、促进国民经济和社会发展等公共利益的需要，有下列情形之一，确需征收房屋的，由市、县级人民政府作出房屋征收决定……（六）法律、行政法规规定的其他公共利益的需要。”在这里，属于国家利益的“国家安全”与属于社会公共利益的“社会发展”均包含在“等公共利益”之中。另外《民法典》第 132 条规定：“民事主体不得滥用民事权利损害国家利益、社会公共利益或者他人合法权益。”《信托法》第 5 条规定：“信托当事人进行信托活动，必须遵守法律、行政法规，遵循自愿、公平和诚实信用原则，不得损害国家利益和社会公共利益。”从立法用语可见，国家利益与社会公共利益很多时候并列出现，在法益保护强度上处于同一位阶，只是表述顺序上存在先后。为了准确判断某一行为侵犯的是国家利益还是社会公共利益，正确适用法律，维护法律的严肃性和统一性，有必要对这些概念仔细甄别。

1. 关于国家利益

通过使用 Alpha 数据库中检索，条文中涉及“国家利益”字眼的现行有效法律有 68 部，行政法规 161 部，司法解释或文件 184 部，但均没有关于国家利益的具体界定。也有学者从不同角度对国家利益进行定义，如阎学通先生认为国家利益就是满足民族国家全体民众物质和精神需要的东西，在物质上主要表现为国家的安全与发展；在精神上主要表现为国际社会的尊重与承认。[②] 王逸舟教授认为国家利益是指民族国家追求的主要好处、权利或受益点。国家利益的界定，有内在和外部两方面的因素，国家利益是综合加权指数。[③] 一般认为，国家利益作为公共利益的下位概念，与社会公共利益在理论上是并列的但现实中却存在多处重合的态势。具体来讲，国家利益包括国家统一、国家安全、国家发展、领土完整、领土扩张、外贸利润、国人地位、国人消费、国内稳定等许多方面。应当明确的是，法官在案件中应当注意对国家利益的识别，综合考虑各种因素，以多维的视角确定国家利益，对于危害国家政治、经济、财政、金融、税收、国防、治安等国家利益的行为，如逃税合同、

① 胡锦光、王锴：《论公共利益概念的界定》，载《法学论坛》2005 年第 1 期。

② 阎学通：《中国国家利益分析》，天津人民出版社 1996 年版，第 10～11 页。

③ 王逸舟：《国家利益再思考》，载《中国社会科学》2002 年第 2 期。

委托制造毒品合同、贩卖军火协议等，可以依职权责令当事人提交相关证据。

2. 关于社会公共利益

社会公共利益是指为了维护社会的正常秩序和活动而提出的主张和要求以及涉及公众生存与发展的基本利益。社会公共利益具有社会性、公共性和整体性。[①] 社会公共利益可以从以下几点进行界定：一是主体具有公众性，社会公共利益是全体社会成员的共同利益，并非某个团体或个人的利益，亦非个体利益的简单叠加。二是表现形式具有多样性，社会公共利益可能并不具有具体形态，甚至有时候以社会道德的形式出现。比如对英烈进行侮辱就会降低社会整体积极向上的精神风貌，影响民众的价值观和信仰，实质就是损害了社会公共利益。三是具有正当合理性，是否对某项社会公共利益进行法律保护要取决于因保护而减损的个人利益与所维护的社会公共利益之轻重，尽可能使受益人数量最多、与人类生存最密切的社会公共利益得以保留，而不能以保护某实际中影响人数很少的社会公共利益而损害明显不相称的更大的个人利益。对于损害社会公共利益主要表现，我国目前法律框架内也多有列举，例如，《民法典》第 185 条提及的侵害英雄烈士等的姓名、肖像、名誉、荣誉的行为；《最高人民法院关于审理环境民事公益诉讼案件适用法律若干问题的解释》第 1 条涉及的重大风险的污染环境、破坏生态的行为等。

3. 关于公共利益

公共利益指向的是全体人民的共同利益，而不是多数人的群体利益更不是少数人的某些特权，它是每个人利益的最大公约数。公共利益这一概念在我国现行法律体系中从宪法到部门法律再到行政法规均有体现，例如，《宪法》第 10 条第 2 款规定："国家为了公共利益的需要，可以依照法律规定对土地实行征收或者征用并给予补偿。"《信托法》以列举方式描述了公共利益的具体内容，其第 60 条规定："为了下列公共利益目的之一而设立的信托，属于公益信托：（一）救济贫困；（二）救助灾民；（三）扶助残疾人；（四）发展教育、科技、文化、艺术、体育事业；（五）发展医疗卫生事业；（六）发展环境保护事业，维护生态环境；（七）发展其他社会公益事业"。可见，公共利益既包括涉及国家长治久安的国家利益，又包括社会和谐发展的社会公共利益。在实践中，对于某一行为既涉及国家利益又涉及社会公共利益却又不容易严格划分时，以公共利益这一上位概念代称，不失为一种方法。

① 张耀方:《论国家利益与社会公共利益的关系》，载《法治与社会》2014 年第 7 期。

（三）2019年《民事证据规定》关于对双方当事人无争议但涉及“他人合法权益的事实”的变化

2001年《民事证据规定》第13条规定：“对双方当事人无争议但涉及国家利益、社会公共利益或者他人合法权益的事实，人民法院可以责令当事人提供有关证据。”而2019年《民事证据规定》第18条规定，双方当事人无争议的事实符合《民事诉讼法司法解释》第96条第1款规定情形的，人民法院可以责令当事人提供有关证据。2019年《民事证据规定》将人民法院可以责令当事人提供有关证据的情形指向了《民事诉讼法司法解释》的第96条第1款，该款为“涉及可能损害国家利益、社会公共利益的”，并没有“涉及他人合法权益的事实”之表述。这是否意味着当事人无争议的事实涉及他人合法权益的，人民法院无权责令当事人提供证据，导致对他人合法权益保护力度降低了呢？答案当然是否定的。人民法院依职权对涉及国家利益和社会公共利益的事实进行调查，是大陆法系国家和地区的普遍做法，也是法院保护国家利益和社会公共利益所必要的职权。删除了“损害他人合法权益”的情形，主要考虑到他人合法权益概念比较笼统，且将此类情形在《民事诉讼法司法解释》第96条第1款第4项“当事人有恶意串通损害他人合法权益可能的”中规定，逻辑上更为合理。此外，《民事诉讼法》第115条关于恶意诉讼的相关规定也赋予了人民法院依职权调查的权力，因此并不存在对他人合法权益保护弱化的倾向。

（四）如何把握“可以责令”当事人提供有关证据

我国民事诉讼采强当事人主义与弱职权主义的“混合主义”的诉讼模式，这一模式要求进一步强化当事人在诉讼中的举证责任，规范和限制中立的审判机关依职权主动调查取证的职能。一般情况下，对双方均已确认的无争议的事实，则不必提交法庭辩论，法官可据此免除相对一方当事人的举证责任。任何权利都不是绝对的，民事诉讼中的处分权也不是绝对的，“如果出现了当事人无争议但涉及国家利益、社会公共利益和他人合法权益的事实，人民法院可代表国家进行干预，即通过审判职能确认这种处分行为无效，当事人此时不能免除就有关事实举证的责任。”《民事诉讼法司法解释》继承了2001年《民事证据规定》的主要内容和思路，结合2012年《民事诉讼法》的修正，《民事诉讼法司法解释》采取谨慎态度，在第96条以正面列举的形式完善了人民法院在五种情形下调查取证的权利，其中第1项就是“涉及可能损害国家利益、社会公共利益的”情形。2019年《民事证据规定》以指引向《民事诉讼法司法解释》在第 96 条的形式对人民法院可以责令当事人提供证据的无争议事实进行了规定，使整个民事诉讼证据法律体系逻辑更为紧密。值得注意的是，人民法院“可以”而不是“应当”责令当事人提供证据，将是否责令当事人提供证据的决定权交由法官根据具体案件情况进行决定，而不是要求人民法院必须对所有可能损害国家利益、社会公共利益的事实都要不加区分地要求当事人提交证据，这样使规定更具有灵活性和可操作性。

（五）司法实践中需注意的问题

需强调的是，《民事诉讼法司法解释》第 96 条第 1 款规定的 5 项情形非常明确，没有兜底条款，也没有扩大适用的余地。对人民法院依职权调查取证的范围进行框定，这体现了对民事诉讼中当事人处分原则的尊重，在辩论主义诉讼模式下，人民法院也只能在这些法定的情形下才能责令当事人对无争议的事实提供证据，承担举证责任。在司法实践中，应当基于民事诉讼属于当事人之间私权诉讼的定位，始终坚持强化当事人的举证责任，弱化和规范人民法院调查收集证据的职能，始终坚持中立审判者的身份，不能超越现有法律规定，不能动辄以“涉及可能损害国家利益、社会公共利益的”为理由干预或侵犯私权，正确区分国家利益、社会公共利益与当事人私人利益的合理界限，正确区分民事诉讼中当事人应当承担的证明责任及其法律后果与人民法院承担的“可以责令当事人提供有关证据”的合理界限，避免破坏人民法院的中立角色，损害司法权威性、统一性和稳定性。

此外，对于涉及可能损害国家利益、社会公共利益的事实，根据 2019 年《民事证据规定》，人民法院不仅可以责令当事人提供证据，还应当依职权委托鉴定①、通知证人出庭作证②且不适用有关自认③的规定。

---

① 2019 年《民事证据规定》第 30 条第 2 款规定：“符合《最高人民法院关于适用〈中华人民共和国民事诉讼法〉的解释》第九十六条第一款规定情形的，人民法院应当依职权委托鉴定。”

② 2019 年《民事证据规定》第 69 条第 3 款规定：“符合《最高人民法院关于适用〈中华人民共和国民事诉讼法〉的解释》第九十六条第一款规定情形的，人民法院应当依职权通知证人出庭作证。”

③ 2019 年《民事证据规定》第 8 条第 1 款规定：“《最高人民法院关于适用〈中华人民共和国民事诉讼法〉的解释》第九十六条第一款规定的事实，不适用有关自认的规定。”

四、辅助信息

《民事诉讼法》

第五十八条 对污染环境、侵害众多消费者合法权益等损害社会公共利益的行为，法律规定的机关和有关组织可以向人民法院提起诉讼。

人民检察院在履行职责中发现破坏生态环境和资源保护、食品药品安全领域侵害众多消费者合法权益等损害社会公共利益的行为，在没有前款规定的机关和组织或者前款规定的机关和组织不提起诉讼的情况下，可以向人民法院提起诉讼。前款规定的机关或者组织提起诉讼的，人民检察院可以支持起诉。

第一百一十五条 当事人之间恶意串通，企图通过诉讼、调解等方式侵害他人合法权益的，人民法院应当驳回其请求，并根据情节轻重予以罚款、拘留；构成犯罪的，依法追究刑事责任。

《民事诉讼法司法解释》

第九十六条 民事诉讼法第六十七条第二款规定的人民法院认为审理案件需要的证据包括：

（一）涉及可能损害国家利益、社会公共利益的；

（二）涉及身份关系的；

（三）涉及民事诉讼法第五十八条规定诉讼的；

（四）当事人有恶意串通损害他人合法权益可能的；

（五）涉及依职权追加当事人、中止诉讼、终结诉讼、回避等程序性事项的。

除前款规定外，人民法院调查收集证据，应当依照当事人的申请进行。

2019年《民事证据规定》

第十八条 双方当事人无争议的事实符合《最高人民法院关于适用〈中华人民共和国民事诉讼法〉的解释》第九十六条第一款规定情形的，人民法院可以责令当事人提供有关证据。

民事诉讼证据裁判规则第 7 条：

当事人反驳对方诉讼请求所依据的事实，应当提供证据加以证明，但法律另有规定的除外

【规则描述】 本条规则是关于民事诉讼中提出抗辩主张一方应承担的证明责任的问题。《民事诉讼法》第 67 条第 1 款规定，当事人对自己提出的主张，有责任提供证据。该条文是对“谁主张，谁举证”的概括性规定，其中应该包含两方面的含义：其一，一方当事人就其提出的诉讼请求所依据的事实有责任提供证据；其二，当事人就反驳对方诉讼请求所依据的事实有责任提供证据。《民事诉讼法司法解释》第 90 条第 1 款明确了上述两方面的含义：当事人对自己提出的诉讼请求所依据的事实或者反驳对方诉讼请求所依据的事实，应当提供证据加以证明，但法律另有规定的除外。民事诉讼法上的抗辩包含程序抗辩和实体抗辩，前者主要包括违反管辖规定、当事人不适格、诉讼不具有诉的利益、违反禁止重复起诉原则、证据取得不合法等情形；后者是指当事人根据实体法规范，针对相对方所提诉讼请求依据的要件事实提出的法律关系变更、消灭或权利受到妨害的反对性主张。

一、类案检索大数据报告

时间：2020 年 5 月 16 日之前；案例来源：Alpha 案例库；案由：民事纠纷；检索条件：（1）引用法条：《民事诉讼法司法解释》第 90 条第 1 款；（2）全文：反驳对方诉讼请求所依据的事实；（3）法院认为包含：同句“反驳对方诉讼请求所依据的事实”；（4）法院认为包含：同句“应当提供证据加以证明”；（5）法院认为包含：同句“当事人未能提供证据或者证据不足以证明其事实主张的”；（6）法院认为包含：同句“由负有举证证明责任的当事人承担不利的后果”。本次检索获取 2020 年 5

月16日之前共计3205篇裁判文书。其中：

1. 认为举证人举证不力，不予支持（承担不利后果）共计1415件，占比为44.13%；

2. 认为被告反驳未提供证据证明，不予支持的共计281件，占比为8.79%；

3. 认为被告反驳证据不足以证明其请求的共计217件，占比为6.77%；

4. 认为举证人举证不充分，驳回诉讼请求（含再审）的共计1076件，占比为33.56%；

5. 驳回原告的起诉的共计31件，占比为0.97%；

6. 认为举证人举证不充分，给予部分支持的共计185件，占比为5.78%。

整体情况如图7–1所示：

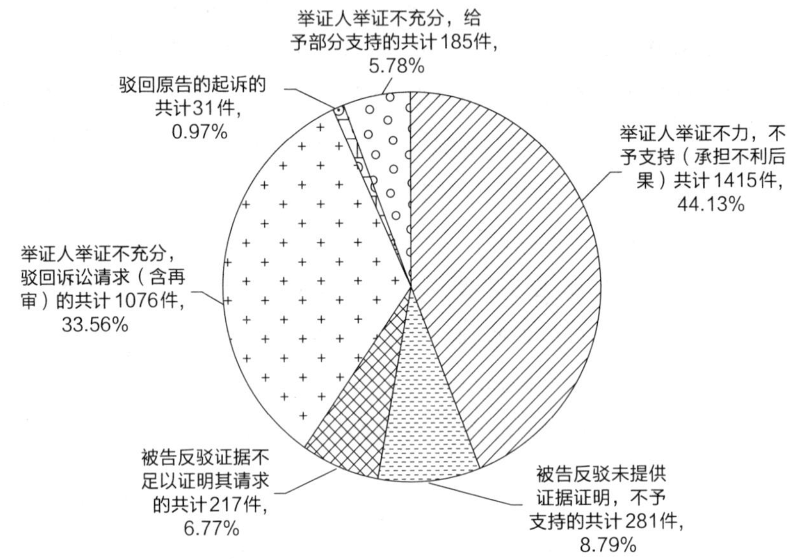

图7–1　案件裁判结果情况

如图7–2所示，从案件年份分布可以看在当前条件下，涉及引用法条：《民事诉讼法司法解释》第90条第1款的情况下，在民事判决书中全文载有："反驳对方诉讼请求所依据的事实"，以及在法院认为部分中：（1）同句"反驳对方诉讼请求所依据的事实"、同句"应当提供证据加以证明"、同句"当事人未能提供证据或者证据不足以证明其事实主张的"、同句"由负有举证证明责任的当事人承担不利的后果"的条件下，相应的民事纠纷案例数量的变化趋势。

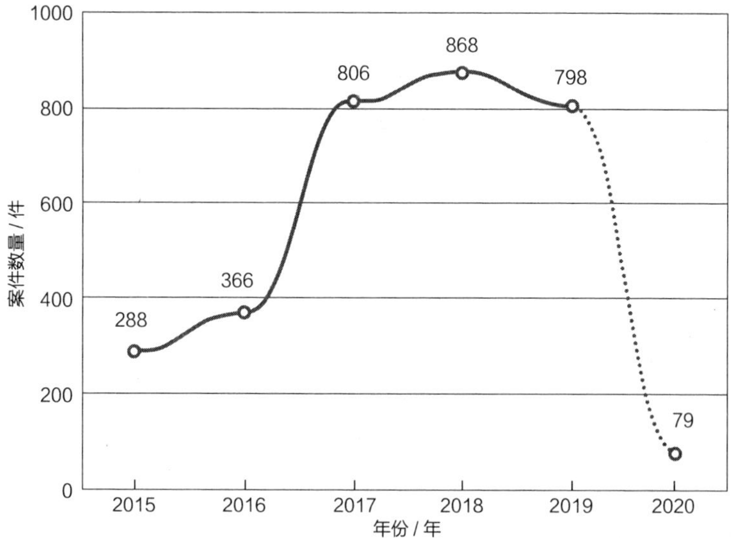

图 7–2　案件年份分布情况

如图 7–3 所示，从程序分类统计可以看到当前的审理程序分布状况。一审案件有 1929 件，二审案件有 1153 件，再审案件有 118 件，执行案件有 2 件，其他案件有 3 件。

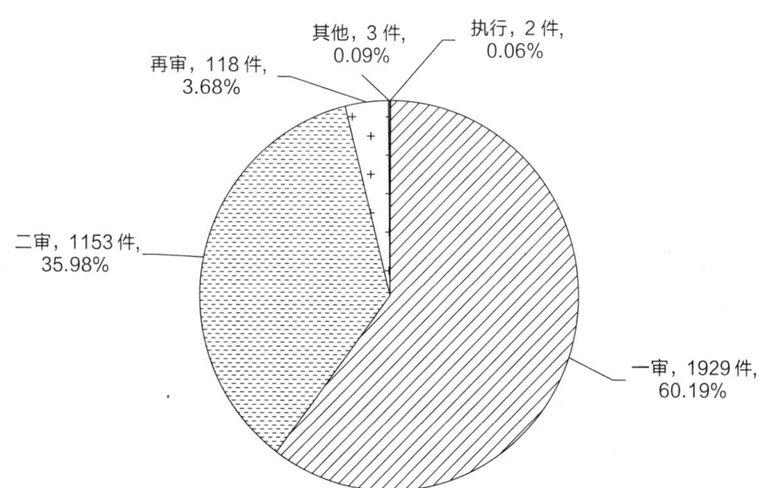

图 7–3　案件审理程序分类

二、可供参考的例案

例案一：吴某与王某国债务纠纷案

【法院】

最高人民法院

【案号】

（2015）民抗字第43号

【当事人】

抗诉机关：最高人民检察院

申诉人（一审原告、二审被上诉人）：吴某

被申诉人（一审被告、二审上诉人）：王某国

【基本案情】

2002年吴某与王某国签订协议书约定：吴某将玻璃发到乌鲁木齐市火车站，王某国负责销售；吴某每发一个车皮的玻璃，王某国除付给吴某每车玻璃的成本款外，每车另付2000元红利；玻璃售出后将现金汇入吴某账户；至2002年3月18日前王某国所欠吴某现金6万元，须于2002年7月底付完。协议签订后，双方开始履行。2002年5月23日至7月3日，吴某共向王某国发货80件，王某国实际提取74件，应付吴某玻璃款和红利共计287199元。2002年5月21日至7月21日，王某国分7次向吴某共汇款166000元。吴某委托阳某快负责到站玻璃的发货。阳某快向王某国出具2002年6月20日收到玻璃款3万元和6月23日收到王某国玻璃款1500元的收条一份。2002年6月22日，王某国向阳某快出具收到玻璃14件每件80片，付款3万元的收条一份。2002年11月16日，阳某快经阳朔县公证处公证“关于为王某国出具2002年6月20日收到玻璃款3万元、2002年6月23日收到王某国玻璃款1500元收据情况的说明”中说明：“我之所以为王某国写2002年6月20日收据，只是为证明王某国已将人民币3万元汇入吴某在广西桂林市交通银行的账户，王某国事实上并没有给我现金，因为他根本不会给我现金。至于2002年6月23日收到王某国玻璃款1500元现金，则是为他到乌市北站拿两个车皮的货运大票时用的。”

【案件争点】

反驳是否应当提供证据证明。

【裁判要旨】

法院认为，根据吴某的申诉意见以及检察机关的抗诉意见，本案需要解决的关键问题为：2002 年 5 月 8 日由广州大朗集装箱储运公司发送至乌鲁木齐收货人为王某国的 27 件玻璃究竟系王某国自行从广州大明玻璃厂购买还是吴某从广州锦明玻璃厂购买。

《民事诉讼法司法解释》第 90 条第 1 款规定，当事人对自己提出的诉讼请求所依据的事实或者反驳对方诉讼请求所依据的事实，应当提供证据加以证明，但法律另有规定的除外。第 91 条规定，主张法律关系存在的当事人，应当对产生该法律关系的基本事实承担举证证明责任。主张法律关系变更、消灭或者权利受到妨害的当事人，应当对该法律关系变更、消灭或者权利受到妨害的基本事实承担举证证明责任。

根据上述规定，本案吴某作为向王某国供应玻璃的一方，主张案涉 27 件玻璃系其从广州锦明玻璃厂购买，则应提供证据加以证明。对此，吴某提供了广州锦明玻璃厂出具的证明和收据、广州大朗集装箱储运公司出具的收款收据以及提货铁路大票、法院调取的证据以及抗诉申请书等证据。上述证据确实充分，形成了有效的证据链，可以初步证明吴某从广州锦明玻璃厂购买玻璃 27 件并支付货款及运费共计 77485.84 元，广州锦明玻璃厂委托广州大朗集装箱储运公司运输 27 件玻璃给王某国，后王某国从乌鲁木齐站提取了玻璃。

至于王某国抗辩主张，2002 年 5 月 8 日由广州大朗集装箱储运公司发送至乌鲁木齐收货人为王某国的 27 件玻璃系王某国自行从广州大明玻璃厂购买，同样根据《民事诉讼法司法解释》第 90 条、第 91 条的规定，王某国应提供相应的证据加以证明。对此，王某国提供了铁路货票、汇款单和收条等证据。但是，王某国提交的收条和汇款单等证据仅能证明其与广州大明玻璃厂之间的部分资金往来情况，无法充分证明与案涉 27 件玻璃有关。

证明标准是负担证明责任的人提供证据证明其所主张法律事实所要达到的证明程度。本案中，吴某已经完成案涉 27 件玻璃系其从广州锦明玻璃厂购买的举证证明责任，王某国主张案涉 27 件玻璃系自行从广州大明玻璃厂购买。按照《民事诉讼法司法解释》第 108 条规定，王某国之举证应当在证明力上足以使人民法院确信该待证事实的存在具有高度可能性。而基于前述，王某国为反驳吴某所主张事实所作举证，没有达到高度可能性之证明标准。而且，一审庭审中，王某国并未谈及 27 件玻璃是自己购买的问题，只是说根据吴某提供的发货单及入库单（复印件）不能证明王某国已经收到这 27 件玻璃。二审期间王某国却提供了铁路货票用于说明 27 件玻璃已提货，但提的是自己购买的玻璃。王某国上述陈述前后不一。原审判决以广州锦明玻璃厂出具的货款凭证和广州大朗集装箱储运公司出具的运费凭证系收据而非发票为由，对相关证据的真实性不予采信，没有充分的事实及法律依据，也不符合前述司法解释的规定精神，法院予以纠正。

例案二：苏州星瑞防务科技有限公司与厦门中林飞驰游艇俱乐部有限公司船舶买卖合同纠纷案

【法院】

最高人民法院

【案号】

（2019）最高法民申 3041 号

【当事人】

再审申请人（一审被告、二审上诉人）：苏州星瑞防务科技有限公司（原江苏星瑞游艇有限公司）

被申请人（一审原告、二审上诉人）：厦门中林飞驰游艇俱乐部有限公司

【基本案情】

苏州星瑞防务科技有限公司（原江苏星瑞游艇有限公司）（以下简称星瑞公司）申请再审称：原审判决存在《民事诉讼法》第 200 条[①] 第 2 项、第 6 项规定之情形，应予再审。理由如下：（1）原审判决认定星瑞公司未向厦门中林飞驰游艇俱乐部有限公司（以下简称中林飞驰公司）交付增值税发票缺乏证据证明。星瑞公司在发票开立后，已及时将发票原件交付了中林飞驰公司。星瑞公司在履行完船舶交付义务后及时完成了增值税发票开具和缴纳税款义务，故不存在不开具增值税发票以规避纳税义务的意图。中林飞驰公司仍有余款未付，依照商业惯例，发票开具后出票方会尽快将发票交付购货方，以便购货方入账或支付剩余价款，星瑞公司不交付发票对己方不利，故不存在故意不交付发票的动机。在本案受理前 5 年内，中林飞驰公司从未向星瑞公司主张过涉案游艇的增值税发票，在《补充协议》签订时，双方并无发票未交付的纠纷。因此，在中林飞驰公司未能就游艇交付后存在催要发票的事

① 该法已于 2021 年 12 月 24 日第四次修正，本案所涉第 200 条第 2 项、第 6 项修改为第 207 条第 2 项、第 6 项，内容未作修改。

实提供证据的情况下，星瑞公司已经交付发票的待证事实具有高度的可能性。(2) 原审判决适用法律错误。请求履行开具、交付发票的纠纷，不应由法院主管，原审法院判令星瑞公司交付已付价款的增值税专用发票，显属不当。该案中开具、交付增值税发票的诉讼请求法院应当不予受理或处理，可由当事人自行到税收行政管理部门寻求行政救济。

【案件争点】

提出反驳主张，未提供证据证明的责任承担。

【裁判要旨】

法院经审查认为：关于原审判决认定星瑞公司未向中林飞驰公司交付增值税专用发票的事实是否缺乏证据证明的问题。《民事诉讼法》第 64 条第 1 款①规定："当事人对自己提出的主张，有责任提供证据。"《民事诉讼法司法解释》第 90 条规定："当事人……反驳对方诉讼请求所依据的事实，应当提供证据加以证明……当事人未能提供证据或者证据不足以证明其事实主张的，由负有举证证明责任的当事人承担不利的后果。"第 91 条第 1 项规定："主张法律关系存在的当事人，应当对产生该法律关系的基本事实承担举证证明责任。"中林飞驰公司提起本案诉讼，请求星瑞公司交付已付价款的增值税专用发票，而星瑞公司主张其已经交付了发票，则星瑞公司应当承担相应的举证责任，其未能提交相应证据予以证明，应承担举证不利的后果。因此，原审判决认定星瑞公司未向中林飞驰公司交付相应发票并无不当。

例案三：戢某某与金塔县万通矿业有限责任公司合作纠纷案

【法院】

最高人民法院

【案号】

(2015) 民提字第 156 号

【当事人】

再审申请人（一审原告、二审被上诉人）：戢某某

被申请人（一审被告、二审上诉人）：金塔县万通矿业有限责任公司

① 该法已于 2021 年 12 月 24 日第四次修正，本案所涉第 64 条第 1 款改为第 67 条第 1 款，内容未作修改。

【基本案情】

2009年11月26日，戢某某与金塔县万通矿业有限责任公司（以下简称万通公司）协商后签订了一份《合作协议要点》，约定：由万通公司提供场地和相关手续，戢某某提供、安装选矿流水生产线设备三套（费用由戢某某全部承担），负责选矿技术人员的落实及生产管理。由万通公司提供选矿所需要的矿石，选矿所得利润由戢某某、万通公司按照各自50%的比例分成。合同同时约定，双方合作的选矿生产线正式合同待设备运输安装到位后签订。《合作协议要点》签订后，万通公司于2009年12月25日聘任戢某某为公司副总经理兼铁选厂厂长。

诉讼中，万通公司申请对戢某某安装的选矿设备质量、价格进行鉴定。一审法院委托酒泉市价格认证中心对戢某某在万通公司处投入的工程费、机器设备、化验室设备价格进行了价格鉴定，其结论是：（1）戢某某投入土建工程费用为282784元；（2）机器设备鉴定价格为1251009元；（3）购置化验室设备鉴定价格为13106元。以上合计戢某某投入费用为1546899元。

一审另查明，戢某某、万通公司约定，由戢某某提供、安装选矿流水生产线设备三套、负责选矿技术人员的落实及生产管理，由万通公司提供选矿所需要的矿石。在戢某某将选矿流水线安装调试完毕后进行了试车，所选出的铁精粉符合双方合作协议中约定的矿石品位。但后仅生产了少量的铁精粉，因万通公司无法提供合格的铁矿石原料，致使厂房及设备停止生产，双方由此发生纠纷。

【案件争点】

被告提出反驳主张的证明责任承担。

【裁判要旨】

关于双方未能继续合作的原因和过错应如何认定的问题。本案系戢某某作为原告起诉，以万通公司不能提供矿石选矿导致《合作协议要点》无法继续履行为由，要求万通公司赔偿投资损失。万通公司抗辩称其已依约提供矿石，双方无法继续合作的原因系戢某某提供的设备质量不合格，无法生产出合格矿产品。根据《民事诉讼法》第67条第1款关于“当事人对自己提出的主张，有责任提供证据”以及《民事诉讼法司法解释》第90条第1款关于“当事人对自己提出的诉讼请求所依据的事实或者反驳对方诉讼请求所依据的事实，应当提供证据加以证明，但法律另有规定的除外”之规定，结合戢某某主张万通公司未提供矿石属消极性事实以及万通公司在戢某某已经安装调试设备、试车并进行少量生产后未如约签订合同等事实，本案中，应由万通公司对其依约提供了矿石、戢某某安装设备质量不合格负有举证责任。

就其已依约提供了矿石的问题，万通公司提交王某斌出具的证人证言、收条，万通公司过磅单、过磅清单，戢某某一审中提交的设备照片背景以及戢某某向其主张59万元借款等证据予以佐证，但上述证据材料系在二审庭审时始提交。就未能及时提交证据的原因，二审庭审中万通公司称系因未及时找到，再审庭审中则称系已经提供给代理人但代理人未向法庭提交，前后陈述不一，均不构成正当理由。其中过磅单、过磅清单系万通公司单方出具，王某斌证人证言即使成立，仍无法证明矿石品相符合生产要求。且上述证据材料与一审法院向双方合作期间聘任的负责生产线安装并主管生产的副厂长陈某龙的调查笔录记载内容相矛盾，不足以证明万通公司所称其已依约提供了矿石的主张。就戢某某安装设备质量不合格的问题，万通公司提供自行网络下载的选矿工艺流程材料，将华宣所述收购铁精粉均系颗粒、质量不达标的笔录，以及酒泉鑫晟矿产服务部实验室于2010年4月至6月出具的检测报告等证据材料予以佐证，但上述证据材料亦均系二审庭审期间提供，万通公司未就逾期提交证据材料说明正当理由。万通公司据此主张戢某某安装设备质量不合格，与其2010年6月16日出具的融资申请中对选矿设备的质量描述、一审法院对陈某龙的调查笔录中的记载以及戢某某将选矿流水线安装调试完毕后进行试车，所选出的铁精粉符合双方约定矿石品位的事实相矛盾。上述证据材料不足以证明万通公司认为戢某某安装设备不合格导致合作无法继续的事实主张。根据《民事诉讼法司法解释》第90条第2款“在作出判决前，当事人未能提供证据或者证据不足以证明其事实主张的，由负有举证证明责任的当事人承担不利的后果”之规定，万通公司提供的证据不足以证明其主张，应承担举证不能的不利后果。二审判决以戢某某未能提供有效证据证明其安装设备符合约定，亦未能进一步举证证明万通公司未提供矿石为由，认定戢某某未能举证证明无法合作的原因系万通公司所致，在举证责任分配和无法合作的原因和过错认定上存在错误，法院予以纠正。

三、裁判规则提要

民事诉讼主要表现为当事人行使诉权和人民法院行使审判权的活动，证明责任素有“民事诉讼脊梁”之地位，证明责任的正确分配，对当事人正确行使诉权、人民法院正确行使审判权至关重要。现代意义上证明责任分配规则来源于罗马法的两个原则，一是“原告应负有举证义务”；二是“举证义务存在于主张之人，不存在于否认之人”。该两项规则经历了中世纪寺院法的演变之后，确立了原告就其诉讼的原因事实举证，被告就其抗辩的要件事实举证的一般原则，对后世证明责任的立法产生了深远的影响。《苏俄民事诉讼法典》第50条前半段规定：“当事人应当证明其诉讼请求及抗辩的根据事实。”我国台湾地区“民事诉讼法”第277条前半句规定：“当事人主张有利于己之事实者，就其事实有举证之责任。”随着社会的发展、民事活动的复杂化，此原则无法涵盖的情形越来越多，大陆法系逐渐演变出法律要件分类说、待证事实分类说、特别要件说等，英美法系产生了危险领域说、盖然性说、损害归益说、利益衡量说等。我国民事证明责任制度基本采用法律要件分类说中的规范说，主张权利发生者应对权利发生的要件事实承担证明责任，主张权利妨碍、消灭者，应对权利妨碍、消灭的要件事实承担证明责任。

（一）证明责任的双重含义

证明责任具有双重含义：一是指当事人在具体的诉讼中，为了避免败诉的风险而向法院提出证据，证明其主张为真实的责任，即主观上的举证责任或形式上的举证责任；二是指当某种事实的存在与否不能确定，处于真伪不明的状态时，规定应由哪一方当事人承担其不利法律后果的一种负担，即客观上的举证责任或实质上的举证责任。前一种属于行为责任；后一种属于结果责任。以德国为代表的大陆法系学者对于“beweislast”一词的理解作了两方面的解读：其一是指当事人在具体的诉讼过程中，为了避免承担败诉的风险而向法院提供证据的必要性，德语对这种意义上的“beweislast”写为“beweisf ü hrungslast”，可以理解为“举证的必要性”；其二是指在辩论结束后，当事人因要件事实没有得到证明，法院不认可相当于该事实为构成要件的法律发生效力而承担的诉讼上的不利益，德语将此种“beweislast”写为“festsellungslast”，意思是“证明的必要性”。[①] 英美法系学者对于“burden of proof”的含义也有两方面的理解：一是指当事人向法官提供足够的证据，以使本案的争点事实交付陪审团认定的行为责任；二是指当事人对交付陪审团进行事实认定的案件，在审判程序的最后阶段，因争点事实真伪不明而承担的诉讼上的不利益。对于前一种含义一般英文表述为“the burden of producting evidence”或“the duty of producing evidence”等，直译为中文即“提供证据的责任”；后一种含义英文表述为“the burden of persuasion”或“persuasion burden”等，中文一般译为“说服责任”或“法

① 常怡主编：《民事诉讼法比较》，中国政法大学出版社2002年版，第402页。

定负担”等。[①]

“当事人反驳对方诉讼请求所依据的事实，应当提供证据加以证明，但法律另有规定的除外。”是否包含证明责任的双重含义，对此存在不同观点。一种观点认为，从措辞来看，这一规则强调“提供证据”的义务，可以理解为我国立法关于上述第一种含义，即我国民事诉讼证明责任理论中的行为责任、大陆法系中的“举证的必要性”、英美法系中“提供证据的责任”，主要是督促当事人积极举证，促进案件事实的查明，而结果责任则规定为“在作出判决前，当事人未能提供证据或者证据不足以证明其事实主张的，由负有举证证明责任的当事人承担不利的后果”。另一种观点认为，该规则蕴含的行为责任意义毋庸置疑，但“加以证明”亦体现了结果责任之内涵，若当事人提供的证据无法就其反驳对方诉讼请求所依据的事实加以证明，使其所提事实主张处于真伪不明的状态，则提出反驳主张的一方应该承担相应的不利法律后果。

（二）我国证明责任的立法规定

2001 年《民事证据规定》第 2 条确定了证明责任的一般规定：“当事人对自己提出的诉讼请求所依据的事实或者反驳对方诉讼请求所依据的事实有责任提供证据加以证明。没有证据或者证据不足以证明当事人的事实主张的，由负有举证责任的当事人承担不利后果。”第 4 条、第 5 条、第 6 条列举了证明责任在侵权、合同、劳动争议方面的特殊规定。2012 年《民事诉讼法》第 64 条第 1 款规定，当事人对自己提出的主张，有责任提供证据。《民事诉讼法司法解释》第 90 条规定：“当事人对自己提出的诉讼请求所依据的事实或者反驳对方诉讼请求所依据的事实，应当提供证据加以证明，但法律另有规定的除外。在作出判决前，当事人未能提供证据或者证据不足以证明其事实主张的，由负有举证证明责任的当事人承担不利的后果。”该条基本承袭了 2001 年《民事证据规定》第 2 条的内容。另外，《民事诉讼法司法解释》第 91 条结合规范说理论对证明责任的一般规则作了进一步的规定：“人民法院应当依照下列原则确定举证证明责任的承担，但法律另有规定的除外：（一）主张法律关系存在的当事人，应当对产生该法律关系的基本事实承担举证证明责任；（二）主张法律关系变更、消灭或者权利受到妨害的当事人，应当对该法律关系变更、消灭或者权利受到妨害的基本事实承担举证证明责任。”2019 年《民事证据规定》无证明责

---

① 常怡主编：《民事诉讼法比较》，中国政法大学出版社 2002 年版，第 404～405 页。

任相关规定。

2012 年《民事诉讼法》第 64 条第 1 款关于证明责任的规定，仅体现了当事人对其事实主张的证明义务，即提供证据的责任也就是行为意义上的证明责任，而未涉及事实主张真伪不明时的裁判规则和依据，即结果意义上的证明责任，忽视了结果责任才是证明责任的本质属性。且未对提出反驳一方就其抗辩主张应承担的证明责任作出明确规定。2001 年《民事证据规定》与《民事诉讼法司法解释》虽在表述上略有不同，但都体现了证明责任的双重含义的普遍共识以及权利主张方与抗辩方的证明责任。2019 年《民事证据规定》存在的一个重大变化是删除了 2001 年《民事证据规定》中第 2 条、第 4 条、第 5 条、第 6 条、第 7 条关于证明责任的规定。因为 2001 年《民事证据规定》第 4 条、第 5 条、第 6 条可以通过适用《民事诉讼法司法解释》第 91 条及民事实体法相关规定实现，第 2 条已为《民事诉讼法司法解释》第 90 条吸收，且《民事诉讼法司法解释》第 90 条的表述相比于 2001 年《民事证据规定》第 2 条，在用语上不再一概用“责任”一词来描述当事人的举证负担和后果，而是在第 1 款中用“应当提供证据加以证明”替代“有责任提供证据加以证明”，如此第 1 款中当事人对其主张的事实提供证据即以“行为义务”的形象出现，而在第 2 款中“由负有举证证明责任的当事人承担不利的后果”中才强调为“责任”。这种表述上的调整，可以理解为主要为了避免 2001 年《民事证据规定》第 2 条两款均使用“责任”一词可能带来的认识上的混淆。因为如上节所述，对于举证责任包含行为意义上的举证责任（主观证明责任）和结果意义上的举证责任（客观证明责任）在学界已有共识，但是两者的内涵及意义在实务中完全不同，这种学理上的区分无法在立法中体现，因此，在司法解释中就行为意义上的举证责任不以“责任”一词指代，有助于提示两者的差别。《民事诉讼法司法解释》所作上述调整实现了立法上关于证明责任双重含义的体现，故 2019 年《民事证据规定》亦无需对《民事诉讼法司法解释》中已有的规定进行重复。

（三）反驳与抗辩

基于民事诉讼的当事人平等原则和武器平等原则，抗辩，作为民事诉讼中的防御方法，在我国民事诉讼法律体系中，仅《民事诉讼法司法解释》中关于诉讼时效抗辩与不予执行涉外仲裁裁决的规定使用了“抗辩”一词。我国尚未构建起体系化的民事诉讼抗辩制度，根据德日民事诉讼法理论，民事诉讼法上的抗辩包含程序抗辩和实体抗辩。程序抗辩分为妨诉抗辩和证据抗辩，妨诉抗辩，是指当事人以诉讼要件有欠缺以及诉讼成立有障碍为事由，而主张诉讼不合法或诉讼不成立，其目的在于阻止法院对本案的实体审理，主要包括违反管辖规定、仲裁排斥诉讼、当事人不适格、诉讼不具诉的利益、违反禁止重复起诉原则等情形。证据抗辩，是指当事人一方要求法院驳回相对方的证据申请或不采纳证据调查结果的程序抗辩，如抗辩主张对方证据取得不合法不具有证据能力。实体抗辩，是指一方当事人对于另一方当事人的权利主张，基于法律规定的事由和权利，提出妨碍其发生法律效果，或者使已发生的法律效果归于消灭或被排除的主张。实体抗辩又分为权利抗辩与事实抗辩。权利抗辩，是指被告在诉讼进行中通过行使民法上的权利，以期对原告的权利主张的法律效果进行消灭和变更，如暂时阻止权利发生法律效果的同时履行抗辩权、让已发生法律效果的权利发生变更的形成权。事实抗辩，是指当事人依据法律规定的反对性事实对相对方的权利主张提出的抗辩。将实体抗辩分为权利抗辩和事实抗辩的最基本意义在于，若被告提出权利抗辩，其在诉讼中不仅要主张该权利的要件事实，还必须在诉讼中有行使该项权利的意思表示，否则法院将以被告没有行使权利的意思表示为理由而不认可其已经提出了权利抗辩。

在我国《民事诉讼法》及相关司法解释中，反驳的应用场景比较广泛，不仅仅表达抗辩的含义，也有“提出反证”的含义，如2019年《民事证据规定》第94条规定“电子数据存在下列情形的，人民法院可以确认其真实性，但有足以反驳的相反证据的除外……”；还有“否认”“质疑”的含义，如2019年《民事证据规定》第41条规定，对于一方当事人就专门性问题自行委托有关机构或者人员出具的意见，另一方当事人有证据或者理由足以反驳并申请鉴定的，人民法院应予准许。被告反驳诉讼请求，是指被告提出证据或者理由反对原告的具体实体权利请求。这是被告为维护自身权利所采取的一种诉讼手段，是辩论原则的具体体现。实践中，被告既可以提出实体上的反驳，如原告要求被告履行合同，被告则提出合同违反了法律、行政法规的强制性规定应认定为无效合同；也可以提出程序上的反驳，如被告提出原告的请求不属于民事案件受案范围，应当驳回起诉。一般认为“当事人反驳对方诉讼请求所依据的事实，应当提供证据加以证明，但法律另有规定的除外”。这一语境下“反驳对方诉讼请求”是指《民事诉讼法》规定的实体抗辩，即就对方所提诉讼请求依据的要件事实提出的法律关系变更、消灭或权利受到妨害的反对性主张，抗辩者应就其主张所依据的要件事实承担证明责任。如在运输合同中，托运人主张货物受到毁损、灭失要求承运人承担损害赔偿责任的，托运人应该就托运货物的事实、货物毁损或灭失的事实、承运人的过错、损害与承运人的过错之间存在因果关系等侵权要件事实承担证明责任。如果承运人主张货物的毁损、灭失是因不可抗力、货物本身的自然性质或者合理损耗以及托运人、收货人的过错造成的，根据《合同法》第 311 条[①]之规定，承运人应该就其抗辩主张所依据的事实承担证明责任。

司法实践中，常出现主张权利一方当事人提供证据后，另一方提出反驳或异议，法院认为“证明责任转换”继而要求反驳方承担证明责任的情况，这属于对“反驳”与“抗辩”两个概念的混淆，对证明责任分配法定原则认识不足，证明责任的分配首先应根据实体法规范确定，实体法没有规定时，根据证明责任的一般规则即《民事诉讼法司法解释》第 91 条中关于法律关系产生、变更、消灭或权利受到妨害的主张确定。

（四）抗辩与相关概念的区分

1. 抗辩与反诉的区别

反诉，是指在已经开始的民事诉讼程序中，被告针对原告提出的与本诉有牵连的诉讼请求。《民事诉讼法》第 54 条规定：“原告可以放弃或者变更诉讼请求。被告可以承认或者反驳诉讼请求，有权提起反诉。”被告提起反诉的目的旨在通过反诉抵消或者吞并本诉的诉讼请求，或者使本诉的诉讼请求失去意义。2019 年《民事证据规定》第 1 条除了规定原告起诉时应当提供符合起诉条件的证据，同时也规定了被告提出反诉也应当提供符合起诉条件的证据。

反诉与抗辩的区别主要有以下 6 点：

第一，性质不同。反诉是一种独立请求，反诉虽然在程序启动时点、当事人选择等方面一定程度上依附于本诉存在，但具有其相对独立性，仍然是一个独立的诉；抗辩是诉讼中的防御方法，产生并存在于同一个诉之中，不能独立存在。

第二，提出条件不同。当事人提起反诉需要提供符合起诉条件的材料，应当围绕《民事诉讼法》第 122 条和《民事诉讼法司法解释》第 233 条规定的条件提供相应证据，并交纳诉讼费；抗辩一方仅需要提供证据证明其主张所依据的事实。

第三，目的不同。当事人提起反诉的目的是抵消或者吞并本诉，实现被告自身的实体权利；当事人提出抗辩是为了阻止相对方实体权利的实现。

第四，对象不同。反诉针对的是原告提出的诉讼请求，抗辩针对的是相对方所提诉讼请求所依据的事实。

---

① 对应《民法典》第 832 条：“承运人对运输过程中货物的毁损、灭失承担赔偿责任。但是，承运人证明货物的毁损、灭失是因不可抗力、货物本身的自然性质或者合理损耗以及托运人、收货人的过错造成的，不承担赔偿责任。”

第五，提出主体不同。根据《民事诉讼法》第 54 条规定，被告可以承认或者反驳诉讼请求，有权提起反诉。反诉的提出者是本诉中的被告。当事人可以对相对方主张的事实提出抗辩，提出抗辩者可以是被告一方，也可以是被告一方就其抗辩主张提供证据证明后的原告一方，在当事人之间可能存在主张—抗辩—再抗辩的过程。

第六，结果不同。反诉请求属于判决主文判断的事项，具有既判力，不可就该事项再次向法院提起诉讼，否则构成重复起诉；抗辩主张所依据的事实属于裁判理由所判断的事项而不产生既判力，可就抗辩事实再向法院提起诉讼。

从具体案例中区分反诉与抗辩，例如，在交通事故纠纷中，一方提起损害赔偿给付之诉后，另一方主张在事故中双方均有损失，并基于同一事实原因向法院提出反诉，请求对方支付损害赔偿金，这属于提起反诉；若在非机动车驾驶人或行人一方提起损害赔偿给付之诉后，机动车一方称交通事故的损失是由非机动车驾驶人、行人故意碰撞机动车造成的，并依据《道路交通安全法》第 76 条第 2 款之规定主张不承担赔偿责任，这属于提出抗辩。再如，在物权纠纷中，原告起诉请求被告返还某物，被告以对该物享有留置权为由拒绝返还，属于抗辩；若被告基于此提出要求原告返还该物所担保的债权，则属于反诉。

2. 抗辩与否认的区别

“否认”这一概念源自罗马法，并被大陆法系国家沿用，虽然我国民事诉讼与证据规定相关立法中没有直接援引，但厘清抗辩与否认的区别，对于理解和适用实体法相关规定合理分配证明责任具有重要意义。

抗辩与否认两个概念最根本的差异是二者对主张权利一方所提要件事实的态度，抗辩不否定原告所提要件事实的客观存在，但否定该要件事实发生的法律效果；否认则不认可要件事实本身的存在。证明责任的对象是争议事实，正是因为抗辩不否定主张权利一方提出的要件事实，使之成为无争议事实，故将证明责任转移到抗辩一方；而否认不认可要件事实，该要件事实仍然是争议事实，仍由主张权利一方承担证明责任。但是，此种差异并不一定导致证明责任中行为责任的截然不同，否认者有时也需要提供证据，但在结果责任层面则产生了“抗辩者承担证明责任，否认者不承担证明责任”的区别。即抗辩者承担举证的行为责任和结果责任，而否认者最多承担举证的行为责任。另外，抗辩不逾越对方当事人主张的法律关系框架，而否认一般主张双方之间系另一法律关系。[①] 司法实践中，不乏对抗辩与否认情形的混

① 袁琳：《证明责任视角下的抗辩与否认界别》，载《现代法学》2016 年第 6 期。

淆，导致不同审判人员处理同类案件时分配证明责任存在差异，理解上述抗辩与否认的核心区别有利于引导辨别被告一方所提主张的性质及认定证明责任的承担主体。

《民间借贷司法解释》第 16 条规定，原告仅依据金融机构的转账凭证提起民间借贷诉讼，被告抗辩转账系偿还双方之前借款或其他债务，被告应当对其主张提供证据证明。被告提供相应证据证明其主张后，原告仍应就借贷关系的成立承担举证证明责任。应该如何理解“被告抗辩转账系偿还双方之前借款或其他债务，被告应当对其主张提供证据证明”，理论和司法实践中对于该条文中证明责任的分配存在不同理解，一种观点认为，被告主张转账系偿还双方之前借款或其他债务系对原告一方所提借贷事实的否定，属于否认，根据“否认者不承担证明责任”的原则，被告仅需就其主张提出一定证据动摇法官的心证即可，而无需承担相应的结果证明责任；另一种观点认为，原告作为诉讼的发起方，首先应当对其提出 的形成争议的诉讼请求事实承担举证责任，原告就其主张借贷的事实提供了金融机构的转账凭证，已经完成初步举证责任，证明责任转移到被告一方，无论是被告主张同一法律关系下法律效果受到阻碍，还是主张新的法律关系，都应该就其主张的 事实承担证明责任。事实上，“被告所持的抗辩内容，实际上形成一个新的主张，即双方当事人之间还存在原告所主张的借款关系之外的权利义务关系，而原告所持金融机构转账凭证与案外权利义务关系相对应。按照谁主张谁举证的原则，被告对于其所主张的双方之间存在其他借款关系或者其他债权债务关系等事实应负相应的举证责任，需提供证据予以证明。这样规定主要是考虑到原告作为主张双方之间民间借贷关系存在的一方，虽然没有能够提交借款合同作为直接证据，但提交了款项实际支付的相应证据，即应当认为其对与被告之间存在借贷关系的事实完成了初步举证。此时，被告如果提出双方之间款项支付的其他事实基础，则需对其主张予以举证证明。”

3. 抗辩与反证的区别

负有证明责任的当事人一方提出的证据为本证，反证系不负证明责任的一方当事人，为否定对方当事人提出的本证所证明的事实而提出的证据。[①]2001 年《民事证据规定》第 72 条规定：“一方当事人提出的证据，另一方当事人认可或者提出的相反证据不足以反驳的，人民法院可以确认其证明力。一方当事人提出的证据，另一方当事人有异议并提出反驳证据，对方当事人对反驳证据认可的，可以确认反驳证据的证明力。”2019 年《民事证据规定》删除该条。负有证明责任的一方必须以本证

① 常怡主编：《民事诉讼法比较》，中国政法大学出版社 2002 年版，第 394 页。

使法院对待证事实的存在形成确信，其举证责任才能完成；不负举证责任的一方提出反证，如能使法院就待证事实的确信发生动摇，使待证事实成为真伪不明的状态，则反证就达到其目的，从而将本证的举证效果消灭。

反证与抗辩的区别在于两者攻击对象与证明责任的不同。所谓“谁主张，谁举证”中的“主张”系当事人关于法律关系产生、变更、消灭或权利受到妨害等要件事实的主张，故抗辩是从权利和法律关系的角度着手，当一方主张请求权时，另一方抗辩主张产生该权利的法律关系已经变更、消灭或者虽未变更、消灭但有妨害权利的事实。所以遵循谁主张谁举证的原则，提出诉讼请求主张法律关系产生的一方和提出抗辩主张法律关系变更、消灭或权利受到妨害的一方当事人都应该就其主张的要件事实承担证明责任。抗辩认可主张权利一方原因事实的存在，而否认原因事实发生的法律效果，可以说抗辩主张攻击的对象是主张权利一方所提原因事实的法律效果。而反证攻击的是用以证明某项事实的本证，即试图通过提出反证否认某项具体事实的存在。证明责任的承担不因为反证的提出而发生转移，亦不依赖于反证的成立与否。例如，《民间借贷司法解释》第 15 条第 1 款规定：“原告仅依据借据、收据、欠条等债权凭证提起民间借贷诉讼，被告抗辩已经偿还借款的，被告应当对其主张提供证据证明。被告提供相应证据证明其主张后，原告仍应就借贷关系的存续承担举证责任。”该条文是关于被告抗辩原告主张的法律关系因清偿而归于消灭的规定，被告应承担举证责任。《民间借贷司法解释》第 15 条第 2 款规定：“被告抗辩借贷行为尚未实际发生并能作出合理说明的，人民法院应当结合借贷金额、款项交付、当事人的经济能力、当地或者当事人之间的交易方式、交易习惯、当事人财产变动情况以及证人证言等事实和因素，综合判断查证借贷事实是否发生。”这里虽采用了“抗辩”这一措辞，实质是关于针对用以证明某项事实的本证提出反证以否认该要件事实存在，证明责任无需转移到被告一方。

（五）但法律另有规定的除外

“谁主张，谁举证”或者“主张法律关系存在者应就法律关系产生的要件事实承担证明责任，而抗辩者应就法律关系变更、消灭或权利受到妨害的要件事实承担证明责任”是分配证明责任的一般原则，但依循该原则有时会忽视隐藏于民事法律规范及民事交往过程中的实质公平问题。《民事诉讼法司法解释》第 90 条第 1 款、第 91 条明确了证明责任的一般规则，另“但法律另有规定的除外”允许了存在法律特别规定时上述证明责任分配原则的例外。我国台湾地区“民事诉讼法”第 277 条规定，当事人主张有利于己之事实者，就其事实有举证之责任，但法律另有规定，或依其情形显失公平者，不在此限。这一规定将一般证明责任分配的例外情形之范围从法律另有的特殊规定的情形扩大到显失公平的情形。为了平衡当事人之间的举证负担，立法者在考虑证明责任分配时，需要综合盖然性大小、积极事实与消极事实的区分、危险领域、当事人离证据的远近等因素，相应地产生了证明责任的倒置、证明责任的免除、推定等制度。在《民法典》《消费者权益保护法》《产品质量法》《劳动争议司法解释》等民事实体法中存在由主张权利的相对方承担证明责任的特殊规定，民事实体法中亦有关于抗辩一方无需承担证明责任的特殊规定。

例如，《物权法司法解释（一）》第15条[①]规定："受让人受让不动产或者动产时，不知道转让人无处分权，且无重大过失的，应当认定受让人为善意。真实权利人主张受让人不构成善意的，应当承担举证证明责任。"所有权人请求标的物占有人返还标的物，而占有人则以善意取得进行抗辩时，根据"当事人反驳对方诉讼请求所依据的事实，应当提供证据加以证明"的规定，反驳一方应该就其抗辩主张的要件事实承担证明责任，即标的物占有人应该就其受让标的物时不知道转让人无处分权且无重大过失承担证明责任。但是，根据一般的常理常情，证明自己"善意取得"有些强人所难，而且不利于维护交易安全。因此《物权法司法解释（一）》第15条[②]作出了"抗辩者举证"不一致的规定，由不认可标的物受让人为善意的真实权利人一方承担证明"受让人不构成善意"的责任。再如，《公司法司法解释三》第20条规定："当事人之间对是否已履行出资义务发生争议，原告提供对股东履行出资义务产生合理怀疑证据的，被告股东应当就其已履行出资义务承担举证责任。"根据一般原则，原告应该就其主张的股东未履行出资义务的事实承担证明责任，但原告主张的是一个消极事实，从证明的难易程度的角度来说，股东证明其完成了出资义务明显比相对方证明股东未履行出资义务容易。故上述规定使原告一方在提出初步证据并能够使法官形成大致推定后，证明责任转到被告一方，由其提供证据证明已经履行出资义务。又如，《德国民法典》第358条规定，一方当事人在另一方当事人不履

---

① 参见《最高人民法院关于适用〈中华人民共和国民法典〉物权编的解释（一）》第14条规定："受让人受让不动产或者动产时，不知道转让人无处分权，且无重大过失的，应当认定受让人为善意。真实权利人主张受让人不构成善意的，应当承担举证证明责任。"

② 参见《最高人民法院关于适用〈中华人民共和国民法典〉物权编的解释（一）》第14条规定："受让人受让不动产或者动产时，不知道转让人无处分权，且无重大过失的，应当认定受让人为善意。真实权利人主张受让人不构成善意的，应当承担举证证明责任。"

行债务的情况下保留解除权，而另一方当事人以已经履行债务为理由，对许可宣告解除有争议时，除以不作为为给付标的的之外，应由另一方当事人证明其债务已经履行。该条文主线的意思是另一方当事人以已经履行债务为由抗辩当事人就对方不履行债务而请求宣告解除双方债权债务关系时，抗辩一方应承担证明责任。这里的“除以不作为为给付标的的之外”即实体法的特别规定，在此种情形下，抗辩一方无需承担举证责任。因为在以不作为为给付标的的情况下，证明自己一直处于不作为状态的难度明显大于对方证明其有所作为的。

四、辅助信息

《民事诉讼法》

第六十七条第一款　当事人对自己提出的主张，有责任提供证据。

《民事诉讼法司法解释》

第九十条　当事人对自己提出的诉讼请求所依据的事实或者反驳对方诉讼请求所依据的事实，应当提供证据加以证明，但法律另有规定的除外。

第九十一条　人民法院应当依照下列原则确定举证证明责任的承担，但法律另有规定的除外：

（一）主张法律关系存在的当事人，应当对产生该法律关系的基本事实承担举证证明责任；

（二）主张法律关系变更、消灭或者权利受到妨害的当事人，应当对该法律关系变更、消灭或者权利受到妨害的基本事实承担举证证明责任。

2019年《民事证据规定》

第一条　原告向人民法院起诉或者被告提出反诉，应当提供符合起诉条件的相应的证据。

民事诉讼证据裁判规则第 8 条：

主张法律关系变更的当事人，应当对该法律关系变更的基本事实承担举证证明责任

【规则描述】 本裁判规则是关于主张法律关系变更的当事人应承担的证明责任问题。在“谁主张，谁举证”的概括性证明责任规则基础上，结合法律要件说中规范说的理论，《民事诉讼法司法解释》第 91 条确立了以法律关系的变动为连接的一般证明责任规范，主张法律关系产生、变更、消灭或权利受到妨害的当事人，应当对该法律关系产生、变更、消灭或权利受到妨害的基本事实承担举证证明责任，但法律另有规定的除外。该条规定使民事诉讼证明责任的一般规则具有了更为明确的判断标准、司法实践中的可操作性明显增强。法律关系变更包含法律关系的主体、客体及内容的变更，当事人主张法律关系变更的，应该就其主张的法律关系主体、客体或者内容发生变更所依据的基本事实提供证据证明。要件事实即实体法律关系或者权利构成要件所依赖的事实。当事人主张的法律关系变更所依据的要件事实真伪不明时，不产生其主张的法律关系变更的法律效果。

一、类案检索大数据报告

时间：2020 年 5 月 16 日之前；案例来源：Alpha 案例库；案由：民事纠纷；检索条件：（1）法院认为包含：同句“主张法律关系变更的当事人”；（2）法院认为包含：同句“应当对该法律关系变更的基本事实”；（3）法院认为包含：同句“承担举证证明责任”。本次检索获取 2020 年 5 月 16 日之前共计 41 篇裁判文书。其中：

1. 认为主张法律关系变更当事人应对变更的基本事实承担举证责任，但未能提

供证据证明的共计 32 件，占比为 78.04%；

2. 认为主张法律关系变更当事人已提供证据证实变更的基本事实的共计 3 件，占比为 7.32%；

3. 认为主张法律关系变更当事人申请鉴定未提交检材承担不利后果的共计 2 件，占比为 4.88%；

4. 认为主张法律关系变更当事人提供部分证据予以部分支持的共计 4 件，占比为 9.76%。

整体情况如图 8–1 所示：

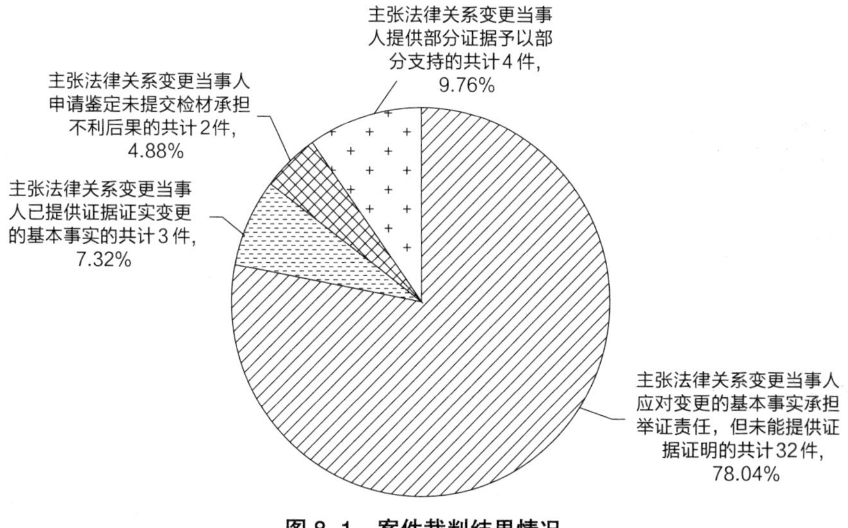

图 8–1　案件裁判结果情况

如图 8–2 所示，从案件年份分布可以看在当前条件下，涉及法院认为包含：同句“主张法律关系变更的当事人”；法院认为包含：同句“应当对该法律关系变更的基本事实”；法院认为包含：同句“承担举证证明责任”条件下，相应民事纠纷案例数量的变化趋势。

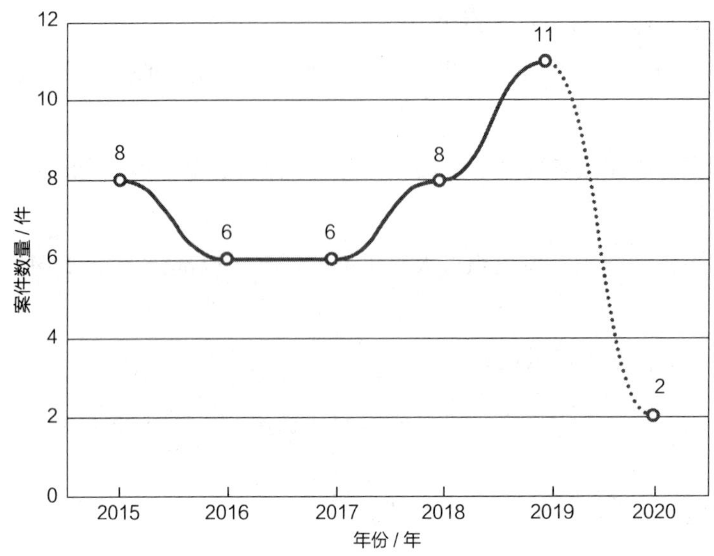

图 8–2　案件年份分布情况

如图 8–3 所示，从程序分类统计可以看到当前的审理程序分布状况。一审案件有 8 件，二审案件有 29 件，再审案件有 3 件，执行案件有 1 件。

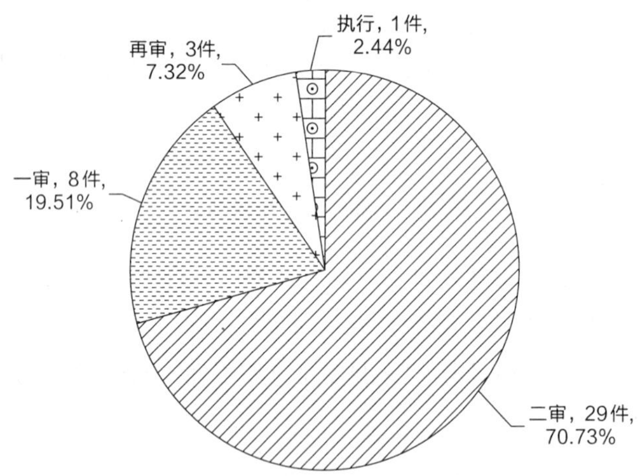

图 8–3　案件审理程序分类

二、可供参考的例案

例案一：天津市红桥区悦发顺台湾火锅店与天津欧亚达市场管理有限公司租赁合同纠纷案

【法院】

天津市高级人民法院

【案号】

（2018）津民申228号

【当事人】

再审申请人（一审原告、反诉被告，二审上诉人）：天津市红桥区悦发顺台湾火锅店

被申请人（一审被告、反诉原告，二审被上诉人）：天津欧亚达市场管理有限公司

【基本案情】

天津市红桥区悦发顺台湾火锅店（以下简称悦发顺火锅店）申请再审称：悦发顺火锅店与天津欧亚达市场管理有限公司（以下简称欧亚达公司）在涉案租赁合同履行过程中对租金及物业费交付条款已发生事实变更。商铺租赁合同履行过程复杂，事无巨细全部采用书面形式难以实现。在涉案租赁合同履行过程中，欧亚达公司改造了整体布局，造成悦发顺火锅店周边环境变化巨大，地段优势丧失，营业额急剧下滑。在不断交涉下，悦发顺火锅店与欧亚达公司口头约定将涉案租赁合同交纳租金、物业费时间更改为每月月底交纳。2015年5月25日至2015年11月20日期间《收款收据》可以证明。原判决对此否定无事实依据。原判决视欧亚达公司“侵权”为“守约”，影响恶劣。欧亚达公司以直接、长期停电方式催缴，导致悦发顺火锅店无法继续正常经营，损失惨重，无论是按照房屋租赁关系还是物业管理关系，均构成侵权。即使悦发顺火锅店违约，欧亚达公司也应给予合理期限。欧亚达公司2015年12月19日下达停电通知，同月21日即拉闸停电，违背诚信原则，构成侵权。即使悦发顺火锅店违约，欧亚达公司也应通过协商、诉讼等方式解决双方纠纷，不得直接、长期停电阻止悦发顺火锅店正常经营。综上，申请再审。欧亚达公司提交意见称：请求依法驳回悦发顺火锅店的再审申请。

【案件争点】

主张法律关系变更的当事人，应当对该法律关系变更的基本事实承担举证证明责任。

【裁判要旨】

法院经审查认为：涉案租赁合同系悦发顺火锅店与欧亚达公司的真实意思表示，不违反法律、行政法规强制性规定，应认定为有效，双方当事人均应按约履行相应义务。涉案租赁合同约定，除首期租金外，其他租金均按每三个完整的自然月为一个交租期交纳，并约定悦发顺火锅店应当在每个交租期最后一个月的20日前（若20日为法定节假日则提前至法定节假日前最后一天），将下个交租期租金一次性足额支付给欧亚达公司。物业服务费支付方式与租金支付方式相同。悦发顺火锅店主张双方口头约定将涉案租赁合同交纳租金、物业费时间更改为每月月底交纳，依照《民事诉讼法司法解释》第91条第2款之规定，主张法律关系变更的当事人，应当对该法律关系变更的基本事实承担举证证明责任，悦发顺火锅店未举证证明其相应主张，仅以履行障碍前数月间单月交纳租金且欧亚达公司予以收受这一事实，并不足以证明双方当事人形成了变更约定的合意，亦不足以证明欧亚达公司默示放弃涉案租赁合同及法律赋予的违约救济方式，包括违约金条款的运用、合同解除以及请求违约损害赔偿等。故此，原判决对悦发顺火锅店的相应主张不予采信，并认可涉案租赁合同解除并由悦发顺火锅店承担违约责任，并无不当。

例案二：邓某与成都佳飞投资有限公司房屋买卖合同纠纷案

【当事人】

再审申请人（一审原告、二审上诉人）：邓某

被申请人（一审被告、二审被上诉人）：成都佳飞投资有限公司

【法院】

四川省高级人民法院

【案号】

（2019）川民申3171号

【基本案情】

邓某申请再审称：（1）双方根据协商结果签订了《四川省商品房买卖合同（现售）》（以下简称《现售合同》）并约定双方权利义务以该合同为准，该合同是对《佳飞国阳建材家居市场商铺买卖合同》的补充与变更，《成都佳飞投资有限公司网签合同相关信息确认单》（以下简称《网签信息确认单》）即是协商变更的证据。（2）二

审判决适用法律错误，应根据《民事诉讼法》第 200 条第 6 项[①]规定进行再审改判。根据《现售合同》约定，申请人应付款减少，双方应当依据该合同约定结算，如成都佳飞投资有限公司（以下简称佳飞公司）主张不作为结算依据，而另有他用，应当由佳飞公司举证，二审分配举证责任给申请人错误。综上，本案应当依法再审。

【案件争点】

主张合同已变更的证明责任，由谁来承担。

【裁判要旨】

法院经审查认为：邓某与佳飞公司签订的《网签信息确认单》主要载明："温馨特别提示（大号加粗字体）：为加快您所认购商铺的《商品房买卖合同》网签备案办理的进度，请您务必事先核对以下相关信息，并予以确认。同时该确认单载明：购买人姓名邓某，原认购或买卖合同房号为 11 栋 2 层 23 号，建筑面积为 31.02 平方米，买卖（房屋）总金额为 239723 元，总返款为 107880 元。现网签《商品房买卖合同》、产权证房号为 6 号楼 11 单元 2 层 224 号，产权面积为 32 平方米，网签合同单价为 4120.09 元 / 平方米，网签合同总金额为 131843 元……以上信息经本人核实确认无异议，同意按上述数据办理网签《商品房买卖合同》，办理相应的不动产产权证书。"

上述事实表明，在《网签信息确认单》载明的温馨特别提示中明确表明是为加快邓某所认购商铺的《商品房买卖合同》网签备案办理的进度，而要求邓某事先进行核对和确认。邓某确认的买卖房屋总金额 239723 元为原认购合同房屋信息项下的内容，且专门注明为认购总金额，而邓某确认的网签合同总金额 131843 元为网签《商品房买卖合同》信息项下的内容，专门注明为网签合同总金额，双方在《网签信息确认单》中将确认认购房屋的总价款与确认网签合同总价款作了明确区分，事实表明双方在此并无将买卖房屋总金额 239723 元变更为 131843 元的意思表示，而仅仅约定将网签备案合同总金额确认为 131843 元，确认的目的是加快办理合同备案和相应的不动产产权证书的进度，邓某以此为由主张双方已协商变更了认购房屋的总金额与本案事实不符，其依据《民事诉讼法》第 200 条第 2 项[②]规定主张再审改判的理由不成立。

根据《民事诉讼法司法解释》第 91 条第 1 款第 2 项"主张法律关系变更、消灭或者权利受到妨害的当事人，应当对该法律关系变更、消灭或者权利受到妨害的基

---

① 该法已于 2021 年 12 月 24 日第四次修正，案所涉第 200 条第 6 项修改为第 207 条第 6 项，内容未作修改。

② 该法已于 2021 年 12 月 24 日第四次修正，本案所涉第 200 条第 2 项修改为第 207 条第 2 项，内容未作修改。

本事实承担举证证明责任”的规定，邓某主张双方已协商变更了合同约定的买卖房屋总价款，但未能举证证明其主张，二审法院根据上述法律规定的原则确定由邓某承担举证证明责任正确，据此，邓某认为二审判决错误分配举证证明责任与本案事实不符，其依据《民事诉讼法》第 200 条第 6 项[①]规定主张再审改判的理由不成立。

例案三：陈某平与杭州永楠大酒店企业承包经营合同纠纷案

【法院】

浙江省高级人民法院

【案号】

（2019）浙民申 1949 号

【当事人】

再审申请人（一审被告，二审上诉人）：陈某平

被申请人（一审原告，二审被上诉人）：杭州永楠大酒店

【基本案情】

陈某平申请再审称：杭州永楠大酒店于 2017 年 9 月 11 日书面通知陈某平因政府征迁，要求其于 2017 年 11 月底前完成搬迁，但未向陈某平出示当地政府的征迁通知，且于 11 月 1 日即迫使陈某平停止营业，其业已违约。双方于 2017 年 8 月 1 日订立的《承包合同》因杭州永楠大酒店违约而终止，陈某平已向杭州永楠大酒店付清经营期间的承包金及水电费。杭州永楠大酒店要求陈某平支付合同终止后的承包金及水电费缺乏依据。陈某平向杭州永楠大酒店账户中汇入的款项已冲抵承包金，多余的款项亦应予退还。原审判决对此未予认定且以酒店钥匙在陈某平处为由认定该酒店仍在经营不当。原审判决认定事实不清，适用法律错误。申请再审。

【案件争点】

法律关系变更的基本事实的举证证明责任。

【裁判要旨】

法院经审查认为：两审终审制是我国民事诉讼的基本制度。再审程序是针对生效裁判可能出现的重要错误而赋予当事人的特别救济程序。人民法院对于申请再审

---

① 该法已于 2021 年 12 月 24 日第四次修正，本案所涉第 200 条第 6 项修改为第 207 条第 6 项，内容未作修改。

案件，应当严格依照《民事诉讼法》及相关司法解释等规定，对当事人主张的再审事由进行审查，而非按照第一审或者第二审程序对案件进行重新审理，以防止再审程序异化为普通程序，既保障生效裁判的既判力，又发挥审判监督程序的纠错功能。

《民事诉讼法司法解释》第91条第2款规定，主张法律关系变更、消灭或者权利受到妨害的当事人，应当对该法律关系变更、消灭或者权利受到妨害的基本事实承担举证证明责任。杭州永楠大酒店以陈某平未腾退酒店为由提起本案诉讼，陈某平予以否认，主张其于2017年11月1日即已停止营业并于次日搬离酒店。原审判决根据现有证据情况并结合陈某平未能提供证据证明其已依约与杭州永楠大酒店就相关设施设备进行移交验收等情况，对陈某平主张的前述内容不予采信，属通过对证据审核判断依法定裁量权作出的认定，不属行使自由裁量权显著不当及认定事实和适用法律错误。原审判决据此认定陈某平应向杭州永楠大酒店支付截至腾退交还酒店之日的承包金并无不当。

三、裁判规则提要

（一）证明责任规则的立法调整

2001年《民事证据规定》、2012年《民事诉讼法》、2015年《民事诉讼法司法解释》及2019年《民事证据规定》相继对民事诉讼证明责任规则作出了调整和完善，《民事诉讼法司法解释》第91条成为证明责任分配的核心规则，该条规定："人民法院应当依照下列原则确定举证证明责任的承担，但法律另有规定的除外：（一）主张法律关系存在的当事人，应当对产生该法律关系的基本事实承担举证证明责任；（二）主张法律关系变更、消灭或者权利受到妨害的当事人，应当对该法律关系变更、消灭或者权利受到妨害的基本事实承担举证证明责任。"由于2001年《民事证据规定》第4条关于举证责任倒置的规定，第5条、第6条关于合同纠纷和劳动争议案件举证责任分配的规定，均能够通过适用《民事诉讼法司法解释》第91条及《侵权责任法》《消费者权益保护法》《产品质量法》《最高人民法院关于审理劳动争议案件适用法律若干问题的解释》等民事实体法规范解决，故2019年《民事证据规定》未再作重复规定。

另外，2001年《民事证据规定》第7条关于在法律没有具体规定，依相关司法解释无法确定举证责任承担时，法官根据公平原则与诚信原则分配证明责任的规定，

2019年《民事证据规定》亦未作保留，主要考虑到举证责任的法定性，实体法律规范本身包含了法律对举证责任分配的内容，原则上举证责任由法律分配而非由法官分配，只有在极为特殊的情况下，按照法律分配的举证责任会导致明显不公平的结果时，才允许法官根据诚信原则、公平原则等因素分配举证责任。实践中，如果出现按照实体法律规定确定举证责任分配可能导致明显不公平情形的，由于涉及《民事诉讼法司法解释》第91条适用问题，可以通过向最高人民法院请示、由最高人民法院批复的方式解决，而不能在个案中随意变更法律所确定的举证责任分配规则。[①]

（二）规范说

“规范说”是由德国学者罗森贝克提出，他认为民法的法律规范本身已经具有证明责任分配的规则，主张以法律要件分类为出发点，并主要以法律规范的语义和构造为标准分析法律规定的原则和例外以及基础规范和反对规范之间的关系，以此分配证明责任。其理论建立在《德国民法典（第一草案）》第193条基础上：“主张请求权的当事人应当对其理由所必要的事实进行证明。主张请求权消灭或请求权的效果不发生的人，应当对消灭或者效果不发生的理由所必要的事实进行证明。”虽然上述内容没有在《德国民法典》中确立，但属于德国民事诉讼证明责任分配的基本原则。根据罗森贝克的理论，“规范说”以当事人须证明对自己有利的实体法规范要件为其分配原则，实体法规范分为基本规范与对立规范。基本规范是指权利形成规范，一般是指设立或者生成权利（请求权）的法律规范。对立规范指与基本规范相对立，否定权利（一般指请求权）的法律规范，具体而言包括：（1）权利妨碍规范，指从源头阻止权利形成的法律规范，使规范的法律效果无法发生；（2）权利消灭规范，指在权利产生之后，使已经存在的权利归于消灭的法律规范；（3）权利限制规范，指实体法上对权利人的权利行使，相对人可以主张一时阻却或者永久阻却，使权利不能实现的法律规范。[②]“规范说”认为，主张权利存在的当事人应当对权利发生的法律要件存在的事实负证明责任，否定权利存在的当事人应当就权利妨碍、权利消灭或权利受到限制的法律要件存在的事实负证明责任，如果经过举证后的事实主张

---

① 最高人民法院郑学林、刘敏、宋春雨、潘华明：《关于新〈民事证据规定〉理解和适用的若干规定》，载《人民法院报》2020年3月26日第5版。

② 袁中华：《证明责任分配的一般原则及其适用——〈民事诉讼法〉司法解释第91条之述评》，载《法律适用》2015年第8期。

仍然处于真伪不明的状态，则由负有证明责任的一方承担不利后果。

我国证明责任的一般规则参照罗森贝克的“规范说”具有一定的合理性，一是从实体法构成来看，我国民事实体法基本上与大陆法系的实体法规范结构相同，各种法律规范的适用要件较为明确，使司法实践中区分权利发生规范、权利消灭规范、权利变更规范和权利妨害规范具备条件。二是我国属于成文法国家，注重法的统一性和稳定性，“规范说”从实体法入手，符合统一性和稳定性的要求，并增加了当事人对证明责任的可预测性。三是“规范说”具有判断标准明确、可操作性强等优点，在审判实务中为当事人举证及法官确定举证责任后果的承担提供了更明确的指引。另外，对于“规范说”存在的缺陷，如仅注重法律规定的形式结构，忽视举证的难易、对权利救济的社会保护等，影响证明责任分配的实质公平、难以适应和解决新类型纠纷等问题，通过部门法及司法解释的具体规定，如《民法典》关于医疗损害责任、环境污染责任、高度危险责任、饲养动物损害责任的规定，《消费者权益保护法》《产品责任法》《劳动争议司法解释》等实体法规范对证明责任的特殊规定，使“规范说”的不足在一定程度上得到弥补。

《民事诉讼法司法解释》第91条以法律关系为主线来确认证明责任的承担，具体将法律要件事实分为法律关系发生规范、法律关系消灭规范、法律关系变更规范和权利受妨害规范。法律关系的产生、消灭与权利受到妨害对应于罗森贝克“规范说”中的权利形成、权利消灭、权利限制规范，在此基础上，第91条增加了“法律关系变更”规范。虽然有人认为“法律关系变更”可以与罗森贝克“规范说”中的权利限制作同一理解，但需要注意的是，权利限制规范中形成权规范的法律效果常常体现为对于权利（请求权）的消灭，如合同的解除或者撤销，因而他们又可以部分算作是权利消灭规范。因此，法律关系变更规范与权利限制规范并不完全等同。

（三）何为法律关系变更

法律关系是指法律规范在调整人们的行为过程中所形成的具有法律上权利义务形式的社会关系，一般具有两个层面的划分，一是较为宏观的层面，可区分为人格权关系、身份权关系、物权关系、债权关系、继承权、知识产权关系等法律关系；二是较为具体的层面，一般关涉规范某种更为具体的社会关系，包括买卖合同法律关系，环境侵权法律关系等，例如，《民法典》第 1248 条[①]所规定的基于动物园动物致害的损害赔偿请求权所形成的法律关系。法律关系变更是指已经形成的具有法律上的权利义务形式的社会关系受某种事实影响而发生变化的情形。《民事诉讼法司法解释》第 91 条将法律关系变更与法律关系消灭并列列举，故法律关系变更应与法律关系的变动（包含法律关系产生、变更、消灭）相区分，这里仅指法律关系变动中法律关系变更的情形。法律关系变更包括法律关系的主体、客体或者内容的变更。

法律关系主体的变更，如债权让与，《民法典》第 545 条[②]规定："债权人可以将债权的全部或者部分转让给第三人……" 常见的债权转让，如甲对乙享有到期债权，乙对丙享有到期债权，甲乙丙三方通过债权转让协议，将乙对丙的到期债权转让给甲，使甲成为丙的债权人。甲对乙主张债权时，乙得依据债权转让协议这一基本事实提出抗辩，主张债权债务关系的变更。合同主体的合并与分立也会导致法律关系主体变更，原《合同法》第 90 条规定："当事人订立合同后合并的，由合并后的法人或者其他组织行使合同权利，履行合同义务。当事人订立合同后分立的，除债权人和债务人另有约定的以外，由分立的法人或者其他组织对合同的权利和义务享有连带债权，承担连带债务。"

法律关系客体的变更，是指法律关系主体之间的权利与义务所指向的对象的变更，例如，在合同纠纷中，合同标的物的单价、数量、合同履行期限等内容的变更。以建设工程施工合同中工期的变更为例，根据 2020 年《最高人民法院关于审理建设工程施工合同纠纷案件适用法律问题的解释（一）》第 10 条第 1 款规定，当事人约定顺延工期应当经发包人或者监理人签证等方式确认，承包人虽未取得工期顺延的确认，但能够证明在合同约定的期限内向发包人或者监理人申请过工期顺延且顺延事由符合合同约定，承包人以此为由主张工期顺延的，人民法院应予支持。故承包人主张建设工程施工合同中工期顺延的，应该就约定顺延工期经发包人或者监理人确认或者承包人在合同约定的期限内向发包人或者监理人申请过工期顺延且顺延事由符合合同约定的事实承担证明责任。又如劳动合同中工作岗位、地点、薪酬的变

① 《民法典》第 1248 条规定："动物园的动物造成他人损害的，动物园应当承担侵权责任；但是，能够证明尽到管理职责的，不承担侵权责任。"

② 《民法典》第 545 条规定："债权人可以将债权的全部或者部分转让给第三人，但是有下列情形之一的除外：（一）根据债权性质不得转让；（二）按照当事人约定不得转让；（三）依照法律规定不得转让。当事人约定非金钱债权不得转让的，不得对抗善意第三人。当事人约定金钱债权不得转让的，不得对抗第三人。"

更，《劳动合同法》第 35 条第 1 款规定，用人单位与劳动者协商一致，可以变更劳动合同约定的内容。变更劳动合同，应当采用书面形式。劳动争议案件中主张劳动合同变更的一方应提供书面变更协议证明双方协商一致变更劳动合同的事实。司法实践中，一些案件中当事人主张法律关系发生变更的事实一般体现为口头约定，主张法律关系变更一方难以就合同变更达成一致的事实提供充分证据，导致其主张无法得到支持。

法律关系内容的变更，即法律关系主体的权利或义务的变更，如市场化银行债转股，使银行与企业之间因借贷产生的债权债务关系变更为股权、产权关系，原来还本付息的债权转变为按股分红的股权。再如，遗嘱的改变因被继承人修改遗嘱导致部分继承人取得或丧失继承权时，当事人得依变更后的遗嘱主张遗产继承权利的产生或提出部分继承人继承权消灭的抗辩主张。

（四）何为基本事实

要件事实分为两类，一类是对生活事实进行抽象的事实，如“造成损失”“履行合同”“偿还借款”等；另一类是带有评价性的规范性概念，如“存在过失”“具有因果关系”“违背诚信”等。第一类要件事实与主要事实具有统一性，可以成为审理的对象，也可以成为当事人举证的对象；后一类要件事实因为并不是一种真正意义上的事实，并不能直接成为审理和证明的对象，而必须通过法律的解释方法对之进行具体化为真正的事实，比如“醉酒驾驶”“超速驾驶”“未尽到管理职责”等具体可描述的事实对“存在过失”进行具体化。

证明责任解决的是将千姿百态的日常生活事实与抽象统一的法律规范连接起来的问题。《民事诉讼法司法解释》第 91 条属于一般证明责任分配规则，要求主张法律关系产生、变更、消灭或权利受到妨害等抽象要件事实者，分别承担证明责任。在任何具体案件中，抽象要件事实不会成为证明对的对象，成为证明对象的只能是经当事人主张后具体化了的日常生活事实，因此，在具体案件中确定证明责任分配时，应根据相关民事实体法律中法律关系产生、变更、消灭或权利受到妨害的规范，确定当事人应证明的具体生活事实。[①] 法官如何将抽象的法律适用于具体案件中，法律采用的是“构成要件”加“法律效果”的调整方法，只有当法律规范中的抽象要件变成具体事实后，才能产生该规范规定的法律后果。因此，在个案中，当事人需

① 康万福:《民事诉讼证明责任制度研究》，中国政法大学出版社 2019 年版，第 91 页。

就某种生活事实或具体事实的存在提供证据证明其主张所依据的要件事实的存在，法官在审判中则依据证据指向的事实确定法律规范规定的构成要件存在与否，以此来决定是否适用法律，是否支持当事人主张的法律效果。

虽然证明责任是民事诉讼中遇到的问题，但我们必须到实体法中寻找如何分配举证责任的答案，而我国民事实体法律规范中对要件事实的规定比较粗略、笼统，法条在文字表达上未充分考虑证明责任的分配，未能完全达到“规范说”对实体法诉讼功能的要求，因此，对审判人员正确适用证明责任分配的一般规则提出了挑战。

（五）当事人主张法律关系变更的应承担举证证明责任

法律关系变更本质上包含着旧的法律关系消灭和新的法律关系产生的含义，因此，根据“规范说”，主张法律关系变更的当事人，应当对该法律关系变更的基本事实承担举证证明责任。《民事诉讼法司法解释》通过“承担举证证明责任”的措辞强调了证明责任的双重含义，当事人应就其所提法律关系变更的主张承担就要件事实提出证据的行为责任，及事实主张真伪不明时负担其追求的法律效果不被支持的结果责任。

证明责任在具体案件中表现为请求与抗辩的关系，是权利形成规范与权利消灭或权利受到妨害规范的对立。一般而言，一方当事人主张法律关系存在时，另一方主张法律关系变更、消灭或者权利受到妨害，是基于法律规定的事由和权利，提出妨碍其发生法律效果，或者使已发生的法律效果归于消灭或被排除的主张，属于《民事诉讼法》上的实体抗辩。根据“抗辩者承担证明责任”原则，主张法律关系变更、消灭或者权利受到妨害的当事人应承担证明责任。请求与抗辩有时可能会根据当事人角色的变化而变化，但证明责任的承担并不取决于当事人所处的位置或在诉讼中的角色，而取决于所提主张的性质及实体法的规定。主张法律关系变更的并不一定都是被告或抗辩一方，也可能是主张权利一方。

四、辅助信息

《民事诉讼法》

第六十七条第一款 当事人对自己提出的主张，有责任提供证据。

《民事诉讼法司法解释》

第九十条　当事人对自己提出的诉讼请求所依据的事实或者反驳对方诉讼请求所依据的事实，应当提供证据加以证明，但法律另有规定的除外。

在作出判决前，当事人未能提供证据或者证据不足以证明其事实主张的，由负有举证证明责任的当事人承担不利的后果。

第九十一条　人民法院应当依照下列原则确定举证证明责任的承担，但法律另有规定的除外：

（一）主张法律关系存在的当事人，应当对产生该法律关系的基本事实承担举证证明责任；

（二）主张法律关系变更、消灭或者权利受到妨害的当事人，应当对该法律关系变更、消灭或者权利受到妨害的基本事实承担举证证明责任。

民事诉讼证据裁判规则第 9 条：

主张法律关系消灭或者权利受到妨害的当事人，应当对该法律关系消灭或者权利受到妨害的基本事实承担举证证明责任

【规则描述】 本裁判规则是关于主张法律关系消灭或者权利受到妨害的当事人应承担的证明责任问题。根据《民事诉讼法司法解释》第 91 条规定，主张法律关系变更、消灭或者权利受到妨害的当事人，应当对该法律关系变更、消灭或者权利受到妨害的基本事实承担举证证明责任，但法律另有规定的除外。这也是在“谁主张，谁举证”的基础上，结合规范说理论对我国证明责任一般规则具体化的一部分。主张法律关系消灭或权利受到妨害一般属于事实抗辩的范畴，通过主张新的事实来抵抗创设法律关系的基础事实，使之出现与法律关系创设规范不同的法律后果，从而使相应的实体法规范不适用。主张法律关系消灭的抗辩和主张权利受到妨害的抗辩二者主要区别在于抗辩基础不同，法律关系消灭的抗辩基础是指已产生的法律关系因特定事由归于消灭的法律规范；权利受到妨害的抗辩基础是指权利因特定事由受到妨害而未能产生的法律规范。主张法律关系消灭或权利受到妨害时所依据的基本事实常为消极事实，消极事实证明难度较大，但并非无法证明，故对于消极事实主张应在遵循证明责任一般规则的基础上结合实体法规定及证明标准等合理确定证明责任的负担。

一、类案检索大数据报告

时间：2020 年 5 月 16 日之前；案例来源：Alpha 案例库；案由：民事纠纷；检索条件：（1）引用法条：《民事诉讼法司法解释》第 91 条第 2 项；（2）全文：应当

对该法律关系变更、消灭或者权利受到妨害的基本事实承担举证证明责任；（3）法院认为包含：同句“主张法律关系变更、消灭或者权利受到妨害的当事人”；（4）法院认为包含：同句“应当对该法律关系变更、消灭或者权利受到妨害的基本事实承担举证证明责任”。本次检索获取 2020 年 5 月 7 日之前共计 697 篇裁判文书。其中：

1. 认为主张法律关系存在的当事人应当对产生该法律关系的基本事实承担举证证明责任的共计 289 件，占比为 41.46%；

2. 认为主张法律关系消灭的当事人应对法律关系消灭承担举证责任的共计 231 件，占比为 33.14%；

3. 认为主张权利受到妨害的当事人应对权利受到妨害的基本事实承担举证责任共计 153 件，占比为 21.95%；

4. 认为主张法律关系变更的当事人应对法律关系变更的基本事实承担举证责任的共计 24 件，占比为 3.45%。

整体情况如图 9–1 所示：

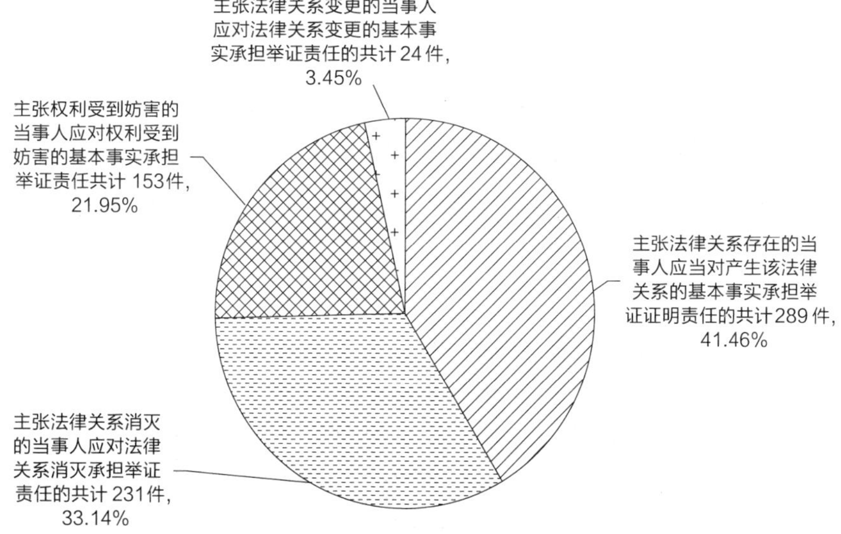

图 9–1　案件裁判结果情况

如图 9–2 所示，从案件年份分布可以看在当前条件下，涉及（1）引用法条：《民事诉讼法司法解释》第 91 条第 2 项；（2）全文：应当对该法律关系变更、消灭或者权利受到妨害的基本事实承担举证证明责任；（3）法院认为包含：同句“主张法律关系变更、消灭或者权利受到妨害的当事人”；（4）法院认为包含：同句“应当对该法律关系变更、消灭或者权利受到妨害的基本事实承担举证证明责任”的条件下，相应的民事纠纷案例数量的变化趋势。

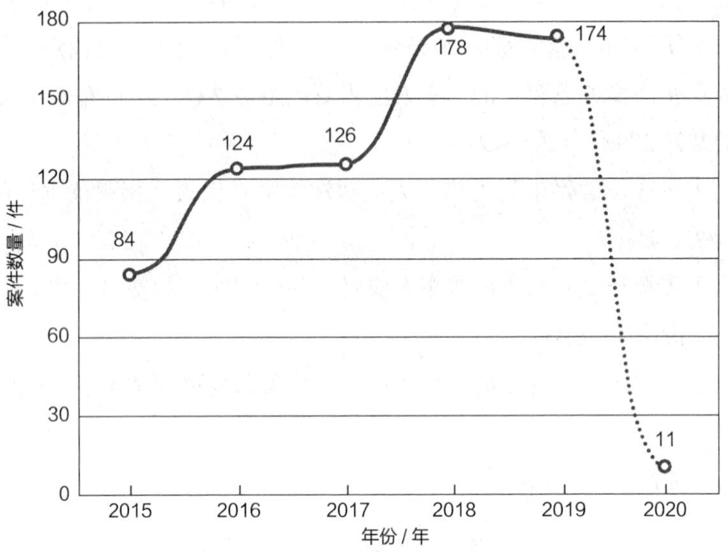

图 9-2　案件年份分布情况

如图 1-3 所示，从程序分类统计可以看到当前的审理程序分布状况。一审案件有 328 件，二审案件有 324 件，再审案件有 44 件，其他案件有 1 件。

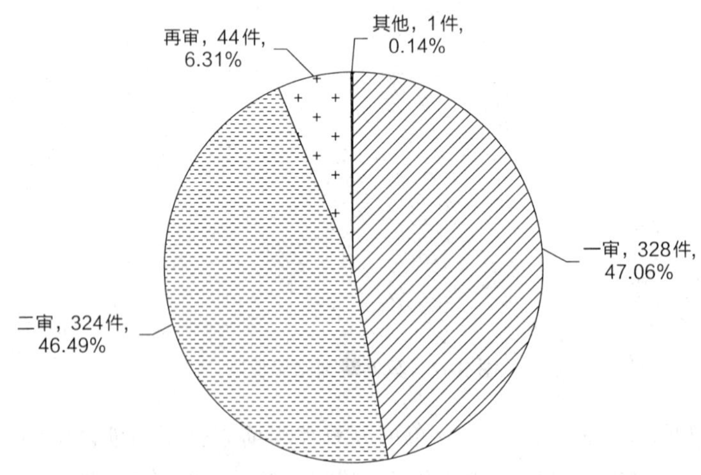

图 9-3　案件审理程序分类

二、可供参考的例案

例案一：武汉东光房地产开发有限公司与虞某某房屋买卖合同纠纷案

【法院】

河南省高级人民法院

【案号】

（2019）豫民申7541号

【当事人】

再审申请人（一审被告、二审上诉人）：武汉东光房地产开发有限公司

再审被申请人（一审原告、二审被上诉人）：虞某某

【基本案情】

武汉东光房地产开发有限公司（以下简称东光公司）申请再审称：原审判决认定的基本事实缺乏证据证明。本案争议的房屋原系案外人陈某订购，陈某为订购该房屋共计交购房款99010元。之后，陈某经东光公司同意将房屋转让给虞某某，并将东光公司出具的两张收据交付给虞某某。2012年1月6日，虞某某购买涉案房屋，双方签订《商品房买卖合同》，总房款为461480元，虞某某付现金30万元，另以陈某缴纳的99010元房款抵扣10万元房款。此后，陈某向光山县人民法院起诉，要求东光公司履行买卖合同，并在诉讼中称东光公司为其出具的两张收款票据原件被盗丢失。2013年7月16日，东光公司经法院调解退还给陈某购房款本息共计149010元。东光公司向陈某退款后，多次找虞某某及虞某某的丈夫余某解决其用陈某的两张购房票据抵付10万元房款问题，虞某某的丈夫余某借故将陈某的99010元票据原件从东光公司处取走，后来又称该票据失窃，双方协商未果。根据双方签订《商品房买卖合同》第15条第3项约定："……买受人需付清房款后，出卖人再办理权属登记。"虞某某应当付清全部购房款后，东光公司再为其办理权属登记。本案中，虞某某拖欠东光公司10万元购房款的事实清楚。原审判决认定虞某某付清全部购房款的事实缺乏证据证明，从而导致判决结果错误。综上，东光公司依法申请再审。

【案件争点】

主张法律关系消灭或者权利受到妨害的举证证明责任。

【裁判要旨】

法院经审查认为：本案的争议焦点为虞某某应否向东光公司支付该10万元购房

款项。根据《民事诉讼法司法解释》第 91 条第 2 款规定，主张法律关系变更、消灭或者权利受到妨害的当事人，应当对该法律关系变更、消灭或者权利受到妨害的基本事实承担举证证明责任。本案中，东光公司与虞某某在 2012 年 1 月 6 日签订《商品房买卖合同》，在合同中注明“首付房款人民币 30 万元整 +10 万元”，并按前述金额为虞某某开具了收据。东光公司主张虞某某缴纳的款项中，有 10 万元系以案外人陈某的收据抵扣，现东光公司已退还陈某该笔款项，故虞某某需要另行支付，应就存在前述抵扣关系以及协商解除该抵扣关系的事实承担举证证明责任。从东光公司所举其与陈某房屋买卖合同纠纷一案的调解书内容看，陈某起诉请求东光公司履行房屋买卖合同义务，东光公司则以陈某没按时给付购房款，也不向银行办理按揭贷款手续构成违约为由进行答辩。经光山县人民法院主持调解，陈某与东光公司协议解除商品房预售合同，由东光公司退还陈某购房款并给付利息。该案中，东光公司与陈某达成调解协议是对自己权利的自愿处分，既不能证明虞某某支付的 10 万元款项是以陈某缴纳的房款进行抵扣，更不足以证明其与虞某某、陈某协商解除前述抵扣关系。且在光山县人民法院作出前述调解书后，东光公司亦未及时向人民法院主张撤销其对虞某某作出的收据。原审判决综合以上事实，认定东光公司与案外人陈某的纠纷，与本案东光公司和虞某某的房屋买卖合同关系不是同一个法律关系，并驳回东光公司的诉讼请求并无不当。综上所述，东光公司的再审申请不符合《民事诉讼法》第 200 条[①] 规定的情形。

例案二：张北县油篓沟乡王家湾村民委员会与马某等农村土地承包经营权纠纷案

【法院】

河北省高级人民法院

【案号】

（2017）冀民申 1291 号

【当事人】

再审申请人（一审被告、二审上诉人）：张北县油篓沟乡王家湾村民委员会

被申请人（一审原告、二审被上诉人）：马某

① 该法已于 2021 年 12 月 24 日第四次修正，本案所涉第 200 条第 207 条，内容未作修改。

被申请人（一审原告、二审被上诉人）：赵某

【基本案情】

张北县油篓沟乡王家湾村民委员会（以下简称王家湾村委会）申请再审称：（1）2001年被申请人赵某及其子女转为非农业户口，并将户口迁出，同时将其承包的耕地和草地主动交回村集体。2002年申请人按照大稳定、小调整的原则，将其不再耕种的土地收回村集体重新发包给其他村民耕种，直到2007年后村里部分耕地及草滩被征用并有补偿款，被申请人才开始要求给付征地补偿款，经村民会议研究决定，不再予以补偿，被申请人开始上访。（2）对于被申请人的上访，2014年11月26日，时任张北县政府农工部部长殷某，亲自组织县、乡两级人员专门进行了调研核实，并出具信访事项复查意见书，认为赵某和其子女在农转非后将二轮承包的土地已主动退还村集体，应认定为放弃了土地承包经营权，对其要求返还土地及补偿款的请求不予支持。2014年4月25日，张家口市人民政府信访事项复查复核委员会，给被申请人出具了信访事项复核答复意见书，同意张北县政府信访事项复核委员会的意见。（3）根据证据规则，国家机关、社会团体依职权制作的公文书证证明力大于一般证据，被申请人提供的证人证言尤其是时任村主任侯某的证言与乡、县、市有关人员调查时的陈述相矛盾，不能作为法院认定事实的依据。（4）关于诉讼时效，被申请人从2002年至2007年从未主张权利，其诉讼请求早已超过诉讼时效。

【案件争点】

主张双方已解除承包合同关系的证明责任。

【裁判要旨】

法院经审查认为：关于被申请人马某、赵某在承包期限内是否自愿交回土地的问题，双方有不同的主张。根据《河北省农业承包合同管理条例》第25条、第26条之规定，经协商解除农业承包合同的，应当用书面形式签订协议，并报乡级人民政府备案，协议签订前应继续履行原合同。同时，《民事诉讼法司法解释》第91条第2项规定："主张法律关系变更、消灭或者权利受到妨害的当事人，应当对该法律关系变更、消灭或者权利受到妨害的基本事实承担举证证明责任。"本案中，申请人王家湾村委会虽主张被申请人马某、赵某在承包期限内于2001年自愿将承包土地交回，双方已解除承包合同关系，但并未能提交双方书面解除协议，其主张的口头解除方式不符合《河北省农业承包合同管理条例》的相关规定。参照《农村土地承包纠纷司法解释》第10条规定之精神，对承包户自愿交回土地的事实应作严格审慎认定，故申请人王家湾村委会提交的证据不足以证实被申请人马某、赵某在承包期限内自

愿交回土地，原一审、二审法院认定并无不当。

例案三：向某华与刘某见民间借贷合同纠纷案

【法院】

湖南省怀化市中级人民法院

【案号】

（2015）怀中民二终字第271号

【当事人】

上诉人（原审原告）：向某华

被上诉人（原审被告）：刘某见

【基本案情】

2012年5月29日，向某华从工商银行户名为向某华，卡号为62×××38的账户向户名为刘某见，卡号为62×××00的账户上转账10万元；2012年9月7日向某华收到刘某见银行卡账号为62×××14的两次转账共计6000元；2013年2月28日向某华又收到现金存款6000元。几次交易向某华、刘某见互不出具字据。

【案件争点】

权利妨害要件事实的存在的举证责任。

【裁判要旨】

法院经审查认为：首先，基于上诉人与被上诉人之间的转账情况及被上诉人在答辩状中的陈述，可以认定上诉人打入被上诉人账户的10万元系用于出借，即该10万元在性质上属于借款。其次，如前所述本案争议的10万元在性质上属于借款，鉴于该10万元是向某华打入了刘某见的账户，因此，上诉人主张该10万元是其出借给被上诉人的举证责任已经完成。被上诉人提出的该10万元系上诉人通过他出借给第三人刘某玉的，并非系上诉人出借给他的抗辩，在性质上属于主张权利妨害要件事实，故根据《民事诉讼法司法解释》第91条第2项“主张法律关系变更、消灭或者权利受到妨害的当事人，应当对该法律关系变更、消灭或者权利受到妨害的基本事实承担举证证明责任”之规定，被上诉人必须举证证明该权利妨害要件事实的存在，现被上诉人并未提交证据来证明，因此，应当承担举证不能的不利后果。

三、裁判规则提要

（一）事实抗辩

根据《民事诉讼法司法解释》第 91 条第 1 项的规定，主张法律关系存在的当事人，应当对产生该法律关系的基本事实承担举证证明责任。其中，“法律关系存在”与“法律关系产生”的关系不仅要求法律关系已经产生，还要求法律关系未发生变动，而法律关系发生变动是第 91 条第 2 项中提出抗辩主张一方应举证证明的内容，所以主张法律关系存在的当事人举证证明法律关系产生的基本事实即可，不认可法律关系存在的当事人应就其抗辩所主张的法律关系变更、消灭或权利受到妨害的基本事实承担证明责任。以买卖合同为例，主张合同价金给付请求权的一方，只需要对产生该法律效果的要件事实承担证明责任，即出卖人与买受人就买卖标的物和价款达成一致、出卖人转移标的物的所有权于买受人。买受人提出抗辩时，其应就抗辩所依据的权利能力和行为能力的瑕疵、合同无效和可撤销以及合同解除等导致法律关系消灭或权利受到妨害的要件事实承担证明责任，以消灭或阻却出卖人主张的法律效果。

《民事诉讼法司法解释》第 91 条第 2 项规定的主张法律关系变更、消灭或权利受到妨害属于《民事诉讼法》上事实抗辩的范畴。事实抗辩是指当事人通过主张与相对方主张的事实不同的事实或法律关系来排斥相对方的主张，包括权利未发生的抗辩和权利消灭的抗辩。事实抗辩通过主张新的事实来抵抗创设法律关系的基础事实，使之出现与法律关系创设规范不同的法律后果，从而使相应的实体法规范不适用。

主张法律关系消灭与主张权利受到妨害的主要区别在于二者抗辩基础不同，法律关系消灭的抗辩基础，是指已产生的法律关系因特定事由归于消灭的法律规范；权利受到妨害的抗辩基础，是指权利因特定事由受到妨害而未能产生的法律规范。如《民法典》第 311 条第 1 款规定：“无处分权人将不动产或者动产转让给受让人的，所有权人有权追回；除法律另有规定外，符合下列情形的，受让人取得该不动产或者动产的所有权：（一）受让人受让该不动产或者动产时是善意的；（二）以合理的价格转让；（三）转让的不动产或者动产依照法律规定应当登记的已经登记，不需要登记的已经交付给受让人。”“除法律另有规定外”之后的内容为法律关系消灭规范，受让人可以其受让财产符合上述特定条件为由对原所有权人主张的追回权提出抗辩，使原所有权人对物的所有权消灭而丧失追回权。权利受到妨害的抗辩基础如《合同法》中合同无效的条款，原《合同法》第52条中关于合同无效的5种法定情形的规定，当事人可以存在该5种情形之一主张合同自始无效，来抗辩相对方依合同主张的权利。《民法典》第504条规定，法人的法定代表人或者非法人组织的负责人超越权限订立的合同，除相对人知道或者应当知道其超越权限外，该代表行为有效，订立的合同对法人或者非法人组织发生效力。其中“除相对人知道或者应当应当知道其超越权限外”属于权利妨碍规范，相对人知道或者应当知道法人或者其他组织的法定代表人、负责人超越权限的，可以阻却法人或者其他组织的法定代表人、负责人越权行为的效力。

（二）法律关系消灭抗辩

主张法律关系消灭的当事人，应当对该法律关系消灭的基本事实承担举证证明责任。法律关系消灭抗辩的特点是当事人主张的法律关系曾经产生，但因相对方提出的符合法律规定的特定事由嗣后消灭，常见的抗辩事由如债务已清偿及代物清偿、提存、抵销、免除、混同、撤销等。法律关系消灭抗辩旨在使已经成立的法律关系及由此产生的实体请求权归于消灭。

《民事诉讼法司法解释》第91条是对证明责任分配的一般规则的规定，证明责任的分配本质上是实体法决定的，具体案件需从实体法中确定证明责任的归属。如何从实体法规范中确定证明责任的分配，可以从形式上识别，有的实体法规范本身表明了相关主张证明责任的分配。例如《民间借贷司法解释》第15条第1款规定：“原告仅依据借据、收据、欠条等债权凭证提起民间借贷诉讼，被告抗辩已经偿还借款的，被告应当对其主张提供证据证明。被告提供相应证据证明其主张后，原告仍应就借贷关系的存续承担举证证明责任。”这是典型的法律关系消灭抗辩条款，在认可原告依据相关债权凭证主张的借贷关系基础上，被告主张相应的借款已经偿还而使借贷关系归于消灭，故被告应就偿还借款的事实承担证明责任。当然，实体法规定是否属于抗辩主张，是否应该承担证明责任，不能仅从字面理解，还应结合相关主张的性质。例如，该条第2款规定“被告抗辩借贷行为尚未实际发生……”，这里虽然使用了“抗辩”的表述，但被告主张借贷行为尚未实际发生是对原告依据借据、收据、欠条等债权凭证所主张的产生借贷关系的否认，而不是真正的抗辩主张，基于“抗辩者承担证明责任、否认者不承担证明责任”的原则，被告无需承担借贷行为尚未实际发生的证明责任，其能就借贷行为尚未实际发生的主张作出合理说明时，人民法院不可仅凭原告所提借据、收据、欠条等债权凭证认定借贷关系存在。

此外，还可以从实质上进行识别，通过文义解释、体系解释、目的解释等法律解释方法识别实体法对证明责任的分配。例如原《继承法》第25条第1款[①]关于放弃继承的规定："继承开始后，继承人放弃继承的，应当在遗产处理前，作出放弃继承的表示。没有表示的，视为接受继承。"原《最高人民法院〈关于贯彻执行中华人民共和国继承法〉若干问题的意见》[②]第47条规定："继承人放弃继承应当以书面形式向其他继承人表示。用口头方式表示放弃继承，本人承认，或有其它充分证据证明的，也应当认定其有效。"上述实体法及司法解释明确了主动放弃继承使继承权消灭的要件事实，可以通过文义解释的方法确定由谁承担相关要件事实的证明责任。在遗产继承案件中，一方当事人主张因继承人放弃继承而使其继承遗产的权利归于消灭时，应该就继承人在遗产处理前明示放弃遗产继承的事实提供证据加以证明，且继承人明示放弃继承的证据应为书面形式，或者虽口头表示放弃继承但本人承认或有其他充分证据证明。另外，上述意见第46条规定继承人因放弃继承权，致其不能履行法定义务的，放弃继承权的行为无效。根据这一规定，当事人可以作出放弃继承者权利妨害的抗辩以阻却相关当事人因放弃继承导致其无法履行法定义务，但需提供证据证明继承人放弃继承会导致其无法履行法定义务的事实。

（三）权利受到妨害

主张权利受到妨害的当事人，应当对该权利受到妨害的基本事实承担举证证明责任。权利受到妨害抗辩，又称权利未发生的抗辩，是指当事人主张相对方所主张的法律关系基于特定事由而自始不发生，法定的抗辩事由包括当事人无行为能力、限制行为能力人订立合同未取得法定代理人追认、合同内容违反公共秩序与善良风俗、无权代理未得本人追认等。权利妨害抗辩旨在消灭某一要件事实的法律效果，达到使相对方主张的实体权利不发生的目的。实践中，权利受到妨害的抗辩容易与权利抗辩混淆。权利抗辩是指实体法上对权利人的权利行使，相对人可以主张一时阻却或者永久阻却，使权利不能实现的抗辩权，如同时履行抗辩权、先履行抗辩权、不安抗辩权、留置权、撤销权等。权利受到妨害的抗辩属于事实抗辩的范畴，权利抗辩和事实抗辩共同构成《民事诉讼法》上的实体抗辩。两者最大的区别在于抗辩

① 对应《民法典》第1124条第1款："继承开始后，继承人放弃继承的，应当在遗产处理前，以书面形式作出放弃继承的表示；没有表示的，视为接受继承。"

② 该司法解释已失效。

权是实体权利，其可在诉讼中或诉讼之外的民事交往中提出，而权利受到妨害的抗辩属于诉讼主张，仅能在诉讼中提出。

通常主张权利受到妨害所依据的要件事实体现在权利产生规范的但书中，用以阻碍该实体法规范所规定的相关权利的产生。如《民法典》第1118条规定："收养关系解除后，经养父母抚养的成年养子女，对缺乏劳动能力又缺乏生活来源的养父母，应当给付生活费。因养子女成年后虐待、遗弃养父母而解除收养关系的，养父母可以要求养子女补偿收养期间支出的抚养费。生父母要求解除收养关系的，养父母可以要求生父母适当补偿收养期间支出的抚养费；但是，因养父母虐待、遗弃养子女而解除收养关系的除外。"这是关于解除收养关系后养父母的补偿请求权的要件事实的规定，应该由主张补偿的养父母一方就收养期间支出的生活费、教育费等权利产生的要件事实承担证明责任，但书中的"除外规定"则属于妨害养父母补偿请求权发生的要件事实，生父母就此提出抗辩，不同意支付补偿时，应该就因存在养父母虐待、遗弃养子女而解除收养关系的事实承担证明责任。

权利受到妨害规范并非都与权利产生规范相伴相随，有时体现在司法解释对实体法的解释与补充中，如融资租赁出租人瑕疵担保免责的例外规定。根据《民法典》第747条规定："租赁物不符合约定或者不符合使用目的的，出租人不承担责任。但是，承租人依赖出租人的技能确定租赁物或者出租人干预选择租赁物的除外。"这是关于出租人瑕疵担保的免责规定，出卖人迟延交付租赁物或者租赁物的规格、式样、性能等不符合合同约定或不符合使用目的的，出租人不承担责任，而由承租人直接向出卖人索赔，并承担索赔不成的损害后果。但出租人瑕疵担保的免责"权利"在某些情况下无法获得，《融资租赁司法解释》第8条第1款规定："租赁物不符合融资租赁合同的约定且出租人实施了下列行为之一，承租人依照民法典第七百四十四条、第七百四十七条的规定，要求出租人承担相应责任的，人民法院应予支持：（一）出租人在承租人选择出卖人、租赁物时，对租赁物的选定起决定作用的；（二）出租人干预或者要求承租人按照出租人意愿选择出卖人或者租赁物的；（三）出租人擅自变更承租人已经选定的出卖人或者租赁物的。"根据该司法解释的规定，承租人能提供证据证明出租人存在上述三种行为的，可以阻却《民法典》中关于出租人瑕疵担保免责的"权利"。又如，夫妻财产共同制是我国处理婚姻财产关系的基本原则，但《民法典》

第 1065 条[①] 规定了夫妻可以约定婚姻关系存续期间所得的财产以及婚前财产归各自所有、共同所有或部分各自所有、部分共同所有。夫妻对婚姻关系存续期间所得的财产约定归各自所有的，夫或妻一方对外所负的债务，第三人知道该约定的，以夫或妻一方所有的财产清偿。《婚姻法司法解释（一）》[②] 第 18 条规定明确了证明责任的承担：《民法典》第 1065 条[③] 所称“相对知道该约定的”，夫妻一方对此负有举证责任。故债权人主张以夫妻共同财产抵偿债务，夫妻一方抗辩主张夫妻双方约定婚姻关系存续期间所得的财产以及婚前财产归各自所有阻却债务人权利主张的，除应就上述夫妻约定提供证据外，还应根据《婚姻法司法解释（一）》第 18 条规定就“第三人知道该约定”承担证明责任。

（四）消极事实的证明责任

主张法律关系消灭或权利受到妨害的当事人其所依据的基本事实经常体现为消极事实。所谓的消极事实，是指未发生或者不存在的事实，在实体法规定中一般表述为“未认可”“不作为”“非明知”“无过失”等。一般而言，积极事实容易证明、能够证明，而消极事实则不易证明甚至根本无法证明。因此，立法者往往会针对消极事实这一特点，对证明责任的承担进行调整，规定由否认消极事实，亦即主张积极事实的相对方承担证明责任。例如，债务人主张债务已履行，而不作为是履行合同义务的行为时，根据《德国民法典》的规定主张已履行合同义务的一方的当事人

---

① 《民法典》第 1065 条规定：“男女双方可以约定婚姻关系存续期间所得的财产以及婚前财产归各自所有、共同所有或者部分各自所有、部分共同所有。约定应当采用书面形式。没有约定或者约定不明确的，适用本法第一千零六十二条、第一千零六十三条的规定。夫妻对婚姻关系存续期间所得的财产以及婚前财产的约定，对双方具有法律约束力。夫妻对婚姻关系存续期间所得的财产约定归各自所有，夫或者妻一方对外所负的债务，相对人知道该约定的，以夫或者妻一方的个人财产清偿。”

② 该司法解释已失效。

③ 《民法典》第 1065 条规定：“男女双方可以约定婚姻关系存续期间所得的财产以及婚前财产归各自所有、共同所有或者部分各自所有、部分共同所有。约定应当采用书面形式。没有约定或者约定不明确的，适用本法第一千零六十二条、第一千零六十三条的规定。夫妻对婚姻关系存续期间所得的财产以及婚前财产的约定，对双方具有法律约束力。夫妻对婚姻关系存续期间所得的财产约定归各自所有，夫或者妻一方对外所负的债务，相对人知道该约定的，以夫或者妻一方的个人财产清偿。”

无需承担证明责任。[①] 即当事人无需就其不作为的消极事实承担证明责任。

民事实体法是民事举证责任分配的基石。由于举证责任分配采用的规范说是建立在实体法规范基础之上的，而实体法是国家立法者已经事先设置好的，属于法律的明文规定，不属于自由裁判权的范畴，“皮之不存，毛将焉附”，离开实体法规范，举证责任分配则是无法构建的；举证责任分配就是对民事实体法律规范结构进行分类和分析后，根据法律规范的语义和构造进行体系化的建构，建立了一般原则与例外，以及基本规范与反对规范。《民事诉讼法司法解释》第 90 条、第 91 条中“但法律另有规定的除外”，正是源于民事实体法的考量，由于民事实体法的效力位阶不同，因此，会出现优先适用不同法条的情形；基于上位法优于下位法、特殊法优于普通法等法律适用基本规则，在存在举证责任分配的实体法规范“特殊规则”（“法律另有规定”）时，应当优先适用“特殊规则”（“法律另有规定”）；在不存在举证责任分配的实体法规范“特殊规则”时，依照民事举证责任的一般规则予以适用，即：（1）主张法律关系存在的当事人，应当对产生该法律关系的基本事实承担举证证明责任；（2）主张法律关系变更、消灭或者权利受到妨害的当事人，应当对该法律关系变更、消灭或者权利受到妨害的基本事实承担举证证明责任。

因此，对于消极事实的举证责任分配，应当首先审视是否存在有关消极事实的举证责任分配的实体法规范，以“善意取得”的证明责任为例，“善意取得制度是国家立法基于保护交易安全，对原权利人和受让人之间的权利所作的一种强制性的物权配置，受让人取得财产所有权是基于物权法的直接规定而不是法律行为，具有确定性和终局性。”[②] 根据《最高人民法院关于适用〈中华人民共和国民法典〉物权编的解释（一）》第 14 条规定：“受让人受让不动产或者动产时，不知道转让人无处分权，且无重大过失的，应当认定受让人为善意。真实权利人主张受让人不构成善意的，应当承担举证证明责任。”根据事物的常态和经验法则，即受让人受让财产推定为善意，而主张“非善意的”属于“非常态”，民事实体法律规范将举证责任分配给主张非善意的一方当事人，就属于“法律另有规定的”情形，则不能适用关于民事

---

① 如《德国民法典》第 345 条规定，债务人因已履行其债务而对出发违约金有争议时，除以不作为为给付标的之外，债务人应证明其已履行。第 358 条规定，一方当事人在另一方当事人不履行债务的情况下保留解除权，而另一方当事人以已经履行债务为理由，对许可宣告解除有争议时，除以不作为为给付标的的之外，应由另一方当事人证明其债务已经履行。

② 最高人民法院物权法研究小组编著：《〈中华人民共和国物权法〉条文理解与适用》，人民法院出版社 2019 年版，第 329 页。

举证责任分配的一般规则。如果适用举证责任的一般规则，完全由受让人就其出于善意作出举证，则加重了受让人的举证负担，不利保护善意第三人的利益且不利于维护交易安全。①

另，关于不当得利的证明责任，根据《民法典》第122条规定，因他人没有法律根据，取得不当利益，受损失的人有权请求其返还不当利益。构成不当得利返还请求权的法律要件除了取得不当利益、造成他人损失、取得利益与遭受损失之间具有因果关系外，还应具备取得利益没有法律依据。“取得利益没有法律根据”属于消极事实，应该由谁承担证明责任有不同的说法。王泽鉴教授提出：“原告必须证明无法律上的原因。此虽具消极事实的性质，仍应由原告负举证责任。给付不当得利请求权人乃使财产权利发生变动的主体，控制财产资源的变动，由其承担举证责任困难的危险，实属合理。”②从诉讼证明的基本原理来看，证明有，相对比较容易；而证明没有或无，比较困难，甚至无法完成。从消极事实的证明责任承担的角度来看，有法律根据属于积极事实，比较容易举证；而没有法律根据属于消极事实，是难以举证，甚至是无法举证的。因此，应当由取得不当利益的得利人，承担“有法律根据”，而不是由受到损失的受害人或受损失的人承担“没有法律规定”更符合证明责任的基本原理。其一，根据《民事诉讼法司法解释》第91条的规定，主张法律关系存在的当事人，应当对产生该法律关系的基本事实承担举证证明责任。得利人为了阻却受损失的人主张得利人的得利属于“不当得利”成立，主张其取得的“利益”（受害人称其为不当利益）有法律根据的，只需要提供该“利益”存在的法律规定即可，既符合举证责任的分配规则，根据证据距离理论，其实施起来也十分方便。其二，“没有法律根据”属于消极事实，受损失的人作为原告应当承担“损失发生”这样的积极事实，而不应当承担消极事实的举证责任；且让其承担“没有法律根据”是一项不可能完成的任务。③其三，“没有法律规定”作为一系列不特定的民事法律行为、事实行为、侵权行为、误信行为、第三人的行为、自然事件、人为事件等，非属于或者说超出了《民事诉讼法司法解释》第91条中的“基本事实”范畴，不宜以《民事诉讼法司法解释》第91条的举证责任分配规则来“机械套用”在不当得利

---

① 最高人民法院物权法研究小组编著，《〈中华人民共和国物权法〉条文理解与适用》，人民法院出版社2019年版，第328页。

② 王泽鉴：《债法原理（二）不当得利》，中国政法大学出版社2002年版，第57页。

③ 最高人民法院民法典贯彻实施工作领导小组主编：《中华人民共和国民法典总则编理解与适用》（下），人民法院出版社2020年版，第625页。

中的“没有法律根据”上。

在实体法规范有明确规定的情况下，无论是消极事实主张还是积极事实主张，举证责任的分配都是清晰的，因此，司法适用环节，应当首先查找是否存在民事实体法的明确规定。在实体法规范没有特别规定的情况下，可以按照《民事诉讼法司法解释》第90条、第91条中举证责任分配的一般规则予以适用。

四、辅助信息

《民事诉讼法》

第六十七条第一款 当事人对自己提出的主张，有责任提供证据。

《民事诉讼法司法解释》

第九十条 当事人对自己提出的诉讼请求所依据的事实或者反驳对方诉讼请求所依据的事实，应当提供证据加以证明，但法律另有规定的除外。

在作出判决前，当事人未能提供证据或者证据不足以证明其事实主张的，由负有举证证明责任的当事人承担不利的后果。

第九十一条 人民法院应当依照下列原则确定举证证明责任的承担，但法律另有规定的除外：

（一）主张法律关系存在的当事人，应当对产生该法律关系的基本事实承担举证证明责任；

（二）主张法律关系变更、消灭或者权利受到妨害的当事人，应当对该法律关系变更、消灭或者权利受到妨害的基本事实承担举证证明责任。

民事诉讼证据裁判规则第 10 条：

当事人未能提供证据或者证据不足以证明其事实主张的，由负有举证证明责任的当事人承担不利的后果

【规则描述】　举证责任包括双层含义：当事人就其主张的事实负有提供证据的责任之行为意义上的举证责任，和在诉讼终结时事实真伪不明时负举证责任的当事人承担不利诉讼后果的责任之结果意义上的举证责任。前者也称为主观上的举证责任，旨在明确当事人在民事诉讼中负有提供证据的行为意义的责任，只要当事人在诉讼中提出于己有利的事实主张，就应当提供证据加以证明。后者也称为客观上的证明责任，所解决的是待证事实真伪不明时法官如何裁判的问题，实质上是对事实真伪不明的一种法定的风险分配方式。《民事诉讼法司法解释》第 90 条规定："当事人对自己提出的诉讼请求所依据的事实或者反驳对方诉讼请求所依据的事实，应当提供证据加以证明，但法律另有规定的除外。在作出判决前，当事人未能提供证据或者证据不足以证明其事实主张的，由负有举证证明责任的当事人承担不利的后果。"第 1 款是关于行为意义上举证责任的规定，第 2 款是关于结果意义上举证责任的规定。

一、类案检索大数据报告

时间：2020 年 5 月 16 日之前；案例来源：Alpha 案例库；案由：民事纠纷；检索条件：（1）引用法条：《民事诉讼法司法解释》第 90 条第 2 款；（2）全文：当事人未能提供证据或者证据不足以证明其事实主张的，由负有举证证明责任的当事人承担不利的后果；（3）法院认为包含：同句"当事人对自己提出的诉讼请求所依据

的事实或者反驳对方诉讼请求所依据的事实，应当提供证据加以证明”；（4）法院认为包含：同句“当事人未能提供证据或者证据不足以证明其事实主张的，由负有举证证明责任的当事人承担不利的后果”。本次检索获取 2020 年 5 月 16 日之前共计 1472 篇裁判文书。其中：

1. 认为当事人未能提供证据的共计 489 件，占比为 33.22%；

2. 认为当事人未能举证证明待证事实（及举证与待证事实无关联性的）的共计 127 件，占比为 8.63%；

3. 认为当事人证据不足以证明其事实主张的共计 716 件，占比为 48.64%；

4. 认为反驳对方诉讼请求未能提供证据证明的共计 91 件，占比为 6.18%；

5. 认为驳回当事人诉讼请求的共计 49 件，占比为 3.33%。

整体情况如图 10-1 所示：

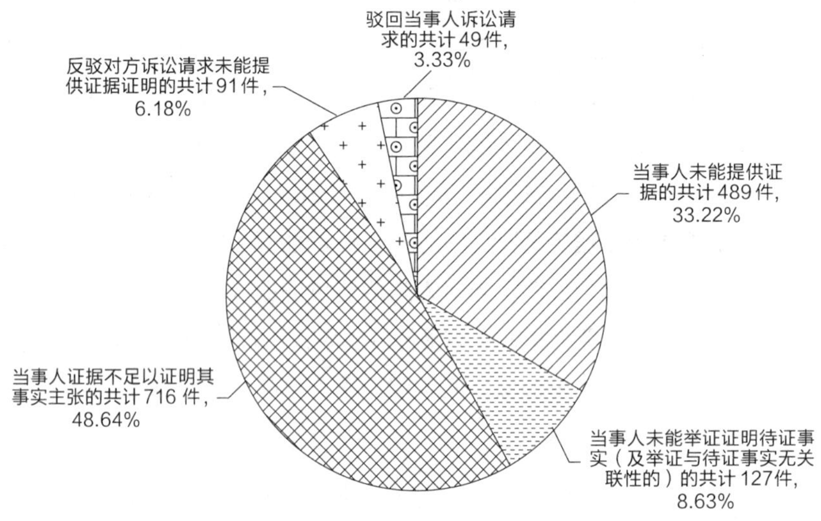

图 10-1　案件裁判结果情况

如图 10-2 所示，从案件年份分布可以看在当前条件下，涉及在引用法条：《民事诉讼法司法解释》第 90 条第 2 款以及全文：当事人未能提供证据或者证据不足以证明其事实主张的，由负有举证证明责任的当事人承担不利的后果；法院认为包含：同句“当事人对自己提出的诉讼请求所依据的事实或者反驳对方诉讼请求所依据的事实，应当提供证据加以证明”；法院认为包含：同句“当事人未能提供证据或者证据不足以证明其事实主张的，由负有举证证明责任的当事人承担不利的后果”的条件下，相应的司纠纷案例数量的变化趋势。

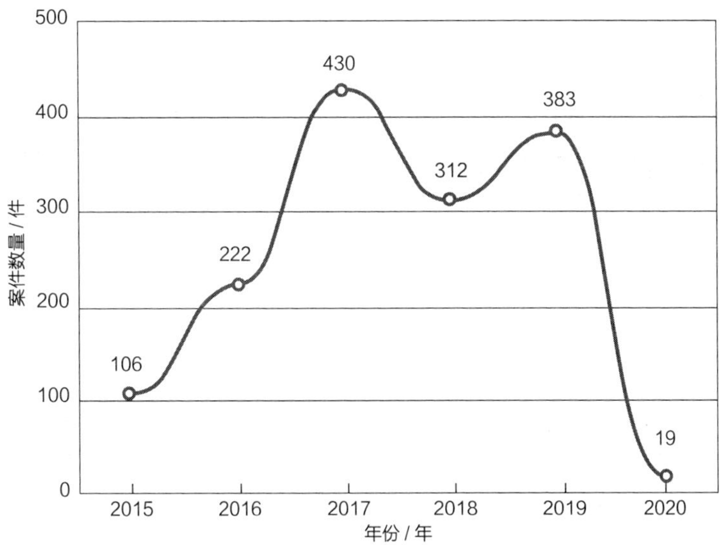

图 10–2　案件年份分布情况

如图 10–3 所示，从程序分类统计可以看到当前的审理程序分布状况。一审案件有 459 件，二审案件有 986 件，再审案件有 25 件，执行案件有 2 件。

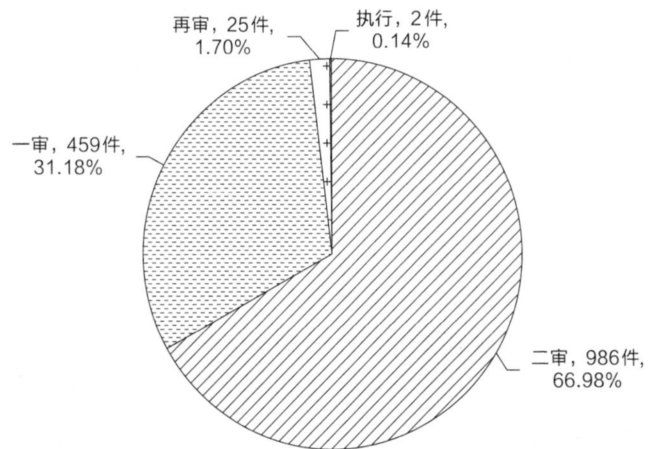

图 10–3　案件审理程序分类

二、可供参考的例案

例案一：辽源市玉荞食品有限公司与吉林省辽源市工农乡苇塘村村民委员会等财产损害赔偿纠纷案

【法院】

最高人民法院

【案号】

（2015）民申字第 2772 号

【当事人】

再审申请人（一审原告、二审上诉人）：辽源市玉荞食品有限公司

被申请人（一审被告、二审被上诉人）：吉林省辽源市工农乡苇塘村村民委员会

被申请人（一审被告、二审被上诉人）：王某仁

被申请人（一审被告、二审被上诉人）：黄某忠

被申请人（一审被告、二审被上诉人）：赵某俊

被申请人（一审被告、二审被上诉人）：赵某言

【基本案情】

辽源市玉荞食品有限公司（以下简称玉荞公司）向法院申请再审称：原判决不予支持玉荞公司的诉讼请求，缺乏证据证明。黄某忠代表通达公司与吉林省辽源市工农乡苇塘村村民委员会（以下简称苇塘村委会）签订协议，将案涉小楼卖给苇塘村委会，苇塘村委会又将该楼卖给赵某言，致使玉荞公司失去了房屋的所有权和使用权以及对房屋内财产的管理权。即苇塘村委会及王某仁等人的侵权行为，与玉荞公司设备、配件丢失之间具有因果关系，应当承担赔偿责任。

原判决将本案案由确定为财产损害赔偿纠纷，适用法律错误。苇塘村委会及王某仁等人侵犯了玉荞公司的房屋所有权、使用权，且玉荞公司的部分房产被损毁，玉荞公司的其他多项财产权益被侵害。本案应当适用《侵权责任法》第 3 条[①]、第 6

① 参见《民法典》第 120 条规定："民事权益受到侵害的，被侵权人有权请求侵权人承担侵权责任。"

条[1]、第 8 条[2]、第 9 条[3]，并应判令苇塘村委会及王某仁等人对玉荞公司的财产损失承担连带赔偿责任。

【案件争点】

未能举证证明的法律后果承担。

【裁判要旨】

法院认为：《民事诉讼法》第 64 条第 1 款[4]规定："当事人对自己提出的主张，有责任提供证据。"《民事诉讼法司法解释》第 90 条[5]规定："当事人对自己提出的诉讼请求所依据的事实或者反驳对方诉讼请求所依据的事实，应当提供证据加以证明，但法律另有规定的除外。在作出判决前，当事人未能提供证据或者证据不足以证明其事实主张的，由负有举证证明责任的当事人承担不利的后果。"本案中，玉荞公司主张苇塘村委会及王某仁等人实施了侵权行为，造成其生产线、设备等财产损失，应当承担赔偿责任。玉荞公司对其主张负有举证责任。玉荞公司提供的照片、光碟等证据，没有其他证据佐证，不能证明其设备、财产丢失的事实，亦不能证明其所主张的财产损失系由苇塘村委会及王某仁等人造成，即玉荞公司提供的证据不能证明其所述主张成立，应当承担举证不利的法律后果。原判决据此驳回玉荞公司的诉讼请求，符合法律及司法解释规定，并无不当。

例案二：何某基与广州兴盛房地产发展有限公司等商品房预售合同纠纷案

【法院】

最高人民法院

---

① 对应《民法典》第 1165 条："行为人因过错侵害他人民事权益造成损害的，应当承担侵权责任。依照法律规定推定行为人有过错，其不能证明自己没有过错的，应当承担侵权责任。"

② 对应《民法典》第 1168 条，内容未作修改。

③ 对应《民法典》第 1169 条："教唆、帮助他人实施侵权行为的，应当与行为人承担连带责任。教唆、帮助无民事行为能力人、限制民事行为能力人实施侵权行为的，应当承担侵权责任；该无民事行为能力人、限制民事行为能力人的监护人未尽到监护职责的，应当承担相应的责任。"

④ 该法已于 2021 年 12 月 24 日第四次修正，本案所涉第 64 条第 1 款改为第 67 条第 1 款，内容未作修改。

⑤ 该司法解释已于 2022 年 3 月 22 日第二次修正，本案所涉第 90 条的条数、内容均未作修改。

【案号】

（2016）最高法民申3443号

【当事人】

再审申请人（一审原告）：何某基

被申请人（一审被告）：广州兴盛房地产发展有限公司

一审第三人：正威投资有限公司

一审第三人：中国建设银行股份有限公司深圳华侨城支行

【基本案情】

何某基申请再审称：（1）原审判决认定事实错误。①原审判决认为8张收据不足以证明正威投资有限公司（以下简称正威公司）支付了案涉车位购买款港币7991万元，属于事实认定错误。②除了8张收据外，还存在证明正威公司已支付案涉车位购买款项的间接证据。（2）原审判决适用法律错误。原审判决根据2001年《民事证据规定》第2条[①]的规定认定何某基、正威公司举证不能，实属断章取义，适用法律错误。何某基、正威公司提供8张收据及间接证据，已充分举证证明正威公司已支付案涉车位购买款项的事实。根据2001年《民事证据规定》第2条[②]的规定，广州兴盛房地产发展有限公司（以下简称兴盛公司）作为开发商，在其已出具收据表明其已收到购买款项的情况下，若否认已收取购买款项，则应由其举证反驳、并承担举证不能的不利后果。但兴盛公司至今未能提供足以推翻收据、证明其未收到购买款项的任何直接证据，因此其应承担举证不能的不利法律后果，应依法认定正威公司已支付款项。原审判决忽略兴盛公司并未就其反驳正威公司已支付购买款的事实主张提供证据加以证明，而仅仅单独认定何某基、正威公司缺乏已支付购买款项的付款凭证而应承担举证不能的不利后果，不符合民事诉讼证据规定关于举证责任的规定。综上，请求再审本案。

【案件争点】

未能证明其主张的责任认定。

【裁判要旨】

法院认为：本案争议的焦点在于正威公司是否实际向兴盛公司支付了案涉305个车位的价款港币7991万元。

① 该司法解释已于2019年10月14日修正，本案所涉第2条被修正后的司法解释删除。

② 该司法解释已于2019年10月14日修正，本案所涉第2条被修正后的司法解释删除。

《民事诉讼法》第64条第1款[①]规定："当事人对自己提出的主张，有责任提供证据。"2001年《民事证据规定》第2条第1款[②]规定："当事人对自己提出的诉讼请求所依据的事实或者反驳对方诉讼请求所依据的事实有责任提供证据加以证明。"《民事诉讼法司法解释》第90条第1款[③]规定："当事人对自己提出的诉讼请求所依据的事实或者反驳对方诉讼请求所依据的事实，应当提供证据加以证明，但法律另有规定的除外。"前述规定均确定了举证责任分配的一般原则，即"举证义务存在于主张之人，不存在于否定之人"。同时，对于负有举证责任的当事人，达到何种证明标准即完成其举证责任，《民事诉讼法司法解释》第108条第1款[④]对此进行了规定："对负有举证证明责任的当事人提供的证据，人民法院经审查并结合相关事实，确信待证事实的存在具有高度可能性的，应当认定该事实存在。"

本案中，何某基、正威公司主张正威公司已经支付了案涉305个车位的购买款港币7991万元，对于该事实，何某基、正威公司负有证明"该付款事实的存在具有高度可能性"的举证证明责任。对此，何某基提交了8张由兴盛公司开具的收据，正威公司提交了2001年6月8日兴盛公司向正威公司出具的表示需要延迟交付车位的函件及2005年8月3日兴盛公司和中南公司就案涉车位第一次拍卖签订的《关于车位的产权交接会议纪要》。首先，因该笔交易标的涉及的数额巨大，8张收据存在编号连号、编号在前的收据出具时间在后、部分收据无落款日期等瑕疵，不符合通常的公司财务会计工作规范，因此，在无其他证据印证的情况下，该证据不足以单独证明正威公司已经支付了案涉车位购买款项。其次，对于正威公司提供的兴盛公司于2001年6月8日发给其的函件及2005年8月3日兴盛公司和中南公司签订的《关于车位的产权交接会议纪要》，用以佐证其已经付款，但该函件只是告知正威公司暂不能办理产权登记手续，并未涉及款项的支付问题，因此不能成为直接证明案涉车位购买款项已经支付的证据。而会议纪要系复印件，其真实性兴盛公司不予认可，正威公司未能提供原件核对，故会议纪要不能作为定案证据。最后，正威公司作为

---

① 该法已于2021年12月24日第四次修正，本案所涉第64条第1款改为第67条第1款，内容未作修改。

② 该司法解释已于2019年10月14日修正，本案所涉第2条第1款被修正后的司法解释删除。

③ 该司法解释已于2022年3月22日第二次修正，本案所涉第90条第2款的条数、内容均未作修改。

④ 该司法解释已于2022年3月22日第二次修正，本案所涉第108条第1款的条数、内容均未作修改。

付款方，对于案涉车位购买款项港币7991万元的巨额支出，未能提供任何支付凭证，正威公司称其是在香港将该车位购买款项支付给兴盛公司的股东香港昌盛集团有限公司（以下简称昌盛集团），但也未能对其在何时、何地以何种方式将款项支付给昌盛集团作出具体、明确、合理的说明。且无论该笔款项支付给兴盛公司还是昌盛集团，对于如此巨额的款项开支，正威公司均应有相应的付款凭证，但其至今未能提交付款凭证这一直接证据，明显与商业交易惯例不符。《民事诉讼法司法解释》第105条[①]规定："人民法院应当按照法定程序，全面、客观地审核证据，依照法律规定，运用逻辑推理和日常生活经验法则，对证据有无证明力和证明力大小进行判断，并公开判断的理由和结果。"通过前述分析，法院认为何某基、正威公司提交的证据不足以证明"正威公司已支付兴盛公司车位购买款港币7991万元"这一事实的发生具有高度盖然性，应当承担举证不能的不利后果。

例案三：宋某荣与宋某华等民间借贷纠纷案

【法院】

四川省高级人民法院

【案号】

（2019）川民申1495号

【当事人】

再审申请人（一审原告、二审被上诉人）：宋某荣

被申请人（一审被告、二审上诉人）：宋某华

被申请人（一审被告、二审上诉人）：黄某英

【基本案情】

宋某荣申请再审称：二审判决所认定的事实缺乏证据证明。二审判决认定事实的主要证据未经质证。二审判决剥夺了当事人的辩论权。向法院申请再审本案，并依法撤销二审判决，维持一审判决。

【案件争点】

被告抗辩借贷行为尚未实际发生并能作出合理说明的举证责任承担。

---

① 该司法解释已于2022年3月22日第二次修正，本案所涉第105条的条数、内容均未作修改。

【裁判要旨】

法院经审查认为：依据《民事诉讼法》第200条[①]及《民事诉讼法司法解释》第386条[②]的规定，人民法院应针对当事人主张的再审事由进行审查。依据事由审查的原则，对宋某荣的再审申请理由审查如下：

根据宋某荣的再审申请理由，本案再审审查的焦点问题是申请人宋某荣是否向被申请人宋某华、黄某英实际交付了案涉15万元借款的问题。经查，2016年6月6日，宋某华向宋某荣出具借条，载明："2016年6月6日宋某华借宋某荣15万元（拾伍万元整），借款人黄某英、宋某华，2016年6月6日。"该借条没有约定利息。宋某荣称宋某华、黄某英出具借条后，其已将15万元现金交付给了宋某华，而宋某华、黄某英对此予以否认，称本案借款未实际发生。二审判决对全案证据进行了综合评判、认定，并根据《民间借贷司法解释》第16条第2款[③]"被告抗辩借贷行为尚未实际发生并能作出合理说明，人民法院应当结合借贷金额、款项交付、当事人的经济能力、当地或者当事人之间的交易方式、交易习惯、当事人财产变动情况以及证人证言等事实和因素，综合判断查证借贷事实是否发生"和《民事诉讼法司法解释》第90条第2款[④]"在作出判决前，当事人未能提供证据或者证据不足以证明其事实主张的，由负有举证证明责任的当事人承担不利的后果"的规定，认定宋某荣应承担举证不能的不利法律后果，判决驳回其诉讼请求并无不当。

---

① 该法已于2021年12月24日第四次修正，本案所涉第200条修改为第207条，内容未作修改。

② 该司法解释已于2022年3月22日第二次修正，本案所涉第386条修改为第384条："人民法院受理申请再审案件后，应当依照民事诉讼法第二百零七条、第二百零八条、第二百一十一条等规定，对当事人主张的再审事由进行审查。"

③ 该司法解释已于2020年12月23日第二次修正，本案所涉第16条第2款修改为第15条第2款："被告抗辩借贷行为尚未实际发生并能作出合理说明的，人民法院应当结合借贷金额、款项交付、当事人的经济能力、当地或者当事人之间的交易方式、交易习惯、当事人财产变动情况以及证人证言等事实和因素，综合判断查证借贷事实是否发生。"

④ 该司法解释已于2022年3月22日第二次修正，本案所涉第90条第2款的条数、内容均未作修改。

三、裁判规则提要

（一）举证责任含义的基本理论

举证责任起源于罗马法，但是在罗马法初期，举证责任一直被解释为主观意义上的行为责任，即指当事人所负有的提供证据证明其主张的事实存在的责任，并没有客观证明责任的概念。德国、日本民事法律中，在传统上，举证责任一般也是指行为责任。结果责任在大陆法上称为客观的举证责任，1883 年德国诉讼法学家尤利乌斯・格尔查在他的著作《刑事诉讼导论》（ handbuch des St rafpro zesses ）中首次将举证责任区别为客观的举证责任和主观的举证责任，后经莱昂哈得和罗森伯格等人的大力倡导，成为举证责任的主导概念。

目前，在举证责任双重含义的理解上，英美法系国家和大陆法系国家并无本质的不同。在英美法系上，"法官必须决定哪一方当事人应负担未提供充分证据足使陪审团为特定发现的风险以及哪一方当事人应负担未说服陪审团作出认定的风险。前者通称为举证的负担（burden of producing emidence），后者通称为说服的负担（burden of proof）"。

在我国证据法学中，长期以来一直奉行行为责任理论。最早明确提出民事举证责任的双重含义的是李浩教授，他于 1986 年就撰文主张从行为和结果两个方面来解释举证责任，之后结果责任才逐步为理论和实践所接受，并使举证责任包含行为责任和结果责任双重含义的学说成为定论。① 举证责任的双重含义，也成为最高人民法院制定证据规则的理论基础和指导思想。

（二）举证责任双重含义的理解

举证责任的双重含义不是说举证责任可以有两种理解，一种理解是行为意义上的，另一种理解是结果意义上的，而是指举证责任包含着两重含义，即行为意义上的举证责任和结果意义上的举证责任，二者都是举证责任概念不可或缺的有机组成部分。

1. 行为意义的举证责任和结果意义的举证责任的区别

行为意义的举证责任是一种动态的举证责任，随着双方当事人证据证明力的强弱变化，在同一当事人身上可能发生多次，围绕法官对待证事实的心证程度的变化

---

① 李国光主编：《最高人民法院〈关于民事诉讼证据的若干规定〉的理解与适用》，中国法制出版社 2002 年版，第 36 页。

而在当事人之间发生转移。结果意义的举证责任不受当事人主张的影响，是一种不能转移的举证责任，是一种潜在的、附条件的举证责任。结果意义上的举证责任作为法律预先设定的一种风险责任的分配形式，只有在待证事实真伪不明时，才能发生作用，并非每一个案件都需要以结果意义上的举证责任作为裁判依据。在绝大多数民事诉讼中，当事人通过积极履行行为意义上的举证责任，已经使案件事实得到证明，法官完全能够从双方当事人提供的证据中获得内心确信的全部信息，结果意义的举证责任便无用武之地。如果当事人的主张没有争议，或者如果法院对有争议的主张的真实与否获得了一个特定的心证，不管该心证是证据调查的结果，还是在没有证据的情况下从审理的全过程中得出的，都不会出现证明责任问题。[①] 因此，在证明责任所包含的行为责任和结果责任中，真正能够代表其本质的当属结果责任，因为行为责任只是一种表面现象，而结果责任才属本质问题。这是行为意义的举证责任与结果意义的举证责任之间关系的核心，也是理解举证责任含义的关键。

2. 结果意义的举证责任在待证事实真伪不明时发生作用

待证事实真伪不明，是指在诉讼结束时，当所有能够释明事实真相的措施都已经采用过了，但争议事实仍然不清楚（有时也称无法证明、法官心证模糊）的最终状态。一项争议事实真伪不明的前提条件：（1）原告提出有说服力的主张；（2）被告提出实质性的反主张；（3）对争议事实主张有证明必要，在举证规则领域，自认的、无争议的和众所周知的事实不需要证明；（4）用尽所有程序上许可的和可能的证明手段，法官仍不能获得心证；（5）口头辩论已经结束，上述第 3 项证明的需要和第 4 项的法官心证不足仍没有改变。同时，此处的“待证事实”是指当事人主张的诉讼标的之权利义务或法律关系的要件事实，间接事实或者辅助事实真伪不明一般不需要适用结果意义的举证责任，亦不会判决主张该间接事实或者辅助事实的一方当事人败诉，只有当该间接事实或者辅助事实真伪不明已经反射到要件事实上，并进而导致要件事实真伪不明时才发生结果意义的举证责任适用的问题。

3. 结果意义上的举证责任究竟由哪一方当事人承担，一般取决于民事实体的规定

结果责任在诉讼前或纠纷发生之前就已经被民事实体法“客观”地确定下来，且只能由当事人的一方承担而不会同时分配给双方，即不能由双方当事人分担。这种由法律事先分配的负担与当事人的主观认识并不相干，原则上贯穿于整个诉讼过程而不

① 最高人民法院民一庭编著：《民事诉讼证据司法解释的理解与适用》，中国法制出版社 2002 年版，第 19 页。

会发生转移，这正是结果意义上的举证责任又被称为“客观举证责任”的原因之所在。

4. 行为意义上的举证责任往往在双方当事人之间反复转移

由于结果意义上的举证责任事先已为实体法规范所确定，当事人在诉讼开始之时已经知悉自己是否承担真伪不明的败诉风险。负有客观举证责任的一方当事人为了回避结果的风险，必须首先采取提出证据的行动——所谓“主观举证责任不过是客观举证责任的反映或反射，前者为后者所决定”指的即是此种情形。在此情况下，对方当事人意识到自己要是无所作为则法官的心证可能达到证明标准，必须设法提出反证，且只需将上升了的心证程度“拉回”真伪不明的状态即可。对此，负有客观举证责任的一方当事人又会感觉自己有必要进一步提出证据，以期使心证程度重新回到证明标准之上。如此循环往复一直到双方当事人没有新的证据为止——这就是行为意义上的举证责任在双方当事人之间来回转移的过程。在这个转移过程中，可以清晰地发现，客观举证责任居于中枢的地位，决定了主观举证责任的发生和转移，当事人在法庭上积极举证，表现为主观举证责任在发生作用，而背后的动因是当事人担心真伪不明时己方承担不利的客观举证责任，并进而产生败诉的风险。

（三）我国举证责任制度的立法沿革

《民事诉讼法》第 67 条第 1 款规定，当事人对自己提出的主张，有责任提供证据。这是我国民事诉讼立法上关于举证责任的法律渊源，也就是通常所说的“谁主张，谁举证”原则，但没有明确规定具体的举证责任的分配规则和相应的法律后果，司法实践中可操作性不强，既不利于方便当事人举证，也不利于法官对证据的审查判断和事实认定。没有规定各方当事人在诉讼中应当对哪些具体事实负举证责任，没有规定系统完备的举证责任的分配规则，亦没有规定举证责任的法律后果，司法实践中可操作性不强，既容易造成法官对证据的审查判断产生过多的不确定性和偏差，又容易使一些当事人利用证据问题搞突然袭击、拖延诉讼，损害对方当事人的利益。

正是在这样的背景下，最高人民法院在 1999 年制定的《人民法院五年改革纲要》中，提出完善民事诉讼证据制度的改革目标，2000 年又将其确定为 22 个重点调研课题之一，2001 年将制定民事诉讼证据的司法解释确定为 5 项重点改革内容之一，并于 2001 年 12 月 21 日发布了《民事证据规定》，根据法律规定的基本原则，以市场经济对民事诉讼制度的要求为导向，延续肇始于 20 世纪 80 年代的民事审判方式改革的基本思路，通过明确举证责任的含义，强化当事人的举证责任，对《民事诉讼法》关于举证责任的规定作出具体解释。第 2 条对《民事诉讼法》的举证责任原则予以细化，规定了当事人没有证据或者证据不足以证明其事实主张的法律后果，即第 2 款“没有证据或者证据不足以证明当事人的事实主张的，由负有举证责任的当事人承担不利后果”。第 5 条、第 6 条分别对合同纠纷案件和劳动争议案件中特殊事实的举证责任分配作出规定。上述 3 条规定，完善了举证责任分配的一般规则。第 4 条对特殊类型的侵权案件适用举证责任倒置的情形予以具体化，进一步完善了举证责任倒置规则。第 7 条对依据法律和司法解释无法确定举证责任的承担者时，法官应当按照什么原则和考虑的因素去分配当事人的举证责任作出规定，为特殊情形下举证责任的分配提供规则。司法解释确立了一套较为合理的审查判断证据、准确认定案件事实的证据规则，从而弥补了司法实践中法官在审查判断证据方面因缺乏必要的基本规则，而导致的对证据审查、认定的任意性和不确定性。

在举证责任分配规则问题上，2001 年《民事证据规定》侧重于针对具体案件类型的举证责任分配规则，没有对举证责任分配的一般规则作出明确、清晰的规定。而事实上，如果规定了举证责任分配的一般规则，那么各种案件类型的举证责任分配问题均可以根据一般规则进行识别，而不再需要逐一规定具体案件类型的举证责任分配规则。因此，2015 年 2 月 4 日施行的新《民事诉讼法司法解释》没有延续 2001 年《民事证据规定》针对具体案件类型进行规定的思路，而是在第 91 条明确依据法律要件分类说的理论对举证责任分配的一般规则作出明确规定，更为科学，适应性更强，也更有利于解决审判实践中的举证责任分配问题，同时也有助于避免列举式规定可能带来的弊端。

2019 年《民事证据规定》删除了 2001 年《民事证据规定》的第 2 条、第 4 条、第 5 条、第 6 条、第 7 条，因为第 2 条已为《民事诉讼法司法解释》第 90 条所吸收采纳，第 4 条、第 5 条和第 6 条则为第 91 条规定的一般规则所抽象替代。2001 年《民事证据规定》第 7 条的本意是，由于举证责任分配具有法定性，实体法律规范本身包含了法律对举证责任分配的内容，原则上举证责任是由法律分配而非由法官分配，只有在极为特殊的情况下，按照法律分配的举证责任会导致明显不公平的结果时，才允许法官根据诚信原则、公平原则等因素分配举证责任。2019 年《民事证据规定》修改时主要考虑到，原意是对举证责任分配法定性原则在极为特殊情况下的一种例外规定，但是审判实践中被随意适用的情况比较普遍，存在被滥用的风险，违背了该条设立时的原意，因此修改时不再保留。实践中，如果出现按照实体法律规定确定举证责任分配可能导致明显不公平情形的，涉及《民事诉讼法司法解释》第91条适用问题，可以通过向最高人民法院请示，由最高人民法院批复的方式解决，而不能在个案中随意变更法律所确定的举证责任分配规则。[①]

四、辅助信息

《民事诉讼法》

第六十七条第一款 当事人对自己提出的主张，有责任提供证据。

《民事诉讼法司法解释》

第九十条 当事人对自己提出的诉讼请求所依据的事实或者反驳对方诉讼请求所依据的事实，应当提供证据加以证明，但法律另有规定的除外。

在作出判决前，当事人未能提供证据或者证据不足以证明其事实主张的，由负有举证证明责任的当事人承担不利的后果。

第九十一条 人民法院应当依照下列原则确定举证证明责任的承担，但法律另有规定的除外：

（一）主张法律关系存在的当事人，应当对产生该法律关系的基本事实承担举证证明责任；

（二）主张法律关系变更、消灭或者权利受到妨害的当事人，应当对该法律关系变更、消灭或者权利受到妨害的基本事实承担举证证明责任。

第一百零八条 对负有举证证明责任的当事人提供的证据，人民法院经审查并结合相关事实，确信待证事实的存在具有高度可能性的，应当认定该事实存在。

对一方当事人为反驳负有举证证明责任的当事人所主张事实而提供的证据，人民法院经审查并结合相关事实，认为待证事实真伪不明的，应当认定该事实不存在。

法律对于待证事实所应达到的证明标准另有规定的，从其规定。

---

① 郑学林、刘敏、宋春雨、潘华明:《关于新〈民事证据规定〉理解和适用的若干问题》，载《人民法院报》2020年3月26日第7版。

民事诉讼证据裁判规则第 11 条：

当事人无正当理由拒不到场、拒不签署或宣读保证书或者拒不接受询问，待证事实无其他证据证明的，人民法院应当作出不利于该当事人的认定

【规则描述】 当事人陈述是民事诉讼法规定的证据种类之一。司法实践中，许多当事人并不亲自出庭参加审判，而是委托诉讼代理人代为参加诉讼，这是法律赋予当事人的权利，本无可厚非。但是在有些案件中，待证事实除当事人陈述之外没有其他证据证明，为此需要通过询问当事人的方式，获取当事人亲身经历的见闻的陈述，帮助法院查明案件事实。此时，当事人亲自参加诉讼并进行陈述，不仅仅是一种诉讼权利，亦是一种应尽的诉讼义务。但是，有的当事人出于各种原因和考虑，无正当理由拒绝出庭，拒绝接受询问，导致案件的要件事实真伪不明，需要法律对此种情形下作出不利于该当事人的规定。此规定一方面可以促使负有举证责任的当事人积极参加诉讼，积极举证；另一方面可以督促不负有举证责任的一方当事人参加诉讼并陈述，防止对负有举证责任的当事人的举证构成妨碍。

本规则就是关于当事人拒绝人民法院询问法律后果的规定。《民事诉讼法司法解释》第 110 条第 3 款规定："负有举证证明责任的当事人拒绝到庭、拒绝接受询问或者拒绝签署保证书，待证事实又欠缺其他证据证明的，人民法院对其主张的事实不予认定。"2019 年《民事证据规定》第 66 条规定："当事人无正当理由拒不到场、拒不签署或宣读保证书或者拒不接受询问的，人民法院应当综合案件情况，判断待证事实的真伪。待证事实无其他证据证明的，人民法院应当作出不利于该当事人的认定。"第 66 条是对《民事诉讼法司法解释》第 110 条第 3 款的完善和补充：一是将

该规则的适用范围扩大到所有当事人，而不仅限于负有举证证明责任的当事人；二是增加了“无正当理由”的适用条件，使规则更合理、更具有可操作性。

一、类案检索大数据报告

时间：2020 年 5 月 16 日之前；案例来源：Alpha 案例库；案由：民事纠纷；检索条件：（1）引用法条：《民事诉讼法司法解释》第 110 条第 3 款；（2）全文：对其主张的事实不予认定；（3）法院认为包含：同句“拒绝到庭、拒绝接受询问或者拒绝签署保证书”；（4）法院认为包含：同句“待证事实又欠缺其他证据证明的”；（5）法院认为包含：同句“对其主张的事实不予认定”。本次检索获取 2020 年 5 月 16 日之前共计 196 篇裁判文书。其中：

1. 认为无正当理由拒不到法院接受询问的共计 21 件，占比为 10.71%；

2. 认为无正当理由拒不到庭接受询问的共计 139 件，占比为 70.92%；

3. 认为无正当理由拒不签署保证书的共计 3 件，占比为 1.53%；

4. 认为无正当理由拒不到庭参加诉讼，陈述案件事实的共计 33 件，占比为 16.84%。

整体情况如图 11-1 所示：

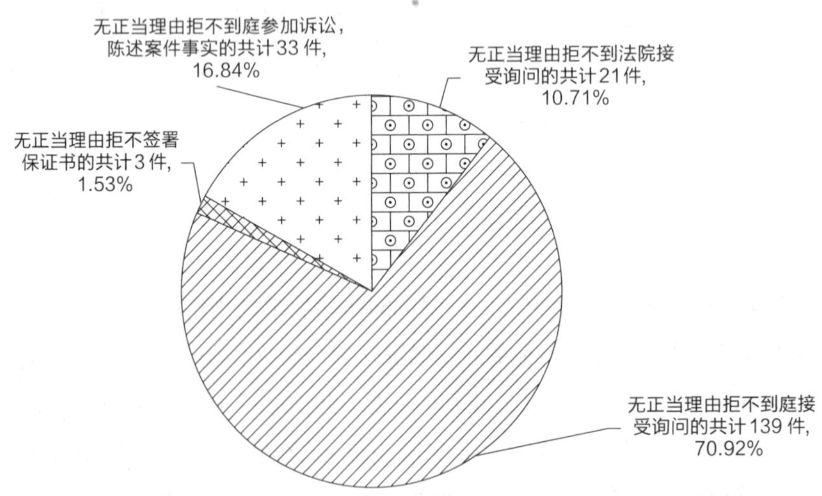

图 11-1　案件裁判结果情况

如图 11-2 所示，从案件年份分布可以看在当前条件下，涉及全文：对其主张的事实不予认定；以及法院认为包含：同句“拒绝到庭、拒绝接受询问或者拒绝签署保证书”；法院认为包含：同句“待证事实又欠缺其他证据证明的”；法院认为包含：同句“对其主张的事实不予认定”的条件下，相应的民事纠纷案例数量的变化趋势。

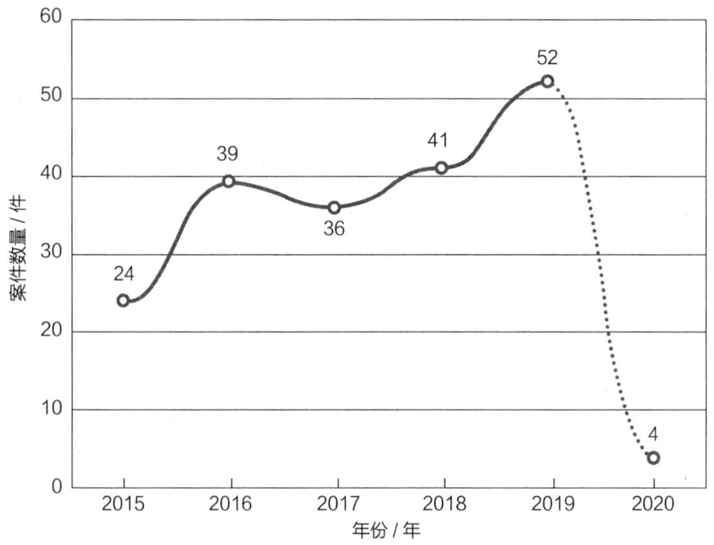

图 11-2　案件年份分布情况

如图 11-3 所示，从程序分类统计可以看到当前的审理程序分布状况。一审案件有 95 件，二审案件有 85 件，再审案件有 12 件，执行案件有 1 件，其他案件有 3 件。

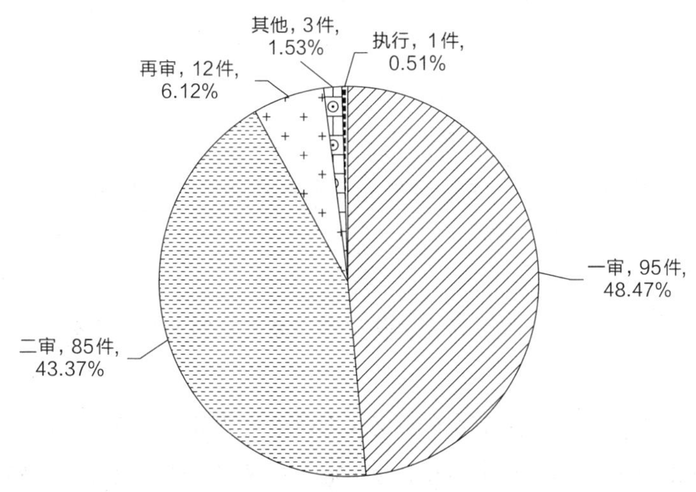

图 11-3　案件审理程序分类

二、可供参考的例案

例案一：廖某某与罗某某劳务合同纠纷案

【法院】

四川省高级人民法院

【案号】

（2019）川民申1675号

【当事人】

再审申请人：（一审被告、二审上诉人）：廖某某

被申请人：（一审原告、二审被上诉人）：罗某某

【基本案情】

廖某某申请再审称：（1）二审法院认定廖某某无证据证明罗某某完成的水电工程存在质量问题，缺乏证据证明。宝兴县人民法院（2018）川1827民初606号民事判决认定胡某均的新房存在质量问题，驳回了廖某某要求支付房款的请求，而胡某均新房的水电工程也是由罗某某完成的，这足以证明罗某某为农户完成的水电工程存在质量问题，廖某某不应当支付水电工程劳务费。双方当事人从未进行工程价款结算，一审、二审法院以自行计算的金额为依据支持罗某某的诉讼请求，违反法律规定。（2）二审判决认定罗某某从廖某某处领取电线等材料费用137776元存在不合理性，该认定明显错误。廖某某向二审法院提交了罗某某领取材料的证据原件，罗某某对此当庭认可，该证据上的签字均为罗某某本人及其工作人员，罗某某认为具体数量存在篡改变动，没有提供相应的证据证明。二审法院在通知廖某某出庭核实证据，而廖某某未出庭的情况下，对证明罗某某领取材料的新证据不予采信，属于认定事实不清。因此，申请再审。

【案件争点】

负有证明责任的当事人拒不到庭，待证事实缺乏证明的举证责任认定。

【裁判要旨】

法院经审查认为：（1）关于二审判决认定的事实是否正确问题。廖某某申请再审称：宝兴县人民法院（2018）川1827民初606号民事判决认定胡某均的新房存在质量问题，而该新房的水电工程系由罗某某完成，从而应当认定罗某某为农户完成的水电工程存在质量问题，廖某某不应当支付水电工程的劳务费用。经查，廖某某诉胡某均

农村建房施工合同纠纷案，宝兴县人民法院于2018年12月12日作出（2018）川1827民初606号民事判决，以廖某某不能证明房屋已经修建完毕且对建房款进行了结算为由驳回廖某某的诉讼请求。该判决既未认定胡某均的新房存在质量问题，也未认定罗某某完成的水电工程存在质量问题。因此，廖某某申请再审称罗某某完成的水电工程存在质量问题，没有相应的事实和法律依据。案涉工程由于廖某某的原因双方当事人对劳务费未进行结算，一审、二审法院在查清案件事实的基础上对罗某某主张的劳务费予以支持，并无不当。（2）关于二审法院对廖某某提交的罗某某领取电线等材料的证据不予采信是否正确问题。二审过程中，罗某某认为廖某某提交的证据有明显改动痕迹，对证据的真实性不予认可。二审法院通知廖某某本人于2018年11月21日到庭与罗某某进行质证，廖某某拒不到庭。根据《民事诉讼法司法解释》第110条第3款"负有举证证明责任的当事人拒绝到庭、拒绝接受询问或者拒绝签署保证书，待证事实又欠缺其他证据证明的，人民法院对其主张的事实不予认定"的规定，二审法院对廖某某提交的罗某某领取电线等材料的证据不予采信，并无不当。

例案二：梁某某与周某某等买卖合同纠纷案

【法院】

江苏省高级人民法院

【案号】

（2019）苏民申911号

【当事人】

再审申请人（一审被告、二审被上诉人）：梁某某

被申请人（一审原告、二审上诉人）：周某某

被申请人（一审被告、二审被上诉人）：王某某

二审被上诉人（一审被告）：金湖县喜发粮食专业合作社

【基本案情】

梁某某申请再审称：二审法院对一审法院查明的"周某某承诺王某某为其向梁某某收购小麦，每吨支付2元的劳务费给王某某，后王某某在梁某某处收购小麦，收满一船后因双方就小麦质量是否达到双方的约定，周某某与梁某某发生纠纷，周某某拒绝接收小麦"的事实不予认定错误。首先，周某某当庭认可其作出了上述承诺；其次，王某某在"证明"中也明确承认该事实；最后，王某某在梁某某处帮周

某某收购小麦，且因小麦质量价格等原因发生纠纷，周某某拒绝接收小麦，停止通过王某某向梁某某支付小麦款的事实，有周某某提供的化验报告、王某某的证明以及王某某向梁某某支付小麦款的支付凭证、支付时间和梁某某的陈述、周某某提供的其他证据等足以认定，二审法院无法否认基本事实。二审法院另查明：王某某为梁某某从程某柱处收购小麦计78226元、徐某涛处收购小麦3900元、冯某虎处收购小麦计4万元等，另王某某陈述给梁某某现金5000元，剩余7774元是梁某某作为劳力费给其本人。对此，梁某某认为二审法院上述事实认定明显错误，王某某从程某柱、徐某涛、冯某虎处收购小麦，是王某某自己与上述售粮户直接交易，货款由王某某直接支付给上述售粮户，且该货款系周某某支付给王某某的货款。显然，王某某是代表周某某收购小麦，而不是为梁某某收购小麦。梁某某收购的小麦是王某某根据收购的实际数量打款给梁某某，合计打款28万元，事实非常清楚。至于还有1万余元在王某某处，二审法院认定为给付梁某某现金5000元，剩余7774元用于支付王某某劳力费，显然与客观事实不符。因此，申请再审。

【案件争点】

负有证明责任的当事人拒不到庭，待证事实缺乏证明的举证责任认定。

【裁判要旨】

《民事诉讼法司法解释》第110条第3款规定："负有举证证明责任的当事人拒绝到庭、拒绝接受询问或者拒绝签署保证书，待证事实又欠缺其他证据证明的，人民法院对其主张的事实不予认定。"本案中，梁某某提交周某某的书面证明，据此主张王某某为周某某向梁某某收购小麦且周某某拒绝接收小麦。但是，从周某某提供的其与王某某的短信看，王某某拒绝出庭说明情况，明确表示"不到庭举证是无效的"。事实上王某某亦未出庭，且梁某某主张的事实除了王某某出具的上述书面证明外亦没有其他证据予以证明。因此，二审法院对王某某为周某某收购小麦的事实不予认定，依据充分。对于王某某的身份，从现有证据看，仅能证明周某某与梁某某之间的收购协议基于王某某的介绍而产生，王某某是居间人，且作为见证人在收购协议上签名，并提供其银行账户接收周某某支付的麦款。虽然庭审记录记载周某某按每吨2元向王某某支付劳务费，但周某某在之后的庭审中进一步说明该费用是其向王某某支付的居间费。此外，周某某向梁某某提供的化验报告，不足以证明周某某存在拒绝接收小麦的情形。因此，二审法院对梁某某上述主张不予采信，并无不当。

例案三：东莞市厚街扬智鞋材店与长泰化学工业（惠州）有限公司、王某某买卖合同纠纷案

【法院】

广东省高级人民法院

【案号】

（2016）粤民申5618号

【当事人】

再审申请人（一审被告、二审上诉人）：东莞市厚街扬智鞋材店

被申请人（一审原告、二审被上诉人）：长泰化学工业（惠州）有限公司

一审被告：王某某

【基本案情】

东莞市厚街扬智鞋材店（以下简称扬智鞋材店）向法院申请再审称：根据扬智鞋材店提交的货物往来期间的对账单，扬智鞋材店已向长泰化学工业（惠州）有限公司（以下简称长泰公司）支付货款1258796元，长泰公司最多只提供价值为1475180.15元的货物，故扬智鞋材店最多只需支付216384.15元货款。因上述货款中价值为101324.15元的货物为边料耗材，长泰公司同意扣除，故如果扬智鞋材店需要支付货款，最多只需支付115060元。

1.长泰公司提交的《送货单》上客户栏显示为"利铠企业有限公司""利铠""顺裕"企业，送货的对象并不是扬智鞋材店。一审庭审时，长泰公司只能提供9份《送货单》原件，其他《送货单》均为复印件，不足以证明已向扬智鞋材店送货。

2.《还款承诺书》的甲方签署人为"王某麒"，长泰公司主张王某麒就是王某某，但没有充分证据予以证明，一审法院仅凭廖某村的陈述就认定事实，属于事实认定错误。廖某村的陈述属于当事人陈述，但一审法院没有要求其签署保证书，且廖某村与本案有直接利害关系，陈述内容缺乏可靠性。根据民事证据规则，应由长泰公司就王某麒是王某某进行举证，一审法院将举证责任分配给扬智鞋材店，并由此作出不利于扬智鞋材店的判决，属于举证责任分配错误。

【案件争点】

负有证明责任的当事人拒不到庭，待证事实缺乏证明的举证责任认定。

【裁判要旨】

关于王某某与王某麒是否为同一人。廖某村作为长泰公司的代表签署了《还款承诺书》，一审期间当庭确认：其与王某某同为我国台湾地区居民，王某某在进行涉案货物买卖过程中均是以王某麒的名字进行商谈，长泰公司从未与熊某立进行过商谈，直到准备提起诉讼查询王某麒常用车辆时才知道王某麒的真实姓名是王某某。扬智鞋材店主张王某某与王某麒并非同一人，不是扬智鞋材店的实际经营者，但扬智鞋材店登记经营者熊某立经一审法院多次传唤拒不到庭，王某某经一审、二审法院合法传唤亦不出庭参加诉讼，根据《民事诉讼法司法解释》第110条第3款关于"负有举证证明责任的当事人拒绝到庭、拒绝接受询问或者拒绝签署保证书，待证事实又欠缺其他证据证明的，人民法院对其主张的事实不予认定"的规定，二审法院对扬智鞋材店的上述主张不予支持，于法有据，法院予以维持。

三、裁判规则提要

《民事诉讼法》第66条规定当事人的陈述是证据种类之一，第78条[①]进一步规定当事人的陈述一般不得单独作为认定案件事实的根据，而是要结合其他证据来审查确定。《民事诉讼法司法解释》第110条[②]是在《民事诉讼法》规定当事人陈述的基础上，规定了人民法院询问当事人的程序、要求和当事人拒绝接受询问的法律后果。2019年《民事证据规定》在第63条至第66条，对《民事诉讼法》和《民事诉讼法司法解释》有关当事人陈述和询问当事人的规定进一步细化、补充和完善，增强当事人陈述和询问当事人制度的可操作性，其中第63条[③]规定了当事人的真实陈

---

① 《民事诉讼法》第78条规定："人民法院对当事人的陈述，应当结合本案的其他证据，审查确定能否作为认定事实的根据。当事人拒绝陈述的，不影响人民法院根据证据认定案件事实。"

② 《民事诉讼法司法解释》第110条规定："人民法院认为有必要的，可以要求当事人本人到庭，就案件有关事实接受询问。在询问当事人之前，可以要求其签署保证书。保证书应当载明据实陈述、如有虚假陈述愿意接受处罚等内容。当事人应当在保证书上签名或者捺印。负有举证证明责任的当事人拒绝到庭、拒绝接受询问或者拒绝签署保证书，待证事实又欠缺其他证据证明的，人民法院对其主张的事实不予认定。"

③ 《民事证据规定》第63条规定："当事人应当就案件事实作真实、完整的陈述。当事人的陈述与此前陈述不一致的，人民法院应当责令其说明理由，并结合当事人的诉讼能力、证据和案件具体情况进行审查认定。当事人故意作虚假陈述妨碍人民法院审理的，人民法院应当根据情节，依照民事诉讼法第一百一十一条的规定进行处罚。"

述义务、陈述不一致的处理以及故意虚假陈述的处罚；第 64 条[①] 规定了当事人询问的条件和程序，是对《民事诉讼法司法解释》第 110 条第 1 款的进一步操作性的规定；第 65 条[②] 规定了当事人具结的程序和要求，是对《民事诉讼法司法解释》第 110 条第 1 款后段及第 2 款关于当事人具结的操作性规定，是对该条文内容的补充和完善；第 66 条规定了当事人拒绝人民法院询问的法律后果，是对《民事诉讼法司法解释》第 110 条第 3 款的完善和补充。同时，2019 年《民事证据规定》第 90 条根据瑕疵证据的补强规则，规定当事人的陈述不能单独作为认定案件事实的根据，是对《民事诉讼法》第 78 条的进一步明确。

（一）当事人陈述的含义

当事人是社会活动的参与者，是法律关系产生、变更和消灭的主体，是民事诉讼案件的亲历者、参与者和诉讼结果的承受者。因此，一方面当事人对案件事实的陈述最全面、最准确，对于查明案件事实也最方便，当然由于当事人认知水平、记忆力、表达能力等客观条件的限制，当事人对案件事实的陈述也存在不同程度的偏差；另一方面当事人是裁判结果的直接承受者，出于自身利害关系的考虑，当事人的陈述又往往难以确保客观真实，双方当事人对同一案件事实的陈述往往相互矛盾，甚至针锋相对，也正是由于这个原因，《民事诉讼法》第 78 条规定，对当事人的陈述，应当结合本案的其他证据，审查确定能否作为认定事实的根据。

在我国证据法上，当事人陈述有广义和狭义之分，广义的当事人陈述包括关于诉讼请求的陈述，关于支持或反对诉讼请求的法律与事实根据的陈述，关于与案件有关的其他事实的陈述，关于证据分析的陈述，关于案件的性质和法律问题的陈述等，狭义上的当事人陈述，仅指当事人所作的关于案件事实的叙述和承认，本书采用狭义的当事人陈述的概念。当事人的陈述具有三个层次的功能：一是当事人为了支持其诉讼请求而向法院陈述的事实根据，即关于主要事实的主张。当事人关于主要事实的主张也就是诉讼中的证明对象，具有确定法院审理的事实范围和诉讼证明

---

① 2019 年《民事证据规定》第 64 条规定："人民法院认为有必要的，可以要求当事人本人到场，就案件的有关事实接受询问。人民法院要求当事人到场接受询问的，应当通知当事人询问的时间、地点、拒不到场的后果等内容。"

② 2019 年《民事证据规定》第 65 条规定："人民法院应当在询问前责令当事人签署保证书并宣读保证书的内容。保证书应当载明保证据实陈述，绝无隐瞒、歪曲、增减，如有虚假陈述应当接受处罚等内容。当事人应当在保证书上签名、捺印。当事人有正当理由不能宣读保证书的，由书记员宣读并进行说明。"

对象的功能。二是当事人对于不利于自己的事实的真实性的认可，即自认。自认具有排除事实争议、限缩证明对象的功能。三是当事人作为证据方法而就其亲历所知向法院陈述有关案件事实，以作为证据资料供法院参考。这个意义上的当事人陈述的功能是作为证明的手段，亦即证据功能。我国民事诉讼立法是在证据功能上规定当事人陈述，有人称之为当事人陈述功能的一元定位。

在英美法系国家和地区，当事人陈述并不是一种独立的证据形式，也没有对询问当事人单独作出规定。当事人被视为证人，是证人的一部分。当事人需要就案件事实向法院陈述时，适用证人规则。当事人既可以自己就涉诉案件提供证言，也可以要求对方当事人就案件的相关事实提供证言。大陆法系国家和地区在对待作为证据资料的当事人陈述之利用上存在两种做法，一种是《德国民事诉讼法》所采取的做法，即将当事人陈述作为补充性证据方法，只有在法官依其他证据无法就案件事实的真伪形成内心确信时，才能就待证事实对当事人进行询问；另一种是以《日本民事诉讼法》为代表，对当事人陈述的适用不作限制，法官在证据调查的任何阶段均可自由决定是否对当事人进行询问。《苏联民事诉讼法》将当事人陈述作为独立的证据形式，但立法上并不是简单地把当事人的陈述作为证据来使用，而是要求法院把当事人的陈述与其他证据进行对照，用其他证据来审查当事人的陈述，在被其他证据证明为真实后才可以作为证据使用。苏联解体后，《俄罗斯民事诉讼法》继承了苏联的这一做法。

我国《民事诉讼法》是将当事人陈述作为一种单独的证据形式，但基于当事人陈述的不稳定性，因此，不能单独作为认定案件事实的根据，需要与其他证据结合起来进行综合判断 才能确定是否作为认定案件事实的依据。《民事诉讼法》第 78 条和 2019 年《民事证据规定》第 90 条，就是对这一法律原则的具体规定。之所以规定，作为证据的当事人陈述不能单独作为认定案件事实的根据，根本原因在于当事人既是案件事实的亲历者，同时又是案件处理结果的直接利害关系人，其双重地位决定了当事人陈述具有主观性和不稳定性的特点。

（二）当事人询问的含义

然而在审判实践中，某些情况下待证事实除当事人陈述之外没有其他证据证明，如民间借贷案件中出借人起诉借款人返还欠款，并主张所借款项属于现金交付，而借款人否认收到了借款人交付的现金，导致款项是否交付的事实真伪不明，在这种情况下，简单根据举证责任分配规则进行裁判，驳回出借人的诉讼请求，有时会引起裁判是否公证，法官是否尽到职责的质疑。为此，《民事诉讼法司法解释》制定过程中参考大陆法系国家和地区的经验，将人民法院询问时当事人的陈述作为一种特殊情形，在满足一定条件和程序情况下赋予其独立的证据效力。这种设计与大陆法系国家和地区将询问当事人作为证据方法的做法是一致的。在“依据当事人的举证结果不足以使法官就事实的真伪形成确信，或其他证据方法已经使用穷尽时……就待证事实询问当事人。至于该应证事实被证明的几率是否相当高或是否被释明，则非所问”。[①] 设立当事人询问制度的目的是通过询问当事人的方式，获取当事人亲身经历的见闻的陈述，帮助法院查明案件事实。所谓当事人询问，就是指将当事人作为一种证据方法，对其亲历所知的见闻进行询问，并将询问获取的内容作为证据资料的一种调查证据的方法。[②]

在上述民间借贷案例中，法官可以要求双方当事人同时到场参加庭审或接受调查和询问，通过询问双方当事人交付现金的时间、地点、过程、出借人提取现金的途径等具体细节，并要求双方当事人相互对质，再结合出借人向法院起诉时，所提供的借据、收据、欠条等债权凭证以及双方当事人的熟悉程度、交往情况、经济状况、借款人资金使用情况等证据，综合认定借贷款项是否交付的事实。在此过程中，对当事人的询问至关重要，通过观察、分析当事人陈述的语气、表情、连贯程度等细节，有助于法官形成自由心证。而心证结果基本上可以分为两种情形：一种是当事人询问结果能够强化原先的心证，达到高度盖然性的证明标准，进而认定待证事实；另一种则是当事人询问结果仍旧不能达到法官心证的要求，不能认定待证事实，于是依照证明责任作出判决。

（三）当事人拒绝接受询问的后果

正如前文所述，当事人由于种种原因，出于种种考虑，拒不到场，甚至拒不接受询问，而案件事实又无其他证据加以证明，此时该当事人是否应该承担责任以及承担什么样的责任？对此，《民事诉讼法司法解释》第110条第3款规定，负有举证证明责任的当事人拒绝到庭、拒绝接受询问或者拒绝签署保证书，待证事实又欠缺其他证据证明的，人民法院对其主张的事实不予认定。人民法院处理方式符合“谁主张，谁举证”的基本原则，亦符合《民事诉讼法》关于证明责任的规定。

---

① 张永泉：《民事诉讼证据原理研究》，厦门大学出版社2006年版，第82页。

② 最高人民法院民事审判第一庭编著：《最高人民法院新民事诉讼规定理解与适用》，人民法院出版社2019年版，第583页。

一般而言，当案件事实处于真伪不明的状态时，法官可以根据证明责任规范判决负有举证责任的一方当事人承担不利后果。但是，如果造成待证事实真伪不明的原因不是举证责任方不努力收集、提供证据，而是对方当事人实施了妨碍行为致使无法举证证明，其中包括对方当事人对其掌握的案件事实拒不接受法庭询问的情形。这种情况下，直接判决举证责任方承担不利后果，一定程度上会造成显失公平的后果，因此，有必要通过证明妨碍规则来对不负举证责任一方当事人的行为进行约束。协同主义诉讼构造要求双方当事人在证据收集、提出方面相互协作，共同发现裁判的基础材料。从而，协同主义也允许一方当事人要求对方当事人为其解明事实提供协力义务。[①] 按照这一原则，虽然不负举证责任的一方当事人在待证事实处于真伪不明的情形下，无需承担举证不能的不利后果，但是违反事实解明义务给对方当事人造成证明妨碍时，仍然要承担相应的责任。正是由于这一理由，2019 年《民事证据规定》第 66 条对《民事诉讼法司法解释》第 110 条第 3 款作出了完善和补充，其中最重要的修改就是将该规则的适用范围扩大到所有当事人，而不仅限于负有举证证明责任的当事人。

（四）对本规则的理解与适用

司法实践中，对本规则的理解与适用，应综合考量《民事诉讼法》《民事诉讼法司法解释》和 2019 年《民事证据规定》的有关条文，充分理解各条文的内在含义、理解各条文的相互关系，特别是 2019 年《民事证据规定》作出的新的修订，准确适用法律，确定当事人的权利义务。

1. 当事人拒不到场，而不是到庭

之所以如此规定，首先是因为并非所有案件都需要开庭审理，比如《民事诉讼法》第 176 条规定，对没有提出新的事实、证据或者理由，人民法院认为不需要开庭审理的二审案件，可以不开庭审理。对于不开庭审理的案件，法官往往会组织双方当事人进行调查或询问，可以要求当事人到场接受询问。其次是因为即使在需要开庭的案件中，除了正式的开庭审理之外，法官也可能组织调查和询问，此时也可以要求当事人到场接受询问。

---

① 包冰锋：《现代诉讼构造下的案件事实解明义务研究》，载《南通大学学报（社会科学版）》2015 年第 2 期。

2. 接受询问的当事人不限于负有举证证明责任的当事人，而是所有当事人

在人民法院穷尽了证明手段，仍无法查明案件事实的情况下，可以通知当事人到场接受询问，而不论该当事人对未查明的事实是否负有举证责任。对于当事人本人到场接受询问获取的案件事实的真伪，人民法院仍然应该综合案件情况来判断，不受该当事人是否负有举证证明责任的影响。例如，在前述民间借贷案例中，如果借款人无正当理由拒不到场接受询问，致使出借款项是否支付真伪不明的，法院也可以结合本案的其他证据，综合判断后，作出不利于借款人的认定，并进而判决借款人败诉。

3. 对“无正当理由”的理解

2019年《民事证据规定》第66条对《民事诉讼法司法解释》第110条的一个重要修改就是规定了“无正当理由”的适用前提，即当事人有正当理由无法到场的，不得适用该规则，作出不利于该当事人的认定。但是第66条并未进一步明确何为“无正当理由”，需要法官在审判实践中结合具体案情作出判断。《民事诉讼法》第76条规定：“经人民法院通知，证人应当出庭作证。有下列情形之一的，经人民法院许可，可以通过书面证言、视听传输技术或者视听资料等方式作证：（一）因健康原因不能出庭的；（二）因路途遥远，交通不便不能出庭的；（三）因自然灾害等不可抗力不能出庭的；（四）其他有正当理由不能出庭的。”该条是关于证人不能出庭作证正当事由的具体情形，可以作为理解和适用本规则“无正当理由”时的参考。

四、辅助信息

《民事诉讼法》

第六十七条第一款　当事人对自己提出的主张，有责任提供证据。

第七十八条　人民法院对当事人的陈述，应当结合本案的其他证据，审查确定能否作为认定事实的根据。

当事人拒绝陈述的，不影响人民法院根据证据认定案件事实。

《民事诉讼法司法解释》

第九十条　当事人对自己提出的诉讼请求所依据的事实或者反驳对方诉讼请求所依据的事实，应当提供证据加以证明，但法律另有规定的除外。

在作出判决前，当事人未能提供证据或者证据不足以证明其事实主张的，由负有举证证明责任的当事人承担不利的后果。

第一百一十条 人民法院认为有必要的，可以要求当事人本人到庭，就案件有关事实接受询问。在询问当事人之前，可以要求其签署保证书。

保证书应当载明据实陈述、如有虚假陈述愿意接受处罚等内容。当事人应当在保证书上签名或者捺印。

负有举证证明责任的当事人拒绝到庭、拒绝接受询问或者拒绝签署保证书，待证事实又欠缺其他证据证明的，人民法院对其主张的事实不予认定。

民事诉讼证据裁判规则第 12 条：

对需要鉴定的待证事实负有举证责任的当事人，在人民法院指定期间内无正当理由不提出鉴定申请或者不预交鉴定费用，或者拒不提供相关材料，致使待证事实无法查明的，应当承担举证不能的法律后果

【规则描述】　民事诉讼中，对于涉及专门性问题的事实，法院主要通过委托具有专门鉴定资质的鉴定机构对委托鉴定事项作出鉴定意见作为对相关证据的搜集、调查的主要手段。鉴定意见属于专家证据的一种形式，在民事诉讼中用于弥补法官专门性知识的不足。根据《民事诉讼法》第 79 条的规定，鉴定的启动程序分为法院依当事人申请启动和法院依职权启动。对于依当事人申请启动鉴定的程序，2019 年《民事证据规定》第 31 条规定："当事人申请鉴定，应当在人民法院指定期间内提出，并预交鉴定费用。逾期不提出申请或者不预交鉴定费用的，视为放弃申请。对需要鉴定的待证事实负有举证责任的当事人，在人民法院指定期间内无正当理由不提出鉴定申请或者不预交鉴定费用，或者拒不提供相关材料，致使待证事实无法查明的，应当承担举证不能的法律后果。"该规定是本规则的法律依据。本规则旨在督促对待证事实负有举证责任的当事人积极行使申请鉴定的权利，同时在申请鉴定后积极履行预交鉴定费用、提供相关材料等义务，促进鉴定的顺利进行，以解决诉讼中的专门性问题。

一、类案检索大数据报告

时间：2020 年 8 月 4 日之前；案例来源：Alpha 案例库；案由：民事纠纷；检索

条件：引用法条：2019 年《民事证据规定》第 31 条。本次检索获取 2020 年 8 月 4 日之前共计 162 篇裁判文书。其中：

1. 认为在人民法院指定期间内无正当理由不提出鉴定申请的共计 19 件，占比为 11.73%；

2. 认为不预交鉴定费用或不足的共计 82 件，占比为 50.62%；

3. 认为拒不提供鉴定检材（或样本）的共计 33 件，占比为 20.37%；

4. 认为提出鉴定申请又撤回鉴定申请的共计 7 件，占比为 4.32%；

5. 认为自行鉴定不予认可的共计 3 件，占比为 1.85%；

6. 认为无法鉴定的共计 14 件，占比为 8.64%；

7. 认为经释明当事人不同意鉴定的共计 4 件，占比为 2.47%。

整体情况如图 12-1 所示：

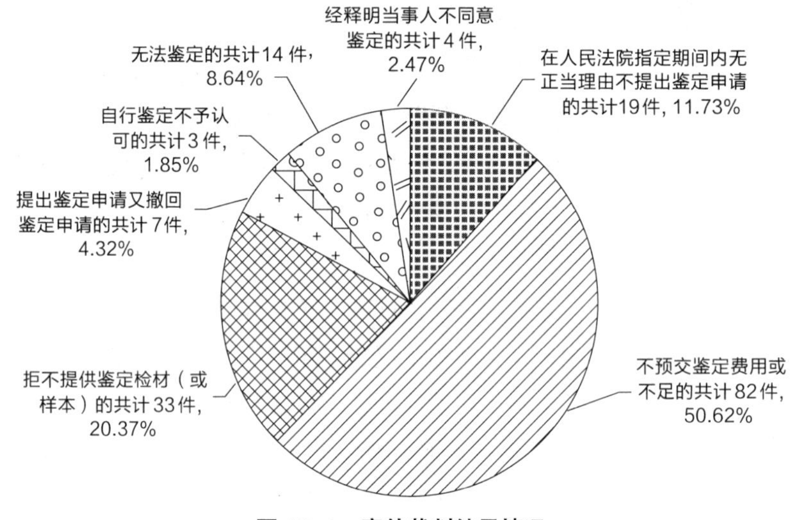

图 12-1　案件裁判结果情况

如图 12-2 所示，从案件年份分布可以看在当前条件下，涉及引用“2019 年《民事证据规定》第 31 条”条件的相应的民事纠纷案例数量的变化趋势。

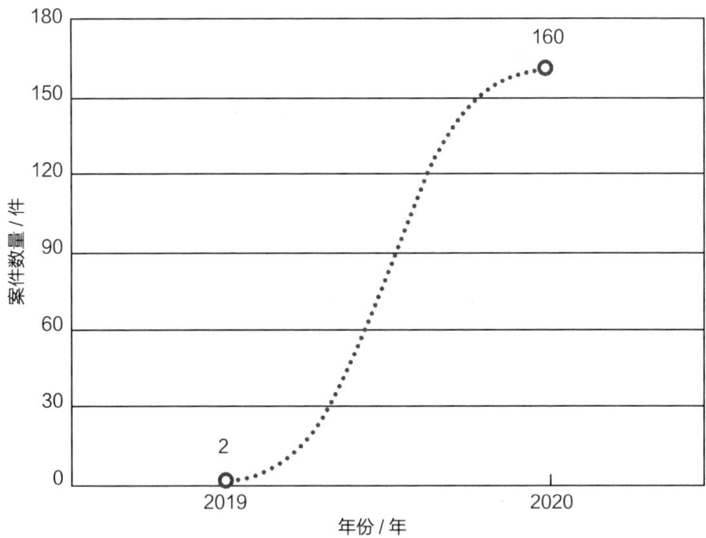

图 12–2　案件年份分布情况

如图 12–3 所示，从上面的程序分类统计可以看到当前的审理程序分布状况。一审案件有 109 件，二审案件有 49 件，再审案件有 3 件，其他案件有 1 件。

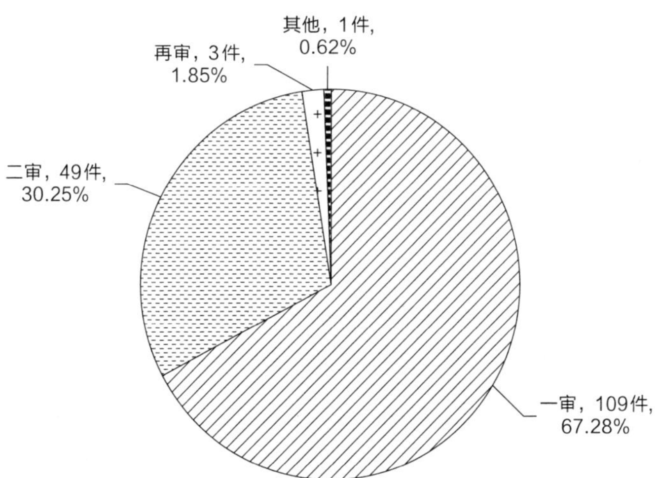

图 12–3　案件审理程序分类

二、可供参考的例案

例案一：陶某某与高某甲等海上人身损害责任纠纷案

【法院】

上海市高级人民法院

【案号】

（2020）沪民终225号

【当事人】

上诉人（原审被告）：陶某某

被上诉人（原审原告）：高某甲

被上诉人（原审被告）：孙某某

【基本案情】

2017年8月起，高某甲受陶某某所雇在“苏启渔××××9”渔船上从事海上渔业生产作业，陶某某系该渔船的经营人。2017年12月12日上午，高某甲在渔船靠港约8时许从高处摔落受伤，后于当日8：40时被送至启东市第二人民医院救治。门诊病历记载：“（高某甲）半小时前（约8：10时）从高处摔下，腰背部着地……”启东市第二人民医院于同日出具诊断证明书，建议休息三个月；后又于2018年3月20日出具诊断证明书，建议继续休息一个月。高某甲又于2017年12月18日、2018年1月24日、2018年2月7日、2018年4月7日、2018年5月7日在启东市第二人民医院进行治疗。高某甲共计产生医疗费2860.41元（其中自负金额2609.26元）。

2018年7月25日和7月27日高某甲之子高某乙与陶某某通电话，双方就解决高某甲“2017年12月船上跌伤事故”的赔偿问题进行了沟通。陶某某确认其与高某甲在事故发生后的大半年内有过协商，向“港监”了解过该事故的赔偿金额，且知晓高某甲受伤情况为“某处跌到粉碎性骨折”，但表示高某甲主张的赔偿额过高，只能通过法律程序解决。

【案件争点】

是否申请进行鉴定的司法认定。

【裁判要旨】

关于高某甲的伤残等级鉴定意见能否采信。陶某某上诉认为：司法鉴定意见书系高某甲单方委托，相关医药发票及报告单未经质证，故对鉴定意见有异议。法院认为：高某甲已经提供了具有相应资质的司法鉴定机构出具的司法鉴定意见，完成了举证责任。而一审审理过程中，陶某某曾提出重新鉴定的申请并同意先行垫付鉴定费用，但其后又在一审庭审中明确表示不同意垫付鉴定费用。根据2019年《民事证据规定》第31条第1款规定："当事人申请鉴定，应当在人民法院指定期间内提出，并预交鉴定费用。逾期不提出申请或者不预交鉴定费用的，视为放弃申请。"陶某某对鉴定意见持有异议，但未能对鉴定程序、鉴定内容提出实质性反驳，也不愿进行重新鉴定，其应当承担举证不能的法律后果。法院对陶某某关于司法鉴定意见书不应被采信的上诉理由不予采纳。

例案二：雷某法与雷某女机动车交通事故责任纠纷案

【法院】

湖南省高级人民法院

【案号】

（2020）湘民申1009号

【当事人】

再审申请人（一审被告、二审上诉人）：雷某法

被申请人（一审原告、二审被上诉人）：雷某女

【基本案情】

雷某法申请再审称：（1）原审程序违法，应当发回重审。本案于2019年7月3日立案，适用简易程序进行审理，而雷某女于2019年8月7日才向法院提交变更和增加诉请申请书，在未给予雷某法答辩期情形下，受理并进行审理，程序违法，应发回重审。（2）原审法院对被申请人的伤残鉴定不服却未重新鉴定，偏袒被申请人。（3）再审申请人因客观原因不能调取证据，申请法院调取嘉禾县交警队属于本案责任认定方面的卷宗材料，然而一审却不予调取，程序违法。综上，请求改判驳回雷某女的诉讼请求，并由雷某女承担诉讼费。

【案件争点】

拒绝进行鉴定的司法认定。

【裁判要旨】

2019年《民事证据规定》第41条规定，对于一方当事人就专门性问题自行委托有关机构或者人员出具的意见，另一方当事人有证据或者理由足以反驳并申请鉴定

的，人民法院应予准许。本案中，雷某女在一审中提交了自行委托相关机构所作的鉴定报告，雷某法对该鉴定不服，提出重新鉴定申请，一审法院已予准许。2019年《民事证据规定》第31条规定："当事人申请鉴定，应当在人民法院指定期间内提出，并预交鉴定费用。逾期不提出申请或者不预交鉴定费用的，视为放弃申请。对需要鉴定的待证事实负有举证责任的当事人，在人民法院指定期间内无正当理由不提出鉴定申请或者不预交鉴定费用，或者拒不提供相关材料，致使待证事实无法查明的，应当承担举证不能的法律后果。"根据原审查明的事实，雷某法不同意垫付鉴定所需差旅费用，一审法院据此终止对外委托鉴定并认定雷某法承担举证不能的法律后果并无不当。

例案三：陈某子与昆明浩广投资有限公司等民间借贷纠纷案

【法院】

云南省高级人民法院

【案号】

（2020）云民终640号

【当事人】

上诉人（原审被告）：陈某子

被上诉人（原审原告）：昆明浩广投资有限公司（原昆明浩广资本管理有限公司）

原审被告：冼某海

原审被告：云南川泽房地产开发有限公司

【基本案情】

2015年1月12日，昆明浩广投资有限公司（原昆明浩广资本管理有限公司，以下简称浩广公司）与冼某海、陈某子（系夫妻关系）签订了编号为JK（2015-01-01）的《借款合同》，约定借款金额为900万元，借款期限为6个月（自2015年1月13日至2015年7月13日），年利率22.4%，还款方式为：一次还本、按月付息，具体放款金额、放款日和到期日以《借款凭证》的记载为准；未按时足额偿还贷款本金、支付利息的，按照逾期贷款的罚息利率（利率上浮40%）计收罚息，未按时足额偿还贷款本息的，应承担浩广公司为实现债权而支出的催收费用、诉讼费、保全费、公告费、执行费、律师费等。

2015年1月15日浩广公司与冼某海签订了《借款凭证》，借款金额为900万元，借款期限自2015年1月15日至2015年7月13日。上述《借款合同》《借款凭证》签订后，浩广公司依约向冼某海指定的云南川泽房地产开发有限公司（以下简称川泽公司）收款账户发放了900万元的借款。2015年1月12日浩广公司与川泽公司签订了编号为BZ（2015-01-01-1）的《保证合同》，川泽公司自愿对《借款合同》的履行提供连带责任保证担保，保证期间自债务履行期限届满之日起2年。2015年1月12日浩广公司与川泽公司签订了编号为DY（2015-01-01-1）的《抵押合同》，川泽公司用位于云南省安宁市，共计3056.38㎡的在建工程房产及房产占地范围内的土地使用权对主合同项下的本金、利息、罚息及实现债权的费用提供抵押担保，并于2015年1月14日在安宁市住建局房地产管理科办理了在建工程抵押登记（在建工程抵押登记证号为安宁市房建2015字第××号）。

2015年1月12日陈某子出具《委托书》，委托冼某海代为签署借款合同等相关文书，委托期限自2015年1月12日起至2016年12月30日止，云南省昆明市华信公证处（2015）云昆华信证字第197号《公证书》对《委托书》进行了公证。2015年1月14日云南省昆明市华信公证处（2015）云昆华信证字第198号《公证书》对《借款合同》及《抵押合同》进行了公证。

2015年7月13日浩广公司与冼某海、陈某子签订了编号为JK（2015-01-01Z）的《借款展期合同》，约定借款展期期限为2015年7月13日至2016年4月29日，展期年利率为22.4%，还款方式为：一次还本、按月付息，其余事项均按《借款合同》的各项条款执行。

2015年7月13日浩广公司与川泽公司签订了编号为DY（2015-01-01-2）的《抵押合同》，川泽公司用位于云南省安宁市，共计3056.38m^2的在建工程房产及房产占地范围内的土地使用权对编号为JK（2015-01-01Z）的《借款展期合同》项下的本金、利息、罚息及实现债权的费用提供抵押担保，并在安宁市住建局房地产管理科办理了在建工程抵押变更登记。

借款展期期限届满后，冼某海、陈某子未按合同约定按时归还借款，川泽公司也未承担相应的担保责任。浩广公司于2016年7月5日向冼某海发送了《律师函》，要求冼某海履行合同还款义务，在2016年7月15日前向浩广公司归还欠付的本息；2016年7月11日，冼某海在《律师函签收单》上签字确认收到《律师函》。浩广公司于2016年7月5日向川泽公司发送了《律师函》，要求川泽公司就保证担保、抵押担保责任，在2016年7月15日前向浩广公司归还欠付本息；2016年7月11日，川泽公司在《律师函签收单》上签字确认收到《律师函》。

【案件争点】

无正当理由不预交鉴定费用，致使对该争议的事实无法通过鉴定查清事实。

【裁判要旨】

根据《民事诉讼法司法解释》第90条规定："当事人对自己提出的诉讼请求所依据的事实或者反驳对方诉讼请求所依据的事实，应当提供证据加以证明，但法律另有规定的除外。在作出判决前，当事人未能提供证据或者证据不足以证明其事实主张的，由负有举证证明责任的当事人承担不利的后果。"本案中，2015年1月12日，浩广公司与冼某海、陈某子（系夫妻关系）签订《借款合同》，约定冼某海、陈某子向浩广公司借款900万元，借款期限6个月（自2015年1月13日至2015年7月13日）。借款合同签订后，浩广公司依约向冼某海指定的川泽公司收款账户出借本金900万元，履行出借的义务。借款期限届满后，浩广公司与冼某海、陈某子签订《借款展期合同》，约定借款展期至2016年4月29日，截至2016年4月22日冼某海仅归还借款本金39200元，已支付利息2228007元。冼某海、陈某子尚欠借款本金8960800元及相应的利息。陈某子主张没有向冼某海出具过委托书，《借款合同》《借款展期合同》中陈某子的签名不是本人所签，不应承担还款责任。

法院认为：冼某海与陈某子系夫妻关系，2015年1月12日陈某子出具《委托书》"委托冼某海代签借款合同、抵押合同、保证合同及其他相关文书。代为申请办理公证手续等"，该《委托书》经云南省昆明市华信公证处以（2015）云昆华信证字第197号《公证书》进行公证，内容为"陈某子于2015年1月12日，在本公证员的见证下，在该委托书上签名、捺指印"。一审中，陈某子申请对（2015）云昆华信证字第197号《公证书》中签字的笔迹进行鉴定，一审法院根据陈某子的申请委托进行鉴定，此后，陈某子以无力承担鉴定费为由撤回鉴定申请。根据2019年《民事证据规定》第31条："当事人申请鉴定，应当在人民法院指定期间内提出，并预交鉴定费。逾期不提出申请或者不预交鉴定费的，视为放弃申请。对需要鉴定的待证事实负有举证责任的当事人，在人民法院指定的期间内无正当理由不提出鉴定申请或者不预交鉴定费，或者拒不提供相关材料，致使待证的事实无法查明的，应当承担举证不能的法律后果。"二审中，陈某子无相反的证据否定委托书的真实性及公证书的效力，应承担举证不能的法律后果。本案《借款合同》《借款展期合同》《公证书》真实、合法有效，足以证明陈某子、冼某海夫妻二人向浩广公司借款的事实，陈某子应依据借款合同约定履行还款并承担相应利息的义务。

三、裁判规则提要

《民事诉讼法》第 66 条规定鉴定意见是证据种类之一，第 79 条[①]进一步规定了鉴定程序启动的两种方式：一是依当事人申请启动鉴定程序，二是法院依职权委托鉴定。2001 年《民事证据规定》第 25 条规定："当事人申请鉴定，应当在举证期限内提出。符合本规定第二十七条规定的情形，当事人申请重新鉴定的除外。对需要鉴定的事项负有举证责任的当事人，在人民法院指定的期限内无正当理由不提出鉴定申请或者不预交鉴定费用或者拒不提供相关材料，致使对案件争议的事实无法通过鉴定结论予以认定的，应当对该事实承担举证不能的法律后果。"这是我国《民事诉讼法》上第一次明确规定申请鉴定的期限以及逾期后果。《民事诉讼法司法解释》第 121 条规定，当事人申请鉴定，可以在举证期限届满前提出。将第 25 条规定的"应当"修改为"可以"，但并没有规定逾期后果。2019 年《民事证据规定》第 31 条规定："当事人申请鉴定，应当在人民法院指定期间内提出，并预交鉴定费用。逾期不提出申请或者不预交鉴定费用的，视为放弃申请。对需要鉴定的待证事实负有举证责任的当事人，在人民法院指定期间内无正当理由不提出鉴定申请或者不预交鉴定费用，或者拒不提供相关材料，致使待证事实无法查明的，应当承担举证不能的法律后果。"第 31 条是对第 25 条的进一步修改和完善，第 1 款规定了当事人应当在人民法院指定期间内提出鉴定申请并预交鉴定费用；第 2 款规定因鉴定无法启动或者进行，导致待证事实无法查清情形下，对需要鉴定的待证事实负有举证责任的当事人承担举证不能的不利法律后果。新规定对原规定的修改主要体现在以下几个方面：

一是新规定只规定了申请鉴定的一般情形，删除了原条款中对于当事人申请重新鉴定问题的相关规定，而在 2019《民事证据规定》第 40 条就当事人申请重新鉴定的条件专门作出规定。由于审判实践中许多案件的当事人申请重新鉴定，而每个案件的具体情况千差万别，人民法院是否应予准许重新鉴定，难以制定单一的标准，需要对申请重新鉴定的条件予以细化和专门规定。

---

① 《民事诉讼法》第 79 条规定："当事人可以就查明事实的专门性问题向人民法院申请鉴定。当事人申请鉴定的，由双方当事人协商确定具备资格的鉴定人；协商不成的，由人民法院指定。当事人未申请鉴定，人民法院对专门性问题认为需要鉴定的，应当委托具备资格的鉴定人进行鉴定。"

二是对当事人申请鉴定的期限作出重要调整，将原规定的“在举证期限内提出”，修改为“在人民法院指定期间内提出”，当事人申请鉴定的期限不再受举证期限的限制。

三是新规定对鉴定费用的缴纳主体、缴纳期限和不预交鉴定费用的后果都作出了更加具体规定。

四是对部分问题的概念作出修改。2001 年《民事证据规定》第 25 条对“需要鉴定的事项”使用“案件争议的事实”“该事实”等概念。《民事诉讼法司法解释》第 121 条“申请鉴定的事项与待证事实无关联，或者对证明待证事实无意义的”提出“待证事实”的概念，2019 年《民事证据规定》继续使用这一概念，文字更简练、内涵更准确。将“鉴定结论”修改为“鉴定意见”，一方面是由于相关法律和法规使用的是“鉴定意见”，另一方面是由于鉴定机构不是审判机关，其就专门性问题给出的意见并非终局性结论，是一种对待证事实的证明方式，是证据的一种，是否采纳该证据以及对事实的最终认定只能由人民法院行使裁判权作出裁决，故改为“鉴定意见”更准确。

（一）鉴定意见的含义

随着现代科技的加速发展和社会化大分工越来越精细化，公众所学习和精通的知识领域越来越专门化，社会生活中的许多问题不再为非本专业的社会公众所了解和掌握，这些专门性问题有赖于极高的专业素养才能形成较为全面、正确的认知。“专业壁垒”越来越成为普遍的社会现象。审判领域也不例外，一般来说，法官是学习法律专业的，经过了法学的专门训练，对法律知识比较熟悉。但是民事案件往往涉及许多其他专业的知识，比如在医疗损害责任纠纷案件中，可能涉及医疗损害的侵权因果关系、人身损害的伤残程度、护理依赖度、劳动能力等医疗专业知识；在建设工程施工合同纠纷案件中，可能涉及建设工程造价评估、房屋或工程质量及修复等建筑行业专业知识；在产品责任纠纷案件中，可能涉及产品质量等专业知识；在合同纠纷案件中，可能涉及笔迹及公司印章真伪等专业知识。对于这些专业知识，法官往往并不熟悉，仅凭自己的知识结构、认知水平很难作出准确的判断，为此需要通过鉴定的方法，由专业的机构、专业的人员出具专业的意见，为法官审查判断提供辅助。从当事人的角度，法律还设立了专家辅助人制度，目的是协助当事人就有关专门性问题提出意见或者对鉴定意见进行质证，辅助当事人充分有效地完成诉讼活动。

鉴定意见，是指具备资格的鉴定人对民事案件中出现的专门性问题，通过鉴别和判断后作出的书面意见，如医学鉴定、指纹鉴定、产品质量鉴定、文书鉴定、会计鉴定等。[①] 鉴定意见，属于专家证据的一种形式。由于国家司法行政机关对鉴定机构和鉴定人实行严格的资格和资质管理，鉴定过程有一整套严格的专业程序，鉴定中运用专门知识、专门技术与方法，因此鉴定意见往往具有较强的证明力，是判断专门性问题的重要依据，也是审查其他证据的重要手段。因此，鉴定意见是《民事诉讼》中十分重要的证据类型，对于涉及专门性问题的案件事实的查明发挥着重要作用。

英美法系和大陆法系由于各自不同的法律传统，对专家证据采取了完全不同的法律态度。大陆法系国家和地区对于专门性问题，一般是由法庭委托鉴定人作出鉴定意见，帮助法官查明特殊案情，在这个意义上鉴定人是法官的“科学辅助人”。法官依当事人申请或者依职权委托鉴定人出具鉴定意见，居于主导地位，鉴定人就案件的专门性问题作出鉴定意见，对双方当事人居于中立地位，并不对鉴定申请人或鉴定费用预交人负责。在英美法系国家和地区不是采取委托鉴定人出具鉴定意见的方式处理专门性问题，而是由专家证人直接出庭就有关专门性问题向法庭作证，专家证人与普通证人提供的证言在程序和法律效力上并无区别，专家证人亦需要当庭陈述、质辩并接受双方当事人的交叉询问，帮助法官查明涉及专门性问题的事实。

我国法律在传统上受大陆法系影响较深，在对涉及专门性问题相关证据的搜集、调查时，一般由法院依当事人申请或依职权委托具有专门鉴定资质的鉴定机构对委托鉴定的专门性问题得出鉴定意见，属于专家证据的一种形式。

（二）鉴定的启动程序

《民事诉讼法》第 79 条规定，当事人可以就查明事实的专门性问题向人民法院申请鉴定。当事人未申请鉴定，人民法院对专门性问题认为需要鉴定的，应当委托具备资格的鉴定人进行鉴定。根据该规定，鉴定程序可以因当事人申请启动，也可以因人民法院依职权启动。

1. 依当事人申请启动鉴定程序

对于待证事实负有举证责任的当事人，在待证事实涉及专门性问题需要鉴定的，该当事人负有申请鉴定的义务。当事人申请鉴定，在性质上仍然属于当事人举证的

---

① 王胜明主编：《中华人民共和国民事诉讼法释义》，法律出版社 2012 年版，第 147 页。

方式之一，本质上属于当事人申请人民法院调查收集证据。因此，当事人申请鉴定后，并不当然产生鉴定启动的法律后果，是否启动鉴定，人民法院需要进行实质性审查后再决定是否准许。是否启动鉴定程序，必须是法官在案件审理过程中对相关专门性问题缺乏判断认定能力的情况下，才会决定通过委托相关鉴定机构通过科学的方法和手段来查明该专门性问题的相关事实。司法鉴定是法院查明案件事实的辅助手段，法官因不具有特别知识而不能知晓的事项，须有专家弥补其不足，以达到正确判断之目的。因此，鉴定不是以当事人提出为前提，恰恰是以法官查明事实的需要为前提。实践中，有人认为鉴定的启动是诉讼中人民法院依当事人申请而被动启动的法定程序。这种观念是不正确的，当事人提出鉴定申请只是引发鉴定启动的基本前提条件，并非充分条件，并不当然导致鉴定的启动。

根据《民事诉讼法司法解释》第 121 条的规定，当事人申请鉴定后，人民法院经审查认为：申请鉴定的事项与待证事实无关联，或者对于待证事实无意义的，不予准许。实践中，还有一种情况，申请鉴定的事项，以当前的鉴定技术无法鉴定的，也不予准许。比如，在合同纠纷案件中，往往有当事人抗辩认为对方当事人提交的有关合同或文书是倒签的，不是形成于合同上签署的时间，而是在该日期之后形成的。为此，申请鉴定该证据形成的具体时间，但现有技术无法作出该证据具体形成时间的鉴定，因此对该鉴定申请人民法院一般应不予准许。当然，人民法院因技术限制而不准许鉴定证据形成的具体时间，并非一定不能查明事实的真伪。实践中，可以结合当事人陈述、交易情况、合同形成的背景、合同内容等其他证据，综合认定合同的真伪。

2. 人民法院依职权启动鉴定程序

由于鉴定仅是证明待证事实中涉及专门性问题的有效手段之一，因此仍应当受到当事人举证范围的限制和约束。除涉及《民事诉讼法司法解释》第 96 条[①]规定的 5 种人民法院应当依职权查明的事实外，对于其他应当由当事人举证的待证事实涉及专门性问题的查明，如必须要通过鉴定的，应当进行释明并限定对该待证事实负有举证责任的当事人在合理期限内提出鉴定申请。

---

① 《民事诉讼法司法解释》第 96 条规定："民事诉讼法第六十七条第二款规定的人民法院认为审理案件需要的证据包括：（一）涉及可能损害国家利益、社会公共利益的；（二）涉及身份关系的；（三）涉及民事诉讼法第五十八条规定诉讼的；（四）当事人有恶意串通损害他人合法权益可能的；（五）涉及依职权追加当事人、中止诉讼、终结诉讼、回避等程序性事项的。除前款规定外，人民法院调查收集证据，应当依照当事人的申请进行。"

我国《民事诉讼法》实行以当事人主义为主、法院职权主义为辅的诉讼模式。当前，强化当事人举证责任、弱化人民法院调查收集证据的职权，是理论界和实务界的共识。鉴定属于人民法院调查收集证据的方式之一，因此人民法院依职权启动鉴定事项的范围也应严格限定在《民事诉讼法司法解释》第96条规定的范围之内。

（三）当事人提出鉴定申请的期限

《民事诉讼法》对当事人申请鉴定的举证时限问题未作规定。在学理上，对当事人申请鉴定的行为，有两种不同的解释，相应地对鉴定的性质和鉴定申请期限产生了不同影响。

一种观点认为，申请鉴定即申请证据，是当事人提供证据的一种表现形式，申请证据即视为当事人举证。因此，申请鉴定的期限应以举证期限为准，只要在举证期限届满前提出鉴定申请，即视为已经举证，一般情况下不会承担举证不能的法律后果。

另一种观点则认为，鉴定是法院调查收集证据和审查判断证据的一种形式，鉴定必须由当事人申请，经法院许可同意后才能由法院委托有关部门进行。因此，作为判断证据证明力的一种方法，鉴定不过是法院获得心证的一个手段而已，一般不会因期限问题而受到影响。

随着民事诉讼制度的发展，上述两种观点越来越趋同。一方面是由于法院职权调查的范围在收缩，职权内容趋于明确，并且司法实践中由于对于质证的强调和重视，使原来作为法院职权象征的调查收集证据行为，也要受质证的制约，成为法庭上双方当事人质辩的对象。未经质证的证据，包括法院调查收集的证据，不能作为裁判的基础，法院不能直接将其作为认定案件事实的根据。另一方面是由于法院的心证公开化的要求。由于要公开心证理由，法院对证据的审查判断就必须有合理的、能说服别人尤其是当事人的依据。在这种情况下，法院必须以当事人可以感知的方式获得对案件事实的心证。申请鉴定在理论上究竟是当事人的举证方法，还是法院收集和判断证据的手段，虽未取得一致的意见，但在司法实践中，对于申请鉴定设立期限的限制，却是基本能够达成共识。2001年《民事证据规定》将申请鉴定的期限规定在举证期限届满之日，就是在这种背景下出台的。[①]《民事诉讼法司法解释》

---

① 李国光主编：《最高人民法院〈关于民事诉讼证据的若干规定〉的理解与适用》，中国法制出版社2002年版，第229~230页。

也延续了此种思路，只是从严格程度上有所放宽，第121条规定“当事人申请鉴定，可以在举证期限届满前提出”，使用的是“可以”而不是原规定的“应当”。

但是，审判实践中，许多鉴定申请是针对另一方当事人在庭审中出示的证据而提出的，在未组织证据交换的情况下，当事人并不知道对方当事人在庭审中将出示哪些证据，如果当事人对另一方出示的证据的真实性存有异议，只能在质证过程中提出鉴定申请。遇有此种情况如果硬性要求申请人在庭审前的举证时限内提出鉴定申请，有些脱离实际。对于这种情况，提出鉴定申请的时间应当不能受原来有关举证时限的限制。另外，对申请鉴定的事项涉及重大利益的，为了解决矛盾，平衡双方利益，也有必要由法院在法律规定的框架下，综合考虑具体案情，包括当事人不申请鉴定有无正当理由，案件处理结果的法律效果、社会效果及司法公正与效率的平衡等因素，对鉴定申请的时间作灵活处理。因此，2019年《民事证据规定》第31条规定当事人申请鉴定的，应在法院指定期间内提出。[①] 在人民法院指定期间内不提出申请鉴定，视为放弃申请。

（四）关于鉴定费用

鉴定机构接受法院委托进行鉴定活动，是一种经营行为，需要按照规定收取一定的费用。司法鉴定收费是指司法鉴定机构依法接受委托，在诉讼活动中运用科学技术或者专门知识对诉讼涉及的专门性问题进行鉴别和判断并提供鉴定意见，由司法鉴定机构向委托人收取服务费用的行为。[②]

当事人申请鉴定通常都是在其对待证事实负有证明责任的前提下，主动提出的，是其积极履行举证义务的一种行为，若其不申请鉴定，导致待证事实无法查明，将承担举证不能的法律后果。因此，当事人申请鉴定后，应当预交鉴定费用，以保证鉴定的顺利进行，完成其举证责任。当事人预交鉴定费用，仅仅只是预先缴纳，并非该鉴定费用一定是由其承担。人民法院在作出判决时，会结合案件的具体情况，

---

① 最高人民法院民事审判第一庭编著:《最高人民法院新民事诉讼规定理解与适用》，人民法院出版社2019年版，第317页。

② 2016年3月29日，国家发展和改革委员会印发《关于废止教材价格和部分服务收费政策文件有关问题的通知》，决定自2016年5月1日起废止《国家发改委、司法部关于印发〈司法鉴定收费管理办法〉的通知》（发改价格〔2009〕2264号）等有关价格和服务收费政策文件，司法部和国家发改委不再制定出台新的收费管理规定，由各地依法制定出台本地区的司法鉴定收费管理规定和收费标准。国家发展和改革委员会废止的只是在国家层面制定的收费管理规定和收费标准，并将该项权限下放至省、自治区和直辖市行使，但是并未取消收费。

根据判决结果，判令由败诉的一方当事人承担鉴定费用，或者判令由各方当事人按照一定比例予以分担。

在当事人申请鉴定的情况下，应由申请人预交鉴定费用。而在法院依职权启动鉴定程序的情况下，应如何预交鉴定费用，司法解释没有作出明确规定。但通常理解，不得强行要求当事人预交：一是因为非当事人主动申请，当事人没有预交的义务；二是因为如果当事人拒绝预交，亦不会导致鉴定无法启动。在当事人拒绝预交鉴定费用的情况下，应由法院垫付，并在判决中一并作出裁决。

当事人拒不预交鉴定费用的法律后果，一是鉴定无法启动，当事人无法完成行为意义上的举证责任；二是可能导致待证事实真伪不明，负有举证证明责任的当事人无法完成结果意义上的举证责任，将承担举证不能的法律后果。

（五）因未鉴定导致待证事实无法查明的法律后果

根据 2019 年《民事证据规定》第 31 条的规定，造成客观上无法启动鉴定程序或者说鉴定不能的，包含三种情形[①]：

一是无正当理由未在人民法院指定期间内提出申请的。一般而言，法院指定的期间，是在综合衡量案件的具体情况下作出的，特别是 2019 年《民事证据规定》将申请鉴定的期限修改为法院指定的期间，而不限于举证期限内，赋予了当事人更为宽松的时间条件，当事人再超期不提申请鉴定的，将直接导致鉴定无法启动。

二是当事人未预交鉴定费用。如前所述，申请鉴定的当事人预交鉴定费用是其积极举证的应尽义务，应当预交鉴定费用而未预交的，鉴定机构有权拒绝鉴定，此种情况实质上与不提出鉴定申请的效果是同样的，都将直接导致鉴定程序无法启动。

三是当事人拒不提供相关材料。《民事诉讼法》第 80 条规定："鉴定人有权了解进行鉴定所需要的案件材料，必要时可以询问当事人、证人。"用于鉴定的材料，也是一种证据，适用有关证据的规则。对需要鉴定的待证事实负有举证责任的当事人有义务按照鉴定人的要求提供鉴定材料。另一方面，在鉴定材料的提供问题上，不能严格按照举证责任分配规则处理，由负有举证责任的一方当事人提供，因为显然有时候有些材料不为申请鉴定人掌握，或者在对方当事人手中，或者在第三方处。这种情形，应当要求持有鉴定所用材料的当事人积极履行举证义务，全面收集和完

① 最高人民法院民事审判第一庭编著：《最高人民法院新民事诉讼规定理解与适用》，人民法院出版社 2019 年版，第 319 页。

整提供鉴定所需要的相关材料。因此，对2019年《民事证据规定》第31条，从狭义上理解，指的应是负有举证责任且掌握、持有鉴定所需的相关材料的申请人，虽然提出了鉴定申请，但拒不向鉴定机构提供鉴定所需的与本案相关的材料，致使鉴定无法进行，法院对待证事实无法通过鉴定意见予以认定的，需要承担举证不能的法律后果。如果对方当事人持有鉴定所需的相关材料，但拒不向鉴定机构提供，导致鉴定无法进行的，若在此种情况下，亦判决负有举证责任的一方当事人承担举证不能的不利后果，一定程度上会造成显失公平的后果，因此，有必要通过证明妨碍规则来对不负举证责任一方当事人的行为进行约束。

鉴定意见，在本质上属于专家证据的一种形式，亦属于当事人应当举证的证据之一，与其他证据的区别仅仅在于鉴定事项涉及专门性问题，需要专业的鉴定机构提供意见、作出判断。既然鉴定意见是当事人需要举证的证据之一，当然适用证据的裁判规则，即对需要鉴定的待证事实负有举证责任的当事人，在人民法院指定期间内无正当理由不提出鉴定申请或者不预交鉴定费用，或者拒不提供相关材料，导致待证事实无法查明的，将承担举证不能的法律后果。

（六）审判实践中需要注意的问题

1. 本规则是用于规范当事人申请鉴定的情形

当符合人民法院依职权调查收集证据条件，人民法院将依职权委托鉴定，如果当事人拒绝申请鉴定并拒不交纳鉴定费用时，关于鉴定费用的处理等问题，不能适用本规则。

2. 鉴定意见在诉讼法上与其他证据一样，均是法定的证据形式之一，需要在法庭上经双方当事人质证

《民事诉讼法》第81条中规定："当事人对鉴定意见有异议或者人民法院认为鉴定人有必要出庭的，鉴定人应当出庭作证。经人民法院通知，鉴定人拒不出庭作证的，鉴定意见不得作为认定事实的根据。"因此，鉴定意见是否采信并作为认定案件事实的根据，与其他证据并无不同，仍需要经过与其他证据一样的心证过程。

3. 鉴定意见具有法定性

无论是依当事人申请还是人民法院依职权主动启动鉴定程序，鉴定意见都必须是经人民法院委托的有资质的鉴定机构或鉴定人依法作出的，当事人自行委托或者其他机关委托的鉴定机构或鉴定人作出的鉴定意见不属于民事诉讼证据法上的鉴定意见。当事人自行向相关鉴定机构委托所作出的鉴定意见，其性质仅是一份书面证

据材料，并非民事诉讼证据所指的鉴定意见。对该类证据的认定，一般采用对私文书证的审查认定规则。

4. 实现社会效果和法律效果的统一

司法实践中，对于需要鉴定的待证事实负有举证责任的当事人，有可能是弱势群体，在鉴定费用居高不下的现实下，他们很可能没有能力预交鉴定费用，严格按照司法解释的规定将可能导致举证不能，若径行判决由其承担举证不能的法律后果，将显失公平，需要司法实践中妥善处理，实现社会效果和法律效果的有机统一。

四、辅助信息

《民事诉讼法》

第六十七条第一款　当事人对自己提出的主张，有责任提供证据。

《民事诉讼法司法解释》

第九十条　当事人对自己提出的诉讼请求所依据的事实或者反驳对方诉讼请求所依据的事实，应当提供证据加以证明，但法律另有规定的除外。

在作出判决前，当事人未能提供证据或者证据不足以证明其事实主张的，由负有举证证明责任的当事人承担不利的后果。

第九十一条　人民法院应当依照下列原则确定举证证明责任的承担，但法律另有规定的除外：

（一）主张法律关系存在的当事人，应当对产生该法律关系的基本事实承担举证证明责任；

（二）主张法律关系变更、消灭或者权利受到妨害的当事人，应当对该法律关系变更、消灭或者权利受到妨害的基本事实承担举证证明责任。

第一百二十一条　当事人申请鉴定，可以在举证期限届满前提出。申请鉴定的事项与待证事实无关联，或者对证明待证事实无意义的，人民法院不予准许。

人民法院准许当事人鉴定申请的，应当组织双方当事人协商确定具备相应资格的鉴定人。当事人协商不成的，由人民法院指定。

符合依职权调查收集证据条件的，人民法院应当依职权委托鉴定，在询问当事人的意见后，指定具备相应资格的鉴定人。

2019年《民事证据规定》

第三十一条 当事人申请鉴定，应当在人民法院指定期间内提出，并预交鉴定费用。逾期不提出申请或者不预交鉴定费用的，视为放弃申请。

对需要鉴定的待证事实负有举证责任的当事人，在人民法院指定期间内无正当理由不提出鉴定申请或者不预交鉴定费用，或者拒不提供相关材料，致使待证事实无法查明的，应当承担举证不能的法律后果。

民事诉讼证据裁判规则第 13 条：

主张存在欺诈、胁迫、恶意串通以及口头遗嘱、赠与的事实，应当提供证据证明，人民法院确信该待证事实存在的可能性能够排除合理怀疑的，应当认定该事实存在

【规则描述】　根据证明标准多元化和多层次性的原理，对于当事人主张存在欺诈、胁迫、恶意串通以及口头遗嘱、赠与的事实，由于该类事实性质的特殊性和后果的严重性，对该类待证事实规定了较高的证明标准，即“人民法院确信该待证事实存在的可能性能够排除合理怀疑”。同时，对于诉讼保全、回避等程序事项有关的事实，则降低了证明标准，即“认为有关事实存在的可能性较大”。在适用该规则时，一方面应区别于一般待证事实的“高度盖然性”证明标准，另一方面应区别于刑事诉讼中的“排除合理怀疑”证明标准。

一、类案检索大数据报告

时间：2020 年 5 月 17 日之前；案例来源：Alpha 案例库；案由：民事纠纷；检索条件：（1）法院认为包含：同句“欺诈、胁迫、恶意串通事实的证明”；（2）法院认为包含：同句“口头遗嘱或者赠与事实的证明”；（3）法院认为包含：同句“待证事实存在的可能性能够排除合理怀疑的”；（4）法院认为包含：同句“应当认定该事实存在”。本次检索获取 2020 年 5 月 7 日之前共计 1290 篇裁判文书。其中：

1. 认为当事人对欺诈、胁迫、恶意串通事实的证明，未达到排除合理怀疑证明标准的共计 1243 件，占比为 96.36%；

2. 认为当事人对口头遗嘱或者赠与事实的证明，未达到排除合理怀疑证明标准的共计 13 件，占比为 1.01%；

3. 认为当事人对欺诈、胁迫、恶意串通事实的证明，达到排除合理怀疑证明标准的共计 34 件，占比为 2.63%。

整体情况如图 13-1 所示：

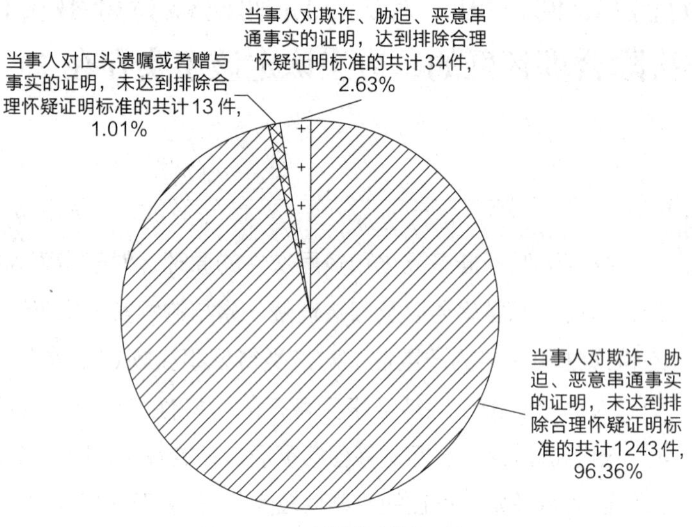

图 13-1　案件裁判结果情况

如图 13-2 所示，从案件年份分布可以看在当前条件下，涉及法院认为包含：同句“欺诈、胁迫、恶意串通事实的证明”；法院认为包含：同句“口头遗嘱或者赠与事实的证明”；法院认为包含：同句“待证事实存在的可能性能够排除合理怀疑的”；法院认为包含：同句“应当认定该事实存在”的条件下，相应的民事纠纷案例数量的变化趋势。

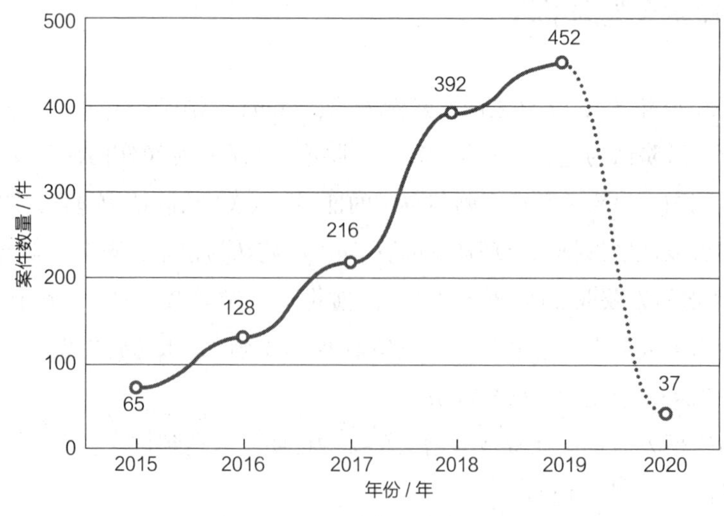

图 13-2　案件年份分布情况

如图 13-3 所示，从程序分类统计可以看到当前的审理程序分布状况。一审案件有 348 件，二审案件有 768 件，再审案件有 169 件，执行案件有 3 件，其他案件有 2 件。

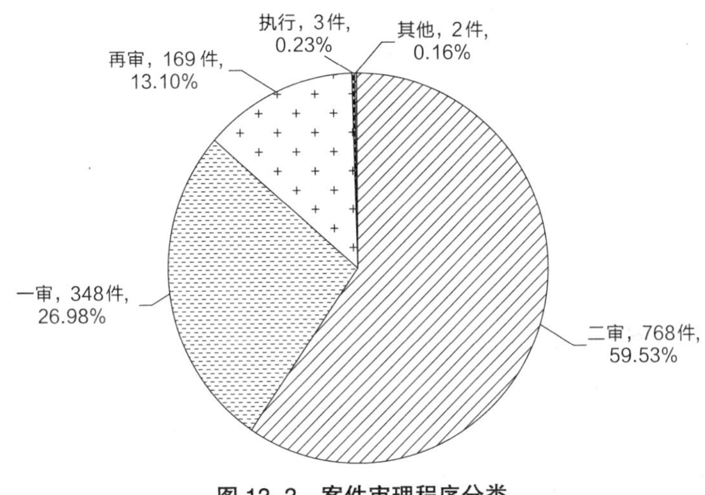

图 13-3　案件审理程序分类

二、可供参考的例案

例案一：蒋某某等与重庆市大渡口融兴村镇银行有限责任公司等金融借款合同纠纷案

【法院】

最高人民法院

【案号】

（2018）最高法民申 447 号

【当事人】

再审申请人（原审被告）：蒋某某

再审申请人（原审被告）：曾某某

被申请人（一审原告、二审被上诉人）：重庆市大渡口融兴村镇银行有限责任公司

被申请人（原审被告）：重庆邦荣贸易有限公司

被申请人（原审被告）：重庆晋愉地产（集团）股份有限公司

被申请人（原审被告）：柯某陶

二审上诉人（一审被告）：刘某燕

二审上诉人（一审被告）：邬某海

原审被告：重庆圆满怡贸易有限公司

原审被告：重庆寰林园林工程有限公司

原审被告：重庆晋愉硕腾房地产开发有限公司

原审被告：柯某东

原审被告：李某容

原审被告：王某琳

原审被告：钟某梅

原审被告：余某

原审被告：陶某

原审被告：柯某

原审被告：陶某先

原审被告：柯某华

原审被告：谭某

原审被告：付某丽

【基本案情】

曾某某、蒋某某申请再审称：曾某某与蒋某某系夫妻关系，曾某某为重庆晋愉地产（集团）股份有限公司（以下简称晋愉地产集团）普通员工，其并不知晓被登记为晋愉地产集团关联公司的法定代表人。本案所涉借款合同及担保合同中的签名并非曾某某和蒋某某所签。蒋某某委托西南政法大学司法鉴定中心对案涉合同中蒋某某的笔迹及指纹鉴定，鉴定结论为：不能确认签名字迹与供检样本字迹是否同一人所写，红色押名指印不是蒋某某的指纹所捺印。（1）曾某某、蒋某某未对重庆邦荣贸易有限公司（以下简称邦荣贸易公司）与重庆市大渡口融兴村镇银行有限责任公司（以下简称融兴村镇银行）签订的金融借贷合同中的借贷行为提供担保。无论是主合同的担保条款，还是担保合同的内容均不知道，也未进行签字确认，上述合同中曾某某、蒋某某的签名是伪造的。（2）一审审理中针对笔迹的鉴定举证责任分配失当，导致曾某某、蒋某某在一审中诉讼权利没有得到保障。曾某某、蒋某某在一审审理中已经明确提出签名非本人所签，一审法院为查明相关事实应对担保人的签名进行鉴定。但一审判决让曾某某、蒋某某就该签名的真伪承担举证义务，举证责任分配失当。曾某某、蒋某某一审中提出鉴定，因没有交费而未鉴定。二审曾上诉，因没有交费而按自动撤回上诉处理。（3）本案中融兴村镇银行、邦荣贸易公司、晋愉地产集团、柯某陶恶意串通形成借贷合同及担保合同，应属于无效合同。本案中借款人及法人担保人都是由晋愉地产集团实际控制的平台公司，借贷资金是用于该公司建设开发项目，是晋愉地产集团法定代表人柯某陶一手操作的。融兴村镇银行有权审查监督，因此其完全知晓却进行放贷，显然本案中的借贷合同及担保合同是融兴村镇银行、邦荣贸易公司、晋愉地产集团、柯某陶恶意串通形成的，合同无效。一审中融兴村镇银行陈述称：本案中所有担保人均是在签订合同当日，在寰林园林公司办公室进行的签名，这是虚假的陈述，更印证了恶意串通的事实。曾某某、蒋某某依据《民事诉讼法》第200条[①]第1项、第3项之规定申请再审。

【案件争点】

当事人对欺诈、胁迫、恶意串通事实的证明。

【裁判要旨】

根据《民事诉讼法司法解释》第109条关于“当事人对欺诈、胁迫、恶意串通事实的证明，以及对口头遗嘱或者赠与事实的证明，人民法院确信该待证事实存在的可能性能够排除合理怀疑的，应当认定该事实存在”之规定，曾某某、蒋某某主张案涉借贷合同及担保合同是融兴村镇银行、邦荣贸易公司、晋愉地产集团、柯某陶恶意串通形成的，损害其合法权益，但未举示证据予以证明，故不能认定该事实存在。

例案二：海南博海投资咨询有限公司与王某某等民间借贷纠纷案

【法院】

最高人民法院

【案号】

（2017）最高法民终769号

① 该法已于2021年12月24日第四次修正，本案所涉第200条第1项、第3项修改为第207条第1项、第3项，内容未作修改。

【当事人】

上诉人（原审被告）：海南博海投资咨询有限公司

被上诉人（原审原告）：王某某

被上诉人（原审第三人）：郭某

【基本案情】

王某某向一审法院起诉请求：（1）判令海南博海投资咨询有限公司（以下简称博海公司）向王某某偿还借款本金6900万元及利息（其中2000万元本金自2013年10月16日开始计息，4700万元本金自2014年1月13日开始计息，200万元本金自2014年1月15日开始计息，以上款项均按月息3%计算至实际给付之日止）；（2）判令博海公司承担本案的诉讼费用。

【案件争点】

主张恶意串通的证明责任承担。

【裁判要旨】

《协议》是否有效、是否附条件。

关于《协议》是否有效的问题。第一，《合同法》第52条第2项①规定的合同无效应同时具备两个要件，即当事人主观上有损害国家、集体或者第三人利益的恶意，客观上实施了相互串通的行为。对此，主张合同因此而无效的当事人有义务提供证据加以证实。对于恶意串通的证明标准，《民事诉讼法司法解释》第109条作了特别规定。根据该条规定，人民法院认定民事案件构成恶意串通事实的证明标准为排除合理怀疑，即要求当事人对其提出的存在恶意串通的事实主张，应提供充分的证据以达到足以排除合理怀疑的证明标准，否则，其主张的恶意串通的待证事实便难以认定。本案中，博海公司主张王某某与郭某恶意串通，以博海公司资产偿还郭某个人债务，损害其他债权人合法权益，但其并未提交证据加以证实。该项主张缺乏事实依据，依法不能得到支持。第二，《协议》约定，博海公司承诺愿意代郭某向王某某偿还借款本息，该行为系债的加入。根据法律规定和《协议》第5条约定，郭某并未因此而免除与博海公司共同承担向王某某偿还借款本息的责任。作为债权人，王某某有权选择追偿相对方。在无其他证据相佐证的情况下，不能因王某某仅要求博海公司承担还本付息责任而认定其与郭某存在恶意串通。第三，根据郭某在法院二审庭审时的陈述，博海公司原有两个股东，分别为郭某及雷某，雷某持有的博海

① 该法已失效，在《民法典》中无相对应的法条。

公司股份已由郭某回购，郭某也已向雷某支付股份回购款，但由于缴纳税费等原因一直未办理股东登记变更事宜。此陈述可表明，郭某的行为实际上并未损害博海公司股东的利益。博海公司与王某某签订《协议》，系双方当事人的真实意思表示，内容并不违反法律、行政法规的强制规定，应为合法有效合同。

例案三：淄博福森油品有限公司与中海油山东销售有限公司等买卖合同纠纷案

【法院】

最高人民法院

【案号】

（2015）民申字第 3037 号

【当事人】

再审申请人（一审原告、二审上诉人）：淄博福森油品有限公司

被申请人（一审被告、二审被上诉人）：中海油山东销售有限公司（原山东海化物流有限公司）

被申请人（一审被告、二审被上诉人）：广州晶海弋龙贸易有限公司

被申请人（一审被告、二审被上诉人）：萍乡必达贸易有限公司

被申请人（一审被告、二审被上诉人）：苏某

【基本案情】

淄博福森油品有限公司（以下简称福森公司）向法院申请再审称：（1）二审判决认定中海油山东销售有限公司（原山东海化物流有限公司）（以下简称中海油山东公司）不可能知道福森公司对案涉货款享有权利，属事实认定错误。案涉《协议书》的合同主体包括中海油山东公司、萍乡必达贸易有限公司（以下简称必达公司）和福森公司；从合同履行情况看，中海油山东公司的负责人郭某刚也明知是福森公司支付了案涉重油购货款；苏某涉嫌诈骗犯罪案的一审、二审刑事判决也均已查明，郭某刚对上述事实予以明知。二审判决对已生效的上述刑事判决书已查明的事实不予认定，违反法律规定。（2）二审判决适用法律错误。福森公司为履行案涉《协议书》，支付了 2756431 元用以购买 1000 吨重油以履行中海油山东公司对北京市热水厂的供货义务。中海油山东公司在收到北京市热水厂的货款后，将本应支付给福森公司的货款，用以抵扣了必达公司所欠中海油山东公司的有关债务。上述所抵扣的债务发生在必达公司

的关联公司广州晶海弋龙贸易有限公司（以下简称晶海公司）与中海油山东销售有限公司（以下简称中海油山东公司）之间，因虚开增值税发票产生，并没有真实的债权债务关系，因此，该债务并不能成立。中海油山东公司在明知自己和晶海公司没有真实交易的情形下，勾结必达公司与晶海公司的实际控制人苏某，采用这种“空手套白狼”的手段把福森公司应得的案涉合同货款予以抵扣，恶意明显。因此，上述抵债行为属中海油山东公司与必达公司、晶海公司、苏某之间恶意串通损害福森公司利益的行为，应为无效。即使上述抵债行为合法，这一行为转移的也是苏某合同诈骗所获得的赃款，中海油山东公司依法仍具有返还货款及赔偿损失的义务。据此，二审判决对福森公司的诉请予以驳回，属适用法律错误。综上，依据《民事诉讼法》第 200 条[①]第 2 项、第 6 项的规定，请求再审本案。

【案件争点】

当事人主张恶意串通的证明责任承担。

【裁判要旨】

关于中海油山东公司与必达公司、苏某用案涉货款折抵相互之间的债务是否属恶意串通损害福森公司利益的无效行为问题。根据《民事诉讼法司法解释》第 109 条的规定，当事人对恶意串通事实的证明，应当达到能够排除合理怀疑的证明标准。因福森公司在再审申请时未能提交新的证据，故在相关生效刑事法律文书并未认定中海油山东公司与必达公司、苏某具有共同侵犯福森公司案涉应收货款恶意的情况下，本案现有证据尚不足以认定中海油山东公司与必达公司、苏某存在恶意串通损害福森公司利益的事实。因此，福森公司所提上述再审申请主张，缺乏证据支持，依法不能成立。因中海油山东公司已将案涉货款通过债务抵消的方式支付给了案涉《协议书》供货人之一的必达公司，中海油山东公司无需再向福森公司再另行支付案涉货款。

前述生效刑事裁定书已认定，福森公司主张的案涉货款系苏某合同诈骗的犯罪所得。中海油山东公司不是侵害福森公司对案涉货款权利的责任主体，中海油山东公司因案涉抵债行为所获得的有关债务清偿，属合法有效的民事法律行为，而并非协助转移苏某犯罪所得的非法行为。故福森公司所提即使案涉抵债行为合法，因这一行为转移的是苏某合同诈骗所获得的赃款，中海油山东公司仍负返还义务的再审主张，依法不能成立。

---

① 该法已于 2021 年 12 月 24 日第四次修正，本案所涉第 200 条第 2 项、第 6 项修改为第 207 条第 2 项、第 6 项，内容未作修改。

三、裁判规则提要

我国《民事诉讼法》没有规定民事诉讼的证明标准。2001 年《民事证据规定》第 73 条[①]，在司法解释的层面首次对证明标准作出规定。但是对于该条规定的证明标准，理论界和实务界的理解不尽相同。虽然理论界多数人认为，第 73 条确立了高度盖然性的民事诉讼证明标准，但也有学者将其解释为优势证据证明标准。[②]司法解释的制定机关——最高人民法院将该条内容解释为高度盖然性证明标准，[③]或者认为民事诉讼“高度盖然性”证明标准在司法解释中正式得到承认。[④]

正是在这样的背景下，2015 年最高人民法院公布的《民事诉讼法司法解释》，总结了 2001 年《民事证据规定》实施的经验，新增第 108 条[⑤]，从本证和反证相互比较的角度对盖然性规则进行描述；新增第 109 条[⑥]，对提高证明标准的特殊情形作出规定，但并未对降低证明标准的特殊情形作出规定。

2019 年《民事证据规定》没有对证明标准本身含义进行修改或完善，即关于证明标准仍适用 2015 年《民事诉讼法司法解释》第 108 条的规定。同时，2019 年《民事证据规定》第 86 条规定：“当事人对于欺诈、胁迫、恶意串通事实的证明，以及对于口头遗嘱或赠与事实的证明，人民法院确信该待证事实存在的可能性能够排除合理怀疑的，应当认定该事实存在。与诉讼保全、回避等程序事项有关的事实，人

---

① 2001 年《民事证据规定》第 73 条规定：“双方当事人对同一事实分别举出相反的证据，但都没有足够的依据否定对方证据的，人民法院应当结合案件情况，判断一方提供证据的证明力是否明显大于另一方提供证据的证明力，并对证明力较大的证据予以确认。因证据的证明力无法判断导致争议事实难以认定的，人民法院应当依据举证责任分配的规则作出裁判。”

② 萨仁：《论优势证据证明标准》，载《法律适用》2002 年第 6 期。

③ 最高人民法院民一庭：《民事诉讼证据司法解释的理解与适用》，中国法制出版社 2002 年版，第 400 页。

④ 李国光主编：《最高人民法院〈关于民事诉讼证据的若干规定〉的理解与适用》，中国法制出版社 2002 年版，第 462 页。

⑤ 2015 年《民事诉讼法司法解释》第 108 条规定：“对负有举证证明责任的当事人提供的证据，人民法院经审查并结合相关事实，确信待证事实的存在具有高度可能性的，应当认定该事实存在。对一方当事人为反驳负有举证证明责任的当事人所主张事实而提供的证据，人民法院经审查并结合相关事实，认为待证事实真伪不明的，应当认定该事实不存在。法律对于待证事实所应达到的证明标准另有规定的，从其规定。”

⑥ 2015 年《民事诉讼法司法解释》第 109 条规定：“当事人对欺诈、胁迫、恶意串通事实的证明，以及对口头遗嘱或者赠与事实的证明，人民法院确信该待证事实存在的可能性能够排除合理怀疑的，应当认定该事实存在。”

民法院结合当事人的说明及相关证据，认为有关事实存在的可能性较大的，可以认定该事实存在。”本条是在《民事诉讼法司法解释》第109条规定基础上的补充、完善，即在规定提高证明标准的特殊情形的基础上，增加了第2款降低证明标准的情形，使证明标准法律制度更加科学、完善。降低证明标准的情形主要针对民事诉讼程序中的程序性事项，从保障当事人诉讼权利，推进诉讼程序出发，对于程序性事项降低证明标准，符合审判实际的需要。①

（一）证明标准的含义

证明标准也称证明要求、证明度，是指在诉讼证明活动中，对于当事人之间争议的事实，法官根据证明的情况对该事实作出肯定或者否定性评价的最低要求。如果说证明评价仅限于检测证明是否成功，即法官可以否认个案中某个事实已经被证明，那么证明尺度（有时也称证明标准、证明额度或者证明强度）则是一把尺子，衡量什么时候证明成功了；证明尺度也决定对某个具体内容的法官心证，它决定着法官必须凭什么才算得到了心证。与证明评价（事实问题）不同的是，证明尺度必须是由法律规定的（法律问题）。因为这乃是一个一般而抽象的关于哪些证明尺度在某个法律领域算有效的评价问题。②由此可见，在性质上，证明标准具有法定性，是法定的对证明达到何种程度的评价尺度，当事人对待证事实证明到何种程度才算完成证明责任、裁判者基于何种尺度评判待证事实存在，都由法律事先作出规定；对于法官而言，证明标准是法官对待证事实是否存在的内心确信程度；对于当事人而言，证明标准则为当事人完成证明责任提供了一种现实的、可预测的尺度，使诉讼证明成为一种限制性的认识活动，而非无止境的举证和求真过程。无论是在法学理论上，还是在司法实务上，对证明标准作出精确的界定都是非常困难的，原因在于证明标准具有主观性，存在于人们心中。无论对证明度的内容如何表达描述，任何表达其实都可以说只是一种形容或比喻。这是因为作为衡量认识程度或状态的基准，证明度看不见摸不着，只是人们心目中一种共通的理解或认识。③

无论是大陆法系国家还是英美法系国家，均以盖然性作为民事诉讼的证明标准，只是对盖然性程度的要求不同。所谓盖然性，是指一种可能的状态，是一种可能而

---

① 最高人民法院民事审判第一庭编著：《最高人民法院新民事诉讼规定理解与适用》，人民法院出版社2019年版，第745页。

② ［德］汉斯·普维庭：《现代证明责任问题》，吴越译，法律出版社2000年版，第236页。

③ 王亚新：《对抗与判定——日本民事诉讼的基本结构》，清华大学出版社2002年版，第214页。

非必然的性质。德国学者以刻度盘为例子对盖然性作出形象直观地描述：假定刻度盘两端为 0% 和 100%，将刻度盘两端之间分为四个等级：1%~24% 为非常不可能，26%~49% 为不太可能，51%~74% 为大致可能，75%~99% 为非常可能。其中 0% 为绝对不可能，100% 为绝对肯定，50% 为可能与不可能同等程度存在。一般来说，民事诉讼的证明标准应当确定在最后一个等级，即在穷尽了可以获得的所有证据之后，如果仍然达不到 75% 的证明程度，则应当认定事实不存在；超过 75% 的，应当认定待证事实存在。[①] 此即大陆法系国家和地区在民事诉讼中所普遍采用的高度盖然性的证明标准。所谓高度盖然性，即根据事物发展的高度概率进行判断的一种认识方法，是人们在对事物的认识达不到逻辑必然性条件时不得不采用的一种认识手段……具体而言，就是在证据无法达到确实充分的情况下，如果一方当事人提出的证据已经证明事实的发生具有高度盖然性，法官即可予以确认。[②]

英美法系国家民事诉讼的盖然性证明标准，通常表述为盖然性占优或盖然性权衡，是指负有证明责任的当事人必须证明他所主张的事实存在的可能性大于不存在，即事实审理者斟酌全案证据后，必须能够表明当事人主张的事实存在的概率大于不存在。如果盖然性对等，亦即事实审理者无法作出判断，负担证明责任的当事人将败诉。[③] 盖然性占优或盖然性权衡，在美国通常表述为优势证据标准，它要求"诉讼中一方当事人所提供的证据比另一方所提供的证据更具有说服力或者更令人相信……这一标准在确定哪一方在证据的数量和质量上更有优势不作高度要求。一些评论家将这种证明标准表达为 51% 的概率，即只要一方当事人证据的优势超过 51% 他就可以胜诉"。[④]

《民事诉讼法司法解释》第 108 条是我国法律关于盖然性规则的具体描述。在诉讼证明的过程中，本证是指对待证事实负有举证责任的当事人所进行的证明活动，反证则是指不负有举证责任的当事人提供证据对本证进行反驳的证明活动。本证证明活动的目的在于使法官对待证事实的存在与否形成内心确信，这种内心确信应当满足证明评价的最低要求即法定的证明标准。而反证的证明活动，其目的在于动摇法官对于本证所形成的内心确信，使其达不到证明评价的最低要求。因此，对于反证而言，其证明的程度要求相比本证要低，只需要使待证事实陷于真伪不明即可。

---

① ［德］汉斯·普维庭:《现代证明责任问题》，吴越译，法律出版社 2000 年版，第 108~109 页。

② 韩象乾主编:《民事证据理论新探索》，中国人民公安大学出版社 2006 年版，第 386~387 页。

③ 齐树洁主编:《英国证据法》，厦门大学出版社 2002 年版，第 201~203 页。

④ 张卫平主编:《外国民事证据制度研究》，清华大学出版社 2003 年版，第 217 页。

该规定对于本证与反证的证明标准和要求的规定非常明确，对待证事实负有举证责任的当事人所进行的本证，需要使法官的内心确信达到高度可能性即高度盖然性的程度才能被视为完成证明责任；反证则只需要使本证的对待证事实的证明陷于真伪不明的状态，即达到目的。

（二）证明标准内在的层次性

证明标准具有内在的层次性。这种层次性体现在针对不同的证明对象和待证事实，需要满足不同程度的盖然性要求。德国学者的刻度盘理论描述的只是以高度盖然性为证明标准的一般原则，在高度盖然性一般原则之下，也同样有针对不同的证明对象和待证事实对盖然性程度进行量化的必要性。我国有学者主张将盖然性程度区分为：初级盖然性，心证程度为51%~74%，表明事实大致如此；中级盖然性，心证程度为75%~84%，表明事实一般情况下如此；高级盖然性，心证程度为85%~99%，表明事实几乎如此。对于民事案件中一般待证事实，适用中级盖然性标准；对于特殊待证事实，如果证明要求较高的适用高级证明标准，证明要求较低的适用初级证明标准。如果以高度盖然性的证明标准为参照，特殊类型的民事诉讼所适用的证明标准大致可以分为两种情况，一种应低于高度盖然性的证明标准，另一种标准则应高于高度盖然性的证明标准，直至接近或达到排除合理怀疑的程度。[①] 当事人为证明自己的诉讼请求能够成立，应提供相应的证据予以证明，且达到法律规定的证明标准。从域外的情况看，不论是大陆法系国家和地区，还是英美法系国家和地区，对于证明标准均作层次性的多元化区分。

在大陆法系的德国，证明标准被确定为三级：第一级为原则性证明标准，要求法官对真相形成全面心证，达到很高的盖然性，适用于通常的实体事实的证明；第二级为降低的证明标准，要求达到令人相信的程度，相当于英美法系国家和地区盖然性占优的标准，适用于程序性事实的证明；第三级为提高的证明标准，要求达到显而易见的程度，适用于如显失公平的证明等特殊场合。

在英美法系的美国，证明程度分为九等：第一等是绝对确定，由于认识论的限制，这一标准无法达到；第二等为排除合理怀疑，是诉讼证明的最高标准，适用于刑事案件有罪裁决的事实认定；第三等是清楚和有说服力的证据，某些司法区的某些民事判决有此种要求；第四等是优势证据，是作出民事判决以及肯定刑事辩护时

---

① 毕玉谦主编:《证据法要义》，法律出版社2003年版，第482页。

的要求；第五等是可能的原因，适用于签发令状、无证逮捕、搜查和扣押，提起大陪审团起诉书和检察官起诉书、撤销缓刑假释等情况；第六等是有理由相信，适用于拦截和搜身；第七等是有理由怀疑，足以将被告人宣布无罪；第八等是怀疑，可以开始侦查；第九等是无线索，不足以采取任何法律行为。① 在美国的民事诉讼中，证明标准分为两个层级：优势证据标准适用于大部分民事案件实体事实的证明；清楚和有说服力的证明标准用于特定事实如欺诈的证明，许多司法区要求，民事欺诈案或可能涉及刑事行为的民事案件的主张，要用清晰且令人信服的证据加以证明。

（三）证明标准的提高

如前所述，很多国家和地区一般都对证明标准进行了层次性的划分。尽管区分的层级不尽相同，但从区分的基础而言，多以案件事实的性质不同而有不同的要求或标准。在英美法系国家和地区，对高于盖然性占优势的证明标准的特殊案件，如口头信托、口头遗嘱、以错误或欺诈等为理由请求更正文件时，则要求主张的一方当事人必须有明确和令人信服的证据加以证明。

在英国，证明标准的高低与待证事实的性质及轻重成正比，被称为灵活性民事证明标准。其中，欺诈以及涉及犯罪指控的民事案件是否适用刑事证明标准的问题，起初争议很大。早期的判例中，有采纳刑事证明标准的先例，但在后来的判例中，被上诉法院和参议院所否定，认为即使在具有犯罪性质的民事案件也应适用民事证明标准。英国大法官丹宁在 Baterv.Bater 一案中明确提及：民事法庭不采纳像刑事法庭那样高的证明标准，即使这类案件被认为具有犯罪性质。②

美国对下列案件的证明标准则要求比一般民事案件更高的证明标准：（1）欺诈和不正当影响诉讼；（2）确定遗嘱的口头合同和确定已遗失遗嘱的条款诉讼；（3）口头合同的特殊履行诉讼；（4）撤销、变更、修改书面合同的程序或欺诈、错误或不完整之正式行为诉讼；（5）欺诈危险索赔和辩护诉讼以及其他不应被支持的特殊索赔诉讼。

在大陆法系国家和地区，通说认为，大陆法系的民事诉讼和刑事诉讼在证明标准上是没有明确区分的，两者均要求达到接近确实的盖然性，这种盖然性要排除合理怀疑。而该种观点在大陆法系国家和地区中已出现动摇的迹象。大陆法系国家和

① 宋英辉、汤维建主编：《我国证据制度的理论与实践》，中国人民公安大学出版社 2006 年版，第 421 页。

② 牟军：《民事证明标准论纲》，载《法商研究》2002 年第 4 期。

地区出现了逐渐重视民事证明标准在不同性质案件中的层次性问题。这也从反面说明，对于不同性质的案件，基于实体正义及程序正义的角度考虑，应有不同的证明标准。

我国在《民事诉讼法司法解释》之前的司法解释未考虑证明标准的层次性而作出多元化的规定。然而，在我国的民事实体法上，却存在要求提高或者降低证明标准的法律规定。为此，《民事诉讼法司法解释》第109条根据实体法的规定，明确了对于当事人主张的欺诈、胁迫、恶意串通以及口头遗嘱、赠与等事实，确立了高于一般证明标准的规定，即需达到待证事实存在的可能性能够排除合理怀疑的程度和标准。此外，对于降低证明标准的情形虽未规定，但从立法的相关条文中，可以推导出降低证明标准的内容。如《民事诉讼法》第47条规定，审判人员“与本案当事人、诉讼代理人有其他关系，可能影响对案件公正审理的”，这里的“可能”一词，即意味着属于降低证明标准的情形。

（四）排除合理怀疑证明标准的理解与适用

“排除合理怀疑”一词是从英美法系移植过来的，表达的是一种主观的内心活动，无法用具体的尺度来测量，并且其中的“合理怀疑”也是一个具有很强主观性的概念，不同的人对于合理的限度必然有不同的理解。“排除合理怀疑”最初是英美法系大部分国家刑事诉讼中的证明标准，即用来确定被告人是否应当承担刑事责任的证明标准。该证明标准明显高于民事诉讼领域对于一般待证事实所确定的“高度盖然性”证明标准。

2019年《民事证据规定》第86条规定的5种适用“排除合理怀疑”证明标准的待证事实从性质上可以分为两大类。第一类是“隐性加害”事实，包括欺诈、胁迫、恶意串通，主要是指加害人通过虚构或强迫手段，让他人在违背真实意愿的情况下，作出了不真实的意思表示，因此民事权利受到侵害。也有学者将这类待证事实称为“准犯罪性质”的事项，即行为虽然没有达到刑事犯罪的程度，但是远远超过一般民事行为给当事人带来的财产损失和人格损害。[①] 第二类是“无偿获利”事实，包括口头遗嘱、赠与事实。当事人主张该类事实的目的通常在于无偿（可能附加一定条件，

① 张兵:《论民事诉讼中“排除合理怀疑”证明标准》，载《重庆广播电视大学学报》2019年第3期。

但绝非对价）获得财产或财产性权利。[①]之所以将这两类待证事实规定了高于一般待证事实的“高度盖然性”证明标准，要求达到类似于刑事诉讼中的“排除合理怀疑”证明标准，首先是因为这两类事实自身的特殊性，其中第一类事项具有极大的主观恶性，在某种程度上违背了受害方的主观意愿，危害性较大，严重情形下甚至可能涉嫌刑事犯罪，如诈骗罪、强迫交易罪等；第二类事项的最大特征是当事人双方的利益不对等。因此，出于对这两类待证事实性质的特殊性和后果的严重性考虑，需要规定更高的证明标准。其次是为了体现和落实民事实体法的有关规定，在实体法立法上使用“足以”“显失公平”等表述的，反映了立法者有对此类待证事实拔高证明标准的意图。最后是借鉴国外证明标准的层次性、多元化的一种尝试，适用单一的“高度盖然性”证明标准难以适应待证事实的不同性质，有必要进行层次性的区分，适当提高部分待证事实的证明标准，有助于实现双方当事人利益的平衡。

（五）证明标准的降低

对于某些性质的案件事实的确认，确立了高于一般证明标准的更高的证明标准。与此同时，也存在着某些性质的案件事实的确认，其证明标准低于一般证明标准的情况。由此，在设计证明标准体系时，有必要根据案件的性质、影响、证明的困难程度等因素，建立灵活的证明标准类型。在明确证明标准提高的情形时，有必要对证明标准降低的情况进行规定，以提高诉讼效率，节约诉讼成本。

从域外的规定看，根据案件类型、待证事实等因素的差异，而规定了低于一般证明标准的证明标准，即允许降低事实证明标准的规定。从德国、日本的民事诉讼看，对于实体法要件事实的证明，一般采用高度盖然性的证明标准，只有在证据难以获得的一些例外情形中，才允许降低证明标准，将其降低到优势的盖然性。但对于一些程序法事实，则允许采用疏明的证明标准。

在《德国民事诉讼法》中，疏明这一证明标准被明确地规定适用于若干特定的程序法事实，如当事人申请回避时对其提出的回避事由的证明，申请延长期限时对所提出的理由的证明等。[②]在日本，有的学者认为，基于公平正义的角度，对有些案件应当允许降低原则性证明标准，并对这种需要降低证明标准的案件设置了一些要件，具体包括：（1）从案件性质来看，按照一般的证明标准事实难以证明的；（2）按照实

① 李益松：《论民事诉讼“排除合理怀疑”证明标准——以〈民事诉讼法解释〉第一百零九条为分析基础》，载贺荣主编：《国家法官学院科研部会议论文集》，人民法院出版社 2017 年版，第 636 页。

② 李浩：《民事诉讼法适用中的证明责任》，载《中国法学》2018 年第 1 期。

体法规范的目的及趣旨，按照一般证明标准，这种事实就难以被证明或其结果明显会导致不正义的产生；（3）没有其他可以与原则性证明度等价值的举证。[①]在日本，亦有疏明的规定。伊藤真教授指出，在为保证能够顺利地实施事实认定而为保全的情形中，若裁判所无法迅速地推进程序作出裁判，就可能妨碍制度目的的实现。该种情形中，由于并非对实体权利关系前提事实的认定，因此为保全而采取的相应处分或关于一定程序上事项作出裁判而需要证明时，无需达到高度盖然性的确信，只需要达到相当程度的盖然性即可对该事项作出认定，此即为疏明的概念。为了达到上述目的，用疏明的证据方法限于裁判所可即时调查的证据方法。此被称为疏明方法的即时性。具有即时性的证据如出庭证人及实施疏明的当事人现在持有的文书。[②]而在英美法系国家和地区，英国民事诉讼的证明标准是盖然性占优势，但具体实行的是被英国学者称为"灵活性证明标准"，即在坚持盖然性权衡的原则下，根据原告指控的性质和程度的不同，相应的证明标准也有所变化。美国对证明标准则依据等级、比例等因素进行不同程度的量化，使性质不同的案件事实适用不同的盖然性标准。从两大法系国家的立法规定看，尽管对证明标准的层次划分、划分方式存在一定的差异，但在民事诉讼证明标准根据案件性质、证明难度等因素不同而采取不同的标准问题上具有一致性。

从我国现行规定看，《民事诉讼法司法解释》第109条仅规定了提高证明标准的情形，而对于降低证明标准的事实范畴，则未予以明确。而实务界在处理程序性事项的证明时，实际上已采取了类似"疏明"这一标准，事实上降低了证明要求。如在处理当事人申请回避的事由、当事人申请延长举证期限的事由时。[③]为此，借鉴域外的成熟经验，总结实践中的有益做法，2019年《民事证据规定》第86条在吸收《民事诉讼法司法解释》第109条关于提高证明标准的特殊情形的内容的基础上，对降低证明标准的事实范围作出了明确规定，即关于诉讼保全、回避等程序事项有关的事实，确立了较大可能性的证明标准。

实务中，对当事人主张的与诉讼保全、回避等程序性事项有关的事实认定，人民法院既要按照司法解释所确立的低于一般证明标准的标准为依据进行认定，依法保障当事人诉讼权利，推进诉讼程序的进行；又要防止当事人滥用权利，迟延诉讼

---

① 张卫平：《外国民事证据制度研究》，清华大学出版社2003年版，第450页。

② ［日］伊藤真：《民事诉讼法》，曹云吉译，北京大学出版社2019年版，第235~236页。

③ 李浩：《民事诉讼法适用中的证明责任》，载《中国法学》2018年第1期。

程序推进事件的发生。诉讼中，针对当事人主张的前述事实，人民法院应要求当事人进行说明，并提供相应的证据予以证明。如《民事诉讼法》第 48 条第 1 款规定："当事人提出回避申请，应当说明理由，在案件开始审理时提出；回避事由在案件开始审理后知道的，也可以在法庭辩论终结前提出。"由此，当事人提出的回避申请，不论是书面形式还是口头形式，均要求对需要回避的具体人员、回避的事由、证据及证据线索等进行说明。如当事人仅提出回避申请，并未对需要回避的具体人员、回避的事由、证据及证据线索等进行说明，则应认定该事实不存在。反之，在当事人针对回避申请提供了说明和相关证据后，应依法进行审查。而审查的标准，则应根据 2019 年《民事证据规定》第 86 条所确立的证明标准降低的规定进行认定。此处需强调的是，在认定何为事实存在的可能性较大时，对当事人提供的说明和相关证据不宜苛求。具体而言，可以参照《民事诉讼法司法解释》第 108 条的规定，结合本证、反证的证明标准和要求进行判断。如该事实的证明标准不是陷于真伪不明的状态，即其标准高于真伪不明，但又未到达高度可能性的标准时，可认定当事人主张的事实成立，反之，则不成立。

（六）审判实践中需要注意的问题

1. 正确认识本证和反证

诉讼证明活动实际上是围绕本证展开的，反证由本证的性质决定，是用以挑战本证的证明效果。对于事实审理者而言，核心是在即使有反证的情况下对本证是否达到高度盖然性的证明标准进行判断。本证与反证的证明要求不同，反证只需要将本证使法官形成的内心确信拉低到高度盖然性证明标准之下即实现目的。无论是本证还是反证，对其证明效果的判断，都应当在依照法定程序和要求的所有证据均提供的情况下，结合全部证据作出综合评价。

2. 准确把握立法本意

本规则对提高证明标准的情形规定了两大类 5 种情形，即欺诈、胁迫、恶意串通和口头遗嘱、赠与的事实，而在实体法立法上使用"足以""显失公平"等表述，也反映了立法者有对此类待证事实拔高证明标准的意图。审判实践中，对这些事实也应适用高于高度盖然性的证明标准。相应地，对于降低证明标准的情形，2019 年《民事证据规定》第 86 条虽然仅列举规定了诉讼保全、回避等两项程序事项，但对于其他程序性事实的证明，从民事诉讼法的有关表述上一般也可以推导出降低证明标准的结论，对这些程序性事实的证明，也应当适用低于高度盖然性的证明标准。

3. 审慎适用“排除合理怀疑”证明标准

首先，应将民事诉讼领域的“排除合理怀疑”证明标准与刑事诉讼领域区别开来。在刑事诉讼中，判决的结果意味着对被告人的人身自由甚至生命的剥夺，其严重性不言而喻；公诉方具有强大的举证能力，可以动用强大的国家力量，包括对被告采取拘留、监视居住等限制人身自由的强制方法，来查明犯罪事实。因此，科以公诉机关“排除合理怀疑”的证明标准具有现实合理性、必要性和可能性，而与公诉人相对的被告人及其辩护人，在取证手段与方法上大受限制，证明能力明显不足。从这个意义上说，刑事诉讼采用较高证明标准是实现公诉人（被害人）与被告人间新的利益均衡的重要方式。而在民事诉讼领域，双方当事人是平等的民事主体，双方的举证能力是平等的，因此在已经设定了更高的证明标准的前提下，不能像刑事诉讼中对待公诉人那样要求举证方承担等同于刑事诉讼中“排除合理怀疑”的证明标准。较为合理的理解是，民事诉讼中的“排除合理怀疑”证明标准是介于“高度盖然性”与刑事诉讼中“排除合理怀疑”之间的一种证明标准，或者说是高级盖然性，心证程度为85%~99%，甚至可以提高到90%以上，表明事实几乎如此。

其次，由于何为“合理怀疑”是高度主观性的判断，该证明标准的具体含义在英美法系的国家也尚未形成定论，学术界的不同学者、司法实务中的法院乃至不同的法官对排除合理怀疑的理解通常各不相同。在我国无论是理论界还是实务界对“排除合理怀疑”证明标准更没有形成广泛的共识，司法实务中如何适用也没有形成统一的标准。为此，应加强裁判文书的说理，将达到或者没有达到“排除合理怀疑”证明标准解释清楚。具体说，可以从以下几个方面说理：一是双方当事人法律行为发生的背景、双方当事人熟悉程度和交往情况；二是一方当事人有无处分权、相对方是否善意；三是主张欺诈、胁迫、恶意串通的当事人所处的环境和意志自由程度、相对方是否具有优势地位和强制手段；四是主张口头遗嘱、赠与的当事人是否善意、相对方是否有支付能力、意志自由程度；五是充分利用生活经验或自然法则，再结合其他证据，综合作出分析判断，将小前提带入大前提的推理过程清楚、完整地呈现于裁判文书中，避免使用“因其证据不足，难以采信”或“但其证据亦不足以证实……”等过于抽象、简单的说理方式。

最后，上级人民法院和最高人民法院加强审判监督和案例指导，一方面对下级法院适用“排除合理怀疑”的案件加强审判监督，纠正不适当的判决；另一方面适时发布指导性案例或加强类案指导，将认定此类事实证据的采信与否的分析与认定过程通过典型案例的方式呈现出来，有针对性地指引法官什么情况下采信证据是恰当的，什么情况下不采信是恰当的，从而统一认定标准和裁判尺度。

四、辅助信息

《民事诉讼法》

第四十八条　当事人提出回避申请，应当说明理由，在案件开始审理时提出；回避事由在案件开始审理后知道的，也可以在法庭辩论终结前提出。

被申请回避的人员在人民法院作出是否回避的决定前，应当暂停参与本案的工作，但案件需要采取紧急措施的除外。

第六十七条第一款　当事人对自己提出的主张，有责任提供证据。

《民事诉讼法司法解释》

第一百零八条　对负有举证证明责任的当事人提供的证据，人民法院经审查并结合相关事实，确信待证事实的存在具有高度可能性的，应当认定该事实存在。

对一方当事人为反驳负有举证证明责任的当事人所主张事实而提供的证据，人民法院经审查并结合相关事实，认为待证事实真伪不明的，应当认定该事实不存在。

法律对于待证事实所应达到的证明标准另有规定的，从其规定。

第一百零九条　当事人对欺诈、胁迫、恶意串通事实的证明，以及对口头遗嘱或者赠与事实的证明，人民法院确信该待证事实存在的可能性能够排除合理怀疑的，应当认定该事实存在。

2019年《民事证据规定》

第八十六条　当事人对于欺诈、胁迫、恶意串通事实的证明，以及对于口头遗嘱或赠与事实的证明，人民法院确信该待证事实存在的可能性能够排除合理怀疑的，应当认定该事实存在。

与诉讼保全、回避等程序事项有关的事实，人民法院结合当事人的说明及相关证据，认为有关事实存在的可能性较大的，可以认定该事实存在。

民事诉讼证据裁判规则第 14 条：

根据已知的事实和日常生活经验法则推定出的另一事实，当事人无须举证证明

【规则描述】 事物之间因果联系的必然性和人类对历史经验把握的高度盖然性，使得在某些已知事实（基础事实）被证明存在的前提下，根据日常生活经验法则就可以合乎逻辑地认为待证事实（结果事实）的存在也具有高度盖然性。因此，当待证事实受客观因素制约很难被证明的情况下，法律允许当事人对更容易证明的基础事实进行举证证明，若基础事实被证明存在，则根据日常经验法则的推定，视为待证事实已被证明，免除当事人对待证事实的举证责任。在适用日常经验法则的推定中，基础事实的举证责任不发生转移，仍应由推定受益方承担且应达到本证的证明标准，所选择的日常经验法则也必须是客观存在的且与该推定密切相关，相对方既可以对基础事实提出反证，也可以对日常经验法则提出反证，还可以对推定事实提出反证，来排除日常经验法则推定的适用。

一、类案检索大数据报告

时间：2020 年 5 月 18 日之前；案例来源：Alpha 案例库；案由：民事纠纷；检索条件：法院认为包含：根据已知的事实和日常生活经验法则推定出的另一事实。本次检索获取 2020 年 5 月 18 日之前共计 1184 篇裁判文书。其中：

1. 认为属于自然规律以及定理、定律，当事人无须举证证明共计 3 件，占比为 0.25%；

2. 认为众所周知的事实，当事人无须举证证明的共计 26 件，占比为 2.2%；

3. 认为根据法律规定推定的事实，当事人无须举证证明的共计 38 件，占比为

3.21%；

4. 认为根据已知的事实推定出的另一事实，当事人无须举证证明的共计 157 件，占比为 13.26%；

5. 认为根据日常生活经验法推定出的另一事实，当事人无须举证证明的共计 314 件，占比为 26.52%；

6. 认为已为仲裁机构的生效裁决所确认的事实，当事人无须举证证明共计 12 件，占比为 1.01%；

7. 认为已为人民法院发生法律效力的裁判所确认的基本事实，当事人无须举证证明计 613 件，占比为 51.77%；

8. 认为已为有效公证文书所证明的事实，当事人无须举证证明共计 21 件，占比为 1.78%。

整体情况如图 14–1 所示：

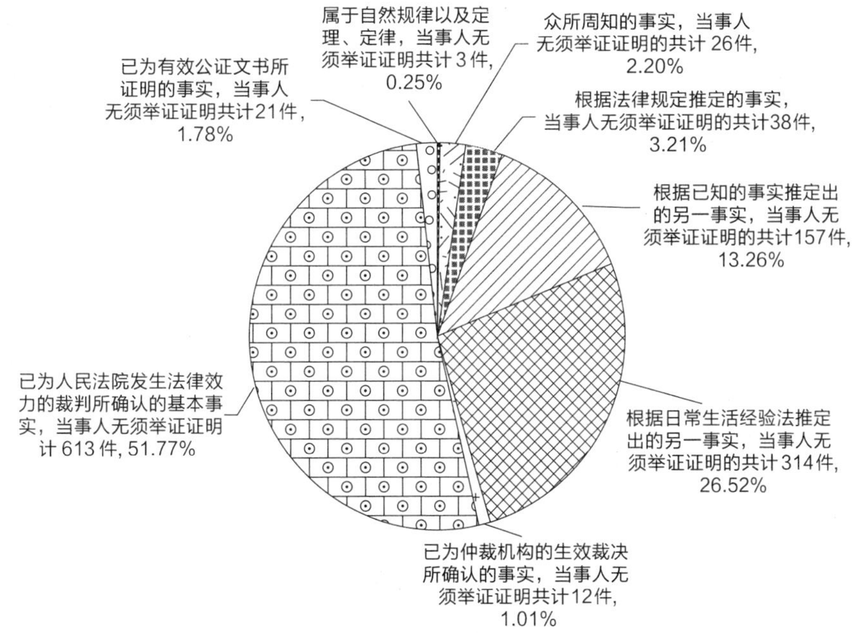

图 14–1　案件裁判结果情况

如图 14–2 所示，从案件年份分布可以看在当前条件下，涉及法院认为包含：根据已知的事实和日常生活经验法则推定出的另一事实的条件下，相应的民事纠纷案例数量的变化趋势。

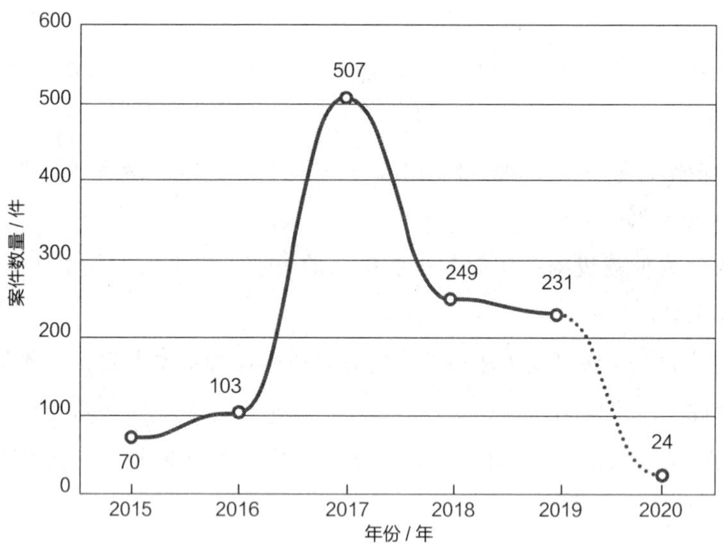

图 14–2　案件年份分布情况

如图 14–3 所示，从程序分类统计可以看到当前的审理程序分布状况。一审案件有 481 件，二审案件有 612 件，再审案件有 80 件，执行案件有 10 件，其他案件有 1 件。

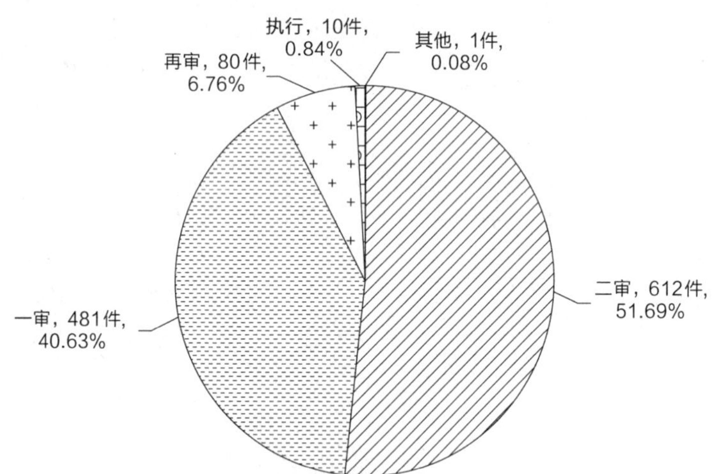

图 14–3　案件审理程序分类

二、可供参考的例案

例案一：张某芳等与黄某友买卖合同纠纷案

【法院】

浙江省台州市中级人民法院

【案号】

（2008）台民二终字第174号

【当事人】

上诉人（原审被告）：张某芳

上诉人（原审被告）：陈某花

被上诉人（原审原告）：黄某友

【基本案情】

被告张某芳与被告陈某花系夫妻关系。被告张某芳因需向原告黄某友购买挖掘机一台，2005年9月16日，被告张某芳出具欠条两份给原告，一份载明“今欠黄某友人民币152000元，古历2005年12月12日付清”，另一份载明“今欠黄某友1万元，2005年10月30日付清”。同日，原告黄某友出具收条一份给被告张某芳，载明“今收张某芳12万元”。上述付款行为发生在被告出具欠条之前，系原告、被告双方经结算后，再由被告出具欠条。

原告黄某友于2008年2月2日以被告张某芳向其购买挖土机尚欠162000元为由向原审法院提起诉讼，要求二被告支付原告162000元欠款。二被告答辩称：双方存在挖土机买卖事实，但只欠原告32000元。

【案件争点】

欠款的证据如何认定。

【裁判要旨】

法院认为：本案双方当事人之间存在买卖关系及上诉人张某芳出具的两张欠条、被上诉人出具的一张收条是在同一天均是事实。本案争议焦点：上诉人支付被上诉人12万元是在出具欠条之前还是之后。上诉人张某芳出具的1万元和152000元欠条载明的还款期限分别是2005年10月30日、古历2005年12月12日。按常理，上诉人不可能在刚协商取得较长的付款宽限期的当天又支付大额款项。上诉人认为由于被上诉人极力要求上诉人付款而又支付12万元，但无相关证据证明，且与证人证言相矛盾。综上，上诉人支付被上诉人12万元是在出具欠条之前，上诉人尚欠被上诉人162000元。综上所述，上诉人的上诉主张缺乏事实与法律依据，法院不予支持。原审判决认定事实清楚，实体处理并无不当，应予维持。

例案二：潘某和因人身损害赔偿纠纷案

【法院】

广东省佛山市中级人民法院

【案号】

（2003）佛中法民一终字第1161号

【当事人】

上诉人（原审被告）：潘某和

被上诉人（原审原告）：覃某环

被上诉人（原审被告）：邵某光

【基本案情】

2002年6月，被告邵某光拟将其所有的坐落在南海区黄岐南村一队南区7巷13号的一层房屋加建至三层，被告邵某光并将工程以包工的形式发包给仅有施工员证的被告潘某和。承接工程后，被告潘某和以每天35元雇请了包括原告在内的民工进行施工。同年10月19日上午，原告在施工中从三楼摔到地面致严重受伤而被送往南海区黄岐医院。至同年11月7日原告起诉时，共用医药费40656元，其中，被告潘某和支付了14000元。

【案件争点】

雇用从事本案建筑工程的施工工作这一事实的认定。

【裁判要旨】

法院认为：根据各方当事人的诉辩意见及庭审期间的陈述可知，各当事人对上诉人潘某和以包工不包料的方式承接涉诉房屋的加建工程以及被上诉覃某环系该工程施工人员的事实均无异议，应予确认。依2001年《民事证据规定》第9条[①]第1款第3项“根

① 该司法解释已于2019年10月14日修正，本案所涉第9条修改为第10条：“下列事实，当事人无须举证证明：（一）自然规律以及定理、定律；（二）众所周知的事实；（三）根据法律规定推定的事实；（四）根据已知的事实和日常生活经验法则推定出的另一事实；（五）已为仲裁机构的生效裁决所确认的事实；（六）已为人民法院发生法律效力的裁判所确认的基本事实；（七）已为有效公证文书所证明的事实。前款第二项至第五项事实，当事人有相反证据足以反驳的除外；第六项、第七项事实，当事人有相反证据足以推翻的除外。”

据法律规定或者已知事实和日常生活经验法则，能推定出的另一事实，当事人无需举证证明”的规定并结合上述已确认的前提事实，可推定出上诉人潘某和雇用被上诉人覃某环从事本案建筑工程的施工工作这一事实。上诉人潘某和称其承接工程后已将工程转包于案外人覃某明，被上诉人覃某环系覃某明所雇请，未提供相关证据予以证实，法院不予采信。因上诉人潘某和未能举证证明其事实主张，亦未能提供确实充分的相反证据推翻上述事实推定，故对被上诉人覃某环系上诉人潘某和雇工的事实，法院予以确认。上诉人潘某和要求追加案外人覃某明作为本案当事人参与诉讼，依据不足，理由不充分，法院不予支持。

例案三：沈某与卢某某、施某某民间借贷纠纷案

【法院】

浙江省高级人民法院

【案号】

（2008）浙民再抗字第31号

【当事人】

抗诉机关浙江省人民检察院

申诉人（一审原告、二审被上诉人）：沈某

对方当事人（一审被告、二审上诉人）：卢某某

对方当事人（一审被告、二审上诉人）：施某某

【基本案情】

卢某某、施某某系夫妻关系。2004年4月15日，二人共同向沈某借款34万元。卢某某在书写欠条时，因对沈某的名字较为陌生，第一次写为“沈宣”，后将“宣”划掉改为“素”，并盖上私章以示确认，发现仍不对，遂又在欠条右上角写上“沈美”。事后，沈某发现还是写错了，就擅自划掉“美”字，改成“萱”字，并认为约定的归还时间过长，遂将该内容也划掉，由卢某某按手印确认。嗣后，该笔款项经沈某催讨，卢某某、施某某未归还。

【案件争点】

欠条上的真正债务人的司法认定。

【裁判要旨】

法院再审认为，沈某以2004年4月15日由卢某某出具，有卢某某、施某某具名

的欠条为据，主张卢某某、施某某欠其借款34万元。卢某某承认该欠条系其所写，欠条上载明了债权人、欠款数额、出具时间，亦有具欠人的签名，因此该欠条已具备民事债权凭证的基本要件。本案沈某起诉主张的债权债务关系是否成立，关键是能否认定沈某即系讼争欠条载明的债权人。该欠条上卢某某最初书写的债权人名字为“沈宣”，后涂改为“沈萱”。根据再审期间沈某提供的已经发生法律效力的民事判决所确认的事实，沈某又名沈宣、沈萱。因此，关于讼争欠条上债权人名字的涂改，沈某解释这是卢某某根据其要求将其小名改写为正式名字所致，符合情理。而卢某某辩称“该欠条并不是出具给沈某的，因写错作废了而随手放在办公桌上，被沈某拿走进行了涂改”的解释，其一，由于卢某某不能说明出具欠条的原因，也不能说明并证明欠条上所载的债权人“沈宣”及“沈萱”的具体身份，因此该解释难以采信；其二，对一份错误出具、金额为34万元的欠条，一再涂改并慎重地盖章按手印，之后却又没有妥善处理而随手搁置一旁，这样处理欠条的方式有违常理，更不符合卢某某多年经商、常与他人发生借贷关系的身份和经历。综上，虽然讼争欠条上债权人的名字几经涂改，但全面、客观地审核该欠条，结合当事人的陈述及其他相关事实，根据日常生活经验法则，以高度盖然性的证明标准，可以认定讼争欠条上所载的债权人应系沈某。据此欠条，沈某主张的其与卢某某、施某某之间的债权债务关系成立。卢某某、施某某夫妻作为共同债务人，应对欠款承担共同清偿的责任。

三、裁判规则提要

（一）关于日常生活经验法则

日常生活经验是指人们在长期的生产、生活或实验中对客观外界普遍现象与通常规律的一种理性认识，在观念上它属于不证自明的公认范畴。[①] 但是，日常生活经验来自人们的归纳，“休谟困境”告诉我们，归纳得出的不是必然结论，因为我们从个别推导出一般时，实际作了两个大的跳跃：从观察到的事例跳到了未观察的事例，从过去、现在跳到了未来，而这两个跳跃都没有逻辑上的保证，因为适用于有限的不一定适用于无限，并且未来可能与过去和现在完全不同。可见，日常生活经验是一种盖然性的结论，当这种盖然性比较高时，日常生活经验才可能上升为日常生活

① 毕玉谦：《举证责任分配体系之构建》，载《法学研究》1999年第2期。

经验法则，成为法官推定案件事实的途径之一。

1. 日常生活经验法则的特征

正确理解日常生活经验法则，需要把握以下几点特征：第一，日常生活经验法则的经验不是杜撰的而必须是客观存在的，例如，清明时节祭扫的人比较多符合客观生活情况，而“过年放鞭炮能够消除瘟疫”就缺乏其客观性。第二，日常生活经验法则的适用具有主观性，其适用过程是一种主观判断活动，不可避免地有个人主观因素的介入，因法官生活经历、价值取向、职业水平不同，适用相同的经验法则可能会得出不同的结论，或者得出同一结论适用的是不同的经验法则。第三，日常生活经验法则具有时代性，其蕴含的时代精神、主流道德观念和一定时期的国家社会政策及经济社会环境密切相关，如随着高铁的普及，中短途出行方式的选择更加多样化。第四，日常生活经验法则具有法则性，是对过去日常生活经验的总结和提炼，并不是所有的日常生活经验都能上升为日常生活经验法则，即“生活经验常常不是经验规则（经验法则）”①。第五，日常生活经验法则具有盖然性特征，未来重现的可能性比较大但不必然存在，其呈现的是或然性、可反驳的状态，可靠性需要诸多条件予以保障，如或然性大小、特定的社会背景状况是否稳定等。②

2. 适用日常生活经验法则的误区

正如证据法学家特文宁所说，经验法则是一个容纳了具有良好理由的信息、深思熟虑的模式、逸闻趣事的记忆、影响、故事、神话、愿望、陈腔滥调、思考和偏见等诸多内容的复杂的大杂烩。③在民事诉讼领域，日常生活经验法则的相关学说可谓言者人殊，但人们的不同理解甚至误解很容易导致实践中适用的混乱，为正确适用该法则，有必要消除一些实践中的误区：（1）因未意识到日常经验法则的存在而未适用，导致已证明基础事实的当事人因未能对“推定事实”完成证明而承担了不利的证明责任。（2）因对日常生活经验法则的性质、特征、适用范围等认识错误，将个人生活经验、偏见④或模糊认识等经历当作日常生活经验法则加以运用或者本

---

① ［德］莱奥·罗森贝克：《证明责任论》（第四版），庄敬华译，中国法制出版社 2002 年版，第 217 页。

② 毕玉谦：《论经验法则在司法上的功能与应用》，载《证据科学》2011 年第 2 期。

③ ［英］William Twining，Civilians Don’t Try：A Comment on Mirjan Damaska’s “Rational and Rational Proof Revisited”，（1997）5Cardozo J. of International & Comparative Law，69 at fn 6。

④ 如 1857 年的《俄罗斯帝国法规全书》中就有“男子的证言优于女人的证言”“学者的证言优于非学者的证言”的规定。

该适用A经验法则却适用了B经验法则。（3）适用日常生活经验法则的小前提不具备即基础事实未查明或者待证事实通过其他途径可以查明，这两种情况都没有适用日常生活经验法则的余地。（4）适用日常生活经验法则时的基础事实是经推定而来，即不当连续推定。（5）将《民事诉讼法解释》第93条其他项规定如"（一）自然规律以及定理、定律；（二）众所周知的事实；（三）根据法律规定推定的事实；"等与日常生活经验法则推定事实并列的免证事项误认为是日常生活经验法则。

3. 适用日常生活经验法则的心证经过

从心证过程看，日常生活经验法则的运用应该说是一个证伪的过程。法官首先根据基本案件事实去探寻可能适用的日常生活经验法则，然后随着查明案情的深入程度，结合当事人围绕日常生活经验法则存在与否、具体内容、盖然性大小、具体适用条件是否满足等的辩论，逐步排除盖然性较低、关联性不大甚至根本不存在的日常生活经验法则，确定最切合本案的日常生活经验法则，最后将识别、筛选和推理等适用过程和理由、结果予以展示。[①]

（二）关于推定

按照《元照英美法词典》的解释，推定是指从其他经司法认知或经证明或承认为真实的事实（一般称为基础事实）中推断出某一事实成立或为真实。[②]《布莱克法律辞典》对推定的定义是："推定是一个立法或司法上的法律规则，是一种根据既定事实得出推定事实的法律规则。"[③] 从概念可知，所谓推定是指依照法律规定或者日常生活经验法则，从已知的某一事实推断未知的另一事实存在，并允许当事人提出反证推翻的一种兼具经验性与逻辑性的证据法则。已知的某一事实称为基础事实，推定出的另一事实称为推定事实（结果事实），一旦基础事实得到证明，法院就可以径直根据基础事实认定推定事实，无需再对推定事实加以证明，免除当事人就推定事实举证的责任。之所以赋予推定此种法律效力，就在于推定是根据事物之间的规律性联系而设立的，基础事实与推定事实之间存在着法律上、逻辑上或经验上的某种联系。某一事实存在，根据事物正常规律，大体可以确定另一事实也是存在的。

---

① 张亚东：《经验法则—自由心证的尺度》，北京大学出版社2012年版，第211~212页。

② 薛波主编：《元照英美法词典》，法律出版社2003年版，第1084~1085页。

③ ［美］Henry Campbel l Black.M.A.Bl ack' s Law Dictionary .6th Edition.St.Paul ，Minn，West Publishing Co，1990。

1. 推定存在的合理性分析

通常情况下，按照“谁主张，谁举证”的原则，当事人要通过证明待证事实的存在才能使法官支持己方的主张，但由于人类认识的局限性和客观事实的无限性，在民事诉讼这种事后证明的模式下，决定了有些情况下举证方无法通过举证来还原全部待证事实或者举证成本过于高昂。为了使诉讼程序顺利推进，转而要求举证方证明与结果事实有某种规律性联系的基础事实的存在为真，作为根据的基础事实查证属实，法官就认可推定事实亦查证属实，从而免除了举证方对推定事实的举证责任。

但由于人类认识的局限性和事物变化发展的无限性，达到高度盖然性证明标准的基础事实的真实性仍然是相对的，是一种可能性的法律判断。基础事实存在高度盖然性且作为推定事实与基础事实联系中介的日常生活经验等推定路径亦存在着高度盖然性，虽然这种推定事实绝大多数情况下都与客观事实一致，但不能排除可能存在的差异，因此就有必要赋予推定不利方提出反证来推翻推定事实的权利。推定不利方可以就（a）基础事实提出反证；（b）对推定事实提出反证；（c）对基础事实和推定事实之间的日常生活经验法则或逻辑关系等提出反证，来否定推定规则的适用。

从推定受益方角度看，推定的适用不仅减轻了对推定事实的证明负担，还提高了诉讼效率，体现了诉讼经济原则。另外，在类似环境污染侵权纠纷中，推定规则的存在将侵权行为与损害后果不存在因果关系的举证责任转移至加害方，也是一种实质公平原则的体现。

2. 推定对举证责任的影响

推定作为法律上重要的证据法则，一旦成立，便具备了未知事实得到证明的法律效果，这种效果反映到推定转移证明责任的功能上。然而对于转移的具体为何种责任，理论界一直存在着“证明责任转移说”和“提证责任转移说”之争。所谓提证责任，是指当事人为避免遭受败诉的后果而向法官提供证据以证明自己主张的责任。证明责任，是指当事人所负担的说服法官确信其证明之事实为真实的责任，而一旦待证事实真伪不明时，该当事人将负担败诉的后果。目前，我国学界的主流学说是“证明责任转移说”。例如，毕玉谦教授认为从推定不利方角度看，适用推定的效果是就要件事实负担客观意义上的证明责任在当事人之间发生了转换。[1] 何家弘教授也认为推定适用的后果是转移完整的证明责任，既包括提证责任的转移也包括

① 毕玉谦：《民事证明责任研究》，法律出版社 2007 年版，第 444 页。

证明责任的转移。[①]甚至有的学者进一步提出因推定性质的不同，转移的证明责任也相异，事实上的推定影响的只能是提证责任，而法律推定影响的不仅包括提证责任，还包括证明责任。[②]

3. 事实推定与法律推定

《牛津法律大辞典》和《元照英美法词典》均把推定划分为三种类型：一是结论性（决定性）的或不可反驳的法律推定，即法律拟制或法律规则；二是非决定性的或可反驳的法律推定；三是事实推定。[③]笔者认为，不可反驳的法律推定属于广义上的法律推定，已经超出了可以反驳的推定范畴，将其划归为法律规定更为恰当，一般意义上的推定只有可反驳的法律推定和事实推定。[④]所谓法律推定，也叫立法推定，是指法律规范直接规定，以某一事实的存在为基础，认定另一事实的存在。所谓事实推定，又叫司法推定，是指在诉讼过程中根据日常生活经验法则或者相关证据对基础事实进行的推定。经验法则与事实推定之间存在着密不可分、形影相随的关系。言事实推定，必依经验法则；适用经验法则，必为事实推定。[⑤]

首先，法律推定和事实推定的区别就是有无法律的明文规定。凡法律明文规定的法律推定，法官必须适用无自由心证的空间，被推定的事实不是作为已经证明的事实，而是未加证明即作为其判决的根据。而事实推定法官可根据自由心证原则决定是否采用，主观性较为明显。其次，推翻推定的证明标准不同，法律推定因有法律的明文规定直接导致证明责任转移至相对方，相对方需要承担本证意义上的证明责任才能推翻法律推定，而推翻事实推定只需提供反证使事实推定陷入真伪不明的状态即可。[⑥]再次，推定的设立基础不同，事实推定源自日常生活经验法则，而法律推定除了日常生活经验法则外，还包括国家政策、价值选择等。最后，推定发生作用的时间不同，法律推定由立法者创设，在诉讼开始之前即存在于法律规范之中；事实推定是法官在诉讼过程中对证据进行评价和认定的方法。

虽然法律推定与事实推定貌合神离，但是围绕着“推定”这一焦点，两者又存

---

① 何家弘：《论推定规则适用中的证明责任和证明标准》，载《中外法学》2008 年第 6 期。

② 张乐乐：《民事推定规范研究》，南京大学 2015 年博士学位论文。

③ ［美］戴维·M. 沃克：《牛津法律大辞典》，李双元译，法律出版社 2003 版，第 895 页。薛波主编：《元照英美法词典》，法律出版社 2003 年版，第 1084～1085 页。

④ 也有学者认为，真正意义上的推定只有法律推定，事实推定的本质是事实推论。参见王雄飞：《论事实推定和法律推定》，载《河北法学》2008 年第 6 期。

⑤ 江伟：《证据法学》，法律出版社 1999 年版，第 139～141 页。

⑥ 骆永家：《民事举证责任论》，台湾商务印书馆 2009 年版，第 61 页。

在着很多共性。第一，正如前文所述，两种推定的设立基础存在部分重合，都包括日常生活经验法则。第二，推定的方法论同一，都是根据小前提即基础事实推定出了结果事实。第三，虽然相对方推翻推定的证明标准不同，但推定事实均处于一种盖然性状态，存在被推翻的可能。第四，事实推定是法律推定的自然状态，而法律推定则是事实推定的规范状态，①法律推定是国家成文法或习惯法对部分事实推定的规范化或形式化。经过司法实践检验的，能够正确指导法官判断证据的事实推定可以转化为法律推定，②甚至长期来看法律推定也可以转化为事实推定。

4. 两大法系对推定及证明责任的规定

第一，关于推定的规定。《法国民法典》第 1349 条规定“推定为法律或法官从已知的事实推论未知的事实所得出的结论。”《意大利民法典》第 2727 条也作了相应的界定：“推定是指法律或者法官由已知事实推测出一个未知事实所获得的结果。”我国台湾地区“民事诉讼法”第 281 条规定，法律上推定之事实无反证者，无用举证。其第 282 条规定，法院得依已明了之事实，推定应证事实之真伪。

在英美法国家，推定是证据制度中的一个重要组成部分。有英国学者指出：“推定是一条证据规则，当一方当事人证实了某一事实（基础事实），则另一种事实（推定事实）假定被证实，除非该推定被反证推翻。”

第二，关于推定法律效力的规定。以罗森贝克为代表的德国学者认为，证明责任的本质价值在于在重要的事实主张的真实性不能被认定的情况下，其告诉法官应当作出判决的内容。推定的运用并不会导致举证责任的转移、倒置。如果法官根据经验法则，对法律所要求的要件特征的真实性获得了心证，那么，证明责任不是被推延或转换，而是等于已经提出了证明。③日本学界存在着以兼子一、竹下守夫为代表的“证明责任转移说”和以新堂幸司为代表的“提证责任转移说”。“证明责任转移说”认为适用推定效果是将证明责任从原告转移至被告，推定意味着既允许主张其法律规定效果的人选择它为证明的主题，又要使想推翻它的对方当事人负担反对该事实的举证责任。④“提证责任转移说”认为推定的适用只是把证据提出责任转换

---

① 王雄飞：《论事实推定和法律推定》，载《河北法学》2008 年第 6 期。

② 江伟、徐继军《在经验与规则之间》，载《政法论坛》2004 年第 5 期。

③ ［德］莱奥·罗森贝克：《证明责任论》（第四版），庄敬华译，中国法制出版社 2001 年版，第 195 页。

④ 参见［日］兼子一、竹下守夫：《民事诉讼法》（新版），白绿铉译，法律出版社 1995 年版，第 113 页。

给被告人而不涉及证明责任的转移。[①] 我国台湾地区骆永家教授认为，对方当事人就推定事实之相反事实非举证不可，此所须者为本证，即须使法院达成确信，故由彼之立场言之，适用推定的效果为证明责任的转换。[②]

美国法上关于适用推定的效果主要有两大学说，分别是塞耶学说及摩根学说。塞耶学说认为适用推定的唯一的效果是转移提证责任，并非证明责任，若相对方提出了反证，使法官之前形成的内心确信发生了动摇，则推定将被排除适用。美国《联邦证据规则》采纳了塞耶学说，其第 301 条规定了推定规则下“该证明责任仍由在审判过程中原先承担的当事人承担”。以摩根教授为代表的摩根学说则认为提证责任和证明责任都会随着推定的适用而转移。

第三，关于“法律推定”和“事实推定”的规定。大陆法系国家一般将推定分为“法律推定”和“事实推定”，前者因由法律直接规定，因此也被称为立法上的推定；后者则指法官基于已知事实对未知事实的推论，也被称为司法上的推定。《法国民法典》第 1350 条至第 1353 条规定了法律推定和事实推定、绝对推定和相对推定。日本学者也认为，推定包括法律上的推定与事实上的推定，后者指在具体诉讼中，法官根据自由心证原则以一定的证据推定系争事实。但也有部分学者否认事实推定存在的必要性，如德国普维庭教授指出：“事实推定作为一个法律现象是多余的。在司法实践中要避免使用该概念。[③] 英美法系法律上普遍承认的推定，实际上只有‘法律推定’一种，证据法中并未赋予司法裁判者根据已知事实推定未知（待证）事实的权利，推定的适用只得依照立法者预设于证据规则中的具体规定。”如著名的美国证据法学家威格莫尔教授就明确指出：“法律推定与事实推定的区别仅仅是借用已被误用的大陆法的词语。实际上只有法律推定一种，而‘事实推定’一词应当作为无用和引起混乱的东西予以废弃。”[④]

（三）关于事实推定的立法沿革

2001 年《民事证据规定》第 9 条：“下列事实，当事人无需举证证明：……（三）根据法律规定或者已知事实和日常生活经验法则，能推定出的另一事实……前款

① 参见［日］新堂幸司：《新民事诉讼法》，林剑锋译，法律出版社 2008 年版，第 401 页。

② 骆永家：《民事举证责任论》，我国台湾地区商务印书馆 2009 年版，第 135 页。

③ ［德］汉斯·普维庭：《现代证明责任问题》，吴越译，法律出版社 2006 年版，第 72 ~ 87 页。

④ ［美］Wigmore.Evidence，Chadbourm rev.p.2491(1981)，转引自龙宗智：《推定的界限及适用》，载《法学研究》2008 年第 1 期。

（一）、（三）、（四）、（五）、（六）项，当事人有相反证据足以推翻的除外。”将根据法律规定推定的事实与根据已知事实、日常生活经验法则推定的事实，这两类推定未作明确区分，在同一款项中并列规定，并赋予了对方当事人以相反证据推翻此类推定的权利。《民事诉讼法司法解释》第93条在条文表述上对免证情形进行了调整：将2001年《民事证据规定》中第9条第3项推定事实拆分为两项，即把“（三）根据法律规定或者已知事实和日常生活经验法则，能推定出的另一事实”拆分为“（三）根据法律规定推定的事实；（四）根据已知的事实和日常生活经验法则推定出的另一事实；”并允许对方当事人以相反证据予以反驳。窥其原因，随着民事诉讼证据理论研究的逐步深入和社会经济、文化和政策等方面的迅速发展变化，根据法律规定推定形成的“法律推定”与根据已知的事实和日常生活经验法则推定形成的“事实推定”性质上存在的不同，并反映在了《民事诉讼法司法解释》条文之中。另一明显变化就是对“反驳”和“推翻”作了区分，将“法律推定”和“事实推定”都划归为可以反驳的推定类型，将人民法院的裁判、仲裁机构的裁决、公证机构公证的文书划归为可以推翻的类型。至于“反驳”和“推翻”的不同，根据《民事诉讼法司法解释》第108条第1款、第2款的规定：“对负有举证证明责任的当事人提供的证据，人民法院经审查并结合相关事实，确信待证事实的存在具有高度可能性的，应当认定该事实存在。对一方当事人为反驳负有举证证明责任的当事人所主张事实而提供的证据，人民法院经审查并结合相关事实，认为待证事实真伪不明的，应当认定该事实不存在。”由此可见，反驳的标准是将法官形成的内心确信拉低到高度盖然性证明标准之下，使待证事实真伪不明；推翻的标准是使相反证据证明的事实达到高度盖然性标准，即证伪+证真。2019年《民事证据规定》在2015年《民事诉讼法司法解释》对免证事实列举的基础上，将“已为仲裁机构生效裁决所确认的事实”从可“推翻”的类型调整到可“反驳”的类型，进一步理顺了人民法院和仲裁机构的关系，维护了人民法院的司法权威地位。

四、辅助信息

《民事诉讼法司法解释》

第九十三条　下列事实，当事人无须举证证明：

（一）自然规律以及定理、定律；

（二）众所周知的事实；

（三）根据法律规定推定的事实；

（四）根据已知的事实和日常生活经验法则推定出的另一事实；

（五）已为人民法院发生法律效力的裁判所确认的事实；

（六）已为仲裁机构生效裁决所确认的事实；

（七）已为有效公证文书所证明的事实。

前款第二项至第四项规定的事实，当事人有相反证据足以反驳的除外；第五项至第七项规定的事实，当事人有相反证据足以推翻的除外。

第一百零五条 人民法院应当按照法定程序，全面、客观地审核证据，依照法律规定，运用逻辑推理和日常生活经验法则，对证据有无证明力和证明力大小进行判断，并公开判断的理由和结果。

2019年《民事证据规定》

第十条 下列事实，当事人无须举证证明：

（一）自然规律以及定理、定律；

（二）众所周知的事实；

（三）根据法律规定推定的事实；

（四）根据已知的事实和日常生活经验法则推定出的另一事实；

（五）已为仲裁机构的生效裁决所确认的事实；

（六）已为人民法院发生法律效力的裁判所确认的基本事实；

（七）已为有效公证文书所证明的事实。

前款第二项至第五项事实，当事人有相反证据足以反驳的除外；第六项、第七项事实，当事人有相反证据足以推翻的除外。

第八十五条 人民法院应当以证据能够证明的案件事实为根据依法作出裁判。

审判人员应当依照法定程序，全面、客观地审核证据，依据法律的规定，遵循法官职业道德，运用逻辑推理和日常生活经验，对证据有无证明力和证明力大小独立进行判断，并公开判断的理由和结果。

民事诉讼证据裁判规则第 15 条：

当事人在证据交换、询问、调查过程中，或者在起诉状、答辩状、代理词等书面材料中，明确承认于己不利的事实的，另一方当事人无需举证证明

【规则描述】　在我国民事诉讼职权主义向当事人主义转型变革的进程中，诉讼程序中当事人的各项权利愈加完善，体现当事人主义的各种诉讼规则和证据规则也逐步发展，自认制度随之问世。自认作为一项在证据制度与证明阶段的规则，明显体现了辩论主义的特性。本条裁判规则是在 2001 年《民事证据规定》的第 8 条规定及 2015 年《民事诉讼法司法解释》的第 92 条规定的基础上，对诉讼中自认规则的进一步修改与完善。

为规范司法实践对于自认场域和自认内容的理解不一问题，本条确定了自认的场域，自认除了现有规定的法庭审理过程作出的，也包括在审前准备活动中作出的，即在“证据交换、询问、调查过程中”作出的自认；除了可以通过口头的方式用直接的言词表达作出的口头形式自认，也包括在当事人提交的“起诉状、答辩状、代理词”等材料中作出的书面形式的自认。同时强调自认系当事人对“于己不利”事实的承认以及自认所具有的免除对方的证明责任的法律效果。

一、类案检索大数据报告

时间：2020 年 5 月 18 日之前；案例来源：Alpha 案例库；案由：民事纠纷；检索条件：（1）全文：于己不利的事实明确表示承认的；（2）法院认为包含：在诉讼过程中；（3）法院认为包含：一方当事人陈述的于己不利的事实；（4）同句“于己不利的事实明确表示承认的”；（5）同句“另一方当事人无需举证证明”。本次检索

获取 2020 年 5 月 18 日之前共计 629 篇裁判文书。其中：

1. 认为在诉讼过程中，一方当事人陈述的于己不利的事实的共计 46 件，占比为 7.31%；

2. 认为对于己不利的事实明确表示承认的共计 289 件，占比为 45.95%；

3. 认为在证据交换、询问、调查过程中当事人明确承认于己不利的事实的共计 5 件，占比为 0.79%；

4. 认为在起诉状、答辩状、代理词等书面材料中，当事人明确承认于己不利的事实的共计 247 件，占比为 39.27%；

5. 认为属于诉讼外承认，非属于自认的共计 3 件，占比为 0.48%；

6. 认为非适用自认规则，应当适用证明责任的共计 39 件，占比为 6.2%。

整体情况如图 15–1 所示：

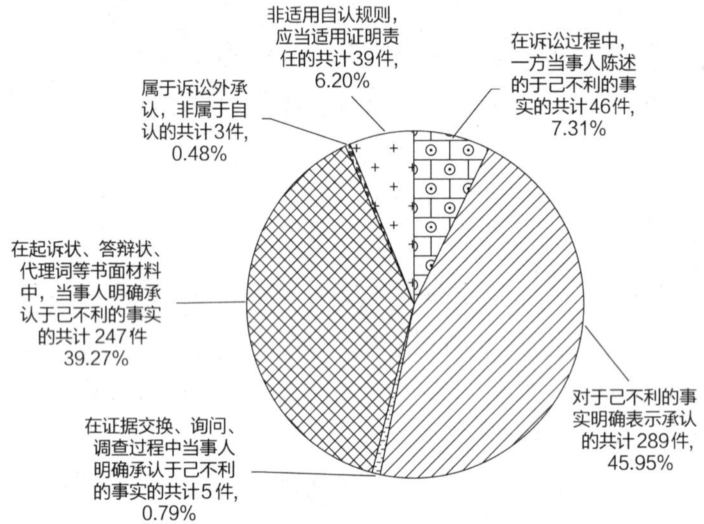

图 15–1　案件裁判结果情况

如图 15–2 所示，从案件年份分布可以看在当前条件下，涉及（1）全文：于己不利的事实明确表示承认的；（2）法院认为包含：在诉讼过程中；（3）法院认为包含：一方当事人陈述的于己不利的事实；（4）同句“于己不利的事实明确表示承认的”；（5）同句“另一方当事人无需举证证明”的条件下，相应的民事纠纷案例数量的变化趋势。

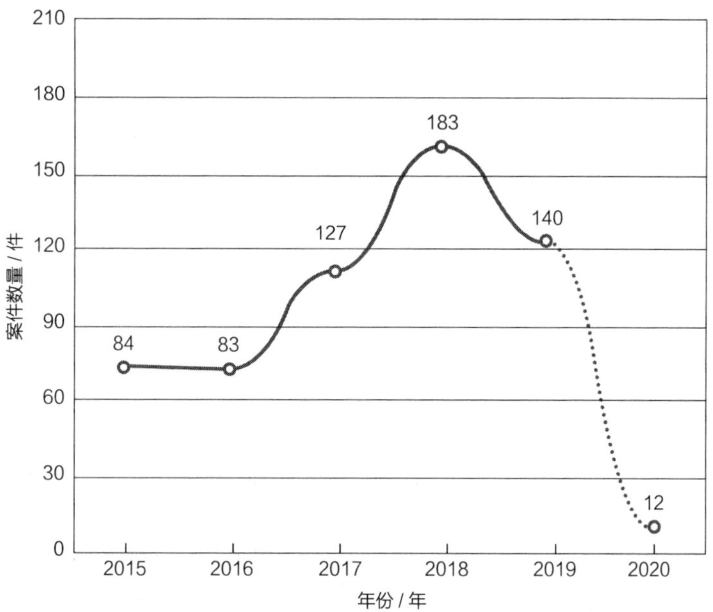

图 15-2　案件年份分布情况

如图 15-3 所示，从程序分类统计可以看到当前的审理程序分布状况。一审案件有 312 件，二审案件有 263 件，再审案件有 52 件，其他案件有 2 件。

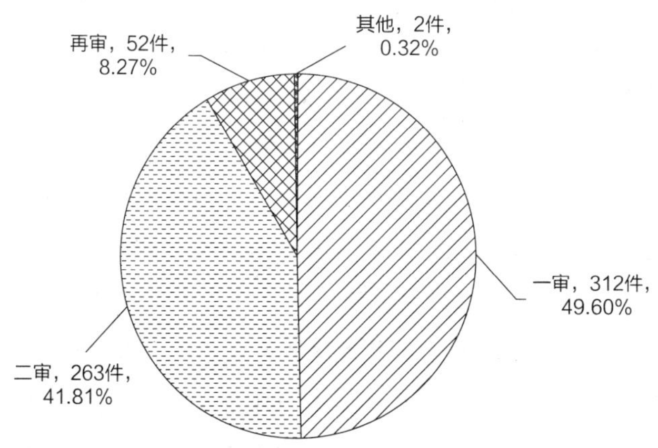

图 15-3　案件审理程序分类

二、可供参考的例案

例案一：张某周与宁夏视通建设集团有限公司等建设工程施工合同纠纷案

【法院】

最高人民法院

【案号】

（2019）最高法民申2157号

【当事人】

再审申请人（一审原告、二审上诉人）：张某周

被申请人（一审被告、二审被上诉人）：宁夏视通建设集团有限公司

被申请人（一审被告、二审被上诉人）：中卫市启源房地产开发有限公司

【基本案情】

张某周申请再审称：（1）原审法院认定基本事实缺乏证据证明。①宁夏视通建设集团有限公司（以下简称视通公司）提交付款凭证一套，证明已付工程款17431965元，张某周误以为该事实成立，但付款凭证中张某周签收款记载有瑕疵，原审法院认定已付工程款17431965元，缺乏证据证明。②案涉合同第5条约定固定单价超出合同约定工期风险范围，应依案涉合同第8条第1款、第7条第2款第9项约定调整为两被申请人之间合同约定综合单价。视通公司关于固定单价的抗辩与《财政部、建设部关于建设工程价款结算暂行办法》通知第8条第2款规定不符，原审法院支持视通公司该抗辩，认定固定单价作为案涉工程价款依据缺乏证据证实。视通公司以案涉合同第7条第2款第9项工程结算约定是结算流程，而非价款结算为理由提出抗辩，原审法院认定该项事实缺乏证据证实。因此原审法院认定案涉工程价款结算，以固定单价为依据确定视通公司案涉合同的法定债务缺乏证据证明。（2）原审法院适用法律错误。原审法院认定案涉合同第6条第4项约定视通公司按照工程造价收取1%的管理费，是视通公司与张某周之间的法定债权债务错误。原审法院认定案涉合同无效，未释明案涉合同第6条第4项约定视通公司按照工程造价收取1%的管理费意定之债转为法定之债的法律依据，明显违背《合同法》第56条[①]的

① 该法已失效，在《民法典》中无相对应的法条。

立法原意。综上，申请再审。

【案件争点】

当事人自认事实的认定。

【裁判要旨】

《民事诉讼法》第13条第1款①规定：“民事诉讼应当遵循诚实信用原则。”《民事诉讼法司法解释》第92条第1款规定：“一方当事人在法庭审理中，或者在起诉状、答辩状、代理词等书面材料中，对于己不利的事实明确表示承认的，另一方当事人无需举证证明。”本案一审中，张某周的民事起诉状明确写明“视通公司已支付工程款17431965元”，且张某周还提交一份《预付工程款统计表》用以证明“截至2018年2月，视通公司向张某周支付工程款共计17431965元”，而视通公司提交一套付款凭证用以证明其已付工程款17436445元，一审法院结合双方当事人提供的证据，以张某周主张的已付工程款金额认定本案已付工程款为17431965元。张某周就一审判决提起上诉后，未对一审判决认定已付工程款金额表示异议。原审法院认定本案已付工程款为17431965元，依据充分，并无不当。

例案二：敖某福与准格尔旗神山煤炭有限责任公司合同纠纷案

【法院】

最高人民法院

【案号】

（2019）最高法民申1090号

【当事人】

再审申请人（一审原告，二审上诉人）：敖某福

被申请人（一审被告、二审被上诉人）：准格尔旗神山煤炭有限责任公司

【基本案情】

敖某福申请再审称：一审、二审法院采信准格尔旗神山煤炭有限责任公司（以下简称神山煤炭公司）提供的鄂尔多斯市地质环境监测站（以下简称地质环境监测站）出具的鉴定报告，不采信敖某福提供的内蒙古自治区煤田地质局153勘探队（以

---

① 该法已于2021年12月24日第四次修正，本案所涉第13条第1款修改为：“民事诉讼应当遵循诚信原则。”

下简称153勘探队）出具的书面证明，继而认定敖某福采挖了4号煤层，属于认定事实不清、适用法律错误。理由如下：（1）敖某福开采3号煤层经过了合法的审批手续，持有多个部门的批复文件，还有153勘探队的书面证明，可以证明敖某福开采的只是3号煤层。（2）地质环境监测站出具的鉴定报告因鉴定人员无鉴定资质、无鉴定人员的签字或盖章、无敖某福开采4号煤层的具体吨数等，不应予以采信。（3）一审、二审法院在审理过程中，均没有要求双方进行司法鉴定，而直接采信地质环境监测站出具的鉴定报告，属于认定事实错误。（4）敖某福未获得开采4号煤层的批复手续，鄂尔多斯市国土资源执法监察支队并未对敖某福予以行政处罚，说明敖某福并没有采挖4号煤层。敖某福依据《民事诉讼法》第200条[①]第2项、第6项的规定申请再审。

【案件争点】

自认对己不利的不利事实的认定。

【裁判要旨】

法院经审查认为：本案争议的焦点问题是敖某福是否采挖了4号煤层，神山煤炭公司应否返还4200万元提成款并支付资金占用费。

敖某福对采挖了4号煤层的事实已经予以确认。（1）在敖某福采挖3号煤层时，神山煤炭公司曾对其采挖行为进行制止，认为敖某福已采挖到了4号煤层。后经协商，敖某福作为乙方与甲方神山煤炭公司签订了《补充协议》，该协议系双方真实意思表示，合法有效。该协议第三条载明："乙方认可本《补充协议》签订前灭火工程所采煤层属甲方所有的4号煤层。"（2）敖某福已依约支付了采挖4号煤层的提成款。自2009年12月20日起，敖某福根据《补充协议》的约定，陆续向神山煤炭公司打款，神山煤炭公司收到款项后为其提供煤管票，直至4号煤层采挖完毕敖某福撤出煤矿，共计打款4200万元。（3）敖某福已经对其采挖4号煤层的事实进行了自认。敖某福曾在一审法院庭后询问笔录中自认，该煤层已于2014年至2015年期间采挖完毕，并撤场。《民事诉讼法司法解释》第92条规定："一方当事人在法庭审理中，或者在起诉状、答辩状、代理词等书面材料中，对于己不利的事实明确表示承认的，另一方当事人无需举证证明……自认的事实与查明的事实不符的，人民法院不予确认。"因此，敖某福自认的事实属于"于己不利"的事实，且与一审、二审法院查明

① 该法已于2021年12月24日第四次修正，本案所涉第200条第2项、第6项修改为第207条第2项、第6项，内容未作修改。

的事实相符，人民法院依法予以确认，并无不当。

例案三：王某则与陕西神木市崔家沟合伙煤矿民间借贷纠纷案

【法院】

陕西省高级人民法院

【案号】

（2019）陕民终853号

【当事人】

上诉人（原审被告）：王某则

被上诉人（原审原告）：陕西神木市崔家沟合伙煤矿

【基本案情】

被告王某则系原告陕西神木市崔家沟合伙煤矿（以下简称崔家沟合伙煤矿）的股东，2012年6月，王某则及王某则占股92%以上的陕西省神木县森伟能源开发有限公司担保原告向中国工商银行股份有限公司榆林分行贷款37500万元，贷款期限4年，利率为浮动利率（即基准利率加浮动幅度确定，浮动幅度为上浮10%），贷款用途为煤炭资源整合项目支出。2012年6月10日中国工商银行股份有限公司榆林分行按照原告的委托，将部分借款发放至陕西省神木县森伟能源开发有限公司账户。2012年7月1日原告与被告签订《借款协议》，被告向原告借款4000万元，月利率7.5‰，未约定借款期限；4000万元借款原告没有再付款，被告直接在银行发放在陕西省神木县森伟能源开发有限公司账户中支取。借款后被告本息未支付，原告遂提起诉讼，请求维护权利。

另查明，2012年6月间，中国人民银行公布的3~5年的贷款基准利率为年利率6.65%（上浮10%为7.315%）。银行借款年利率为7.315%。原告与被告贷款约定利率为月利率7.5‰（年利率为9%），约定的逾期利率为基准利率上浮50%（即年利率9.975%）；民间借贷相关司法解释确定的最高保护年利率为24%。

【案件争点】

当事人在法庭询问中亦认可收到涉案款项的认定。

【裁判要旨】

从本案查明的事实看，2012年7月1日，上诉人王某则与被上诉人崔家沟合伙煤矿签订了《借款协议》，约定借款金额为4000万元，月利率为7.5‰，王某则如果没有在规定期限内还款，崔家沟合伙煤矿将按月利率30‰对超出日期部分收取利息。上诉人王某则直接在银行发放在陕西省神木县森伟能源开发有限公司的账户中支取涉案款项。一审庭审中，上诉人王某则在法庭询问中亦认可收到涉案款项。根据《民事诉讼法司法解释》第92条第1款“一方当事人在法庭审理中，或者起诉状、答辩状、代理词等书面材料中，对于己不利的事实明确表示承认的，另一方当事人无需举证证明”的规定，案涉借款协议已经得到实际履行。上诉人主张崔家沟合伙煤矿违规支付国家信贷资金，应属无效合同。经查，《民间借贷司法解释》第14条第1项[①]所规范的对象为出借人利用自己的信贷额度和信贷条件，从金融机构套取信贷资金后，再高利转贷他人，严重扰乱信贷资金市场秩序的行为。本案中，崔家沟合伙煤矿与中国工商银行股份有限公司榆林分行签订的《固定资产借款合同》第7.1条明确载明该合同项下借款为担保贷款，且双方亦签订有最高额抵押合同、担保合同，故其主张被上诉人高利转贷国家信贷资金的理由不能成立，案涉《借款协议》不存在无效的情形。

三、裁判规则提要

自认是指当事人或者其代理人，在审理前的准备阶段或者法庭审理的过程中，对于己不利的事实明确表示承认或者经审判人员说明仍不表态，从而免除对方证明责任的制度。自认是民事诉讼法中一项重要的制度，充分体现了当事人主义模式下辩论原则的精神实质。

（一）自认的主体与客体

1. 自认的主体。当事人及诉讼代理人均有权自认。当事人欠缺诉讼行为能力时，由其法定诉讼代理人代为行使所有的诉讼权利，包括自认；委托诉讼代理人以有代为自认的权利为原则，除非在委托事项中被明确排除或者当事人当场否认的，一般都可进行自认。依据为2019年《民事证据规定》第5条第1款：“当事人委托诉讼代理人参加诉讼的，除授权委托书明确排除的事项外，诉讼代理人的自认视为当事人的自认。当事人在场对诉讼代理人的自认明确否认的，不视为自认。”

---

① 该司法解释已于2020年12月23日第二次修正，本案所涉第14条修改为第13条：“具有下列情形之一的，人民法院应当认定民间借贷合同无效：（一）套取金融机构贷款转贷的……”

2. 自认的客体。法条中明确为“于自认方不利的事实”。首先，自认的对象限定为事实，需要与“承认对方的诉讼请求”进行区别，也即自认与认诺不同。认诺越过事实证明而直接认可对方的主张，法院会由此作出认诺方败诉的判决。但自认主要是针对能够判断当事人的主张所依据的法律关系发生、变更或消灭的主要事实，即使一方当事人自认，也不一定会承担败诉的结果。在此，自认针对案件主要事实作出并无争议，但自认能否针对间接事实和辅助事实，学界有不同的观点。间接事实，是指能够证明主要事实存在与否的事实；而辅助事实则是指证明证据可采性和证据能力的事实，例如，证人是否经常说谎，证据是否由非法程序获取等。反对自认可以就间接事实和辅助事实作出，主要考虑到自认的约束力与法官的自由心证之间的冲突，由于法官要受到当事人自认内容的约束，若间接事实和辅助事实也均由当事人进行自认，法官依据自由心证作出裁判的规则就可能被架空；[①]而偏向支持的一方则认为，间接事实和辅助事实在一定条件下也可以进行自认。例如，间接事实的自认能够形成完整证据链，与法官的心证并不矛盾时，可承认其自认的效力。辅助事实如“文书的真伪”能否自认，可分情况处理，若文书仅为私主体间的意思自治范围，可进行自认；但若涉及国家、社会或第三人的利益，则禁止自认。[②]反对方的观点是传统实务中的做法，但随着法律实践的多样化，也可探索支持方的观点是否有适用之处。其次，自认的对象为案件事实。最后，自认的对象还须是“于己不利”的事实。这是由于当事人普遍会主张于己有利的事实，我们在证据种类中将其定义为“当事人陈述”，作为一种法定证据形式，而承认于己不利的事实，法律另行赋予了其独特的法律效果。

（二）自认的学理分类

自认有不同的情形，在学理上分类如下：

1. 明示的自认与默示的自认。明示的自认，是指当事人以书面或口头形式作出的于己不利的事实的承认。默示的自认又称为拟制自认，是指一方当事人对对方当事人所提出的于己不利的事实主张，不予争执或反驳，经法定程序推定其认可的意思表示的情形。

2. 诉讼上的自认与诉讼外的自认。诉讼上的自认，是指当事人在诉讼程序中作

---

① 参照张卫平：《自认制度的机理及理论分析》，2000 年 4 月第三届全国民事诉讼法研讨会论文。

② 参照邱星美、张红娇：《论民事诉讼自认制度之限制性规则》，载《法律适用》2013 年第 3 期。

出的对于己不利事实的承认。诉讼外的自认，是指当事人在本案诉讼程序之外作出的承认，包括当事人在其他案件中作出的于己不利的承认。[①] 从有些国家的规定来看，诉讼外的自认与诉讼上的自认的法律效力不同，诉讼上的自认发生约束法院裁判权的作用，发生免除对方当事人证明的效果，发生不具有法定条件的，不得任意撤销的效果。但是，诉讼外的自认可以作为一种证据资料，由法官斟酌裁量。[②]

3. 本人自认与代理人自认。顾名思义，前者是指当事人自行亲自作出的于己不利的承认；后者指诉讼代理人以行使代理权的方式作出的，对被代理人不利的承认。

4. 完全自认与限制自认。完全自认，是指当事人作出的无附加条件或限制条件的于己不利事实的承认。限制自认，是指当事人虽然作出于己不利的承认，但是其承认以某种附加条件或限制条件为前提，附加条件或限制条件成就时，则构成自认；不成就时，则自认无效。

5. 口头自认与书面自认。口头自认，是指口头表达方式作出的于己不利的承认。书面自认，是指以书面方式作出的于己不利的承认。例如，在起诉状、答辩状等诉讼文书中作出的陈述或承认。

2019 年《民事证据规定》第 3 条的规定包括了明示的自认、书面自认、口头自认，第 4 条规定为默示的自认，第 5 条为当事人本人的自认与诉讼代理人的自认，第 6 条为共同诉讼中的明示自认与默示自认。

（三）自认的场域

根据自认场域的不同，自认分为诉讼上的自认和诉讼外的自认。前者是指案件已经系属法院，当事人或其代理人在诉讼进行的过程中作出的自认；后者与前者相对，是指在诉讼之外的场合当事人对于己不利的事实进行的承认。

英美法系将诉讼外的自认作为传闻证据规则的例外，英美法系十分注重直接原则和言词原则，故对当事人或者证人转述的未亲身经历的证据均进行排除，但考虑到当事人作为理性经济人，一般不会陈述对自己不利的事实，除非其为事实的真相，故英美法系并未将诉讼外的自认进行排除，但其仅具有一般的证据效力，并不会产生免除对方证明责任的效果。

我国《民事诉讼法司法解释》确定了诉讼上的自认规则，但对诉讼外的自认是

---

① 毕玉谦:《民事证据原理与实务研究》，人民法院出版社 2003 年版，第 596 页。

② 毕玉谦:《民事证据原理与实务研究》，人民法院出版社 2003 年版，第 596 页。

否有效力无明确规定，然而这并不排除作为其他类型证据适用。就诉讼上的自认，为明确其场域，除了前述《民事诉讼法司法解释》第 92 条已经规定的法庭审理的场合，还包括“证据交换、询问、调查”等审理前的诉讼准备程序阶段。同时，自认不仅可以通过口头等方式直接实现，也可以通过“起诉状、答辩状、代理词”等书面材料形式的自认。为法院和当事人、诉讼代理人准确判断自认，准确适用自认确定了同一规范。

自认的法律效力。根据大陆法系国家通说，自认是证明责任的例外，是当事人行使处分权的结果，即自认其并非一种证据形式，而是作为法院一项事实认定规则，对自认方、对方当事人以及法院均产生约束力。但是，也有国家的民事诉讼将自认作为一种证据或者证据方法。一般而言，将自认作为一种证据或证据方法来看待和使用，在英美法系属于一种通说。在大陆法系则大多不倾向于把自认作为一种证据来看待，而是作为证明责任的例外，产生免除一方当事人证明责任的效果，或无须其他证据对系争事实加以证明。①

自认产生以下法律效力：对自认方而言，自认一经作出，己方就要受自认内容的约束，不能再对自认所涉及的事实作出相反的主张，非经法定原因，自认不能随意撤回；对对方当事人而言，就自认方自认内容所涉及的事实，其无需再承担证明责任；对法院而言，原则上，法院要受到当事人自认内容的约束，根据辩论主义的要求，对当事人双方无争议的事实，法院必须遵从认定，不得自行进行证据调查，按照当事人自认的内容作出事实认定。另外，自认贯穿民事诉讼的全过程，无论是一审程序还是二审程序，均须受当事人自认的拘束；但自认的约束力存在例外情况，根据 2019 年《民事证据规定》第 8 条规定，涉及国家利益、社会公共利益及他人利益和法院的程序性事项等情况，则不受自认的约束。

（四）自认的理论基础

1. 当事人主义

民事诉讼模式是指以一定的国情为背景，在一定的民事诉讼价值观的支配下，为实现一定的民事诉讼目的，通过法院和当事人之间分配诉讼权利与义务而形成的法院与当事人之间不同的诉讼地位和相互关系。②根据当事人和法院在诉讼中的权限配置，可以

---

① 参见毕玉谦：《民事证据原理与实务研究》，人民法院出版社 2003 年版，第 594～595 页。

② 谭兵主编：《民事诉讼法学》，法律出版社 1997 年版，第 15 页。

划分为当事人主义诉讼模式和职权主义诉讼模式。前者简称为当事人主义，也即当事人在诉讼过程中起主导作用，引起诉讼的发生、推动诉讼的进程、负责收集诉讼中所需的证据材料。当事人主义模式下，诉讼按照当事人的意志进行，法官需要充分尊重当事人的权利，并且要受到当事人诉讼行为的约束，自认制度也是在这一诉讼模式中孕育而生。

2. 辩论原则和处分原则

辩论原则和处分原则是当事人主义模式的核心。辩论主义原则的基本内涵：（1）直接决定法律效果发生或消灭的必要事实必须在当事人的辩论中出现，没有在当事人辩论中出现的事实不能作为法院裁判的依据；（2）当事人一方提出的事实，对方当事人无争议，法院应将其作为裁判的依据；（3）法院对案件证据的调查只限于当事人双方在辩论中所提出来的证据。①处分原则是《民事诉讼法》特有的原则，民事法律关系以意思自治为基础，体现在纠纷的解决中即为该原则，当事人可以自主决定行使民事权利和诉讼权利的方式和内容。自认直接源于辩论主义原则的第2条，当事人对于己不利的事实作出的承认，使得该事实成为无争议事实，法院原则上受其拘束，而处分原则赋予当事人根据自己的意志作出是否自认的权利。

3. 诚信原则

2012年《民事诉讼法》修正后，增加规定“民事诉讼应当遵循诚实信用原则”。现行《民事诉讼法》第13条规定，民事诉讼应当遵循诚信原则。诉讼中的诚信具体表现在人民法院、当事人和其他诉讼参与人基于诚信的心态、言行以及应当遵守的有关诚信的法律规定和法律秩序的总称。②诚信原则中的禁反言和真实陈述义务与自认的关系更为直接密切。禁反言从字面上理解就是禁止违反先前的言论，进行民事诉讼活动时，表达出的言词，要受其拘束，不能随意撤回和否定，因为这会损害对方当事人的预期利益。而真实陈述义务，则要求当事人陈述的内容要与自己认为的真实内容一致，以表现方式不同为标准，可有积极的真实陈述义务和消极的真实陈述义务之分。积极的陈述义务是指己方对自己的陈述保证真实可信，不存在欺诈等情况；消极的真实陈述义务即对于对方当事人陈述的内容，若真实就应当予以承认，不能否定。真实陈述义务要求一方当事人要承认对方当事人陈述中真实的部分，不能为了己方利益进行违背客观真实的否认；而禁反言则要求当事人自认后不得随意

---

① 张卫平：《民事诉讼法》，法律出版社2004年版，第22页。

② 唐东楚：《诉讼主体诚信论——以民事诉讼诚信原则为中心》，光明日报出版社2011年版，第28页。

撤回，要受到已经作出的陈述的拘束。

（五）自认制度的发展与完善

自认制度经历了一个渐进发展的过程。1992 年《最高人民法院关于适用〈中华人民共和国民事诉讼法〉若干问题的意见》第 75 条规定：“下列事实，当事人无需举证：（1）一方当事人对另一方当事人陈述的案件事实和提出的诉讼请求，明确表示承认的；”2001 年《民事证据规定》第 8 条确定了自认规则的主要内容：诉讼上的自认及其例外，即身份关系限制自认、拟制自认或默示自认、当事人的自认与委托代理人的自认、自认的撤回等。”2015 年《民事诉讼法司法解释》第 92 条将自认的客体进行了修改，既有扩张也有限缩。2001 年《民事证据规定》中自认的客体是“另一方当事人陈述的案件事实”，2015 年的《民事诉讼法司法解释》一方面将其限缩为“于己不利”的事实，另一方面除去了“另一方当事人陈述”的条件，自认方可以对“任何”于己不利的事实进行自认，可以是针对证人证言、鉴定人意见等。同时，细化了自认的场域，将此前的“诉讼过程”细化为“法庭审理和提供起诉状等书面材料”。此外，对自认的例外，即自认的限制情形补充完善，不仅限于身份案件，还扩展到涉及国家利益、社会公共利益等应当由人民法院依职权调查的事实以及自认的事实与查明的事实不符的事实，均排除自认的适用。

2019 年《民事诉讼规定》，进一步完善自认制度，主要体现在：第一，将自认纳入诉讼代理人的一般代理权限。此前需当事人的特别授权，代理人才可代为自认。现在规定，当事人委托诉讼代理人参加诉讼的，除授权委托书明确排除的事项外，诉讼代理人的自认为当事人的自认。第二，放宽了撤回自认的条件。对于当事人因胁迫或重大误解作出的自认，不再要求当事人证明自认的内容与事实不符。第三，对共同诉讼人的自认、附条件的自认和限制自认均作出规定。

（六）启示与思考

自认的客体是案件事实，自认是一项法院认定案件事实的规则，原则上，根据辩论主义的要求，当事人的自认拘束法院，法院需要确认当事人双方无争议的事实。但这并不意味着自认的内容均符合客观真实，与法律上诸如优势证据、高度盖然性等证据认定规则一样，自认规则也只是一种尽量还原案件真实的努力，当事人可能出于各种利益的衡量，会作出与事实不一致的承认，审判人员应当依照法定程序，全面、客观地审核证据，确保查清案件事实。

四、辅助信息

2019年《民事证据规定》

第三条 在诉讼过程中，一方当事人陈述的于己不利的事实，或者对于己不利的事实明确表示承认的，另一方当事人无需举证证明。

在证据交换、询问、调查过程中，或者在起诉状、答辩状、代理词等书面材料中，当事人明确承认于己不利的事实的，适用前款规定。

《民事诉讼法》

第六十七条第一款 当事人对自己提出的主张，有责任提供证据。

《民事诉讼法司法解释》

第九十二条 一方当事人在法庭审理中，或者在起诉状、答辩状、代理词等书面材料中，对于己不利的事实明确表示承认的，另一方当事人无需举证证明。

对于涉及身份关系、国家利益、社会公共利益等应当由人民法院依职权调查的事实，不适用前款自认的规定。

自认的事实与查明的事实不符的，人民法院不予确认。

民事诉讼证据裁判规则第 16 条：

一方当事人对于另一方当事人主张的于己不利的事实既不承认也不否认，经审判人员说明并询问后，仍然不明确表示肯定或者否定的，视为对该事实的承认

【规则描述】　本条是关于拟制自认的规定。根据当事人具有的真实陈述义务和诉讼促进义务原则，在诉讼中，当事人应当积极主动地提出事实进行主张，如实陈述，对对方陈述为真的事实，也应当如实承认。根据这两项原则，一方当事人对对方当事人提出的于己不利的事实陈述，假设为真时，出于利己之意，不愿承认，又顾及法律约束不敢否认，企图以沉默达到利己目的时，法律不得不制定相应规范，确定这种状态下的法律效果。根据经验法则，当事人双方应充分行使诉讼权利，积极使用各种攻击防御武器，使己方处于证据优势地位，以便法官作出利己的事实认定。当事人消极面对对方当事人提出的于己不利的事实主张，此时认定对方当事人主张事实的为真，具有合理性，故法律拟制为自认。本条规定对拟制的客体进行了限制，仅在对方当事人提出的事实主张的范围内；当事人表现为既不承认也不否认，即沉默；且要以法官的说明及询问为前提。另外，对法官的说明没有“充分”的要求，只要将事实和法律后果向当事人解释清楚即可，并询问，即给予这份当事人以充分的机会作出意思表示。

一、类案检索大数据报告

时间：2020 年 5 月 18 日之前；案例来源：Alpha 案例库；案由：民事纠纷；检索条件：(1) 全文：视为对该项事实的承认；(2) 法院认为包含：同句“既未表示承认也未否认”；(3) 法院认为包含：同句“说明并询问后”；(4) 法院认为包含：

同句“不明确表示肯定或者否定的”；（5）法院认为包含：同句“视为对该项事实的承认”。本次检索获取 2020 年 5 月 18 日之前共计 755 篇裁判文书。其中：

1. 认为于己不利的事实既不承认也不否认，依法确认为有效证据（具有证明力）的共计 7 件，占比为 0.92%；

2. 认为于己不利的事实并不否认（未作明确回答）的共计 82 件，占比为 10.86%；

3. 认为于己不利的事实既不承认又不否认的共计 549 件，占比为 72.72%；

4. 认为在起诉状、庭审中等明确自认的共计 9 件，占比为 1.2%；

5. 认为经审判人员说明并询问后，未在合理期限内发表意见的共计 39 件，占比为 5.17%；

6. 认为应到庭而未到庭，代理人未作出肯定或否定回答共计 42 件，占比为 5.56%；

7. 认为对鉴定意见及签字真实性等作出肯定或否定意见的共计 21 件，占比为 2.78%；

8. 认为系诉讼外的承认，不适用自认规则的共计 6 件，占比为 0.79%。

整体情况如图 16–1 所示：

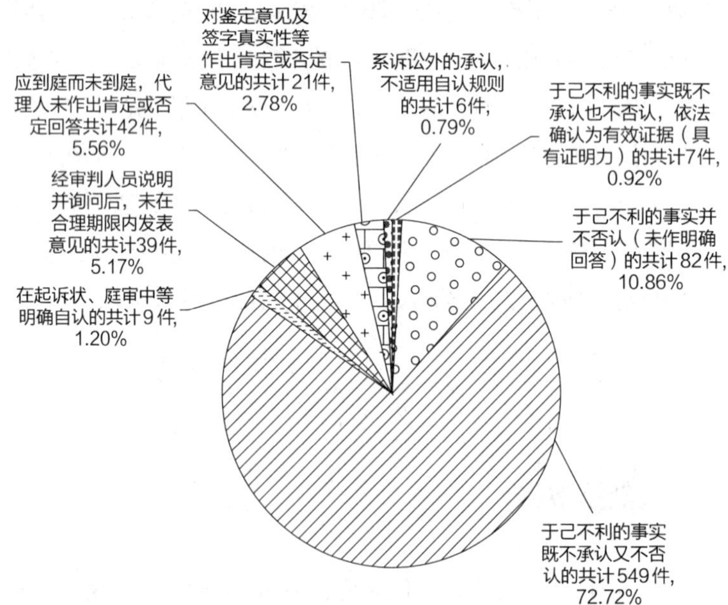

图 16–1　案件裁判结果情况

如图 16-2 所示，从案件年份分布可以看在当前条件下，涉及（1）全文：视为对该项事实的承认；（2）法院认为包含：同句“既未表示承认也未否认”；（3）法院认为包含：同句“说明并询问后”；（4）法院认为包含：同句“不明确表示肯定或者否定的”；（5）法院认为包含：同句“视为对该项事实的承认”的条件下，相应的民事纠纷案例数量的变化趋势。

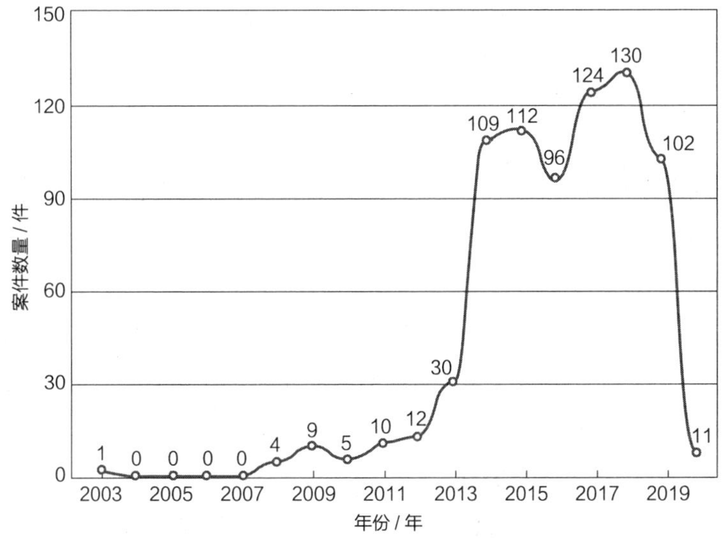

图 16-2　案件年份分布情况

如图 16-3 所示，从程序分类统计可以看到当前的审理程序分布状况。一审案件有 381 件，二审案件有 352 件，再审案件有 22 件。

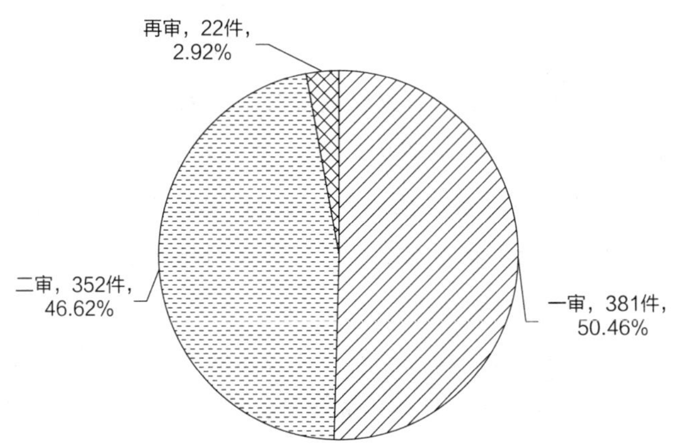

图 16-3　案件审理程序分类

二、可供参考的例案

例案一：祝某磊与曾某胜企业出售合同纠纷案

【法院】

浙江省杭州市中级人民法院

【案号】

（2008）杭民二终字第647号

【当事人】

上诉人（原审被告、反诉原告）：祝某磊

被上诉人（原审原告、反诉被告）：曾某胜

【基本案情】

2005年11月11日，曾某胜与祝某磊签订一份转让协议书，约定曾某胜将杭州陆盛汽车修理厂（以下简称陆盛厂）所有营业手续、经营许可证等转让给祝某磊；原修理厂所有工具、设备、材料、办公用品及五菱汽车等转让给祝某磊，转让费为3万元，五菱汽车归曾某胜所有时，转让费为2万元；在转让过程中，曾某胜应及时配合办理各种手续，协议还对其他事项作了约定。协议签订当日，曾某胜依约向祝某磊交付了转让标的，祝某磊未向曾某胜支付相应款项。后曾某胜从祝某磊处提走了五菱汽车。2006年2月14日，祝某磊在杭州市工商行政管理局江干分局办理了由原陆盛厂变更为杭州瑞源汽车修理厂（以下简称瑞源厂），法定代表人曾某胜变更为祝某磊的相应企业变更等手续。2006年2月21日，祝某磊在杭州市江干区税务局办理了陆盛厂变更为瑞源厂相应税务登记手续。2006年8月8日，杭州市工商行政管理局江干分局对瑞源厂因未如实向行政机关提交有关材料和反映真实情况而作出杭工商江处字〔2006〕050号《行政处罚决定书》，撤销瑞源厂2006年2月14日的变更登记。2006年9月13日，曾某胜在杭州市工商行政管理局江干分局处办理了由瑞源厂变更为陆盛厂，法定代表人祝某磊变更为曾某胜的相应企业变更登记手续。当日曾某胜从杭州市工商行政管理局江干分局处领取了营业执照。2006年10月8日，曾某胜在杭州市江干区税务局处办理了瑞源厂变更为陆盛厂的税务登记手续。2006年8月9日，祝某磊向原审法院提起诉讼，请求确认曾某胜、祝某磊签订的转让协议书的效力。经过一审、二审，杭州市中级人民法院于2006年12月31日作出终审判决，认定转让协议书有效。2007年2月1日，祝某磊在杭州市工商行政管理局江干分局办理了由陆盛厂变更为瑞源厂，法定代表人曾某胜变更为祝某磊的相应企业变更登记的手续。祝某磊在杭州市江干区税务局处办理了陆盛厂变更为瑞源厂的相应税务登记手续。另查明，瑞源厂在2006年9月到2007年2月期间，企业名称变更为陆盛厂，祝某磊（原审判决书中为曾某胜，后原审法院在2008年6月2日又通过补正裁定将“原告曾某胜”补正为“被告祝某磊”）在具体负责经营管理。

【案件争点】

对主张未明确予以承认，但也未明确予以否定的司法认定。

【裁判要旨】

法院认为：一方面，2006年8月8日，瑞源厂因未如实提交有关材料和反映真实情况，被工商行政管理部门撤销变更登记，该撤销变更登记系由瑞源厂自身的过错直接造成，并非由于曾某胜所造成，如果祝某磊认为曾某胜在履行双方所签订的关于陆盛厂的转让协议过程中有违约行为，其可诉请法院判令曾某胜依约履行，而不应通过不如实提供材料、不反映真实情况的途径获得工商行政管理部门的变更登记。因此，即使祝某磊因瑞源厂被工商行政管理部门撤销登记而有损失，该损失也不应由曾某胜来承担。另一方面，从祝某磊在一审、二审庭审中的陈述来看，可以认定在2006年9月到2007年2月期间，陆盛厂实际上还是由祝某磊在经营。在原审第三次庭审中，法庭询问祝某磊2006年8月开始修理厂是否系其在经营管理时，祝某磊回答2006年8月至2007年2月份期间是其父祝某伟在管理，与祝某磊没有关联，这段时间是祝某伟与曾某胜在合伙经营；当法庭询问修理厂的转让是由谁受让时，祝某磊回答是其受让；当法庭询问修理厂转让协议2005年11月就生效了，为何还有合伙经营时，祝某磊则表示沉默。而在二审庭审中，针对法庭就相关问题的询问，祝某磊陈述，2005年11月双方就修理厂的财产进行了交接，但自瑞源厂变更为陆盛厂之后，其并没有将已经交接的财产再交回给陆盛厂，且祝某磊也参与了陆盛厂的经营，祝某磊的母亲章某娟一直就是修理厂的会计。可见，对于曾某胜所陈述的瑞源厂变更为陆盛厂之后是祝某磊在经营管理的事实，祝某磊在法官的充分询问下，虽未明确予以承认，但也未明确予以否定。2001年《民事证据规定》第8条第2款[①]规定：“对一方当事人陈述的事实，另一方当事人既未表示承认也未否认，经审

① 该司法解释已于2019年10月14日修正，本案所涉第8条第2款修改为第4条：“一方当事人对于另一方当事人主张的于己不利的事实既不承认也不否认，经审判人员说明并询问后，其仍然不明确表示肯定或者否定的，视为对该事实的承认。”

判人员充分说明并询问后，其仍不明确表示肯定或者否定的，视为对该项事实的承认。”根据该规定，可以视为祝某磊承认，在瑞源厂变更为陆盛厂之后实际上还是由其在经营。综上，祝某磊要求曾某胜赔偿其经营损失43001.66元的反诉请求，依据不足，其上诉理由不能成立，法院不予支持。

例案二：江门市鸿升金属制品有限公司与佛山市南海区平洲佳迅机械构件厂定作合同纠纷案

【法院】

广东省佛山市中级人民法院

【案号】

（2005）佛中法民二终字第496号

【当事人】

上诉人（原审被告）：江门市鸿升金属制品有限公司

被上诉人（原审原告）：佛山市南海区平洲佳迅机械构件厂

【基本案情】

江门市鸿升金属制品有限公司（以下简称鸿升公司）与佛山市南海区平洲佳迅机械构件厂（以下简称佳迅厂）签订的合同第7第、第8条约定，工程开展后15天内，鸿升公司应向佳迅厂支付5万元作工程运转费，资金到位的情况下佳迅厂应在2003年1月10日交付所有零件。合同虽没有明确工程何时开展，但根据合同内容，工程开展的时间肯定在2003年1月10日之前，而鸿升公司至2003年1月21日才支付运转费，可认定，因鸿升公司不履行预付运转费致使工作不能完成，佳迅厂可以顺延履行期限，故佳迅厂在鸿升公司预付运转费后一定合理期限内交货，并无不当。根据合同第6条，定作物的验收、提货义务均在鸿升公司，故鸿升公司以定作物未经验收为抗辩，法院不予采纳。鸿升公司认为定作物存在质量问题，但没有提供任何证据，故法院不予采纳。

【案件争点】

既不表示承认也不否认的司法认定。

【裁判要旨】

法院认为：鸿升公司对佳迅厂陈述已按合同交付定作物的事实，既不表示承认也不否认，经审判人员充分说明并询问后，其仍不明确表示肯定或者否定，根据

2001年《民事证据规定》第8条第2款[①]的规定，视为鸿升公司承认收取了合同约定全部定作物。鸿升公司关于佳迅厂交付的定作物存在质量问题的主张，因没有证据证实，法院不予支持。佳迅厂已将定作物交付给鸿升公司，其作为承揽人的义务已经完成，佳迅厂依加工合同主张加工费及材料补偿费，于法有据，法院予以支持。双方约定的加工费及材料补偿费为232000元，鸿升公司仅支付了187894元，余款44106元未付，对该余款鸿升公司仍有支付义务。对鸿升公司提出的佳迅厂存在迟延交货，其可以不支付剩余加工费的主张，法院认为，一方面，鸿升公司与佳迅厂在《加工合同》中只约定的鸿升公司资金如约到位情况下的交货日期，对鸿升公司资金未如约到位时的交货日期并没有作明确约定，因此，在鸿升公司未能按《加工合同》约定的日期支付运转费的情况下，原审法院认定佳迅厂于2003年6月4日完成交付义务不构成迟延履行并无不当；另一方面，鸿升公司在本案一审中并未提出反诉，其关于佳迅厂存在迟延交货从而要求抵销加工费的主张，没有法律依据，法院不予支持。

例案三：上海顺灵帆贸易有限公司与上海电缆厂十分厂买卖合同纠纷案

【法院】

上海市第二中级人民法院

【案号】

（2008）沪二中民四（商）终字第445号

【当事人】

上诉人（原审被告）：上海顺灵帆贸易有限公司

被上诉人（原审原告）：上海电缆厂十分厂

原审被告：钟某莺

原审被告：钟某琴

---

① 该司法解释已于2019年10月14日修正，本案所涉第8条第2款修改为第4条："一方当事人对于另一方当事人主张的于己不利的事实既不承认也不否认，经审判人员说明并询问后，其仍然不明确表示肯定或者否定的，视为对该事实的承认。"

【基本案情】

上海电缆厂十分厂（以下简称电缆十分厂）与上海顺灵帆贸易有限公司（以下简称顺灵帆公司）长期以来发生电缆买卖合同关系。2003年11月25日，电缆十分厂与顺灵帆公司签订买卖合同一份，次日，顺灵帆公司向电缆十分厂付款3万元，2003年12月11日电缆十分厂依供货数量，向顺灵帆公司开具面额173392.26元的发票。2004年3月15日，电缆十分厂与顺灵帆公司签订买卖合同一份，当日，顺灵帆公司向电缆十分厂付款1万元，2004年4月13日电缆十分厂依供货数量，向顺灵帆公司开具面额24215.50元的发票，2004年4月20日，顺灵帆公司向电缆十分厂付款14215.50元。2004年3月28日，电缆十分厂与顺灵帆公司签订买卖合同一份，当月30日，顺灵帆公司向电缆十分厂付款2万元，2004年4月13日电缆十分厂依供货数量，向顺灵帆公司开具面额151770.40元的发票，2004年4月29日，顺灵帆公司向电缆十分厂付款10万元，2004年6月1日，顺灵帆公司向电缆十分厂付款36370.40元。2005年4月初，双方达成口头合同，电缆十分厂向顺灵帆公司供货价值4600元，顺灵帆公司即时付清该款。综上，自2003年11月至2005年4月期间，顺灵帆公司共计向电缆十分厂购买价款为353978.16元的电缆，顺灵帆公司共向电缆十分厂支付货款210585.90元，尚欠货款143392.26元未付。因电缆十分厂未获余款，遂诉至原审法院，请求判令顺灵帆公司、钟某莺、钟某琴支付货款143392.26元。原审审理中，电缆十分厂表示只要求顺灵帆公司承担责任。

【案件争点】

对事实既不承认也不否认的司法认定。

【裁判要旨】

法院认为：双方当事人确认的书面合同为三份。对于被上诉人提供的第四份合同的真实性，双方有所争议。第四份合同上诉人未加盖公章，有别于前三份合同。第四份合同中“钟某莺”的签字明显异于前三份合同。上诉人明确表示该签名系伪造，而被上诉人作为合同一方，应该知道对方在合同上签名的真实性，而其对上诉人陈述的事实既不承认也不否认，经审判人员充分说明并询问后，仍不能明确回答，视为对上诉人陈述事实的承认，故被上诉人提供的第四份合同并不存在，最后一笔供货依据的是口头合同。

三、裁判规则提要

本条裁判规则是关于拟制自认的规定。如前所述，自认是指依法一方当事人对对方当事人所主张的于己不利的事实的承认。以当事人自认时是否作出明确的意思表示为标准，自认在学理上分为明示的自认和默示的自认，默示的自认又称为拟制自认，顾名思义即法律拟制意义上的自认。明示的自认是当事人以积极的方式，明确表示对于己不利的事实的承认，默示的自认是对对方当事人所主张的于己不利的事实，既不表示肯定也不否定，甚至经法官说明并询问后，其仍然既不肯定又不否定的，法律上推定其为承认的意思。

（一）拟制自认的法理基础

拟制自认是自认的一种特殊表现，除了当事人主义、辩论主义原则和处分权原则、诚信原则等自认共有的法理基础外，根据其制度旨趣，还根源于具体化义务、诉讼促进义务及经验法则等理论。

1. 具体化义务。其是对当事人陈述事实程度的描述，要求案件当事人在提出事实主张或证据申请时，对相关基础事实的陈述须达到明确具体的程度。① 具体化义务与证明责任相关，承担证明责任的当事人在履行了具体化义务的前提下，没有证明责任的另一方当事人才负有具体化义务；负有证明责任的当事人只要就与待证事实相关的权利要件进行陈述后即视为尽到了具体化义务。根据当事人主义诉讼模式的要求，案件审理的进程主要由当事人行使诉讼权利进行推进，若当事人在论证主张陈述事实时不具体，需要承担法院作出的未认定其事实的后果。具体化义务旨在使得法院和当事人双方均能掌握案件事实的全貌，促进争议焦点的归纳整理，推动诉讼高效进行。而拟制自认是针对当事人未尽到具体化义务时，使其承担自己既不承认也不否认的诉讼行为的后果，即法律拟制为自认，免除对方当事人的证明责任。

2. 诉讼促进义务。《德国民事诉讼法》第282条对其进行了规定“当事人各方都应当在言词辩论中，按照诉讼的程度和程序上的要求，在进行诉讼所必要的与适当的时候，提出他的攻击和防御方法，特别是各种主张、否认、异议、抗辩、证据方法和证据抗辩。”据此，为了避免诉讼拖延，当事人应当及时表明自己的主张，以便

---

① 许林波：《具体化义务的解析与重构》，载《法大研究生》2017年第1辑；参见陈贤贵：《当事人的具体化义务研究》，载《法律科学》2015年第5期；胡亚球：《论民事诉讼当事人具体化义务的中国路径》，载《清华法学》2013年第4期。

法院整理争点引导当事人展开辩论。论到与拟制自认的关联：民事诉讼本质是对抗性活动，若一方当事人面对另一方当事人的陈述总是态度不明确或者始终沉默，而不适时地提出攻击防御主张，则势必会造成诉讼拖延或者诉讼偷袭等损害对方当事人合法权益的后果，同时由于对案件事实反复调查确认，此前对争点的辩论亦需重新进行，对法院认定案件事实和确定法律适用造成困难，严重降低了诉讼效率。故当事人此种未尽最大努力的诉讼行为，法律拟制当事人若既不承认也不否认对方当事人陈述的事实，由其自己承担不利后果，法律免除对方当事人的证明责任。

3. 经验法则。所谓经验法则，是指法官依照日常生活中所形成的反映事物之间内在必然联系的事理作为认定待证事实根据的有关法则。[①] 经验法则论证了拟制自认的合理性。当事人之间的争议无法自行解决时才会导致诉讼，这意味着当事人在诉讼中对某些主张必然持对立态度，在举证质证过程中应呈现积极对抗的状态，以便使用国家赋予的诉讼权利实现自身的合法权益。故当事人在诉讼中应积极使用攻击防御手段，争取让法官作出有利于己方的事实认定，而不太可能消极默认，对对方当事人主张的事实不加争执。若当事人这么做，根据日常生活经验不难判断出对方当事人陈述的事实为真的可能性较大，否则当事人不太可能任由对方陈述虚假事实损害自身的权益。因此，此时法律拟制对方当事人陈述为真，无需其再承担证明责任。

（二）构成要件

拟制自认与一般自认的主体和场合相同，均得是在诉讼中由当事人或其代理人作出，但在客体、条件、类型等方面有其特殊规定，如下详述。

1. 拟制自认的客体。一般自认可以对“任何”于己不利的事实作出，但拟制自认要求以“对方当事人主张”的内容为限，仅针对对方当事人主张的范围内所涉及的事实，而关于证人证言或者鉴定人意见等其他涉及事实陈述的部分，法律不可拟制当事人已经作出自认。原因在于拟制自认毕竟并非当事人明确的意思表示，出于各种原因，有可能与客观真实相违背，所以应严格限制其适用范围，使得诉讼程序高效和实体公正之间寻得平衡。再者，法庭应围绕当事人双方关于事实和法律的争点展开，若其他证据所涉及的事实有助于当事人证明其说，其定会积极在陈述中加以主张，法院也无必要和精力关注呈现的所有事实。

---

① 毕玉谦:《论民事诉讼中的经验法则》，载《中国法学》2000 年第 6 期。

2. 拟制自认的类型。根据一方当事人面对对方当事人陈述的事实所作出的不同反应，通说认为，可以有如下三种分类：

第一，当事人不争执型。也即本条裁判规则中所规定的典型拟制自认的表现形式：即当事人对对方所主张的于己不利的事实既不承认也不否认，以沉默的方式表现。也有学者将此类型又区分为“消极的不争执”和“积极的不争执”。但拟制自认仅指前者，即当事人对于他造主张之事实，消极地不表示意见，若是积极地明确表示不争执，则应当认定为自认，而无拟制自认的必要。① 例如《日本新民事诉讼法》第 159 条第 1 款规定：“当事人在口头辩论之中，对于对方当事人所主张的事实不明确地进行争执时，视为对该事实已经自认。但是，根据辩论的全部旨意，应认为争执了该事实时，则不在此限。”

第二，当事人不知陈述型。当事人不知陈述是介于自认和争执之间的一种中间状态，即一方当事人对对方当事人所陈述的事实，表示不知道、不记得等未明确态度的表述。我国立法未明确作出规定，但在实务中却经常出现此种情况，我们可以参考其他国家和地区的法律规定。

考察其他国家和地区的立法，大致呈现为三种方式：即德国法的“限定许可说”、日本法的“否定说”、我国台湾地区的“自由裁量说”。根据《德国民事诉讼法》第 138 条第 4 款的规定“对于某种事实，只有它既非当事人自己的行为，又非当事人自己所亲自感知的对象时，才准许说不知”。② 德国对拟制自认限定了条件，只有当涉及的事实是当事人自己所为所亲历时，当事人所述不知、不记得则被认定为自认；当事人在涉及他人的行为和所经历的事实中所作的不知陈述，不可推定为自认。《日本民事诉讼法》第 159 条第 2 款规定“对于对方当事人所主张的事实，已作出不知陈述的，则推定为争执了该事实。”③ 根据《日本民事诉讼法》的这条规定可知，日本不知陈述排除在拟制自认之外，即当事人就对方主张的事实表示不知道的，非为拟制自认，而是推定其对对方当事人的该事实主张有争议。可见，在当事人对对方当事人主张的事实表示不知的情况下，日本采取了审慎的态度，价值选择为有争议。我国台湾地区“民事诉讼法”第 280 条第 2 款规定，当事人对于他造主张之事实，为不知或不记忆之陈述者，应否视同自认，由法院审酌情形断定之。我

---

① 姜世明：《举证责任与真实义务》，新学林出版社 2006 年版，第 407 页。

② 《德意志联邦共和国民事诉讼法》，谢怀栻译，中国法制出版社 2001 年版，第 36 页。《德国民事诉讼法》，丁启明译，厦门大学出版社 2015 年版，第 42 页。

③ 《日本民事诉讼法》，白绿铉编译，中国法制出版社 2000 年版，第 73 页。

国台湾地区将是否认定为自认的权力，交由法官结合全案证据通过自由心证进行裁断。

第三，当事人于言论辩论期日不出庭型。许多国家及地区规定，当事人未出席法庭审理或言辞辩论期日，则法律拟制未出席方对对方当事人所主张的事实产生自认的法律效果，但公告送达的除外。这是由于实务中存在被告收到法院的传票或开庭通知后，在开庭之日未到场，也没有提供书面答辩状，法院按照原告的请求作出判决，裁判生效后，被告又以存在新证据为由申请再审，不但增加了另一方当事人的讼累，而且浪费了司法资源，所以很多国家都规定了此种类型的自认，以督促当事人积极参与诉讼。例如，《德国民事诉讼法》第331条第1款规定，被告在言词辩论期日不到场，原告申请为缺席判决时，原告所为关于事实的言词陈述，视为得到被告的自认。[①]《日本新民事诉讼法》第159条第3款规定，第1款的规定（当事人不争执）准用于当事人口头辩论期日不出庭的情形。但是，对该当事人以公告送达进行传唤的，不在此限。[②]我国台湾地区“民事诉讼法”第280条第3款规定，当事人对于他造主张之事实，已于相当时期受合法之通知，而与言词辩论期日不到场，亦未提出准备书状争执者，准用第一项之规定。但不到场之当事人系依公示送达通知者，不在此限。其第1款规定为：“当事人对于他造主张指事实，於言辞辩论不争执时，视同自认。但因他项陈述可认为争执者，不在此限。”即当事人对对方当事人所主张的事实，受合法通知后，在言辞辩论期日不到场，也未提交准备书状提出异议，即予以争执的，视为自认。但是，不到场的当事人是公告送达通知的，不适用视为自认的规定。

3. 拟制自认的条件。拟制自认要以法官已经进行说明为前提。面对对方当事人于己不利的陈述，当事人无论是沉默还是表示不知或不记得，都必须是在法官已经说明后作出。本条裁判规则与2001年《民事证据规定》第8条的不同之处在于，将法官“充分说明”的义务修改为了“说明”义务。将“充分”这个程度限定词删除，这是因为实务中法官很难把握充分说明的度，为尽到完全的说明义务，很容易偏向一方当事人，引导当事人对案件事实表示否定，以避免承担拟制自认带来的不利于己的后果。故此次证据规定进行了修改。但并不代表法官仅需草草地随意进行说明

---

① 《德意志联邦共和国民事诉讼法》，谢怀栻译，中国法制出版社2001年版，第83页。《德国民事诉讼法》，丁启明译，厦门大学出版社2015年版，第95页。

② 《日本新民事诉讼法》，白绿铉编译，中国法制出版社2000年版，第73页。

即可。法官仍要进行两方面的说明，一方面向当事人重申对方当事人陈述事实的内容，使当事人达到清楚、无歧义、无差错的理解程度，避免出现当事人因为没听清楚或者理解错误而违背原意的自认；另一方面是法官须告知当事人若其消极不表态的法律后果，由于我国并未实行律师强制代理制度，当事人并非专业的法律职业工作者，对法律的规定和理解无法精确掌握，故需法官进行说明。经过以上说明，当事人在知晓对方陈诉事实和法律后果的前提下，若仍消极不表态，法律拟制其自认就更接近客观真实，具有合理性。

（三）法律效力

既称为拟制自认，必产生一般自认的法律效果，对被拟制自认方、对方当事人和法院均产生约束力，如前所述，不再赘述。但存在拟制自认生效的时间点和能否追复等问题。

拟制自认的法律效果虽然与一般自认相同，但由于其并非当事人所作的明确的意思表示，为了保障该制度的程序正当性，有学者认为，可以延长拟制自认的生效时间点。如日本学者三月章以及我国台湾地区学者骆永家等认为，准自认成立与否，应依言词辩论终结时为基准。[①] 也有学者指出："虽然一审中为不争执成立默示，但是二审言词辩论终结之前却为争执，则卸除默示自认的拟制性，默示自认即告不成立。"[②] 将拟制自认生效的时间确定在言词辩论终结时，案件进入二审程序后，当事人可随意提出与拟制自认相反的陈述，从而使得一审程序中因拟定自认成立而确认的事实重新处于不确定的状态，对方当事人需要重新负担证明责任，此时其很可能基于信赖利益保护，已经将精力集中于其他争点，极有可能产生证据突袭的不良后果，加重对方当事人的举证负担。允许当事人在二审中否认一审中作出的拟制自认，不但会使一审成为错案，而且在事实上侵犯了对方当事人的上诉权，形成了"不打一审打二审"的不当诉讼局面。[③] 因此，可以将拟制自认生效的时间确定在一审法庭辩论终结时，由于一审是事实调查最充分的程序，故为了与拟制自认使当事人负担的不利后果相平衡，允许当事人在一审法庭辩论终结前可以充分陈述，若拟制自认后，当事人又直接

---

① 江伟：《中国证据法草案（建议稿）及立法理由书》，中国人民大学出版社 2004 年版，第 367 页。

② 高家伟、邵明、王万华：《证据学原理》，中国人民大学出版社 2004 年版，第 324 页。

③ 江伟：《中国证据法草案（建议稿）及立法理由书》，中国人民大学出版社 2004 年版，第 529 页。

或间接地提出了与自认事实相反的意见，法官可综合全案旨趣看是否有必要重新调查事实，以最大限度地保证案件符合客观真实。若当事人在拟制自认后，始终未有否认表示的，可确定拟制自认产生效力，当事人不得在二审中任意争执。

针对第二个问题，拟制自认作出后能否追复。其与拟制自认的生效问题有密切联系。学界认为，追复即是拟制自认作出，即经审判人员说明后，当事人仍未明确表态的，之后能否通过提出相反的事实主张，消灭拟制自认成立的法律效果。对此，可以分成两个阶段进行看待，在拟制自认作出至法庭辩论终结前，即拟制自认生效前，为保障当事人对案件事实的充分阐述，允许拟制自认方当事人提出与自认相反的事实主张，法官可重新组织当事人对自认事实进行调查，根据双方的证据对事实进行认定。即当事人可进行追复，会使得对方当事人重新负担证明责任，法官重新按照一般程序作出事实认定；一审法庭辩论终结后，若案件进入二审或再审，为体现程序利益的保障作用，将不允许自认当事人任意追复，可参照自认撤回的有关规定，拟制自认方需取得对方当事人同意或者证明自己是在受胁迫或者重大误解情况下作出的，或者其他正当理由，才可进行追复。

四、辅助信息

2019 年《民事证据规定》

第四条 一方当事人对于另一方当事人主张的于己不利的事实既不承认也不否认，经审判人员说明并询问后，其仍然不明确表示肯定或者否定的，视为对该事实的承认。

《民事诉讼法司法解释》

第九十二条 一方当事人在法庭审理中，或者在起诉状、答辩状、代理词等书面材料中，对于己不利的事实明确表示承认的，另一方当事人无需举证证明。

对于涉及身份关系、国家利益、社会公共利益等应当由人民法院依职权调查的事实，不适用前款自认的规定。

自认的事实与查明的事实不符的，人民法院不予确认。

民事诉讼证据裁判规则第 17 条：

自认的事实与已经查明的事实不符的，人民法院不予确认

【规则描述】　根据辩论主义的要求，当事人对于己不利的事实表示承认的，法院须得认定，原则上不能自行调查取证。但司法实践中会出现当事人自认的事实与法院已经查明的事实相矛盾的情形，可分为两大类，一是法官根据现有证据，依据法律的规定，遵循法官职业道德，运用逻辑推理和日常生活经验，对案件事实已经形成了内心确信，但此时当事人的自认与法院对案件事实的认定存在矛盾；二是法官综合全案证据无法形成完整一致的证据链，对案件主要事实的真伪不能作出认定，但此时当事人的自认与法院已经查明的部分事实相矛盾的情况。这两类矛盾的情形指向自认存在虚假，法院认定的案件事实以证据为基础，而当事人的自认仅为口头陈述，故真实性无法确定。出现上述情形时，多为当事人为了不正当的利益，进行虚假自认，以取得法院裁判文书，以合法的形式获取非法的利益，即虚假诉讼。本条裁判规则一是为了防止虚假诉讼，二是出于裁判真实的要求，法院的裁判应当以事实为依据，不能任由当事人篡改、虚构事实，威胁实体公正。故本条在人民法院依职权调查的事项之外，对自认的适用进行了限制。

一、类案检索大数据报告

时间：2020 年 5 月 18 日之前；案例来源：Alpha 案例库；案由：民事纠纷；检索条件：法院认为包含：自认的事实与查明的事实不符的。本次检索获取 2020 年 5 月 18 日之前共计 1381 篇裁判文书。其中：

1. 认为自认的事实与查明的事实不符的共计 337 件，占比为 24.4%；

2. 认为一方当事人陈述的于己不利的事实构成自认的共计 91 件，占比为 6.59%；

3. 认为一方当事人对于己不利的事实明确表示承认构成自认的共计 533 件，占

比为 38.6%；

4. 认为在起诉状等书面材料中明确表示于己不利的事实构成自认的共计 343 件，占比为 24.84%；

5. 认为不适用自认的共计 18 件，占比为 1.3%；

6. 认为应当适用证明责任的共计 59 件，占比为 4.27%。

整体情况如图 17-1 所示：

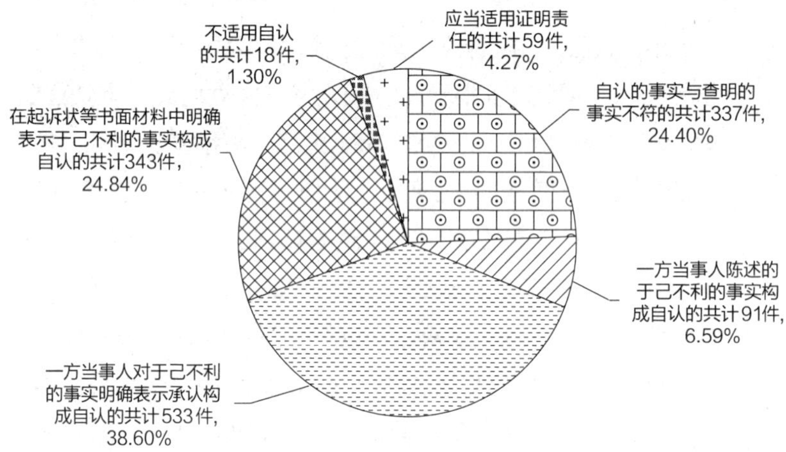

图 17-1　案件裁判结果情况

如图 17-2 所示，从案件年份分布可以看在当前条件下，涉及法院认为包含：自认的事实与查明的事实不符的条件下，相应的民事纠纷案例数量的变化趋势。

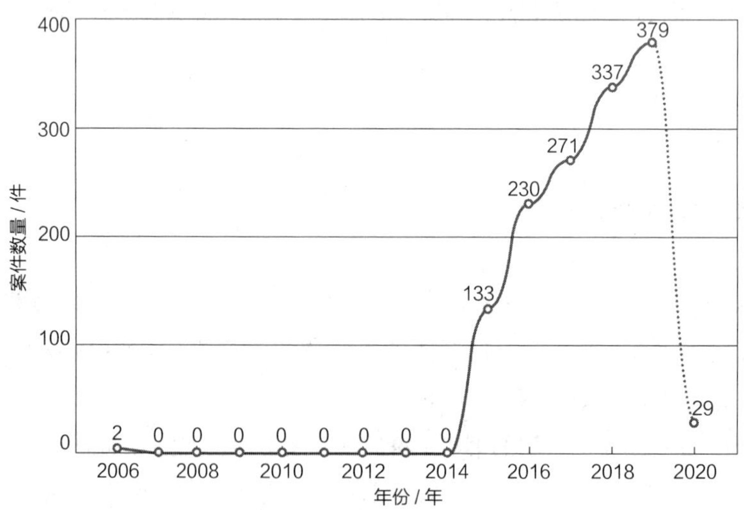

图 17-2　案件年份分布情况

如图 17-3 所示，从程序分类统计可以看到当前的审理程序分布状况。一审案件有 607 件，二审案件有 570 件，再审案件有 200 件，执行案件有 3 件，其他案件有 1 件。

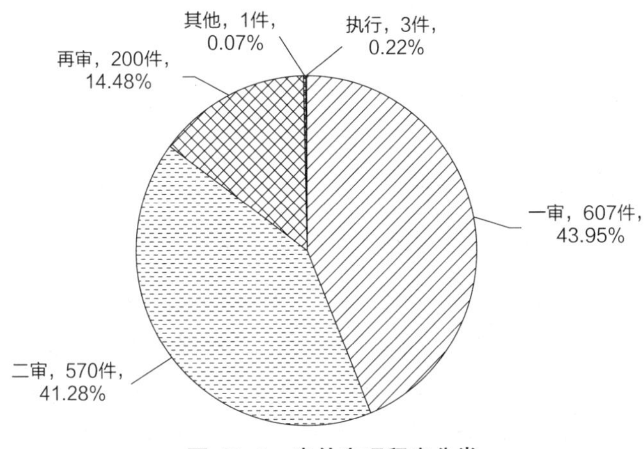

图 17-3　案件审理程序分类

二、可供参考的例案

例案一：陕西秦楚房地产开发有限公司与陕西兴艾建设工程有限公司建设工程施工合同纠纷案

【法院】

最高人民法院

【案号】

（2019）最高法民申 649 号

【当事人】

再审申请人（一审被告、反诉原告，二审上诉人）：陕西秦楚房地产开发有限公司

被申请人（一审原告、反诉被告，二审被上诉人）：陕西兴艾建设工程有限公司

【基本案情】

陕西秦楚房地产开发有限公司（以下简称秦楚公司）向法院申请再审称：原审判决认定的基本事实缺乏证据证明。有新证据能推翻原审判决认定的秦楚公司向陕

西兴艾建设工程有限公司（以下简称兴艾公司）支付的工程款数额为58276651元这一基本事实。一审过程中，兴艾公司2017年7月31日提交的证据已经认可秦楚公司实际支付工程款金额为59595902元。该证据即为新证据，足以推翻原审判决认定的事实。

【案件争点】

自认的事实与查明的事实不符的，是否予以确认。

【裁判要旨】

法院认为：本案系申请再审案件，应当围绕秦楚公司的申请再审理由是否成立进行审查。关于秦楚公司提交的证据材料能否推翻原审判决认定基本事实的问题。秦楚公司申请再审称：兴艾公司于2017年7月31日提交的原审对账证据，已经认可秦楚公司实际支付工程款金额为59595902元，足以推翻原审判决58276651元的认定数额。经查，秦楚公司主张的该原审对账证据系兴艾公司在一审中提交，秦楚公司在陕西省咸阳市中级人民法院组织的证据交换质证过程中，认为该证据缺乏真实性，法院对此证据亦不予认可。根据《民事诉讼法司法解释》第92条第3款的规定，自认的事实与查明的事实不符的，人民法院不予确认。原审判决根据法庭质证情况，对兴艾公司自认事项不予确认，并无不当。

例案二：王某平与张某奎民间借贷纠纷案

【法院】

最高人民法院

【案号】

（2017）最高法民申495号

【当事人】

再审申请人（一审原告、二审上诉人）：王某平

被申请人（一审被告、二审被上诉人）：张某奎

【基本案情】

王某平申请再审称：（1）二审判决适用法律错误，错误分担举证责任。经一审、二审判决查明确认，王某平于2010年10月31日至2015年3月1日期间，共向张某奎转账出借16笔款项合计2637.8万元，张某奎一共还本付息28笔共计1299.5万元（张某奎转账669.5万元，案外人魏某军转账630万元），张某奎仍欠王某平本息

26117190元。王某平放弃部分利息后，向张某奎主张2460万元的债权。但二审法院仅仅以借款方式、借款的时间、金额与借款合同记载的时间、金额不一致，所提供的证据不足以使法院确信为由，判决王某平承担举证不能的后果，驳回了其诉讼请求，属于错误分担举证责任，加重王某平举证负担。根据现有证据足以证明王某平已向张某奎转账2637.8万元的事实，且张某奎自认该事实。虽然借款合同的记载与实际的借款金额、时间不一致，但应该以实际的借款金额和时间为准。更何况该案涉及金额较大，资金往来复杂，时间跨度达5年之久，凭记忆整理出的《结算协议书》、借款合同与实际情况有所出入很正常，此点亦得到了张某奎的认可。但二审判决仍认定王某平对借款事实提供的证据不足，系错误适用法律。（2）二审判决违背法律规定的意思自治和处分原则。第一,二审判决确认了借款合同与《结算协议书》相互吻合的637.5万元转账借款。对于张某奎向王某平合计转账还息的669.5万元，张某奎并未抗辩系向王某平的还款。二审判决却直接将该行为认定为还款行为。第二，王某平接受张某奎的指示，向案外人魏某军转账出借款项合计602.8万元，案外人魏某军、张某奎在庭审中对此予以认可。后虽有魏某军向王某平账号转账还息630万元，但张某奎并未抗辩该笔转款为归还本金，二审判决再次违背张某奎的意思，将此认定为还款行为。张某奎向王某平合计转款1299.5万元都是其还息行为，其从未抗辩该1299.5万元为还款行为，二审判决错误地将其认定为还款行为，显然违背了处分原则。（3）王某平与张某奎在本案审理过程中达成调解协议，没有损害第三人的利益，也不违反法律规定，一审、二审法院不予出具调解书，严重违反法定程序。综上，请求依法提审并撤销二审判决。

【案件争点】

与事实存疑的自认的认定。

【裁判要旨】

法院经审查认为：根据2001年《民事证据规定》第5条[①]规定，在合同纠纷案件中，主张合同关系成立并生效的一方当事人对合同订立和生效的事实承担举证责任。自然人之间的借款合同，自贷款人提供借款时生效。王某平主张与张某奎之间存在合法有效的借贷关系，除了应提供相关借款合同等证据证明双方存在借款合意之外，作为出借人的王某平还应就已实际提供出借资金的事实承担举证证明责任。本案诉讼中，王某平对资金的出借次数、交付方式等事实陈述不一，前后矛盾。对

---

① 该司法解释已于2019年10月14日修正，本案所涉第5条被修正后的司法解释删除。

出借的具体次数，王某平一审主张共23笔，再审主张16笔；对资金的交付方式，王某平先是主张根据《结算协议书》，案涉借款有637.5万元系银行转账支付，其余1963.9万元系现金支付，后又主张1963.9万元中有861.1万元为现金交付，其余1102.80万元系银行转账、汇款方式支付。在一审法院依职权调取王某平的银行账户交易记录后，王某平又主张所有借款均系银行转账方式支付。但其提交的银行转账记录又与借款合同、《结算协议书》载明的出借时间、金额不相吻合。而在借款方，张某奎对还款事实不作实质性抗辩，还随着王某平主张的变更存在相应变更。《民事诉讼法司法解释》第92条第3款规定，自认的事实与查明的事实不符的，人民法院不予确认。第108条第1款、第2款规定："对负有举证证明责任的当事人提供的证据，人民法院经审查并结合相关事实，确信待证事实的存在具有高度可能性的，应当认定该事实存在。对一方当事人为反驳负有举证证明责任的当事人所主张事实而提供的证据，人民法院经审查并结合相关事实，认为待证事实真伪不明的，应当认定该事实不存在。"本案中，虽然张某奎对还款事实没有提出明确抗辩，但根据一审法院依职权调取的证据，结合双方资金往来复杂等相关事实，一审、二审判决认为本案待证借款事实真伪不明，进而认定王某平承担举证不能的法律后果，并无不当。

例案三：河北剑桥冶金建设有限公司与晋城福盛钢铁有限公司建设工程施工合同纠纷案

【法院】

最高人民法院

【案号】

（2016）最高法民申2889号

【当事人】

再审申请人（一审原告、反诉被告，二审上诉人）：河北剑桥冶金建设有限公司

被申请人（一审被告、反诉原告，二审上诉人）：晋城福盛钢铁有限公司

【基本案情】

河北剑桥冶金建设有限公司（以下简称剑桥公司）申请再审称：原判决对"一号高炉质保期的起算条件还未成就"的认定错误。原判决混淆了总承包合同与施工承包合同，没有区分铁水和高炉。剑桥公司在高炉项目中，是工程施工总承包方，高炉的设计方是安阳钢铁设计院，高炉相关设备的采购方是晋城福盛钢铁有限公司

（以下简称福盛公司）。剑桥公司的义务是按设计图纸进行施工，包括使用福盛公司采购的设备建造高炉。剑桥公司作为施工方，只负责按照设计图纸建造高炉；对剑桥公司的质量保证责任也限于高炉（即高炉的建造是否符合设计图纸要求）。所以这两条的意思是：质保期从高炉出铁水并且高炉无质量问题、高炉出铁水并且高炉达到设计（图纸）要求起算；而铁水是否有质量问题、铁水是否达到设计要求，则不是剑桥公司的责任。就此而言，剑桥公司并无违约行为：第一，剑桥公司应按设计图纸进行施工。实际施工过程中，福盛公司对建造的每一步骤都有验收且验收合格。第二，高炉出了铁水。出了铁水，高炉的功能就实现了（合同未约定日产量）。至于铁水的质量，取决于铁矿石的情况（品位、杂质等），高炉炉温的控制，以及可能添加的各种材料等等。第三，从出铁水之日起至一审起诉之前，福盛公司未就一号高炉质量对剑桥公司提出过质量方面的异议和保修要求。

【案件争点】

与事实不符的自认，如何认定。

【裁判要旨】

法院经审查认为：剑桥公司主张的再审事由，不能成立。第一，原判决关于“一号高炉质保期的起算条件还未成就”的认定并无不当。首先，《高炉合同》约定的剑桥公司承包的工程内容不仅包括高炉本体部分的施工还包括上料系统、热风炉系统等所有土建、金结、管道、设备安装、调试等部分。可见，剑桥公司并非其申请再审所主张的仅是工程“施工”总承包方，还要负责所有子系统以及相关设备的安装、调试。其次，原判决以“未能证明铁水达到设计要求”为由，认定“高炉质保期起算条件未成就”符合约定。《高炉合同》第 6 条约定了工程热负荷试车，生产出合格铁水后 3 个月内再付总额的 10%，其余 10% 为质保金，质保期自出铁水之日 1 年后无质量问题 1 个月内付清余款。将该约定前面“合格铁水”作为付款条件和后部分联系起来进行体系解释可知，双方都确认付款不以高炉质量合格为前提，而是进一步提出要以高炉生产的产出物铁水合格为前提。故这里的“出铁水之日一年后无质量问题”中的质量，应是指铁水质量，而非高炉本身施工质量。这也从双方在第 2 条工程内容部分，约定的是包括高炉土建和若干个配套辅助系统设施在内的施工、安装、调试综合施工得到印证。显然，这里的质量不仅仅是指高炉本身质量，而应是包括各个配套系统均运转正常的炼铁系统整体质量。而检测高炉系统是否合格的最直观标准就是铁水质量合格。因此，即便高炉未经验收即投入使用，那也不能证明高炉所生产的铁水质量是合格的。虽然福盛公司在一审提交的证据的证明目的一栏自认了2008年7月24日至2009年7月23日为工程质量保证期间，但该自认与原审查明剑桥公司未提交证据证明铁水合格这一事实不一致。依照《民事诉讼法司法解释》第92条第3款“自认的事实与查明的事实不符的，人民法院不予确认”规定，对剑桥公司提出的该自认证据，不予支持。

三、裁判规则提要

（一）含义

自认的事实与已经查明的事实不符，是指当事人于诉讼上自认的事实与法官依据法律、司法解释的规定已经形成内心确信的事实不符，且当事人的自认亦不能动摇法官的心证的情形。“已经查明的事实”，不仅包括人民法院此前已经依法查明的事实还包括人民法院在本案审理过程中依法查明的事实。法院依职权查明的事实规定在《民事诉讼法司法解释》的第96条第1款“民事诉讼法第六十七条第二款规定的人民法院认为审理案件需要的证据包括：（一）涉及可能损害国家利益、社会公共利益的；（二）涉及身份关系的；（三）涉及民事诉讼法第五十八条规定诉讼的；（四）当事人有恶意串通损害他人合法权益可能的；（五）涉及依职权追加当事人、中止诉讼、终结诉讼、回避等程序性事项的。”当事人申请撤回自认时提供的证据若得到法院的认可，则说明此前自认的事实与法院现已查明的事实不一致，原自认自然不约束法院。

（二）法理基础

1. 民事诉讼的实体公正价值

在当事人主义诉讼模式下，赋予了当事人较多的诉讼权利，法官的职权调查受到了限制，增强了程序公正在诉讼中的作用，但并不意味着对实体公正的轻视。实体公正即裁判结果公正，是法院和当事人进行民事诉讼活动所希望达到的理想结果，而真实地再现争执事实即为实体公正的首要标准。[①] 法官进行裁判需要以事实为依据，以法律为准绳，案件事实是整个裁判的基础，通过诉讼活动中当事人和法院的证据活动进行发现。大致分为两个阶段，一是根据证明责任的规定，对待证事实负有证明责任的一方，需要提出证据予以证明，即“谁主张，谁举证”。二是法院根据

---

① 宋朝武:《民事诉讼法学》，中国政法大学出版社2012年版，第17页。

当事人的举证质证以及依职权查明的事实，通过自由心证原则对全案的事实进行认定。而自认作为证明责任的例外，免除了对方当事人的证明责任，法院原则上要受到自认事实的约束，不得进行新的证据调查，需直接认定。但若自认的事实与法院已经查明的事实不相符，即与法官综合全案形成的自由心证存在矛盾，从发现真实的角度，不再受自认的约束，以法院已经查明的事实为准。民事诉讼事实调查本就无法确定地还原客观真实的全貌，我们仅是通过相关证据确定一些足以对定案产生关键影响的主要事实。此时，若法院已经查明了相关事实，若再受当事人自认的拘束，将违背民事诉讼再现争执事实的目标，无法保障实体公正的实现，对当事人的合法权益也是一种侵害。

2. 当事人处分权的限制

《民事诉讼法》第 13 条第 2 款规定："当事人有权在法律规定的范围内处分自己的民事权利和诉讼权利。"处分权是民事诉讼特有的原则，是对民事法律关系中当事人意思自治原则的体现和延伸，其核心内容为当事人可以自由支配法律赋予其的实体权利和诉讼权利。例如，当事人可以作出认诺，承认对方当事人的诉讼请求，支配自己的实体权利；也可以决定是否提起诉讼、参加诉讼的方式以及起诉的对象等来行使诉讼权利。同时，当事人处分权行使的效果也会约束法院，对于法律规定当事人可以意思自治的事项，法院无权干预，应当予以尊重。但并非当事人处分权的行使是无限制的，《民事诉讼法》第 13 条的第 1 款规定了诚信原则，当事人行使实体权利和诉讼权利应当诚实守信，不得虚构造假。也即若当事人行使处分权违背了诚信原则时，法院可以介入。这是对处分权的监督和限制。权利和义务相对应而存在，没有无权利的义务，也没有无义务的权利。

自认制度是体现当事人处分权的重要法律规定之一。当事人对对方当事人于己不利的陈述表示承认后，即可约束法院，法院应当对自认的事实予以认定，而免除对方当事人的证明责任。该制度规定的初衷是当事人均遵守诚信原则，面对于己不利的陈述，若非真实，不会不加争执或者承认。但若出现当事人自认的事实与法院已经查明的事实不一致时，很可能是自认的当事人违反了诚信原则，出于某种不正当的动机，想要使法院认定自认的事实，通过损害其他主体的利益使得自己的利益获得满足，这也就是实务中存在的虚假自认的情况。因为从理性人的角度出发，当事人不会没有缘由地承认于己不利的事实，若非真实则是为了某种利益。当事人权利的行使危害到其他主体的权利时，需要进行限制，故对当事人自认的事实与已经查明的事实不符时，法院不予确认。

（三）此规则确立背景

本条裁判规则主要基于两方面的考虑。一是基于裁判真实的考虑。最高人民法院认为，当事人的自认陈述与法院查明事实不符的情况下仍承认该自认的效力会导致法院以虚假的事实为基础进行裁判的荒唐结果，这既违背了司法裁判的宗旨，也不益于树立司法的公信力。[①] 二是规制虚假诉讼。虚假诉讼是指当事人出于规避法律、法规或国家政策谋取非法利益的动机，恶意串通、虚构事实，借用合法的民事程序，来侵害国家利益、社会公共利益或者案外人的合法权益的诉讼行为。如前所述，自认的事实与法院已查明的事实不符，从实务经验来看，大多数均是由于当事人双方串通损害其他主体的利益，从而保障自身的某种利益。而本条裁判规则所述当事人自认的事实与查明的事实不符，即当事人虚假自认，是虚假诉讼一种常见的表现形式，也是较容易为法院所发觉的。据不完全统计，2013 年度可能涉及虚假诉讼的案件占案件总量的 0.113%，2014 年度为 0.103%，2015 年度为 0.146%，到 2016 年度则达到 0.221%。从这些数据可以看出，近年来我国虚假诉讼的情况越来越严重，需要进行规制。最高人民法院也出台了《关于防范和制裁虚假诉讼的指导意见》，第 6 条规定："诉讼中，一方对另一方提出的于己不利的事实明确表示承认，且不符合常理的，要做进一步查明，慎重认定。查明的事实与自认的事实不符的，不予确认。"类似的规定均是为了加大对虚假诉讼的打击力度，维护诚信原则和诉讼秩序。从另一角度而言，虚假诉讼会损害国家、社会或第三人的合法权益，相关的事实属于法院依职权调查的范围，本就不适用自认，当事人作出的自认若与法院查明的一致，可增强法官的内心确信，但若不相符，由于事实已经查明，从发现真实的角度，当事人的自认不对法院产生约束。

（四）表现类型

根据当事人虚假自认是否存在合谋，可以划分为同谋的虚假自认和非同谋的虚假自认。前者占比较高，当事人双方事前恶意串通，共同谋取不当利益，违背诚信，借用合法的民事程序外衣，达到自己逃避债务、转移财产或者侵占财产等非法目的。

当事人自认的事实与法院综合所有证据认定的事实无法形成统一的结论时，法院对自认的事实将不予认定，由于原告未尽到证明责任，导致事实真伪不明，故由

---

① 占善刚、徐莹：《自认的审判排除效——〈民诉法解释〉第 92 条第 3 款之初步检讨》，载《证据科学》2017 年第 6 期。

原告承担败诉的法律后果。可见“当事人自认的事实与法院已查明的事实不符”存在两种情况，一是法院已经查清楚待证事实的真伪，但自认与其矛盾，将按照法院已经查清的事实进行裁判，负有证明责任的一方不一定会败诉；另一种是当事人自认的事实与法院已查明的事实存在矛盾，法院结合当事人的自认和已经掌握的证据，无法确定事实的真伪状态，根据证明责任的分配规则，由对待证事实承担证明责任的一方当事人承担败诉的后果。

（五）虚假自认如何识别

虽然实务中虚假自认的情形千差万别，但有其共性，可以从以下方法着手判断：

1. 通过证据识别。根据 2019 年《民事证据规定》第 85 条的规定“人民法院应当以证据能够证明的案件事实为根据依法作出裁判。审判人员应当依照法定程序，全面、客观地审核证据，依据法律的规定，遵循法官职业道德，运用逻辑推理和日常生活经验，对证据有无证明力和证明力大小独立进行判断，并公开判断的理由和结果”。法院认定案件事实是以全案的证据为基础，法官只有在综合所有证据能形成内心确信时，才能确定待证事实的真伪，而当事人的自认仅为法官得知有关案件事实的途径之一，若当事人自认的内容与法官根据已有证据认定的事实相矛盾，此时为了发现案件真实的需要，不能直接认定当事人自认的内容，而是要请当事人对待证事实继续举证，以免当事人双方恶意串通损害其他主体的合法权益。正如上面案例中，被告承认原告已经提供借款，但和其他证人的陈述在细节上有出入，并且综合全案从民间借贷关系的成因到款项的给付情况均存在多处矛盾和疑点，是被告自认的内容无法解释的，故法院最终未认定被告自认的内容。

2. 通过非证据因素识别。在司法实践中，还可以通过矛盾证据之外的因素对虚假自认进行识别。例如，双方当事人是否存在特殊关系、当事人在法庭上的肢体语言是否自然、当事人是否存在其他的经济纠纷等。若案件审理过程中出现类似情况，法官应谨慎认定当事人自认的内容：

第一，原被告存在特殊关系。例如，原被告是亲属关系、朋友关系或者经济上的利益共同体关系，如母公司和子公司的关系。这是由于虚假自认往往是双方当事人恶意串通，一般会选择与自己有密切关系且可以信任的人，双方的利益通常是一致的。

第二，被告积极配合原告，对抗性不强。原被告之间并无真正的利益冲突，仅是想利用合法的民事程序的外衣实现其不法目的，故希望加速诉讼的进程，取得原告胜诉的裁判文书即为双方的目的。故在法庭审理中，被告对原告主张的事实，可能会敷衍抗辩甚至直接自认，无论原告主张的事实多么不合理，被告仍予以认可，使法官觉得违反常理。上面案例中被告对原告主张的明显过高的利息，未加争执而予以认可，使得法官产生怀疑。

第三，当事人拒绝提供证据或提供的证据有瑕疵。在诉讼过程中，对待证事实负有证明责任的当事人应当非常积极地提供证据，争取法官将其作为优势证据予以认定，但有时会出现对于案件的主要事实，法院请负有证明责任的当事人提供相关证据时，其表现得非常消极和拖沓。此时很可能是当事人作出的是虚假自认，自认事实本就为虚构，并无证据可供证明，若提供伪造的证据，势必会出现瑕疵，故当事人消极应对。就像司法实践中法院要求原告提供借贷合同等证据的原件，原告进行了拖延，且最终提供的还是被水浸过导致无法鉴定真伪的证据，存在瑕疵，无法认定。因此在审判案件时，若当事人提交证据表现得较为消极，不合常理，作为法官应当提高警惕，辨别是否存在虚假自认的情况。

第四，当事人存在其他的经济纠纷或者财务状况不佳。实务中存在很多债务人为了逃避还债，通过伪造债权债务关系，通过合法的诉讼形式，将财产转移给他人。若当事人面临破产的危险，受利益的驱使，为防止破产后将其剩下的财产偿还给各债权人，可能伪造法律关系、铤而走险、转移财产。因此，法官在审理案件时，若发现当事人存在其他经济纠纷有待处理，或者财务状况不佳时，应当更为谨慎地认定当事人的自认行为。

第五，案外人提供的线索。当事人串通的虚假自认多数损害的是第三人的利益，现在审判信息公开，人民群众可以知晓有关案件的审理情况，当案外人发现正在进行诉讼是虚假且会损害其利益时，他可以通过信访或者直接向法院邮寄信件的形式，向法院提供有关线索。正如上面案例中案外人通过信访的形式，使得法院对可能存在双方当事人恶意串通、虚假自认的情况提高了警惕，最终未认定自认的内容。

第六，当事人在诉讼中表现异常。当事人可能由于说谎、前后陈述不一而心虚，在法庭审理中表现得吞吞吐吐、紧张冒汗等情况。

四、辅助信息

2019年《民事证据规定》

第八条 《最高人民法院关于适用〈中华人民共和国民事诉讼法〉的解释》第九十六条第一款规定的事实，不适用有关自认的规定。

自认的事实与已经查明的事实不符的，人民法院不予确认。

《民事诉讼法司法解释》

第九十二条 一方当事人在法庭审理中，或者在起诉状、答辩状、代理词等书面材料中，对于己不利的事实明确表示承认的，另一方当事人无需举证证明。

对于涉及身份关系、国家利益、社会公共利益等应当由人民法院依职权调查的事实，不适用前款自认的规定。

自认的事实与查明的事实不符的，人民法院不予确认。

民事诉讼证据裁判规则第 18 条：

涉及身份关系的，不适用自认

【规则描述】　自认是实行辩论主义即当事人主义国家的民事诉讼证据中通行的制度，但自认不是绝对的，自认并非完全排除法院依职权调查。为维护公共利益、维护身份关系社会秩序等，在法律规定的实行职权探知主义领域，同时又均有限制自认的规定。[①] 完整的自认制度包括自认规则本身及其例外规则。我国民事证据制度在引入自认制度时，同时也确定了自认的例外规则，例如 2011 年《民事证据规定》第 8 条第 1 款中的“但涉及身份关系的案件除外”。2019 年《民事证据规定》在 2001 年的基础上，从第 3 条开始到第 9 条结束，总计 9 个条文，比较完整地确立了自认原则、自认的限制及自认的撤销等一系列规范。其中第 8 条第 1 款第 1 项规定，对涉及国家利益、社会公共利益的事实，不适用自认，法院可以依职权调查取证；该条第 2 款规定，自认的事实与已经查明的事实，人民法院不予确认。可见，我国民事诉讼证据自认制度的例外，即限制的自认情形包括：涉及国家、公共利益的事实，涉及身份关系的事实，涉及公益诉讼的案件事实，当事人可能恶意串通虚假诉讼案件以及自认与法院以及查明的事实不符的情形。

一、类案检索大数据报告

时间：2020 年 8 月 4 日之前；案例来源：Alpha 案例库；案由：民事纠纷；检索条件：引用法条：2019 年《民事证据规定》第 8 条第 1 款，本次检索获取 2020 年 8 月 4 日之前共计 267 篇裁判文书。其中：

---

① 邱星美、张红娇：《论民事诉讼自认制度之限制性规则》，载《法律适用》2013 年第 3 期。

1. 认为涉及可能损害国家利益、社会公共利益，法院应依职权调取证据，不适用自认的共计 21 件，占比为 7.87%；

2. 认为当事人有恶意串通损害他人合法权益可能的，法院应依职权调取证据的共计 13 件，占比为 4.87%；

3. 认为不属于法院应依职权调取证据的事项共计 129 件，占比为 48.31%；

4. 认为当事人未举证证明属于法院应依职权调取证据的共计 44 件，占比为 16.48%；

5. 认为当事人未申请法院调取证据的共计 38 件，占比为 14.23%；

6. 认为涉及依职权追加当事人、中止诉讼、终结诉讼、回避等程序性事项的，法院应依职权调取证据的共计 22 件，占比为 8.24%。

整体情况如图 18–1 所示：

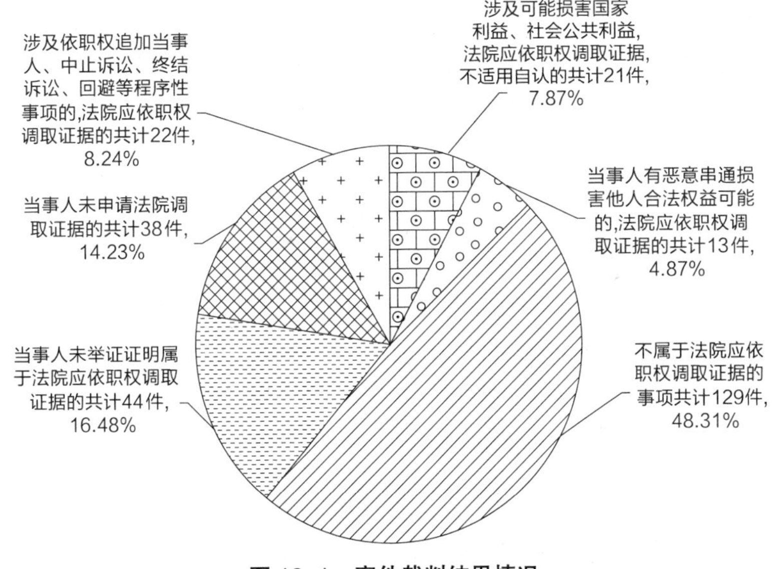

图 18–1　案件裁判结果情况

如图 18–2 所示，从案件年份分布可以看在当前条件下，涉及引用法条：2019 年《民事证据规定》第 8 条第 1 款条件下，相应的民事纠纷案例数量的变化趋势。

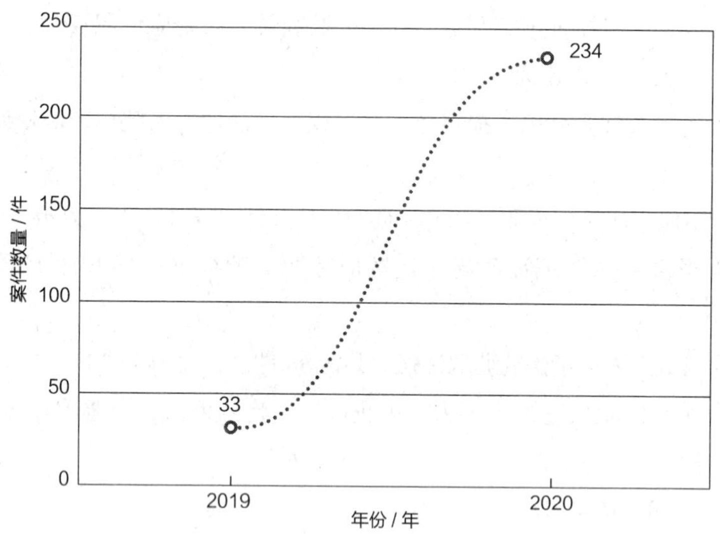

图 18–2　案件年份分布情况

如图 18–3 所示，从上面的程序分类统计可以看到当前的审理程序分布状况。一审案件有 69 件，二审案件有 192 件，再审案件有 6 件。

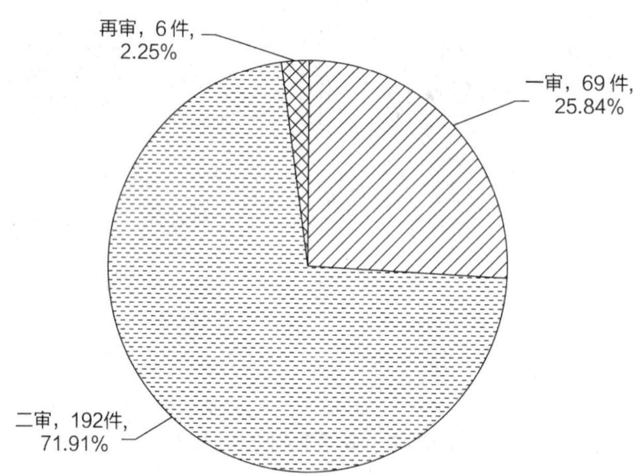

图 18–3　案件审理程序分类

二、可供参考的例案

例案一：王某与张某彬等民间借贷纠纷案

【法院】

最高人民法院

【案号】

（2016）最高法民终325号

【当事人】

上诉人（原审被告）：王某

被上诉人（原审原告）：张某彬

原审被告：王某波

【基本案情】

2012年5月20日，王某（甲方）与张某彬（乙方）签订一份《投资协议书》，约定双方系基于王某投资青海木里煤田聚乎更矿区八号井南采区［王某所在的北京东上圣睿管理有限公司与中铁资源集团有限公司于2012年12月2日签署《木里煤田聚乎更矿区八号井南采区合作开发协议》（以下简称《开发协议》）］的前提下，就煤矿资源开发事宜达成投资协议，协议约定：张某彬投资4000万元在王某处，分两次将资金汇入，最迟不超过5月底汇完；张某彬的投资采用固定回报方式，与王某自身盈利状况无关；王某承诺给予张某彬2亿元的回报，在张某彬资金到位后，前3年分6期并按每1期期限6个月的频率等额给付合计1.8亿元，另2000万元投资回报原则上在第4年内给付，在期限内张某彬领完所有款项后协议视同履行完毕。协议签订后，张某彬分别于2012年5月2日、5月29日向王某账户汇入各2000万元，共计4000万元。2013年10月30日，王某波出具一份《承诺》，内容载明其处理王某名下股权，首先要用这些资金偿还张校长（即张某彬）这边的资金。

另查明，王某波于2013年8月9日至9月30日期间，通过银行转账方式分7次支付案外人林某招125万元，2014年1月10日支付张某彬200万元。诉讼中，张某彬认为，王某波支付给林某招的125万元与诉争借款无关。

【案件争点】

是否可以自认作为事实认定依据。

【裁判要旨】

法院认为，一审法院关于案涉200万元应抵扣利息的认定，应予维持。法院二审庭审中，王某当庭表示，其始终认为案涉4000万元为投资款，案涉200万元应作为投资款而非利息扣除。庭审中，合议庭向王某释明，案涉4000万元最终定性存在两种可能：投资款和借款。如果法院定性为借款，王某就该利息问题是否还有其他意见发表。王某当庭表示，假如二审法院认定是借款，其可以接受一审法院关于抵扣利息的认定。根据《民事诉讼法司法解释》第92条“一方当事人在法庭审理中，或者在起诉状、答辩状、代理词等书面材料中，对于己不利的事实明确表示承认的，另一方当事人无需举证证明。对于涉及身份关系、国家利益、社会公共利益等应当由人民法院依职权调查的事实，不适用前款自认的规定。自认的事实与查明的事实不符的，人民法院不予确认”之规定，既然法院已认定案涉4000万元为借款性质，满足了王某承认案涉200万元抵扣利息这一事实的前提条件，且该项事实不属于身份关系、国家利益、社会公共利益等应由法院依职权调查的事实，那么张某彬已无需就此再行举证证明。

例案二：黄某与兰某等民间借贷及担保合同纠纷案

【法院】

江西省九江市中级人民法院

【案号】

（2019）赣04民终2624号

【当事人】

上诉人（原审被告）：黄某

被上诉人（原审原告）：兰某

原审被告：辛某

【基本案情】

被告黄某与被告辛某属郎舅关系，原告兰某与被告黄某属亲戚关系。2014年7月26日，被告辛某投资万福豪庭二期项目需要资金，经被告黄某介绍向案外人李某借款，后案外人李某从亲戚处凑到110万元（含原告兰某60万元），通过原告账号转入60万元到被告辛某的账户。被告辛某按照案外人李某要求向原告兰某出具60万元借据，后被告黄某在该借条担保人处签字。该借款后经原告多次催要未果，故原告诉至法院。以上事实有原告提交的借据证人证言及法庭询问等为证。

【案件争点】

自认如何认定。

【裁判要旨】

根据2001年《民事证据规定》第8条第1款[①]规定，诉讼过程中，一方当事人对另一方当事人陈述的案件事实明确表示承认的，另一方当事人无需举证。但涉及身份关系的案件除外。2001年《民事证据规定》第8条第4款[②]规定，当事人在法庭辩论终结前撤回承认并经对方当事人同意，或者有充分证明其承认行为是在受胁迫或者重大误解情况下作出且与事实不符的，不能免除对方当事人的举证责任。2001年《民事证据规定》第74条[③]规定："诉讼过程中，当事人在起诉状、答辩状、陈述及其委托代理人的代理词中承认的对己方不利的事实和认可的证据，人民法院应当予以确认，但当事人反悔并有相反证据足以推翻的除外。"《民法总则》第7条[④]规定："民事主体从事民事活动，应当遵循诚信原则，秉持诚实，恪守承诺。"民事诉讼的当事人在适当的场合对对方提出的不利于自己的事实或证据进行承认后，不得随意撤销，或者主张与承认事实相反的事实。本案2019年4月29日原审按简易程序审理的庭审笔录中，兰某陈述："我当时与证人（李某）说只能借一年，一年期满证人（李某）就要帮我讨回借款本息。"在审判员询问是否约定借款期限时，证人（李某）陈述："不记得是一年还是两年，最多不超过两年。"辛某陈述："当时说借款期限最长一年，如果楼盘钱出来随时还，如果借款人随时要钱也随时还。"兰某陈述："我当时问李某钱最多借多久，李某说最多借一年，如果我随时要随时还，借款利息按年利率20%计算。"三人的陈述相互印证本案借款的借款期限为一年。2019年8月

---

① 参见2019年《民事诉讼证据规定》第8条规定："《最高人民法院关于适用〈中华人民共和国民事诉讼法〉的解释》第九十六条第一款规定的事实，不适用有关自认的规定。自认的事实与已经查明的事实不符的，人民法院不予确认。"

② 该司法解释已于2019年10月14日修正，本案所涉第8条第4款修改为第9条："有下列情形之一，当事人在法庭辩论终结前撤销自认的，人民法院应当准许：（一）经对方当事人同意的；（二）自认是在受胁迫或者重大误解情况下作出的。人民法院准许当事人撤销自认的，应当作出口头或者书面裁定。"

③ 该司法解释已于2019年10月14日修正，本案所涉第74条修改为第3条："在诉讼过程中，一方当事人陈述的于己不利的事实，或者对于己不利的事实明确表示承认的，另一方当事人无需举证证明。在证据交换、询问、调查过程中，或者在起诉状、答辩状、代理词等书面材料中，当事人明确承认于己不利的事实的，适用前款规定。"

④ 对应《民法典》第7条，内容未作修改。

日原审按普通程序审理的庭审笔录中辛某未到庭，兰某、李某均否认借款约定了借款期限。因2019年4月29日庭审中兰某已自认借款期限一年，之后反悔却无相反证据足以推翻，故法院确认本案借款的借款期限为一年。

例案三：北京恒美瑞文化发展有限公司与中钞国鼎投资有限公司等合同纠纷案

【法院】

最高人民法院

【案号】

（2018）最高法民申3056号

【当事人】

再审申请人（一审被告、一审反诉原告，二审上诉人）：北京恒美瑞文化发展有限公司

被申请人（一审原告、一审反诉被告，二审被上诉人）：中钞国鼎投资有限公司

原审被告：张某容

原审被告：王某玲

【基本案情】

北京恒美瑞文化发展有限公司（以下简称恒美瑞公司）申请再审称：原判决在没有就双方间的经济往来进行确认和审计且中钞国鼎投资有限公司（以下简称中钞公司）没有提交《滞纳金支付协议》相对应的原始财务凭证的情况下，采信《滞纳金支付协议》，属事实不清，证据不足。《滞纳金支付协议》没有相对应财务凭证，也没有经过确认和审计，不应被采信。自2007年开始，双方之间存在长期、大量的经济往来，签署过多种性质、数量繁多的协议。而且每笔交易的款项经常发生滚动、交叉和抵销。因而，双方之间的债权债务关系不是某一份合同或某一笔交易简单形成。《滞纳金支付协议》盖章的背景和过程：2014年，双方进行对账工作。因中钞公司部分原始凭证、账册不全以及中钞公司提出的其他原因，双方未能完成对账。2014年6月下旬，中钞公司新任董事长龚某良声称国有企业不能亏损。中钞公司出于审计的需要，让恒美瑞公司在《滞纳金支付协议》上签字，并承诺会在签字以后尽快与恒美瑞公司核对账务，并对恒美瑞公司运营的直营店给予支持和补偿。为了维持双方合作关系，恒美瑞公司才在对账没有结果的情况下，被迫在《滞纳金支付协议》

上盖公章。但是中钞公司却提出各种借口，没有兑现对账承诺。由于中钞公司不与恒美瑞公司核对往来账务，不能及时结算直营店货款，以致造成目前账务混乱。恒美瑞公司签订该协议是出于中钞公司国有企业年度审计的需要，不是其真实意思表示。恒美瑞公司向一审法院和二审法院均提交《司法审计申请书》，要求对相关的经济往来进行审计，但均没有被法院采纳。中钞公司未提供欠款明细和原始凭证及相关账目，仅凭一纸缺乏原始证据支持的《滞纳金协议》提出诉讼主张，缺乏依据。

【案件争点】

涉及身份关系的自认如何认定。

【裁判要旨】

法院经审查认为：恒美瑞公司的再审申请不符合《民事诉讼法》第 200 条第 2 项[①]“原判决、裁定认定的基本事实缺乏证据证明的”规定情形。原判决关于“恒美瑞公司与中钞公司签订《滞纳金支付协议》，确认中钞公司应收恒美瑞公司的款项数额及黄金原料”这一事实认定，有证据足以证明。原审法院已查明，恒美瑞公司已在一审反诉状中自认“因中钞公司系国有企业，为配合其 2014 年的审计工作，双方于 2014 年 6 月 30 日签署《滞纳金支付协议》，就中钞公司应收恒美瑞公司的款项数额及黄金原料进行了确认，但其中并未计算并确认截至 2014 年 6 月 30 日中钞公司所应付恒美瑞公司的各类款项（销售款、装修款、广告宣传费等）共计 12256692.18 元”。从该语段文义解释可知，恒美瑞公司已在其反诉状中确认所欠中钞公司的款项数额及黄金原料数量，只不过强调该协议并未计算并确认中钞公司应付恒美瑞公司的各类款项；对当事人自认行为，《民事诉讼法司法解释》第 92 条规定：“一方当事人在法庭审理中，或者在起诉状、答辩状、代理词等书面材料中，对于己不利的事实明确表示承认的，另一方当事人无需举证证明。对于涉及身份关系、国家利益、社会公共利益等应当由人民法院依职权调查的事实，不适用前款自认的规定。自认的事实与查明的事实不符的，人民法院不予确认。”具体到本案中，由于恒美瑞公司已在反诉状中对于己不利的案涉款项数额及黄金原料明确表示承认，中钞公司无需对该事实再行举证证明。而且案涉双方及其争议款项均不涉及身份关系、国家利益、社会公共利益等需要人民法院依职权调查的事实，故恒美瑞公司自认的该事实应当被人民法院采信，除非该自认事实与查明的事实不符。

---

① 该法已于 2021 年 12 月 24 日第四次修正，本案所涉第 200 条第 2 项修改为第 207 条第 2 项，内容未作修改。

三、裁判规则提要

（一）自认的限制与法院依职权调查的另外规则

我国《民事诉讼法》第67条第1条、第2款规定："当事人对自己提出的主张，有责任提供证据。当事人及其诉讼代理人因客观原因不能自行收集的证据，或者人民法院认为审理案件需要的证据，人民法院应当调查收集。"该第2款规定，人民法院负责调查收集的证据包括两种情况，一是"当事人及其诉讼代理人因客观原因不能自行收集的证据"，二是"人民法院认为审理案件需要的证据"，而诉讼当事人未提出的证据。何谓"人民法院认为审理案件需要的证据"?《民事诉讼法司法解释》第96条第1款解释为5类，如上所述。《民事诉讼法》第67条及其司法解释是民事诉讼证据当事人举证责任的原则与例外理念的立法体现，亦是民事诉讼证据自认及其限制适用规则的体现。

法院依职权调查取证与自认的关系是一事物两方面的关系，对限制自认的事项，法院既可依职权调查取证，亦可令当事人提供证据证明。

（二）自认的效力及自认的限制国外立法

自认是指在诉讼中，一方当事人对另一方当事人所主张的于己不利的事实所作的承认。自认有不同的情形，在学理上分类如下：（1）明示的自认与默示的自认；（2）诉讼上的自认与诉讼外的自认；（3）本人自认与代理人自认；（4）完全自认与限制自认；（5）口头自认与书面自认。

2019年《民事证据规定》第3条的规定包括了明示的自认、书面自认、口头自认，第4条规定为默示的自认，第5条为当事人本人的自认与诉讼代理人的自认，第6条为共同诉讼中的明示自认与默示自认。

自认发生以下三方面法律效力：一是，对自认当事人一方而言，应当受其自认的约束，不得对自认的事实提出相反的主张，有证据充分证明其自认受胁迫或重大误解的除外。二是，对另一方当事人而言，若其负有证明责任的，则免除证明责任。三是，对法院而言，通常当事人自认的事实，无须调查，不得作出相反的认定，"对于双方当事人无争议的事实（自认或被视为自认的事实），不但无须通过事实来加以认定，法院还不能作出与之相反的认定”。[①] 但是例外情形下，自认受到限制，例如，大陆法系国家通常在家事程序（包括人事诉讼）领域，对人的身份关系不适用自认。

因当事人有滥用诉讼权利情形的发生，有为了达到某种非法目的而作虚假自认的情形发生还有涉及身份关系的事实，若允许当事人自认，可能会有与客观事实不符的情形发生，而身份关系应当以客观事实为准，如亲子关系或以法定登记为准，如婚姻关系，身份关系当事人不得以自认任意处分。因此，对身份关系自认的限制为一般国家所认可。如 2008 年修订前，尚在《德国民事诉讼法》中，为其第六编“家庭事件程序”第 617 条的规定，2008 年颁布、2009 年实施的《德国家事案件和自愿诉讼管辖实务程序法》中的规定。[②]《日本人士诉讼程序法》第 10 条中的规定。许多国家民事诉讼证据规范对自认均有限制的规则，即自认的例外规范。法院必须直接以自认的内容作为判断的基础，而不能作出与之不同的判断。不过，对于奉行职权探知主义的案件或事项，自认则不具有这种效力。对于这些案件或事实，法院不受自认的拘束，而依据自由心证来认定事实。[③]《巴西民事诉讼法典》第 350 条规定：“虽然裁判上的自认对于自认方而言是不利的证据，但其不能损害其他共同诉讼人的利益。在不动产诉讼或是对他人不动产主张权利的诉讼中，在没有另一方配偶作出自认的前提下，一方所作的自认无效。”

（三）我国关于自认的限制规定

《民事诉讼法司法解释》第 96 条第 1 款以及 2019 年《民事证据规定》第 8 条即确定了限制自认的具体情形。另外，根据我国社会管理客观状况，为保护国家利益、社会公共利益、案外他人利益，一定范围内保留了必要的职权主义。因此，本条规定对限制自认的情形，人民法院可以责令当事人提供证据，即要求当事人对这些限制自认的情形提供证据证明。《民事诉讼法司法解释》第 96 条第 1 款的具体事项，既是自认限制事项，又是法院可以依职权主动调查取证的事项。

根据我国《民事诉讼法》第 67 条第 2 款、《民事诉讼法司法解释》第 96 条第 1 款及 2019 年《民事诉讼证据规定》第 8 条的规定，自认的限制包括以下情形：（1）涉及可能损害国家利益、社会公共利益的情形；（2）涉及身份关系的情形；（3）涉及《民事诉讼法》第 58 条规定的，对污染环境、侵害众多消费者合法权益等损害社会

---

① ［日］新堂幸司：《新民事诉讼法》，林剑锋译，法律出版社 2008 年版，第 311 页。

② ［德］《德国民事诉讼法》，丁启明译，厦门大学出版社 2015 年版，第 5 页。

③ ［日］新堂幸司：《新民事诉讼法》，林剑锋译，法律出版社 2008 年版，第 379 页。

公共利益的情形；（4）当事人有恶意串通损害他人合法权益可能的情形；（5）自认的事实与法院已经查明的事实不符的情形。

四、辅助信息

《民事诉讼法》

第六十七条 当事人对自己提出的主张，有责任提供证据。

当事人及其诉讼代理人因客观原因不能自行收集的证据，或者人民法院认为审理案件需要的证据，人民法院应当调查收集。

人民法院应当按照法定程序，全面地、客观地审查核实证据。

《民事诉讼法司法解释》

第九十二条 一方当事人在法庭审理中，或者在起诉状、答辩状、代理词等书面材料中，对于己不利的事实明确表示承认的，另一方当事人无需举证证明。

对于涉及身份关系、国家利益、社会公共利益等应当由人民法院依职权调查的事实，不适用前款自认的规定。

自认的事实与查明的事实不符的，人民法院不予确认。

第九十六条 民事诉讼法第六十七条第二款规定的人民法院认为审理案件需要的证据包括：

（一）涉及可能损害国家利益、社会公共利益的；

（二）涉及身份关系的；

（三）涉及民事诉讼法第五十八条规定诉讼的；

（四）当事人有恶意串通损害他人合法权益可能的；

（五）涉及依职权追加当事人、中止诉讼、终结诉讼、回避等程序性事项的。

除前款规定外，人民法院调查收集证据，应当依照当事人的申请进行。

民事诉讼证据裁判规则第 19 条：

控制书证的当事人无正当理由拒不提交书证的，人民法院可以认定对方当事人所主张的书证内容为真实

【规则描述】 本条规则是书证提出命令制度的组成部分。书证提出命令是最高人民法院为了提高当事人的举证能力、扩展当事人收集证据方式创设的重要举措，其宗旨在于提升当事人调查取证活动的效率同时保障诉讼代理人调查取证权的顺利运行，最终达到提高举证效率、促进诉讼进程的目的。

一、类案检索大数据报告

时间：2020 年 5 月 17 日之前；案例来源：Alpha 案例库；案由：民事纠纷；检索条件：（1）法院认为包含：同句“书证在对方当事人控制之下”；法院认为包含：同句“所主张的书证内容为真实”。本次检索获取 2020 年 5 月 17 日之前共计 327 篇裁判文书。其中：

1. 认为无正当理由拒不提交书证，认定书证内容为真实的共计 117 件，占比为 35.78%；

2. 认为无正当理由拒不提交书证，认为应承担不利的法律后果的共计 89 件，占比为 27.22%；

3. 认为无正当理由拒不提交书证，认定原告主张成立的共计 51 件，占比为 15.6%；

4. 认为无正当理由拒不提交鉴定检材原件，应承担不利法律后果的共计 9 件，占比为 2.75%；

5. 认为举证人未提供证据证明书证控制人持有书证的共计 44 件，占比为 13.46%；

6. 认为举证人未在举证期限届满前申请适用书证提出命令的共计 12 件，占比为 3.67%；

7. 认为书证控制人并不持有书证的共计 5 件，占比为 1.52%。

整体情况如图 19–1 所示：

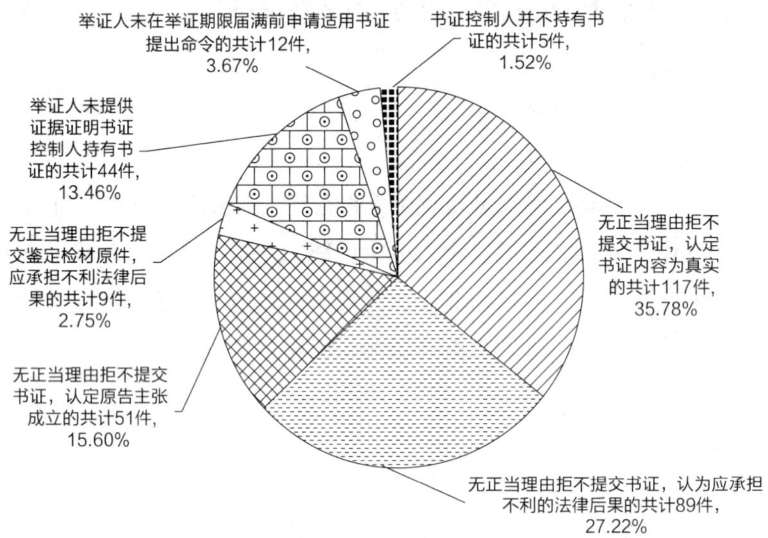

图 19–1　案件裁判结果情况

如图 19–2 所示，从案件年份分布可以看在当前条件下，涉及法院认为包含：同句“书证在对方当事人控制之下”；法院认为包含：同句“所主张的书证内容为真实”的条件下，相应的民事纠纷案例数量的变化趋势。

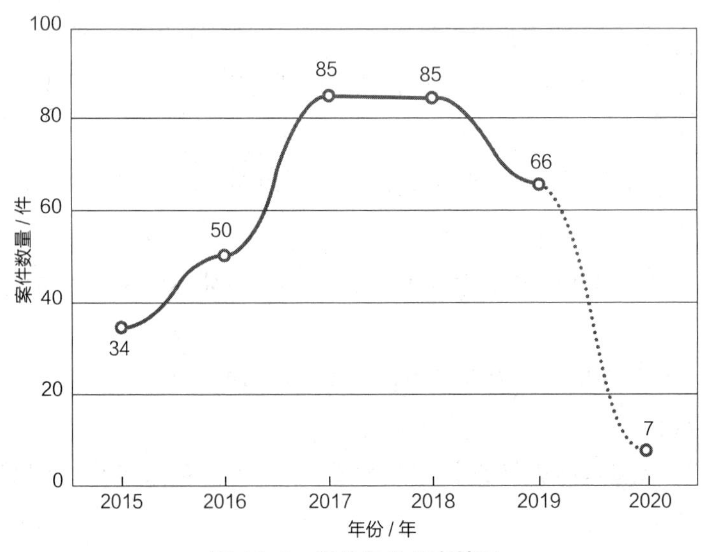

图 19–2　案件年份分布情况

如图 19-3 所示，从程序分类统计可以看到当前的审理程序分布状况。一审案件有 139 件，二审案件有 154 件，再审案件有 29 件，执行案件有 5 件。

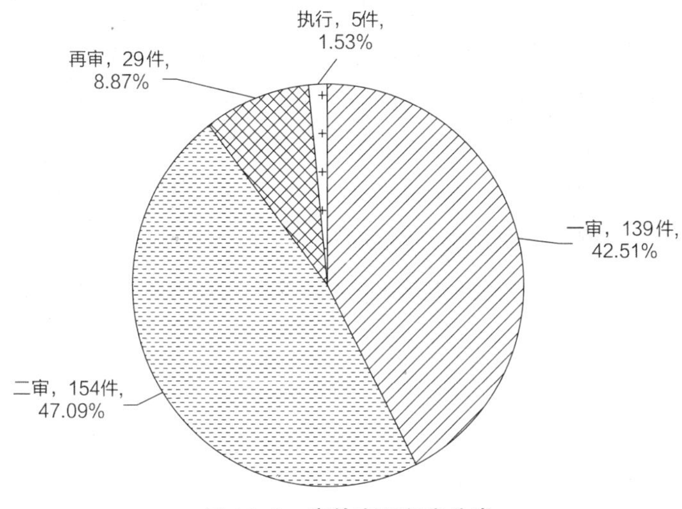

图 19-3　案件审理程序分类

二、可供参考的例案

例案一：李某东等与张某龙等追索劳动报酬纠纷案

【法院】

山东省德州市中级人民法院

【案号】

（2019）鲁 14 民终 2358 号

【当事人】

上诉人（原审被告）：李某东

上诉人（原审被告）：刘某珍

被上诉人（原审原告）：张某龙

原审被告：陈某生

原审被告：大城县碧海化工有限公司

【基本案情】

李某东、刘某珍系夫妻关系。2017 年 2 月 15 日陈某生在河北省保定市雨森卫生用品有限公司承包了一设备焊接工程，又将该工程转包给了李某东，并以大城县碧海容器公司之名与李某东签订了《劳动安全施工合同》。后李某东雇用张某龙等人用大城县碧海化工有限公司的设备进行施工，张某龙施工完毕后，多次找李某东、刘某珍催要劳动报酬。其中 2018 年 3 月 6 日张某龙及他人到李某东、刘某珍家要劳动报酬时的录音，能够证实李某东向张某龙出示了一份申请书，张某龙并拍了照片。该申请书载明张某龙的劳动报酬共计 24560 元。同时录音中李某东、刘某珍认可记得有账，但拒不提供给张某龙看，一审法院责令其二人提供相应证据，但其一直未能提交。

【案件争点】

控制证据的司法认定。

【裁判要旨】

法院认为，首先，关于李某东、刘某珍主张本案属于劳动仲裁范畴的问题。李某东、刘某珍与张某龙之间属于自然人之间的劳务合同关系，双方因拖欠劳动报酬产生的争议不属于劳动争议案件的受理范畴，一审法院按照普通民事纠纷处理并无不当。其次，关于李某东、刘某珍是否拖欠张某龙劳动报酬的问题。《民事诉讼法司法解释》第 112 条规定："书证在对方当事人控制之下的，承担举证证明责任的当事人可以在举证期限届满前书面申请人民法院责令对方当事人提交……对方当事人无正当理由拒不提交的，人民法院可以认定申请人所主张的书证内容为真实。"本案张某龙提交的申请书影印件，张某龙与李某东、刘某珍之间的通话录音，陈某生与刘某珍之间的通话录音等证据与当事人陈述之间可以相互印证，足以认定李某东、刘某珍拖欠张某龙劳动报酬的申请书、记账本等证据原件在李某东、刘某珍控制之下，在一审法院责令李某东、刘某珍承担"提供申请书原件及是否欠原告劳动报酬的举证责任"的情况下，李某东、刘某珍无正当理由拒不提交证据原件，也未提交充分有效的证据证明不拖欠张某龙劳动报酬，一审法院认定李某东、刘某珍承担不利的法律后果并无不当。因此，本案足以认定张某龙受李某东、刘某珍的雇用在河北省保定市满城区进行施工，李某东、刘某珍尚拖欠张某龙劳动报酬合计 16560 元。李某东与陈某生之间系何法律关系，并不影响张某龙与李某东之间劳务合同关系的成立，李某东、刘某珍依法应向张某龙支付拖欠的劳动报酬。

例案二：中国人寿财产保险股份有限公司许昌市中心支公司与高某现等机动车交通事故责任纠纷案

【法院】

河南省许昌市中级人民法院

【案号】

（2019）豫10民终2781号

【当事人】

上诉人（原审被告）：中国人寿财产保险股份有限公司许昌市中心支公司

被上诉人（原审原告）：高某现

被上诉人（原审被告）：许昌××运输集团股份有限公司

被上诉人（原审被告）：崔某东

【基本案情】

原告高某现系被告崔某东的雇佣的司机，2017年7月24日1时40分许，原告高某现驾驶豫K×××××-豫KB0××号重型半挂牵引车在许昌县桂村乡××路段由××向北行驶时，因操作不当，与路中间隔离墩相撞，造成车辆损坏、原告高某现受伤的交通事故。事故发生后，许昌县交通管理大队对该起事故作出认定，原告高某现负此事故的全部责任。事故发生后，原告在郑州大学第一附属医院住院治疗支出医疗费99783.87元，在禹州市人民医院住院治疗支出医疗费15715.28元，共计支出医疗费115499.15元。经许昌重信法医临床司法鉴定所鉴定，该所于2018年2月19日作出许重司鉴所〔2018〕临鉴字第45号鉴定意见书，原告高某现之损伤伤残等级评定为二级，其残疾赔偿金应按上一统计年度河南省农村居民年人均纯收入13830.74元及伤残指数90%计算20年，法院对原告主张的残疾赔偿金228945元予以确认。豫K×××××豫KB0××重型半挂牵引车登记所有人为被告许昌××运输集团股份有限公司，实际所有人为被告崔某东，该车在被告中国人寿财产保险股份有限公司许昌市中心支公司投保有雇主责任保险（伤亡责任限额为20万元，医疗费用责任限额为2万元），本案交通事故发生在保险期间内。

【案件争点】

控制证据的司法认定。

【裁判要旨】

法院认为，根据各方的上诉及答辩意见，法院归纳本案的争议焦点：上诉人是否承担本案的保险责任。经查，投保单是投保人申请订立保险合同的要约，可反映出投保人订立合同时的真实意思表示。一审中崔某东认为投保单中的投保人印章及保险期间的书写并非签订合同当日形成，签订合同时并未签署投保单，并对投保单中投保人签章的加盖时间及保险期间书写时间申请鉴定，但因上诉人将投保单撤回不再作为证据材料提交，导致鉴定机构无法鉴定。根据2001年《民事证据规定》第75条①“有证据证明一方当事人持有证据无正当理由拒不提供，如果对方当事人主张该证据的内容不利于证据持有人，可以推定该主张成立”及《民事诉讼法司法解释》第112条“书证在对方当事人控制之下的，承担举证证明责任的当事人可以在举证期限届满前书面申请人民法院责令对方当事人提交……对方当事人无正当理由拒不提交的，人民法院可以认定申请人所主张的书证内容为真实”之规定，可以认定崔某东的主张成立，对于本案保险责任的期间认定应以保险合同成立生效时间予以确定，即投保人缴纳保费也即保险人同意承保后，保险合同成立并生效；而保险单中对保险责任期间的约定系格式限责条款，保险公司应提示、告知投保人，因上诉人不能举证证明双方对此进行了磋商约定，故其主张的保险期间并不发生法律效力。本案事故发生时间无论是2017年7月23日还是7月24日，均在保险合同成立之后，符合保险公司承担保险责任的范围，一审判决上诉人承担责任正确。

例案三：王某红与西安悦欣感光复印纸有限责任公司等合资、合作开发房地产纠纷案

【法院】

最高人民法院

【案号】

（2016）最高法民再250号

① 该司法解释已于2019年10月14日修正，本案所涉第75条修改为第95条：“一方当事人控制证据无正当理由拒不提交，对待证事实负有举证责任的当事人主张该证据的内容不利于控制人的，人民法院可以认定该主张成立。”

【当事人】

再审申请人（一审原告、二审上诉人）：王某红

被申请人（一审被告、二审被上诉人）：西安悦欣感光复印纸有限责任公司

被申请人（一审被告、二审被上诉人）：陕西永安房地产开发有限公司

被申请人（一审第三人、二审被上诉人）：廖某明

【基本案情】

一审法院经审理查明，2002 年 4 月 28 日，王某红与西安感光复印纸厂签订了《联合建设房地产合同书》，就联合在西安感光复印纸厂位于西安市团结东路厂区原址建设“时代家园”项目达成一致。合同第 1 条约定：联合建设“时代家园”项目占地 7.68 亩，拟建建筑总面积约为 26000 平方米，总投资约 3000 万元，由两幢十五层高层框架建筑组成。合同第 2 条、第 4 条约定，由甲方（西安感光复印纸厂）提供位于西安市团结东路三号，甲方厂区原址土地供双方项目用地使用，甲方负责土地上设备人员的搬迁撤离工作。甲方负责地上建筑及其他附着物的拆迁工作，搬迁、拆迁费用由乙方（王某红）承担。合同第 3 条、第 5 条、第 6 条约定，由乙方（王某红）负责提供项目整体建设经费，由乙方用甲方的名义向政府相关部门申请办理项目的立项，规划及其他相关事宜，由乙方负责项目的施工管理，相关费用由乙方负责。支付项目费用时，乙方应将相应的款项支付甲方，双方共同签署认可的手续后，甲方方可付出所有按合同应由乙方支付的建设费并经乙方签字的付款凭证将作为最后结算的凭据。合同第 8 条约定，乙方向甲方支付贰佰万元作为甲方重新建厂及启动生产的专项补偿金。合同还约定了项目建成后的分成，甲方所得房屋的建筑装修及设备标准，违约责任等事项。合同签订后，王某红自 2002 年 5 月起共分 6 次支付西安感光复印纸厂资金 63 万元整。王某红自 2002 年 6 月开始至 2003 年 1 月分 13 次从西安感光复印纸厂借出资金 38 万元，2003 年 2 月 7 日归还 18 万元，自 2003 年 12 月起至 2004 年 7 月分 9 次从西安感光复印纸厂借出资金 43 万元。另 2003 年 8 月 4 日、2003 年 9 月 20 日王某红两次给付西安感光复印纸厂资金 6 万元，王某红分别于 2003 年 9 月 29 日、2003 年 11 月 7 日、2003 年 11 月 27 日、2004 年 3 月 7 日从西安感光复印纸厂累计借出资金 6 万元。2004 年 3 月 19 日，西安感光复印纸厂（甲方）与陕西永安房地产开发有限公司（以下简称陕西永安公司）（乙方）签订了《联合建房协议书》，协议主要内容，甲方（西安感光复印纸厂）将位于团结东路 3 号，面积为 5128、483 平方米（折合 7.69 亩）的建设用地及其项目过户给具有开发资质的乙方（陕西永安公司）作为双方联合建房所用，建设资金由乙方提供等。协议签订后，

西安悦欣公司将“时代家园”项目转让给陕西永安公司，并在相关部门办理了转让手续。该项目转让时已经投入资金818万元。该协议签订时，西安感光复印纸厂与陕西永安公司的法定代表人均为廖某明。

西安感光复印纸厂使用的位于团结东路3号5128.5平方米（折合7.693亩）土地为工业用途出让用地，“时代家园”项目2002年6月14日市计委市投发（2002）186号文件批准立项，2003年12月18日，市规划局西规建（2003）353号建设工程审核同意将上述土地用途变更为住宅用地，“时代家园”项目于2003年办理了建筑工程施工许可证（编号2003年452号〔补〕）。2003年7月6日西安感光复印纸厂（甲方）与中国新兴建设开发总公司（乙方）签订了协议书，约定，由乙方负责甲方1#、2#住宅楼施工。甲方委托代理人为王某红。2004年6月18日，西安市城乡建设委员会市建发（2004）124号文件作出关于“时代家园”房地产开发项目的批复：同意该项目转为房地产开发项目并由陕西永安公司实施。2004年6月24日该项目2#住宅楼取得编号2004年0161（换）号建筑工程施工许可证，注明建设单位陕西永安公司，合同开工日期2003年11月7日、2004年7月8日，该项目工程取得建设工程规划许可证建设单位为陕西永安公司。2005年4月17日，该项目2#楼取得西安市房屋管理局颁发的预售许可证，售房单位为陕西永安公司，后“时代家园”项目在陕西永安公司名下建设完成，并由陕西永安公司将房屋全部出售完毕。

另查西安感光复印纸厂于2003年2月11日改制为股份合作制公司，2005年3月11日该公司更名为西安悦欣感光复印纸有限公司（以下简称西安悦欣公司）。2008年8月7日法定代表人由廖某明变更为李喜民。陕西永安公司设立于2000年11月7日，法定代表人为廖某明。

【案件争点】

控制证据的司法认定。

【裁判要旨】

2001年《民事证据规定》第75条[①]规定：“有证据证明一方当事人持有证据无正当理由拒不提供，如果对方当事人主张该证据的内容不利于证据持有人，可以推定该主张成立。”《民事诉讼法司法解释》第112条规定：“书证在对方当事人控制之下

① 该司法解释已于2019年10月14日修正，本案所涉第75条修改为第95条：“一方当事人控制证据无正当理由拒不提交，对待证事实负有举证责任的当事人主张该证据的内容不利于控制人的，人民法院可以认定该主张成立。”

的，承担举证证明责任的当事人可以在举证期限届满前书面申请人民法院责令对方当事人提交。申请理由成立的，人民法院应当责令对方当事人提交，因提交书证所产生的费用，由申请人负担。对方当事人无正当理由拒不提交的，人民法院可以认定申请人所主张的书证内容为真实。”案涉项目的建设费用账目系由西安悦欣公司、陕西永安公司掌握，且王某红主张曾经通过向黄某光等人借款 710 余万元的方式用于项目建设并提交了部分借款凭证和证人证言佐证。因此，王某红要求西安悦欣公司提供相关证据原件以及建设项目的全部账目以便查清案件事实，一审、二审法院未予支持不当。

三、裁判规则提要

（一）本条规则立法来源

本条规则是书证提出命令制度的组成部分。书证提出命令是为了提高当事人的举证能力、扩展当事人收集证据方式创设的重要举措，其宗旨在于提升当事人调查取证活动的效率同时保障诉讼代理人调查取证权的顺利运行，最终达到提高举证效率、促进诉讼进程的目标。关于书证提出命令制度，《民事诉讼法司法解释》首次明确，书证在对方当事人控制之下的，承担举证证明责任的当事人可以在举证期限届满前书面申请人民法院责令对方当事人提交，若当事人拒不提交且无正当理由，则人民法院可以认定该申请人所主张的书证内容为真实。至此，大陆法系民事诉讼制度中的书证提出命令制度也在我国得到了确立。此后，2019 年《民事证据规定》第 45 条至第 48 条较为详尽地规定了书证提出命令的主体、提起条件、违反之法律后果等各个方面的内容。

本条规则即是对书证提出命令制度的进一步细化，对违反书证提出命令的行为法律后果进行了具体规定，其来源为《民事诉讼法司法解释》第 112 条第 2 款与 2019 年《民事证据规定》第 48 条的规定。根据这两条规则的表述，当事人可以提出请求人民法院责令对方当事人提交其控制的书证的书面申请，如果对方当事人在缺乏正当理由的情况下拒不提交相关书证，人民法院可以推定该当事人主张书证的记载内容为真实。

可以看到，本条规则以推定真实为手段作为间接强制当事人提交重要书证的规定，对违反书证提出命令的法律后果进行了证据法意义上的明确，与《民事诉讼法司法解释》第113条一起构成了不遵守书证提出命令行为的法律后果体系，使书证提出命令体系具有更高的完整度。同时，本规则以证明妨碍相关理论为支持，也将在客观上达到尽可能避免或减少证明妨碍产生的目的，提高当事人主动提交重要书证的配合度，是对书证提出命令制度的又一次精细化完善。

（二）本条规则与举证责任的关系

书证提出命令制度的确立，是对民事诉讼中举证责任制度的最新完善。在此之前，《民事诉讼法司法解释》第90条第2款规定，当事人在作出判决前未能提供证据或者证据不足以证明其事实主张的，由负有举证证明责任的当事人承担不利的后果。但在司法实践中，对一方当事人至关重要的证据却并不一定均掌握在其控制范围内，尤其在证据偏在型诉讼中这种情况更不鲜见。在这种情况下，加强当事人的举证能力、推动诉讼程序的进程就必须通过设计相对特殊的规则配合举证责任原则来得到实现。

从原则上看，举证责任（亦即证明责任）在学理上具有对当事人和对法院的双重意义。一方面，对当事人来说，举证责任是诉讼上的风险，即当待证明的事实在诉讼中处于真伪不明状态时，当事人须承担不利裁判后果，“谁主张，谁举证”这一举证责任基本规律即是当事人意义上的举证责任要求。而另一方面，对法院而言，举证责任则是一种裁判的规则和方法，根据该规则，法院最终将能够把不利的裁判结果判归对待证明事实负有举证责任的当事人。[①] 因此，这两种不同概念的举证责任被分别称为主观举证责任和客观举证责任。

对此，有学者对举证责任的主客观方面进行了进一步的整理与总结，认为主观举证责任是指当事人为了避免败诉的不利益，向法庭提出证据的责任；而客观举证责任指的是在法官不能就当事人所主张之构成要件事实形成确信，或者在真伪不明、既不能肯定也不能否定实体法律规范效果的情况下，由于裁判者不得拒绝裁判，因此在上述情况发生后，其仍应当根据现有证据，判断一方当事人承担败诉的不利益。因此运用到具体司法实践中，主观举证责任的作用便主要在于明确“谁要得到有利益之判决，谁即须提出对自己有利益之证据”，并使得这些证据成为法院诉讼指挥的对象；而客观举证责任的作用，主要即发挥于法院判定哪一方当事人应当承担该真伪不明的事实导向的不利益这一方面。

---

① 李浩：《民事判决中的举证责任分配》，载《清华法学》2008年第3期。

本条规则作为例外规则，实际上承担了对一般意义上举证责任的补充功能，在举证责任基本原则无法解决司法实践中产生的问题时，同时体现出主观举证责任与客观举证责任的双重作用，既为当事人承担主观举证责任、收集证据提供了明确的方向，又为法院适用客观举证责任规则提供了相对具有统一性的标准，即在被申请提交书证的控制人拒不提交证据时，直接根据客观举证责任规则推定其控制的证据内容符合原告的相关主张。

（三）关于“控制书证”

第一，如何理解“控制书证”。根据2019年《民事证据规定》第45条第2款的规定，当事人申请人民法院责令对方当事人提交书证后，若对方当事人否认其控制书证，则人民法院应当根据法律规定、习惯等因素，结合案件的事实、证据，对于书证是否在对方当事人控制之下的事实作出综合判断。由此可见，所谓控制书证，指的是书证真实存在并在被申请人掌握或者实际可以支配的范围内，其中后者一般而言指的是被申请人没有实际占有或者直接控制书证，但却在实际上具有对书证的实际支配能力。当然，由于是否控制书证属于典型的事实问题，因此人民法院在对其是否成立进行判断时，一般根据相关法律规定通过已有证据结合经验法则、适用归纳方法对其予以认定。

第二，如何证明对方当事人控制书证。若对方当事人对其控制相关书证予以否认，则人民法院应当根据解决争议所依据的法律规定判断对方当事人控制书证的盖然性之高低。如果根据相关法律规定，该方当事人应当持有相关书证，则可以从事实上首先推定该书证的存在。此时，裁判者在认定时可以参考适用2019年《民事证据规定》第47条第1款规定。根据该条规定：“下列情形，控制书证的当事人应当提交书证：（一）控制书证的当事人在诉讼中曾经引用过的书证；（二）为对方当事人的利益制作的书证；（三）对方当事人依照法律规定有权查阅、获取的书证；（四）账簿、记账原始凭证；（五）人民法院认为应当提交书证的其他情形。”由此可见，如果对方当事人在先前的诉讼中曾经提及、引用过某特定的书证，或者有证据证明书证提出命令申请人曾经为对方当事人制作过相关证据，或者该书证属于账簿、凭证等按照法律法规的规定对方当事人应当持有、能够查阅或获取相关书证，则人民法院可以据此判断对方当事人控制书证的情况成立。此外，对于不属于上述任何一种情形的书证，人民法院可以根据具体案件的情况通过自由裁量判断对方当事人是否控制书证。

第三，控制书证情况的证明标准。由于具体案情的差异，上述判断对方当事人是否控制书证的具体情形从理论上看也应当具有不同的证明标准。诸如对于上述第2项情形，由于申请人为对方利益制作书证的情况属于其可以控制、支配的过程，因此对该书证的存在进行举证的证明标准原则上就应当达到高度盖然性的标准。对于第5项中的情形，人民法院若根据案件中的相关事实认为被申请人应实际控制了相关书证，则此时根据2019年《民事证据规定》第46条的规定，被申请人可以提供证据进行辩论。在这种情况下，被申请人如果能够提供证据证明其为控制书证，该证据从理论上看也应当达到高度盖然性的程序，以使得裁判者形成其并未实际控制书证的内心确信。但对于上述第3项、第4项情形，申请人只需完成提交相关法律法规文本中相关规定这一行为，此后就应当转而由被申请人对该情况进行反证，提供其不需按照上述法律法规规定存有相关书证的证据，并达到足以使法官形成清晰的内心确信之标准。

（四）关于“无正当理由拒不提交”

第一，关于“无正当理由拒不提交”的主体。关于书证提出命令能够约束的主体，2019年《民事证据规定》目前仍然采用了较为狭义的范围，其第45条明确规定该规则的申请人与被申请人应当被限定在当事人范围之内。这一点与日本、我国台湾地区民事诉讼中的规定有所不同，在我国目前的民事诉讼制度中，实际控制书证的第三人仍然不属于书证提出命令可以提起的对象。因此，“无正当理由拒不提交”书证的主体，只能是诉讼中的当事人，不能延伸至实际控制或者保管书证的第三人。

第二，对“无正当理由”的判断。在明确书证在被申请人的控制下后，人民法院还需要对其是否属于“无正当理由”而不提交的情况作出判断。2019年《民事证据规定》第46条第1款规定，人民法院对当事人提交书证的申请进行审查时，应当听取对方当事人的意见，必要时可以要求双方当事人提供证据、进行辩论。因此，对于被申请人是否具有不提交书证的正当理由，裁判者应当询问双方当事人以查明事实。如果存在第46条第2款规定的，诸如当事人申请提交的书证不明确、书证对于待证事实的证明无必要、待证事实对于裁判结果无实质性影响、书证未在对方当事人控制之下等情形的，人民法院应当作出被申请人不属于“无正当理由拒不提交”的认定。但若人民法院对提交书证的申请进行审查后发现申请人申请提交的书证明确、对待证事实证明将产生实质性影响且确实在被申请人控制下的，此时被申请人若拒绝提交，则应当构成“无正当理由”而拒不提交。

第三，“拒不提交”的后果。对方当事人拒不提交其控制的书证时，裁判者将可以据此形成内心确信，认为被申请人因为缺乏不提交书证的正当理由，据此推定申请人所主张的书证载有内容为真实。由此可见，拒不提交书证的后果事实上产生的是证据法上的效果，其目的是避免被申请人恶意妨碍申请人的正常举证活动，帮助裁判者进行有效心证。

（五）关于认定书证内容真实的推定

第一，关于推定。所谓推定，指的是从已知的基础事实推断未知的待证事实之方法。对于推定的类型，相关学说争议较大，有观点认为推定主要分为法律推定与事实推定，也有不少学者认为事实推定并不存在，因为事实问题最终将应当通过心证直接由裁判者予以认定，因此推定最终是法律意义上的推定。① 本条规则中，认定对方当事人所主张书证内容为真实的推定即是一种典型的法律效果方面的推定。

第二，关于认定书证内容真实推定的效力。关于人民法院作出该推定的效力，结合民事诉讼理论，也有两种不同的效力后果。根据第一种观点，这里的推定将直接起到客观举证责任倒置的结果，被申请人要推翻这种推定，就必须提起相反的证据进行证明。但第二种观点认为，这种情况下的推定并不是客观举证责任倒置的直接不利后果，申请人的主张只是达到足以动摇法官对上述情况的内心确信的程度。② 但从现有相关规定的表述来看，本条规则目前规定的内容并未涉及上述不同效力引发的不同后果。

第三，在此基础上对该推定能否予以反驳、推翻这一问题，也是本条规则尚未进一步细化的内容。关于推定能否被反驳，理论上始终存在争议。有学者认为，推定不能被反驳，因为其属于裁判者自由裁量的内容；但多数学者认为，推定的性质即表明了其当然能被反驳的这一特征。③ 根据本条规则的表述，无正理由拒不提交书证的，人民法院可以认定对方当事人所主张的书证内容为真实，这里使用“可以”而不是“应当”，从侧面反映出立法者认为，该推定应可以被反驳，而并非由行为直接导向强制性效果。此外，若裁判者通过内心确信认为该书证记载的事项为真，此

① 江伟主编：《证据法学》，法律出版社 1999 年版，第 122 页。

② 周翠：《从事实推定走向表见证明》，载《现代法学》2014 年第 6 期。

③ 关于推定的理论争议，参见如叶峰、叶自强：《推定对举证责任分担的影响》，载《法学研究》2002 年第 3 期；张海燕：《民事推定法律效果之再思考——以当事人诉讼权利的变动为视角》，载《法学家》2014 年第 5 期等。

后若被申请人仍然能够提供书证对此予以反驳，则该推定应仍可以推翻。对于这类被申请人恶意拖延诉讼、浪费诉讼资源的情况，后续可以采取训诫、罚款等方式对其予以约束。

四、辅助信息

《民事诉讼法司法解释》

第一百一十二条 书证在对方当事人控制之下的，承担举证证明责任的当事人可以在举证期限届满前书面申请人民法院责令对方当事人提交。

申请理由成立的，人民法院应当责令对方当事人提交，因提交书证所产生的费用，由申请人负担。对方当事人无正当理由拒不提交的，人民法院可以认定申请人所主张的书证内容为真实。

第一百一十三条 持有书证的当事人以妨碍对方当事人使用为目的，毁灭有关书证或者实施其他致使书证不能使用行为的，人民法院可以依照民事诉讼法第一百一十四条规定，对其处以罚款、拘留。

2019年《民事证据规定》

第四十六条 人民法院对当事人提交书证的申请进行审查时，应当听取对方当事人的意见，必要时可以要求双方当事人提供证据、进行辩论。

当事人申请提交的书证不明确、书证对于待证事实的证明无必要、待证事实对于裁判结果无实质性影响、书证未在对方当事人控制之下或者不符合本规定第四十七条情形的，人民法院不予准许。

当事人申请理由成立的，人民法院应当作出裁定，责令对方当事人提交书证；理由不成立的，通知申请人。

第四十七条 下列情形，控制书证的当事人应当提交书证：

（一）控制书证的当事人在诉讼中曾经引用过的书证；

（二）为对方当事人的利益制作的书证；

（三）对方当事人依照法律规定有权查阅、获取的书证；

（四）账簿、记账原始凭证；

（五）人民法院认为应当提交书证的其他情形。

前款所列书证，涉及国家秘密、商业秘密、当事人或第三人的隐私，或者存在法律规定应当保密的情形的，提交后不得公开质证。

第四十八条　控制书证的当事人无正当理由拒不提交书证的，人民法院可以认定对方当事人所主张的书证内容为真实。

控制书证的当事人存在《最高人民法院关于适用〈中华人民共和国民事诉讼法〉的解释》第一百一十三条规定情形的，人民法院可以认定对方当事人主张以该书证证明的事实为真实。

民事诉讼证据裁判规则第 20 条：

持有书证的当事人以妨碍对方当事人使用为目的，毁灭有关书证或者实施其他致使书证不能使用行为的，人民法院可以认定对方当事人主张以该书证证明的事实为真实

【规则描述】 本条规则亦是书证提出命令制度的组成部分，是对 19 条规则的发展和延伸。该条规则中控制书证的当事人由“拒不提交”之不作为转换为了作为的方式，通过作出毁灭有关书证或者实施其他致使书证不能使用行为以影响对方当事人进行正常举证。对于这种妨碍证明的情况，首先是《民事诉讼法司法解释》第 112 条规定了对被申请人拒不提交书证的情况，人民法院可以认定申请人主张书证内容为真；其次，2019《民事证据规定》第 48 条第 2 款再次明确，控制书证的当事人存在《民事诉讼法司法解释》第 113 条规定情形的，人民法院可以认定对方当事人主张以该书证证明的事实为真实。2019 年《民事证据规定》第 95 条确立的证明妨碍一般规则也重申了证明妨碍的直接法律后果，规定一方当事人控制证据无正当理由拒不提交，对待证事实负有举证责任的当事人主张该证据的内容不利于控制人的，人民法院可以认定该主张成立。

一、类案检索大数据报告

时间：2020 年 5 月 17 日之前；案例来源：Alpha 案例库；案由：民事纠纷；检索条件：（1）法院认为包含：妨碍对方当事人使用为目的。本次检索获取 2020 年 5 月 7 日之前共计 5 篇裁判文书。其中：

1. 认为具有妨碍对方当事人使用为目的，应当适用书证提出命令的共计 1 件，占比为 20%；

2. 认为不符合书证提出命令适用条件的共计 2 件，占比为 40%；

3. 认为具有妨碍对方当事人使用为目的，处以罚款的共计 2 件，占比为 40%。

整体情况如图 20-1 所示：

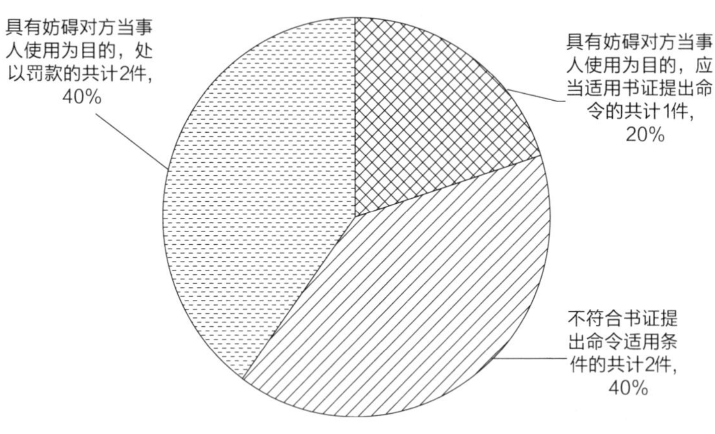

图 20-1　案件裁判结果情况

如图 20-2 所示，从案件年份分布可以看在当前条件下，涉及法院认为包含：妨碍对方当事人使用为目的条件下，相应的民事纠纷案例数量的变化趋势。

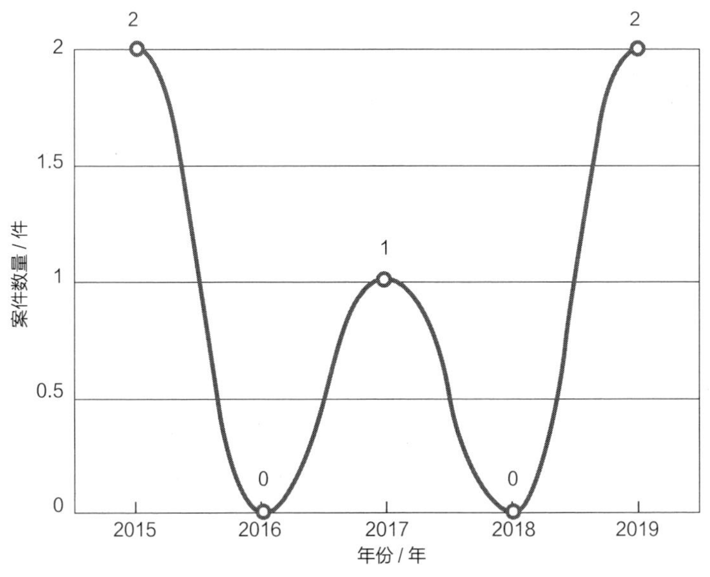

图 20-2　案件年份分布情况

如图 20-3 所示，从程序分类统计可以看到当前的审理程序分布状况。二审案件有 4 件，其他 1 件。

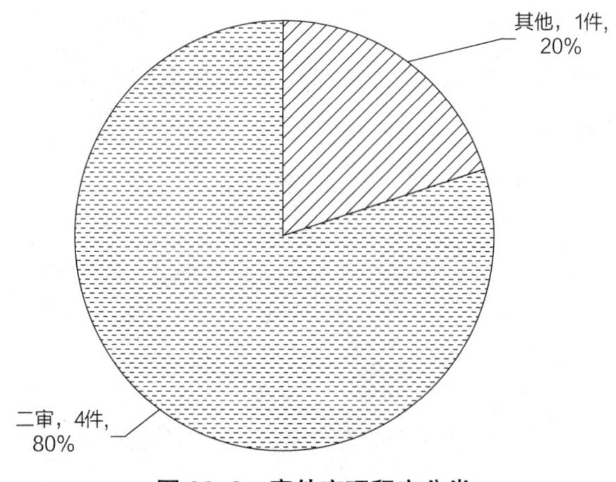

图 20–3　案件审理程序分类

二、可供参考的例案

例案一：中国中化集团公司与北京三元金安大酒店、北海中达集团有限公司代位权纠纷案

【法院】

最高人民法院

【案号】

（2004）民二终字第 53 号

【当事人】

上诉人（原审原告）：中国中化集团公司

上诉人（原审被告）：北京三元金安大酒店

原审第三人：北海中达集团有限公司

【基本案情】

中国中化集团公司（以下简称中化公司）曾因与北海中达集团有限公司（以下简称北海中达公司）外贸代理合同纠纷一案，向北京市第二中级人民法院起诉，北京市第二中级人民法院于 1999 年 6 月 14 日作出（1999）二中经初字第 24 号民事判决：由北海中达公司向中化公司偿还货款 5074634.56 美元及利息。该判决已发生法律效力，北海中达公司至今未履行上述债务。

1994年3月18日，北京三元金安大酒店（以下简称金安酒店）召开第一次董事会，会上明确大庆石油化工总厂、北京燕山石油化工公司、北海中达公司为农工商公司的内部股东，由农工商公司统一作为联营一方行使股东权。

1995年4月21日，金安酒店召开第二次董事会，会议明确了各股东的股份及投资额，其中农工商公司投资6300万元，占35%；北海中达公司投资5400万元，占30%；信托公司投资3600万元，占20%；北京燕山石油化工公司投资1800万元，占10%；大庆石油化工总厂投资900万元，占5%。会议同时决定由北海中达公司承包经营，承包基数为2000万元，承包期为10年，即从1996年1月1日起到2005年12月31日止，承包基数从第二年起每年递增3%；第6年起每年递增5%。确定1995年10月1日为金安大厦竣工扫尾期，10月至12月为试营业期，试营业期内北海中达公司不向各股东方交纳任何费用。金安酒店董事会与北海中达公司签订了北京金安大厦经营承包合同。

1996年7月15日至16日，金安酒店召开第三次董事会，决定整体转让酒店，转让后的利润在扣除税金、土地出让金、北海中达公司垫付尾款及后期投入、酒店完善费用及物业管理人员安置费用后，按第二次董事会决定的股权比例分配给各股东方。酒店转让前由北海中达公司承包经营，承包基数由2000万元降至1700万元，从1996年10月1日起开始计算并上缴经营利润。

1997年4月25日至29日、5月12日至15日，金安酒店召开第四次董事会，会议决议载明：明确了各股东方的实际本金，其中北海中达公司6602.8万元；对北海中达公司经营期间的481万元亏损及欠供货单位的212万元货款及金安酒店替北海中达公司还银行贷款149.7万元的问题，决定待有关部门审计核定后从北海中达公司应分配利润中扣除，按比例分配给各股东；承认北海中达公司的后期投入为：广州市集美组室内设计工程有限公司（以下简称集美公司）装修工程款1245万元，后期办理产权证、详情报告、装修等项共计686万元和由筹建处支出购买二层多功能厅、音响设备等物品的100万元，共计1931万元，但强调必须出具正式单据；强调董事会只对北海中达公司一家，其与北京北海中达经济发展公司（以下简称北京中达公司）账务等问题由其内部自行解决；决定于1996年10月1日起取消北海中达公司经营权等内容。决议上有朱某辉等7位董事签名，许某昆作为北海中达公司的代表在该决议上注明“此决议强加于人，违反投资原则，显失公平；违背贵州省高级人民法院给董事会送达文书以及我集团意见通报的基本内容，为遵守法律义务，对上述决议我方表示拒绝承认”的字样。

【案件争点】

控制证据不予提交的司法认定。

【裁判要旨】

1997年6月10日，金安酒店董事长王某英在北海中达公司与案外人的另一纠纷中，向受案法院贵州省高级人民法院提交的《北海中达公司入资说明》中明确载明，北海中达公司对金安酒店大堂三、四层等装修改造后期投入为账面投入2461万元（包括集美公司1245万元），从中兴发借款170万元，从英策公司借款5万元，从中旅国际信托借款58.8万元，合计2694.8万元，且经以张某军为组长的董事会审计小组及中达审计事务所对北海中达公司的后期投入2694.8万元，决定扣减859万元，最后确定北海中达公司后期投入为1835.8万元，加上北京中达公司代垫资金686.1817万元，总计北海中达公司后期投入为2521.9817万元。该说明后附的《北海中达公司后期投入说明》中注明北海中达公司投入的1835.8万元中未含北海中达公司付给集美公司的368万元。上述后期投入数额和该债权经金安酒店董事会委托的清账小组和中达审计事务所认定等内容在加盖有金安酒店公章的由北京中达公司职工栾信清于1997年6月10日向贵州省高级人民法院提交的《证明》中亦有表述。根据2001年《民事证据规定》第75条[①]关于“有证据证明一方当事人持有证据无正当理由拒不提供，如果对方当事人主张该证据的内容不利于证据持有人，可以推定该主张成立”的规定，因金安酒店拒不向法院提交经董事会审计小组和中达审计事务所审计北海中达公司后期投入的有关证据，本案可以据此认定上述两份证据中载明的北海中达公司后期投入资金为2889.9817万元。金安酒店关于《北海中达公司入资说明》的提供未经董事会授权，系王某英的个人行为，不应予以认定的抗辩，法院不予采信。

① 该司法解释已于2019年10月14日修正，本案所涉第75条修改为第95条：“一方当事人控制证据无正当理由拒不提交，对待证事实负有举证责任的当事人主张该证据的内容不利于控制人的，人民法院可以认定该主张成立。”

例案二：王某洲与青田特种设备制造有限责任公司因技术合作开发合同纠纷案

【法院】

浙江省高级人民法院

【案号】

（2008）浙民三终字第151号

【当事人】

上诉人（原审原告）：王某洲

上诉人（原审被告）：青田特种设备制造有限责任公司

【基本案情】

王某洲自1996年起在浙江省青田特种设备厂（以下简称特种设备厂）担任副总经理职务。1998年9月5日，王某洲与该厂签订了一份《聘用协议书》，该协议第3条明确约定："由乙方（王某洲）开发、设计的产品，按利润的25%提取技术提成费。"2002年9月19日，特种设备厂在青田县工商行政管理局办理了企业注销手续，该厂人员安置到青田特种设备制造有限责任公司（以下简称特种设备公司）工作，机器设备等资产一次性转入到被告公司，并由特种设备公司承担其全部负债。1994年9月3日，特种设备公司对王某洲在1996年至2003年期间的应得技术提成费进行了统计，并制作了《1996—2003年利润分配表》。在该表中，特种设备公司认可王某洲在此期间应得技术提成费为221583.74元，并与王某洲协商。王某洲经核对后，对该表中的1996—1999年的负利润由其负担25%，47.5%的成本率过高，特种设备公司在计算王某洲的技术提成费时扣除了10%的法定公积金等问题提出异议，而对该表中特种设备公司所列的各年度销售收入及费用等并未提出不同意见。王某洲于2005年6月9日向原审法院起诉，请求判令特种设备公司支付王某洲1996年至2003年的技术提成费2170818.75元，并承担本案的诉讼费用。

【案件争点】

控制证据的一方不提供证据的司法认定。

【裁判要旨】

王某洲一审中提供了一份2004年9月4日由特种设备公司制作的《1996—2003年利润分配表》，计算出技术提成费为221583.74元，特种设备公司的法定代表人在上面签字确认。尽管王某洲提供的该证据系复印件，但其同时提供的特种设备公司法定代表人和会计的录音资料的内容可以与该证据互相印证，形成较为完整的证据链，从而证明特种设备公司制作了该份证据，并保存有原件。现特种设备公司持有该证据无正当理由拒不提供，根据2001年《民事证据规定》第75条[①]的规定，可以推定王某洲提供该证据所主张的事实成立。

例案三：福建兴业银行上海分行虹口支行与上海道盛实业发展有限公司等借款合同纠纷案

【法院】

上海市高级人民法院

【案号】

（2002）沪高民二（商）终字第110号

【当事人】

上诉人（原审原告）：福建兴业银行上海分行虹口支行

被上诉人（原审被告）：上海道盛实业发展有限公司

被上诉人（原审被告）：上海华衡实业发展有限公司

被上诉人（原审被告）：上海中润房地产开发有限公司

被上诉人（原审被告）：上海市虹口区审计局

【基本案情】

1997年11月21日，原告与被告上海道盛实业发展有限公司（以下简称道盛公司）、上海华衡实业发展有限公司（以下简称华衡公司）及案外人上海锦绣置业有限公司签订一份短期贷款合同。约定：原告贷款给被告道盛公司人民币450万元，期限一年，利率为月利率7.92‰等，被告华衡公司及案外人上海锦绣置业有限公司为担保人，承担连带保证责任。合同签订后，原告按约放款，1998年11月20日贷款到期，原告与被告道盛公司、华衡公司签订展期合同，约定上述贷款延长至1999年11月20日，但两被告仍未还款。被告上海中润房地产开发有限公司（以下简称中润公司）系被告华衡公司的投资

① 该司法解释已于2019年10月14日修正，本案所涉第75条修改为第95条："一方当事人控制证据无正当理由拒不提交，对待证事实负有举证责任的当事人主张该证据的内容不利于控制人的，人民法院可以认定该主张成立。"

人之一，其应缴出资额为人民币250万元。华衡公司设立时的验资证明书及验资报告反映其注册资金人民币1000万元全部到位，其中被告中润公司投入资金人民币250万元、案外人上海兆年建筑安装工程有限公司与海南南泓实业开发投资公司各投入资金人民币250万元、人民币500万元。被告中润公司2000年度的资产负债表反映其对外无长期投资。被告华衡公司设立时的验资机构为上海公正审计师事务所浦东分所（以下简称浦东分所）。1998年7月14日，浦东分所申请注销，歇业保结书载明浦东分所如有未了业务及事宜，概由浦东分所歇业后的净资产接收单位负责处理。上海公正审计师事务所（以下简称公正所）作为主管单位在保结书上盖章。1999年7月12日，上海市财政局、上海市工商行政管理局联合发文，通知各会计师（审计）事务所、上海市工商各分局：根据国家工商行政管理局的有关文件，原有的会计师（审计）事务所改制为有限责任事务所和合伙事务所；原事务所的歇业手续由挂靠单位提出申请，经市财政局批准后，到原登记机关办理工商登记歇业手续，其未了事宜由原挂靠单位在事务所歇业清算后的资产范围内负责处理。公正所于1999年12月27日经上海市财政局批准终止，批复中明确：事务所的净收益（净损失）归出资人，法律责任由出资人承担，事务所的原有档案由挂靠单位负责保存。被告上海市虹口区审计局（以下简称审计局）系公正所的出资人及挂靠单位。对于浦东分所为被告华衡公司验资的相关凭证，被告审计局表示由于管理制度不善，相关验资档案已遗失，有关情况难以提供。

【案件争点】

控制证据未予提交的法律认定。

【裁判要旨】

法院认为：上诉人以中润公司投资不到位为由提出上诉，上诉人提供的华衡公司1995年度资产负债表、中润公司2000年度资产负债表、利润及利润分配表等证据，没有反映出中润公司有长期对外投资，与华衡公司的工商登记所载明的中润公司系华衡公司的股东，对华衡公司有250万元投资相矛盾，上诉人提供的证据足以使人怀疑中润公司对华衡公司投资不到位或抽逃注册资金。根据新的证据规则的相关规定，此时举证责任应转移到中润公司，由中润公司提供证明其对华衡公司的投资已经实际到位的证据以否定上诉人的证据或对上述矛盾之处作出合理的解释。中润公司既没有对上述矛盾之处作出合理的解释，其提供的华衡公司成立的验资报告仅有验资结果，没有相关的原始凭证予以佐证，尚不能否定上诉人的证据。由于被上诉人中润公司不能对其资产负债表上的记载作出合理的解释，且其应当能够提供与验资报告对应的相关财务凭证而没有正当理由拒不提供，故可推定上诉人的主张成立。

三、裁判规则提要

（一）本条立法来源

本条规则亦是书证提出命令制度的组成部分，是对2019年《民事证据规定》第20条规则的发展和延伸。本规则不同于上一条规则之处在于，该条规则中控制书证的当事人由“拒不提交”之不作为转换为了作为的方式，通过作出毁灭有关书证或者实施其他致使书证不能使用行为以影响对方当事人进行正常举证。对于这种妨碍证明的情况，首先是《民事诉讼法司法解释》第112条规定了对被申请人拒不提交书证的情况，人民法院可以认定申请人主张书证内容为真；其次，《民事诉讼法司法解释》在第113条中更进一步明确，持有书证的当事人以妨碍对方当事人使用为目的，毁灭有关书证或者实施其他致使书证不能使用行为的，人民法院可以依照《民事诉讼法》第111条规定，对其处以罚款、拘留。最后，2019年《民事证据规定》第48条第2款再次明确，控制书证的当事人存在《民事诉讼法司法解释》第113条规定情形的，人民法院可以认定对方当事人主张以该书证证明的事实为真实。与此相呼应，2019年《民事证据规定》第95条确立的证明妨碍一般规则也重申了证明妨碍的直接法律后果，规定一方当事人控制证据无正当理由拒不提交，对待证事实负有举证责任的当事人主张该证据的内容不利于控制人的，人民法院可以认定该主张成立。

据此举轻以明重，若确实存在当事人故意毁灭书证或者作出其他致使书证不能使用行为的情况，则因其性质相较拒不提交书证而言从性质上看更加严重，所以人民法院据此认定申请人主张的已经毁灭或者不能适用的书证内容为真实这一结论即得到证成。因此综合来看，本条规则本质上属于证明妨碍规则。

（二）关于证明妨碍

所谓证明妨碍，指的是一方当事人在诉讼前或者诉讼中通过特定的行为，故意或者过失地使另一方当事人不能公平地利用证据因此需要承担不利裁判后果，所以在法理上，证明妨碍既是一种特定的行为，又是一种因该行为产生的法律后果。在英美法系国家，证明妨碍主要体现为使有关现已系属或者将来要系属于诉讼案件的证据被毁损、变造、隐匿或者无法保存等情形，总体而言规范较为零散，尚未形成完整的理论体系。[①]

在大陆法系中，证明妨碍指的是不负证明责任的当事人基于自己的故意或者过失造成对方当事人举证困难或者无法举证的情况。诸如，《德国民事诉讼法》第427条规定，如果当事人不服从提出证书的命令，或者在法院提出书证询问时认为其并没有认真追查书证时，可以认为申请人提供的书证副本内容为真实。由此可见，《德国民事诉讼法》第427条的规定更类似于上一条规则的内容，亦即2019年《民事证据规定》第48条第1款的规定。而与本条内容更为类似的规则，则是通过德国联邦最高法院的判例日渐形成的。诸如在德国联邦最高法院审理的案件中，曾经发生过一方当事人焚毁对自己不利的遗嘱，使得对方当事人无法完成遗产继承的案件。对于该案件，德国联邦最高法院认为其行为构成了证明妨碍，因此推定原告主张的书证即遗嘱内容为真实。在另一起保险纠纷案件中，作为被告的保险公司销毁了投保申请书的原件，对此德国联邦最高法院也认为，该行为构成了证明妨碍，并判定保险公司承担举证不能的结果，若被告无法证明则推定原告提交的书证副本内容为真。此外，德国联邦最高法院还通过判例确定了不作为一样可以构成证明妨碍的规则，诸如在医疗侵权纠纷案件中，医疗机构如果无法提供相关手术记录、医疗记录以及安保措施情况记录等，也一样可以构成证明妨碍。[②]同样地，日本法对证明妨碍也有相应的规定。根据《日本民事诉讼法》第224条第1款首先规定当事人不遵从文书提出命令时，裁判所可以认定对方当事人关于该书证的内容为真实。而该法第224条第2款的规定与本条规则的内容即基本一致，规定当事人为了妨碍对方当事人使用而灭失书证或者作出其他使书证无法使用的行为时，裁判所也可以一样认定申请人主张的关于该书证的内容为真实。我国台湾地区的证据制度在日本法的基础上也规定，当事人因妨碍他造使用、故意将证据灭失、隐匿或致碍难使用者，法院可以酌情认定他造当事人关于该书证的内容为真实或者直接承认其主张。

（三）关于证明妨碍的后果

2019年《民事证据规定》第48条第2款规定，控制书证的当事人存在《民事诉讼法司法解释》第113条规定情形的，人民法院可以认定对方当事人主张以该书证

① 黄国昌：《民事诉讼理论之新展开》，北京大学出版社2008年版，第216页；毕玉谦：《关于创设民事诉讼证明妨碍制度的基本视野》，载《证据科学》2010年第5期。

② 马龙：《德国民事诉讼中的证明妨碍制度——以德国联邦法院的判例为考察对象》，载《证据科学》2015年第6期。

证明的事实为真实。由此可见，对于证明妨碍行为的法律后果，我国现行立法对其采取了推定对方当事人主张书证内容为真实的方式。

但从理论上看，对于证明妨碍可能产生的法律后果，目前尚未形成主流意见，在各国和地区的司法实践中处理方式也不尽相同。一种做法是认为证明妨碍的后果应当是对方当事人举证责任的减轻直至举证责任倒置，诸如德国联邦最高法院在上述保险纠纷案中遵循的逻辑。而一种观点认为，证明妨碍产生的法律后果是使得对方当事人降低证明标准，而不能直接导致举证责任倒置的结果，因为举证责任倒置的结果缺乏弹性，将故意和过失产生的证据妨碍的法律后果一概论之，缺乏正当性。此外，举证责任倒置这一法律后果，也可能导致案件重要事实仍然处于真伪不明的状态，不利于诉讼程序的推进。另一种观点与本条规则的内容一致，认为证明妨碍将直接产生法律规则确定的推定后果，被申请方当事人须直接承担推定对方当事人主张书证内容为真实的不利结果。[①]

此外，因《民事诉讼法司法解释》第 113 条先行规定了持有书证的当事人以妨碍对方当事人使用为目的，毁灭有关书证或者实施其他致使书证不能使用行为的，人民法院可以对其处以罚款、拘留。因此，如果被申请人出现了上述妨碍证明的行为，则还可能面临被罚款和拘留的风险。因此从法律规定本身来看，《民事诉讼法司法解释》第 113 条和 2019 年《民事证据规定》第 48 条第 2 款关于证明妨碍后果的规定，可以在司法实践中被同时适用。

（四）本条规则在司法实践中存在的问题

从立法目的和法律规定上看，本条规则实现了与大陆法系中其他国家规定的接轨，将书证提出命令制度引入了我国司法实践中。然而，该规则要在实务审判中得到规范运用却还需要注意下列方面的问题。

第一，对主观状态的证明。本条规则与上一条规则不同，在上一条规则中，对“控制书证”行为的证明难度相对而言较低，裁判者要对当事人是否控制书证进行认定，总体上可以根据 2019 年《民事证据规定》第 45 条第 2 款的规定，根据法律规定、习惯等因素，结合案件的事实、证据，对于书证是否在对方当事人控制之下的事实作出综合判断，因此认定难度相对较低。然而本条规则中存在“以妨碍对方当事人使用为目的”的主观状态表述，这就要求裁判者在适用本条规则时，须首先具

---

① 参见姜世明：《新民事证据法论》，厦门大学出版社 2017 年版，第 203～204 页。

备该种主观状态表述的构成要件。一般来说，证明妨碍具有故意和过失两种主要的主观形态。所谓故意，指的是明知或者是放任其行为可能造成对方举证不能或者严重困难的情形，而过失则是指因疏忽大意造成证明妨碍结果的产生，主要产生于证据毁灭对将来诉讼中的意义没有认知、过失将其毁灭等情形。[①] 由于不论是故意还是过失，该方当事人均存在一定意义上的过错，因此大陆法系国家的司法实践中，对其主观状态的甄别无须达到严格区分的程度，只要能够证明当事人在主观上存在过错，则证明妨碍的主观状态构成要件即得到证成。可见在这一点上，我国法律的规定与其他国家有所不同。

第二，对“毁灭”或“实施其他致使书证不能使用行为”的证明。对这方面的证明，首先，解决的问题是毁灭或实施其他致使书证不能使用行为是否包括持有书证的第三人在缺乏故意情况下毁灭书证或者使其不能使用的情况。一般来说，如果有证据证明毁灭或者使证据无法使用的第三人与被申请人之间存在明确的关系，被申请人可以从实质上促成该行为的发生，就可以认定该妨碍行为的主体仍然是被申请方当事人。如果缺乏相关证据证明上述关系的存在，则第三人的妨碍行为极可能无法被认定为是受到被申请人影响作出的。其次，要明确的问题是，如何查明书证确实已被“毁灭”或“不能使用”。在上一条规则中，根据《民事诉讼法司法解释》第 112 条的规定，书证若在对方当事人控制之下的，承担举证证明责任的当事人可以在举证期限届满前书面申请人民法院责令对方当事人提交。因此，是否有必要查清书证属于拒不提交情形还是已经确定毁灭或者不能使用情形，如有必要查明，则在诚信原则支配下，人民法院又应如何查明相关事实，也是本条规则目前尚未明确的问题，是通过当事人举证查明还是启动依职权调查取证程序查明，而且如果不能查明又当如何处理等。诸如此类问题，目前在司法实践中仍然需要通过裁判者的自由裁量来完成判断。

第三，对“致使书证不能使用行为”的证明。从文义上看，“致使书证不能使用”这一结果应当是使被申请人承担书证无法提出法律后果的必要前提。但对何种行为，在主客观一致的前提下确属于“致使书证不能使用”的行为，也在本条规则适用时成为构成要件证明中的另一个难点。如前所述，从该规定的表述上看，我国法律规定不同于德国等大陆法系国家的规定，对过失毁灭或作出致使书证不能使用的行为并不认定为属于证明妨碍行为。这就要求裁判者在适用该条时，首先要证明

---

① 姜世明:《新民事证据法论》，厦门大学出版社 2017 年版，第 202 页。

行为人毁灭、破坏或者隐匿书证的行为具有明确的故意，否则证明妨碍行为便无法成立。此后若故意得以证成，裁判者还需要对书证无法使用这一状态作出判断与说理，以说明推定申请人主张书证记载的事实为真这一法律推定后果产生的缘由。

第四，申请提交书证内容与待证事实之间的因果关系。一个在司法实践中值得注意的问题是，并非在所有情况下本条规则确立的证明妨碍规则都能得到直接适用。应当明确的是，如果毁灭或者被申请人实施的其他致使书证不能使用行为最终作用的书证与原告所主张的待证事实之间不存在或者不可能存在因果关系，则该证明妨碍即在客观上不存在。尤其是在侵权诉讼中，如果原告申请所指向的待证事实可以被裁判者直接根据法律规定或者经验法则认定为与损害结果之间不存在因果关系，则此时即便被申请人确实存在毁灭证据等行为，这些行为也同样不能构成证明妨碍。在这种情况下，本条规则就不能够得到适用。

第五，证明妨碍的证明度。有关证明妨碍的证明标准问题，目前仍然主要在理论界被讨论，但在司法实践中并没有确立统一的标准。但从实践的角度看，对有关书证已被毁灭这一结果或者是行为人实施了其他致使书证不能使用的行为之证成，是仍然采用高度盖然性标准还是可以适当降低证明标准？但无论如何，在此情况下，仍应在具体案件中由裁判者根据不同的情况分别论之，并不能通过设立统一的标准一概而论。在裁判者通过对案情的分析形成明确的心证结论之后，再根据实际情况的需要对证明标准予以判断，这在当前情况下是较为妥当的方案。

（五）本条规则在实务适用中应注意的问题

第一，关于裁判者面对该规则时能否直接适用的问题。该规则尽管规定得十分明确，但在实务操作中目前事实上还存在缺乏配套辅助性规则的问题，因此在当前的司法实践中，裁判者是否有意愿适用该条规则、如何把握适用该条规则的时机、如何具体适用该条规则等问题，都成为制约裁判者在审判时适用该规则的重要因素，以致实务中出现了“三不用”情况。

第二，关于该推定是否能够被推翻的问题。德国学者普维庭坚持认为推定能够被推翻，因为证明妨碍产生的法律后果形成的推定是通过当事人的一般解明义务所推导得出的结果，[①] 因此如果存在相反的证据，则该推定可以被推翻。根据 2019 年

① 马龙：《德国民事诉讼中的证明妨碍制度——以德国联邦法院的判例为考察对象》，载《证据科学》2015 年第 6 期。

《民事证据规定》第 48 条第 2 款的规定，对于证明妨碍行为的法律后果，人民法院是“可以”认定对方当事人所主张的书证内容为真实，因此我国法律规定的这种推定从文义上也被理解为可以推翻的推定，具有一定的合理性。这也是因为对于证明妨碍行为尚存在因过失导致的可能性。如果将推定全部预设为不可推翻的性质，将很可能导致当事人因举证失败丧失胜诉的可能性，不利于两造当事人在诉讼中保持武器相对平等的局面，也可能产生突袭裁判的风险。

第三，裁判者对本条规则的释明问题。由于该条规则导致的法律后果，应尽量在诉讼过程中尽早向当事人释明，尽可能帮助当事人避免因过失产生证明妨碍行为之风险。此外，在确定适用推定时，裁判者也应当向当事人释明其适用推定乃是基于其证明妨碍行为这一情况，在保障当事人程序权利的同时，也应达到提高诉讼效率的效果。

第四，采取拘留措施的必要性问题。一方面，由于证明妨碍行为并不一定全由故意引起，对因过失引起的证明妨碍，裁判者应当基于可归责性理论尽可能审慎适用拘留这一措施，在确实必要进行惩戒时再对行为人适用拘留这一强制措施。另一方面，由于民事诉讼与刑事诉讼不同，尽管证明妨碍行为确实有违诚信原则，但在绝大多数情况下，当事人对其控制的民事诉讼相关证据进行处分的行为仍然属于其私权自治的范畴，受处分原则与辩论原则的约束，在未侵害公共利益的情况下，总体而言，裁判者对证明妨碍行为人科以拘留这一强制措施需要较为审慎和谦抑。

四、辅助信息

《民事诉讼法司法解释》

第一百一十二条　书证在对方当事人控制之下的，承担举证证明责任的当事人可以在举证期限届满前书面申请人民法院责令对方当事人提交。

申请理由成立的，人民法院应当责令对方当事人提交，因提交书证所产生的费用，由申请人负担。对方当事人无正当理由拒不提交的，人民法院可以认定申请人所主张的书证内容为真实。

第一百一十三条　持有书证的当事人以妨碍对方当事人使用为目的，毁灭有关书证或者实施其他致使书证不能使用行为的，人民法院可以依照民事诉讼法第一百一十四条规定，对其处以罚款、拘留。

2019年《民事证据规定》

第四十七条 下列情形，控制书证的当事人应当提交书证：

（一）控制书证的当事人在诉讼中曾经引用过的书证；

（二）为对方当事人的利益制作的书证；

（三）对方当事人依照法律规定有权查阅、获取的书证；

（四）账簿、记账原始凭证；

（五）人民法院认为应当提交书证的其他情形。

前款所列书证，涉及国家秘密、商业秘密、当事人或第三人的隐私，或者存在法律规定应当保密的情形的，提交后不得公开质证。

第四十八条 控制书证的当事人无正当理由拒不提交书证的，人民法院可以认定对方当事人所主张的书证内容为真实。

控制书证的当事人存在《最高人民法院关于适用〈中华人民共和国民事诉讼法〉的解释》第一百一十三条规定情形的，人民法院可以认定对方当事人主张以该书证证明的事实为真实。

民事诉讼证据裁判规则第 21 条：

以动产作为证据的，应当将原物提交人民法院

【规则描述】 根据证据法中最佳证据规则的要求，原始证据的获得是追求实体真实的客观需要。本条规则是对优先提供原件或者原物作为证据的规定。本条规则中的原件指的是书证的原件，是最初形成的原本或者底本；而原物的对象是物证，要求其为法律关系争议指向的原始物件。最佳证据规则能够在防止错误或欺诈行为的发生，促使当事人合理保存证据方面发挥积极的作用。

一、类案检索大数据报告

时间：2020 年 5 月 17 日之前；案例来源：Alpha 案例库；案由：民事纠纷；检索条件：（1）法院认为包含：同段“动产”；（2）法院认为包含：同段“应当提交原物”；本次检索获取 2020 年 5 月 17 日之前共计 47 篇裁判文书。其中：

1. 认为动产应当提供原物的共计 5 件，占比为 10.64%；
2. 认为书证应当提供原物的共计 13 件，占比为 27.66%；
3. 认为未能提供不动产登记的原件的共计 9 件，占比为 19.15%；
4. 认为可以提供的复制品或其他替代品认定的共计 4 件，占比为 8.51%；
5. 认为未能提供原件，相应诉请不予支持的共计 15 件，占比为 31.91%。

其他案件尚未审结，因此，不予受理的共计 1 件，占比为 2.13%。

整体情况如图 21-1 所示：

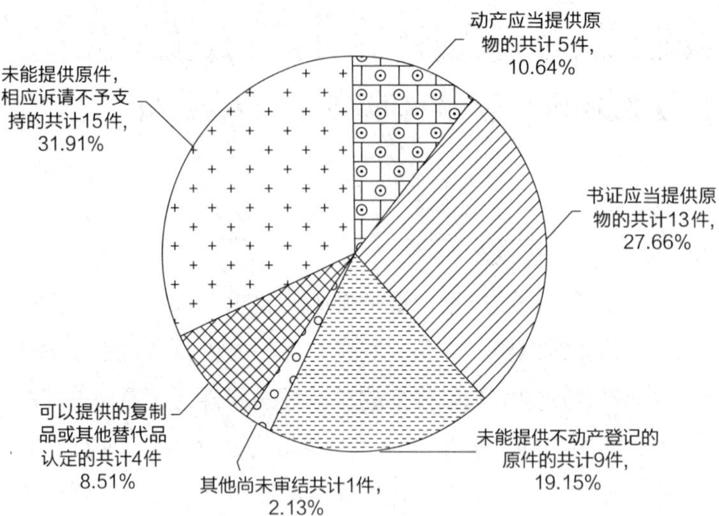

图 21-1　案件裁判结果情况

如图 21-2 所示，从案件年份分布可以看在当前条件下，涉及法院认为包含：同段“动产”；（2）法院认为包含：同段“应当提交原物”的条件下，相应的民事纠纷案例数量的变化趋势。

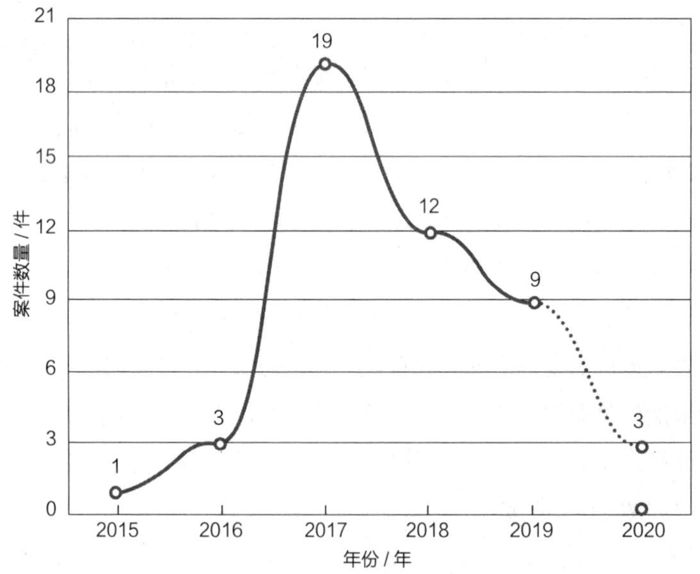

图 21-2　案件年份分布情况

如图 21-3 所示，从程序分类统计可以看到当前的审理程序分布状况。一审案件有 17 件，二审案件有 27 件，再审案件有 2 件，执行案件有 1 件。

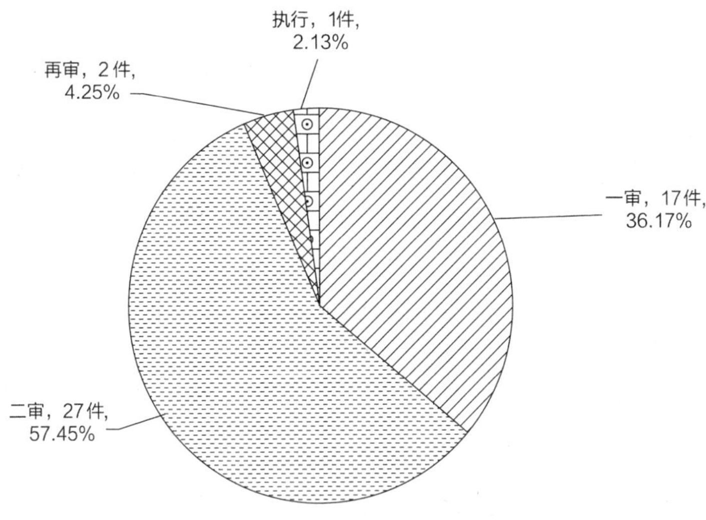

图 21-3　案件审理程序分类

二、可供参考的例案

例案一：佛山市顺德区容桂景宏塑料五金厂与佛山市顺德区锦宁实业公司等买卖合同纠纷案

【法院】

广东省佛山市中级人民法院

【案号】

（2004）佛中法民二再字第 12 号

【当事人】

申请再审人（一审原告、二审被上诉人）：佛山市顺德区容桂景宏塑料五金厂

被申请再审人（一审被告、二审上诉人）：佛山市顺德区锦宁实业有限公司

原审第三人：侯某某

原审第三人：李某某

【基本案情】

2001 年 12 月起，佛山市顺德区容桂景宏塑料五金厂（以下简称景宏厂）与李某某开办的顺德市容桂镇容里锦宁五金塑料制品厂（以下简称锦宁五金厂）有业务往来。2002 年 8 月 8 日，锦宁五金厂经工商部门核准注销，同日成立佛山市顺德区

锦宁实业有限公司（以下简称锦宁公司），公司法定代表人为李某某，景宏厂与锦宁公司继续发生业务往来。2002年12月，锦宁公司的员工彭某某与景宏厂对账，结算单的顾客一栏填写“李某某”，彭某某确认至2002年12月31日止尚欠景宏厂货款109555.80元。事后，景宏厂在结算单的顾客栏“李某某”之后添加“顺德锦宁实业有限公司”的字样。侯某某在结算单第三联顾客联上注明“以下李某某的麻将盒款由我侯某某收清”，并加按了指印。2003年1月，景宏厂又分27次向锦宁公司提供麻将盒，由彭某某、刘某某、李某某分别签收送货清单或由彭某某及刘某某共同签收送货清单，27张送货清单合计货款为22006.2元。2003年1月18日，锦宁公司向景宏厂支付了货款3万元。

侯某某在二审审理中提供了一份落款日期为2002年4月12日景宏厂向客户“肥公”出具的函件，内容为“现将你需筹码五件，托货运部给你，收到后复电给我厂或阿辉”，下面注明的经办人为侯某某。再审审理中，法院根据景宏厂的申请，委托广东省高级人民法院对该函件的印章进行鉴定。法院出具的粤高法技鉴〔2004〕436号文检意见书认为：致“肥公”函上的“顺德市容桂镇景宏塑料五金厂”印文与样本同名印章应不是同一枚印章所盖。锦宁厂在二审提交了2002年12月10日景宏厂向有关的业务单位出具的一份函件，内容为“由于我厂侯某某因工作关系需调离我厂，其经办销售业务，与贵单位办理结算事宜希协助”。该函件为复印件，无原件相核对，而景宏厂对该函件复印件不予确认。李某某、彭某某既是锦宁五金厂的员工，也是锦宁公司的员工。

【案件争点】

证据原件、原物的证据证明力。

【裁判要旨】

法院再审认为：本案争议的焦点是侯某某是否有权代景宏厂向锦宁公司收款。锦宁公司主张侯某某具有代理景宏厂收款的权限，仅在二审审理中提出了两份函件作为依据。一份是2002年4月12日景宏厂向肥公出具的函件。该函件经过鉴定，其加盖景宏厂公章的印文与鉴定机关在佛山市顺德区容桂工商行政管理所提取的盖有的同名印文并非同一印章所盖。该函件的真实性存在瑕疵，不能作为认定事实的依据。另一份证据是2002年12月10日景宏厂向有关业务单位出具的函件。对于该函件，锦宁公司仅能提供复印件，无法提供原件相核对，其真实性无法确认，该证据亦不能采信。至于侯某某是否有代理景宏厂向锦宁公司收款的交易习惯，锦宁公司提供了2002年10月10日和2003年1月18日有侯某某签名的支票存根。由于支票存根是由锦宁公司单方持有，侯某某是何时在该存根上签字无法确认，该证据不能支持锦宁公司的主张。并且，景宏厂提供了 2003 年 10 月 11 日 3 万元的信用社进账单、2003 年 1 月 18 日的账户对账单和景宏厂负责人胡文广出具的收款 3 万元的收据，证明了该两笔货款并非侯某某经手收款，进一步推翻了两份支票存根的真实性。锦宁公司又提供 2002 年 7 月 23 日的支票以证明侯某某有代理收款的行为，因该支票由锦宁公司出具，记载的收款人也是锦宁公司，不能反映与景宏厂及本案争议事实的关联性，法院对该证据不予采信。锦宁公司主张侯某某有代理景宏厂送货的事实，提供了两份证据：一是 2002 年 6 月 14 日 0003286 号送货清单，二是 2002 年 7 月送货单。对于第一份证据，景宏厂提供了该送货清单的第二联作为反证，证明同一单据的第三联并无侯某某的签名，表明侯某某所提供的第三联的签名是事后单方添加，该证据不能作为认定事实的依据。而 2002 年 7 月的送货单仅反映了侯某某向李某某送货，不能证明其是代表景宏厂送货，与本案不具有关联性。由于锦宁厂不能证实侯某某有代理景宏厂送货及收款的行为，也没有其他证据证实侯某某系景宏厂的员工，故锦宁公司相信侯某某有代景宏厂收款的资格存在过错，侯某某的收款行为不构成表见代理。景宏厂向锦宁公司主张支付拖欠的货款 101562 元及利息，有事实和法律依据，应予支持。原一审认定事实清楚，适用法律正确，应予维持；原二审认定事实不清，处理不当，应予纠正。

例案二：陈某某与慈溪市某某设备有限公司房屋买卖合同纠纷案

【法院】

浙江省高级人民法院

【案号】

（2007）浙民一终字第 306 号

【当事人】

上诉人（原审原告、反诉被告）：陈某某

被上诉人（原审被告、反诉原告）：慈溪市某某设备有限公司

【基本案情】

2001 年 9 月 20 日，陈某某与慈溪市某某设备有限公司（以下简称某设备公司）订立房屋买卖合同一份，约定某设备公司将位于慈溪市 ×× 路 ×× 号的房屋、土地等物转让给陈某某，转让总价格为 350 万元人民币，其中 70 万元为定金，由陈某

某于2001年9月30日前一次性付给某设备公司。某设备公司应于陈某某付清全部款项后，将转让标的物和土地证、房产证一并交给陈某某。如若陈某某办理房地产过户中发生的有关费用均由陈某某负担。2001年9月26日，双方又订立补充合同一份，约定陈某某增加支付某设备公司出让款250万元（含装修及搬让费），增加的250万元必须在2002年1月31日前付清，然后交付有关权利证书。房屋营业税由陈某某从2001年11月1日起，支付到房屋过户为止。协议签订后，双方没有实际履行。由陈某某任某某代表人的慈溪市城隍庙机电设备有限公司（以下简称城隍庙机电公司）又与某设备公司另行签订了房屋租赁协议，约定由城隍庙机电公司向某设备公司承租讼争房屋的三间店面，每年租金为84000元。此后直至2005年，城隍庙机电公司与某设备公司每年签订一次租赁协议，内容一致。城隍庙机电公司按约向某设备公司支付租金，某设备公司依法缴纳出租房屋的营业税，并由税务部门向承租人城隍庙机电公司代开房租发票。某设备公司于2002年8月9日至2004年6月4日期间将讼争房产在宁波市商业银行慈溪市支行设定抵押。因为讼争房产要部分拆迁，某设备公司向陈某某出具授权委托书一份，委托陈某某代办拆迁事宜。现部分房屋已经被拆除，并获得了相应的拆迁补偿款，该补偿款现尚在慈溪市拆迁办。

【案件争点】

没有原件证据的司法认定。

【裁判要旨】

法院认为：本案双方当事人房屋买卖合同依法成立，主要的争议焦点在于合同有无实际履行，即陈某某有无实际支付合同约定的购房款。现陈某某提供的7份收条虽然都是复印件，不能单独作为认定事实的依据，但其还提供了录音资料、储蓄取款凭证、营业税收条等其他间接证据证明其主张。其中关于300万元银行存取款的事实问题，2001年9月8日陈某某和罗某某分别从中国工商银行慈溪市支行取款100万元和200万元，当天胡乙在该行的账户上确实有存款300万元，该三笔款项系同一天同一银行同一柜员经办，且流水作业号相互衔接，胡乙也未能提供证据证明和罗某某、陈某某存在其他交易关系，故原审法院在陈某某有无向某设备公司支付购房款的问题上，认定事实不清。

例案三：沈阳金长城房地产开发有限公司与沈阳程顺房地产顾问有限公司委托合同纠纷案

【法院】

辽宁省沈阳市中级人民法院

【案号】

（2005）沈民（2）房终字第 1030 号

【当事人】

上诉人（原审被告、反诉原告）：沈阳金长城房地产开发有限公司

被上诉人（原审原告、反诉被告）：沈阳程顺房地产顾问有限公司

【基本案情】

2003 年 11 月 27 日，沈阳程顺房地产顾问有限公司（以下简称顾问公司）、沈阳金长城房地产开发有限公司（以下简称开发公司）签订了“长城 · 金色家园”销售承包协议书，约定经开发公司委托由顾问公司负责为开发公司提供“长城 · 金色家园”策划及销售服务。第 2 条约定，开发公司将剩余房源按现价格每平方米降价 30 元作为顾问公司销售底价，高于底价 60 元 / 平方米的部分加上超过底价 60 元 / 平方米以上部分的 50%，作为顾问公司代理费，顾问公司承诺于 2004 年春节前完成销售 40 套住宅，其余住宅在开发公司达到竣工入住条件时销售住宅总房源的 90%，所剩 10% 住宅还由顾问公司销售直到清盘，否则开发公司滞留 10% 代理费，顾问公司无权收回。第 7 条第 2 款规定了结算条件，即一次性付款客户付款额达到 80% 以上，贷款客户付款额达到 30% 以上，同时客户提供所需要的贷款手续；第 3 款规定了结算方式，即按月结算，开发公司的工作费用和收入按月结算给顾问公司，每月 2 日前顾问公司向开发公司提供结算报告，每月 5 日前顾问公司、开发公司双方结算完毕，同时开发公司滞留 10% 的代理费用作为顾问公司保证金，待完成销售指标时一次性支付给顾问公司。第 6 款规定，开发公司须向顾问公司每次提供结算报表 5 日内与顾问公司结算完毕，逾期结算，开发公司按代理费用每天 3‰支付顾问公司滞纳金。第 8 条违约责任，开发公司不能保证按时给顾问公司支付销售代理工作费用，逾期超过一个月，顾问公司有权终止合同，如开发公司无故终止合同，将赔偿顾问公司违约金 5 万元。如顾问公司在工作中出现过失或错误责任由顾问公司负担，开发公司有权解除合同，如顾问公司无故终止合同，将赔偿开发公司违约金 5

万元。2004 年 2 月 17 日双方签订补充协议书一份，对房屋的价格作以调整。顾问公司从 2003 年 12 月起至 2004 年 8 月止，先后为顾问公司卖出了 158 套住宅，按双方约定应提取的代理费 1259624.40 元，开发公司已给付顾问公司代理费 45 万元，尚欠 809624.40 元至今未给付。顾问公司于 2005 年 3 月 8 日起诉来院。

【案件争点】

证据原件、复印件的证明效力。

【裁判要旨】

关于顾问公司向法院提供的证据，即 158 份《“长城·金色家园”认购预定书》的证明力的问题。当事人向人民法院提交证据材料时，首先应当提供具有客观性、真实性，并能够最大程度反映出事实真相的原件。民事诉讼证据的原件是指文件制作人以文字、图表等形式初始做成的、能够表达或反映其制作目的文件。复制件是通过对原件进行拍照、复印、扫描等方式后形成的图文资料。2001 年《民事证据规定》第 10 条[①]规定：“当事人向人民法院提供证据，应当提供原件或者原物。如需自己保存证据原件、原物或者提供原件、原物确有困难的，可以提供经人民法院核对无异的复制件或者复制品。”第 65 条[②]规定：“审判人员对单一证据可以从下列方面进行审核认定：（一）证据是否原件、原物，复印件、复制品与原件、原物是否相符；（二）证据与本案事实是否相关；（三）证据的形式、来源是否符合法律规定；（四）证据的内容是否真实；（五）证人或者提供证据的人，与当事人有无利害关系。”第 69 条[③]规定：“下列证据不能单独作为认定案件事实的依据：……（四）无法与原件、原物核对的复印件、复制品……”上述规定确认了当事人享有向人民法院提供与原件核对无异的复制件证明案件事实的权利，同时对“无法与原件、原物核对的复印件、复制品不能单独作为认定案件事实的依据”作了明确的规定。依照上述第 65 条的规定，法院认定：（1）顾问公司、开发公司向法院提供的《“长城·金色

---

① 该司法解释已于 2019 年 10 月 14 日修正，本案所涉第 10 条修改为第 11 条，内容未作修改。

② 该司法解释已于 2019 年 10 月 14 日修正，本案所涉第 65 条修改为第 87 条：“审判人员对单一证据可以从下列方面进行审核认定：（一）证据是否为原件、原物，复制件、复制品与原件、原物是否相符；（二）证据与本案事实是否相关；（三）证据的形式、来源是否符合法律规定；（四）证据的内容是否真实；（五）证人或者提供证据的人与当事人有无利害关系。”

③ 该司法解释已于 2019 年 10 月 14 日修正，本案所涉第 65 条修改为第 87 条：“审判人员对单一证据可以从下列方面进行审核认定：（一）证据是否为原件、原物，复制件、复制品与原件、原物是否相符；（二）证据与本案事实是否相关；（三）证据的形式、来源是否符合法律规定；（四）证据的内容是否真实；（五）证人或者提供证据的人与当事人有无利害关系。”

家园"认购预定书》系同时复写而成，符合"原件必须是初始做成的、原件能够直接反映出制作人在制作文件时的目的"原件应具有的两大特点，且该《"长城·金色家园"认购预定书》亦载明"本预定书一式三份，甲方二份，乙方一份"，故顾问公司向法院提供的《"长城·金色家园"认购预定书》与开发公司向法院提供的《"长城·金色家园"认购预定书》均为原件，不是原件与复制件或者复印件的关系。(2)《"长城·金色家园"认购预定书》载明的内容与本案相关。(3)顾问公司向法院提供的《"长城·金色家园"认购预定书》与开发公司向法院提供的《"长城·金色家园"认购预定书》复写部分的形式一致、内容一致，笔迹一致。(4)顾问公司向法院提供的《"长城·金色家园"认购预定书》系原始取得的书证，且该证据来源不违反法律规定，具有"证明顾问公司销售158套商品房"的证明力。综上，法院对顾问公司向法院提供的证据，即《"长城·金色家园"认购预定书》的真实性、合法性、关联性予以确认。故该证据可作为本案定案的依据。

三、裁判规则提要

（一）本条规则立法来源

本条规则最先由2001年《民事证据规定》第10条得以确立，是对优先提供原件或者原物作为证据的规定。根据该条规定："当事人向人民法院提供证据，应当提供原件或者原物。如需自己保存证据原件、原物或者提供原件、原物确有困难的，可以提供经人民法院核对无异的复制件或者复制品。"但由于当时的证据种类也包括7个大类，对于诸如不动产等类型的证据，当事人在客观上确实无法向人民法院提供原物，因此，《民事诉讼法》第73条第1款进一步将该规定明确为："书证应当提交原件。物证应当提交原物。提交原件或者原物确有困难的，可以提交复制品、照片、副本、节录本。"这为例外情况留出了一定的空间。

在此基础上，2019年《民事证据规定》在其第11条中进一步落实了证据原物提交规则，规定当事人向人民法院提供证据，应当提供原件或者原物。如需自己保存证据原件、原物或者提供原件、原物确有困难的，可以提供经人民法院核对无异的复制件或者复制品。该规定第12条则更为明确地直接确立了动产证据规则，载明以动产作为证据的，应当将原物提交人民法院，当原物不宜搬移或者不宜保存时，当事人可以提供复制品、影像资料或者其他替代品。除此之外，第12条第2款还进一步对证据提交的程序进行了补充规定，明确人民法院在收到当事人提交的动产或者替代品后，应当及时通知双方当事人到人民法院或者保存现场查验。根据一般理解，本条规则中的原件指的是书证的原件，是最初形成的原本或者底本；而原物的对象是物证，要求其为法律关系争议指向的原始物件。之所以设置本条规则，从根本上说起源于最佳证据规则的要求。

（二）最佳证据规则及其基本要求

最佳证据规则，又称优先证据规则，起源于英美法系国家和地区对书证的标准要求，形成于1600年左右将文书作为证据提出的特定时期，[①]最初由原始证据规则发展而来。而原始证据规则，是指若当事人欲以私人文件的内容作为直接证据证明其主张，则必须要以原始证据来证明其文书的真实性。相对于传来证据，原始证据往往具备更高的真实性与证明力，因此在两种规则的结合之下，原始证据也就被称为最佳证据。[②]这两个规则深远地影响了英美法系法域的证据制度，时至今日仍然是其证据法学领域最为重要的规则。而在大陆法系，则一般通过要求对书证提交原件这类规定来保障其作为第一手证据的真实性，与英美法系中的最佳证据规则具有类似的效果。

根据学者的总结，最佳证据规则的首要目的是保证案件得到公平审理，因为查明事实真相对案件审理至关重要，而原始证据的获得，又是追求实体真实的客观需要。此外，最佳证据规则还能够在防止错误或者欺诈行为的发生、排除与所涉争议无关的证据以及促使当事人合理保存证据方面起到积极的作用。[③]但根据最佳证据规则产生的背景，其主要适用的对象一般应该只包括书证这种证据种类。因为对书证而言，即便是非常细微的差异也可能产生完全不同的法律后果，相比其他证据种类而言，书证中记载的错误比其作为有形物的其他特征更加可能影响其证明力，而在其他证据种类上，对记载文字、数字、符号等内容的准确度要求相对来说就没有如此严格。因此，最佳证据规则的适用范围本应当被严格限定在书证这一范围内，诸如文书、照片与记录以及其他需要依靠文字和信息展现真实情况的载体。[④]由此，最佳证据规则要求文书类的书证提交原件，对于照片类证据应当提交包括底片或者由

① 易延友:《最佳证据规则》，载《比较法研究》2011年第6期。

② 江伟主编:《民事诉讼法学》（第二版），复旦大学出版社2010年版，第227页。

③ 李明:《最佳证据规则探索》，载《研究生法学》2009年第1期。

④ 易延友:《最佳证据规则》，载《比较法研究》2011年第6期。

底片冲印的照片，而对于电子数据则应当提交能够准确反映该资料的输出物或者打印件。有鉴于此，根据《民事诉讼法司法解释》第116条的规定，最佳证据规则对电子数据和视听资料这些种类的证据就要求当事人在提交时要能够提供储存的原始电子介质，因此在我国目前的司法实践中，这也是绝大多数裁判者坚持遵循的规则之一，但在许多情况下，这种绝对化的适用方式可能存在有失公允的结果或者风险，需要裁判者区别不同情况进行差别化处理。

（三）最佳证据规则的例外

事实上，最佳证据规则并非在任何情况下都应当被无差别适用，该规则应当还存在一定的适用例外情况。对于本条规定中的动产而言，其在绝大多数情况下应当属于物证这一证据种类，而非书证。据此，2019年《民事证据规定》第11条在明确优先提交原物的情况下也对例外情况进行了明确，规定如果存在提交困难的情况，当事人可以提供经过人民法院核对无异的复制件或者复制品。无独有偶，2019年《民事证据规定》第61条也规定："对书证、物证、视听资料进行质证时，当事人应当出示证据的原件或者原物。但有下列情形之一的除外：（一）出示原件或者原物确有困难并经人民法院准许出示复制件或者复制品的；（二）原件或者原物已不存在，但有证据证明复制件、复制品与原件或者原物一致的。"

据此，有学者在国外已有研究的基础上对最佳证据规则的例外情况进行了重新总结，认为在下列情形下，最佳证据规则将不必在当事人提交证据时被严格遵循：（1）证明对象为事件或者案件事实，而非书面文件；（2）证据原物已经灭失或者毁坏的导致提出不能；（3）证据为对方当事人或者第三人控制导致提出不能；（4）证据数量巨大导致提出不能；（5）证据被公物使用导致提出不能；（6）证据的复制件、复印件已经被对方当事人自认；（7）证明对象为证据本身是否存在的问题；（8）证据与争点联系弱。[①] 除此之外，对于动产这一证据种类而言，如果其因体积、重量等因素使得移动、搬运存在较大困难，或者该动产证据的物权属于第三人的，裁判者也可以根据情况允许当事人通过提交复印件、复制品的方式完成举证责任。

在对例外情况的理解适用方面，可以根据2019年《民事证据规定》第12条第2款的规定进行证据核对查验。在动产证据提交人民法院之后的核对查验过程中，在双方当事人均到场的前提下，查验人员应当注意检查动产证据的物理状态、名称、

---

① 李明：《最佳证据规则探索》，载《研究生法学》2009年第1期。

数量以及其与当事人描述的情况是否相符。如果当事人经过人民法院的同意提交了动产复制品、复印件作为原件替代品，则查验人员应当进一步仔细勘验复制品、复印件与原件的情况、数据是否吻合，并据此判断这些复制品或替代品是否能够具有证据证明力等方面的问题。

（四）本条规则在实务适用中应注意的问题

第一，关于本条规则的贯彻问题。因原始证据的证明力高于传来证据，因此在动产证据的提交时，总体上仍然应当遵循最佳证据规则坚持原物、原件优先提交这一规则，但在提交原物、原件确有困难的例外情况时，也可以酌情灵活适用例外规则。这是因为在民事诉讼中总体而言仍然需要遵循当事人私权自治的规则，而关于证据的提出，归根结底还是当事人承担举证责任的范畴，如果当事人不能提交具有足够证明力的证据原件，则根据举证责任相关理论，其自然需要承担无法查清对其有利事实这一后果、承担举证失败的风险。如果简单地通过强制性的法律规定要求当事人必须提交动产原件、原物证据，既不符合民事诉讼的私权自治性质，也不能实现真正解决纠纷这一民事诉讼的目的。

第二，关于不能提交动产原件或者原物时的处理问题。在民事诉讼中，如果遇到确有困难不能提交原件的情况，裁判者应当根据当事人提交的复印件或者复印品的状态，根据个案情况综合考虑判断该证据能否作为认定事实的根据。2019 年《民事证据规定》第 87 条规定了审判人员对单一证据进行认定的标准，规定："审判人员对单一证据可以从下列方面进行审核认定：（一）证据是否为原件、原物，复制件、复制品与原件、原物是否相符；（二）证据与本案事实是否相关；（三）证据的形式、来源是否符合法律规定；（四）证据的内容是否真实；（五）证人或者提供证据的人与当事人有无利害关系。"由此可见，如果动产的复制品或者照片等形式能够与其他证据形成证据链条，则该复制品或复印件也同样具有证据证明力。

第三，避免动产证据认定绝对化问题。在动产证据证明力的认定过程中，裁判者应注意不能僵化地坚持要求当事人提供原始证据，因其可能会导致案件事实无法查清，最终影响纠纷的真正解决。而回归最佳证据规则理论可以看到，对动产证据也提出提交原件的要求，实际上已经超越了最佳证据规则产生最初的适用对象范围。另一方面，对于物证而言，司法实践中的大多数案件其实并不存在必须提交原件的客观需求，因为物证的呈现和证明方式相对书证显然更加多样化，一般只要能够达到对待证事实的证明这一目的即可。因此，机械适用该条的规则性规定在实务中可能引发举证责任分配失衡和诉讼资源浪费等方面的问题。

第四，对优先提供动产原件、原物的释明问题。在司法实践中，裁判者在当事人提交证据环节应当尽可能早地向两造当事人释明该动产证据提交规则，使当事人能够更好地承担其举证责任、提升其举证的能力和效率，同时也有助于裁判者查明案件事实，更全面地认识、掌握案件的相关事实情况，作出公平公正的裁判。

四、辅助信息

《民事诉讼法》

第七十三条　书证应当提交原件。物证应当提交原物。提交原件或者原物确有困难的，可以提交复制品、照片、副本、节录本。

提交外文书证，必须附有中文译本。

2019年《民事证据规定》

第十一条　当事人向人民法院提供证据，应当提供原件或者原物。如需自己保存证据原件、原物或者提供原件、原物确有困难的，可以提供经人民法院核对无异的复制件或者复制品。

第十二条　以动产作为证据的，应当将原物提交人民法院。原物不宜搬移或者不宜保存的，当事人可以提供复制品、影像资料或者其他替代品。

人民法院在收到当事人提交的动产或者替代品后，应当及时通知双方当事人到人民法院或者保存现场查验。

第十三条　当事人以不动产作为证据的，应当向人民法院提供该不动产的影像资料。

人民法院认为有必要的，应当通知双方当事人到场进行查验。

民事诉讼证据裁判规则第 22 条：

以数字化形式存储、处理、传输的能够证明案件事实的信息，属于电子数据

【规则描述】　随着社会发展和科技进步，电子数据的范围在客观上也在不断地扩张，2019 年《民事证据规定》中对电子数据进行详细类型化为网络平台电子信息、应用服务电子信息、电子静态和动态信息以及电子文件等几大类型，能够帮助裁判者在审判时形成更为清晰的判案思路，更准确地理解和认定电子数据。

一、类案检索大数据报告

时间：2020 年 5 月 17 日之前；案例来源：Alpha 案例库；案由：民事纠纷；检索条件：（1）引用法条：《民事诉讼法司法解释》第 116 条第 2 款；（2）法院认为包含：电子数据。本次检索获取 2020 年 5 月 17 日之前共计 202 篇裁判文书。其中：

1. 认为网页、博客、微博客等网络平台发布的信息属于电子证据的共计 9 件，占比为 4.46%；

2. 认为手机短信、电子邮件、即时通信、通讯群组等网络应用服务的通信信息等属于电子证据的共计 117 件，占比为 57.92%；

3. 认为用户注册信息、身份认证信息、电子交易记录、通信记录、登录日志等信息属于电子证据的共计 18 件，占比为 8.91%；

4. 认为文档、图片、音频、视频、数字证书、计算机程序等电子文件属于电子证据的共计 53 件，占比为 26.24%；

5. 认为其他以数字化形式存储、处理、传输的能够证明案件事实的信息属于电子证据的共计 5 件，占比为 2.47%。

整体情况如图 22-1 所示：

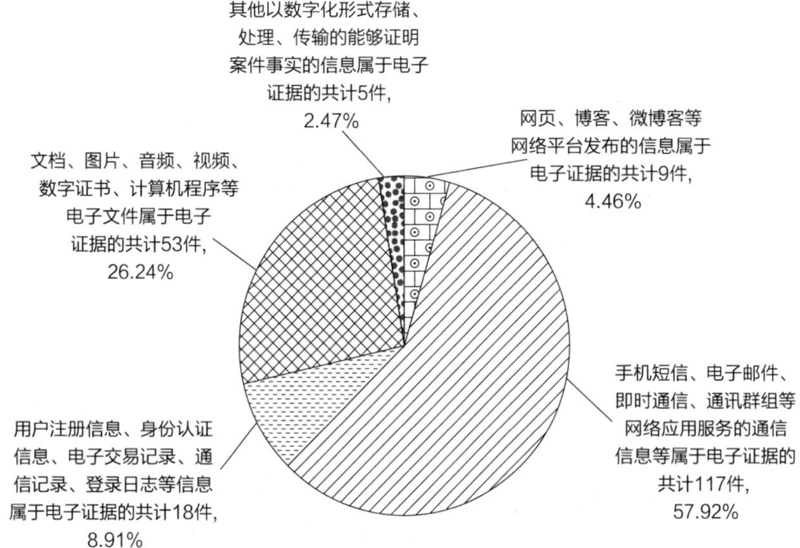

图 22-1　案件裁判结果情况

如图 22-2 所示，从案件年份分布可以看在当前条件下，涉及引用法条：《民事诉讼法司法解释》第 116 条第 2 款；法院认为包含：电子数据的条件下，相应的民事纠纷案例数量的变化趋势。

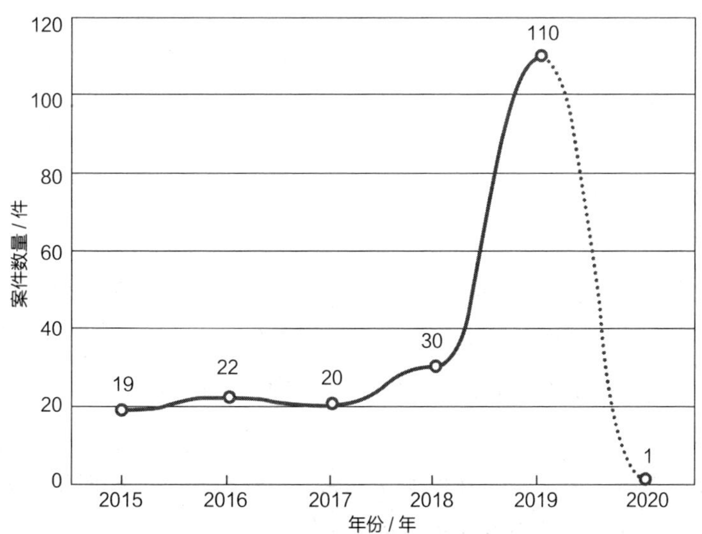

图 22-2　案件年份分布情况

如图 22-3 所示，从程序分类统计可以看到当前的审理程序分布状况。一审案件有 149 件，二审案件有 47 件，再审案件有 4 件，执行案件有 2 件。

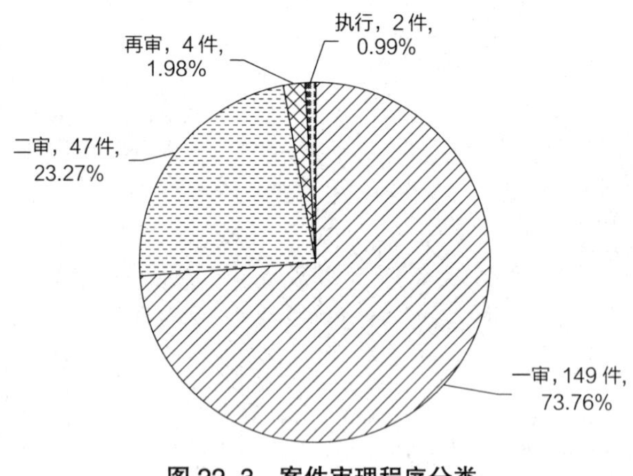

图 22-3　案件审理程序分类

二、可供参考的例案

例案一：湖南家园环境事业发展有限公司、李某某与周某某合同纠纷案

【法院】

湖南省高级人民法院

【案号】

（2017）湘民申 4204 号

【当事人】

再审申请人（一审被告、二审被上诉人）：湖南家园环境事业发展有限公司

再审申请人（一审被告、二审被上诉人）：李某某

被申请人（一审原告、二审上诉人）：周某某

【基本案情】

原审已经查明，李某某作为甲方，周某某作为乙方，湖南家园环境事业发展有限公司（以下简称家园公司）作为见证方签订的《合作协议》约定的周某某的义务为“负责协助李某某的一切投标工作，确保中标”“不协助任何其他公司参与本项目

投标”。李某某的义务为“本协议签订3日内支付给周某某第一笔劳务款项10万元，中标合同签订后3日内支付第二笔款项10万元，2017年7月30日前支付第三笔款项10万元”。对该合同的效力，双方当事人均未提出异议。原审还查明，家园公司进行第一次投标的招标项目作废标处理的原因系因投标公司不足三家，2015年10月28日，家园公司在第二次公开招标中中标。对上述事实认定，申请人也未提出异议。申请人申请再审的主要理由是被申请人周某某未尽到“协助李某某的一切投标工作”的义务。

【案件争点】

电子证据的司法认定。

【裁判要旨】

原一审认定，李某某陈述，在《合作协议》签订后，周某某没有协助李某某处理投标事宜，周某某陈述通过电话、邮件、短信等方式协助李某某处理投标事宜，但没有提供任何相关证据予以证明。

二审认定，周某某提交的5组证据可以证明其为李某某、家园公司提供了相应的服务。经审查，被申请人在二审中提交的均是手机短信、微信聊天和文件传输，符合《民事诉讼法司法解释》第116条规定的证据中的“电子数据”。该批电子数据证明的事实跨度从2014年3月至2015年11月，均与“处理投标事宜”相关。证据的关联性可以确认。申请人在原审及再审申请中均对其真实性提出异议，但没有提出真实性异议的具体理由，也未提交任何证据证实上述证据的真实性存在问题。原审予以采信并无不当。据此认定周某某所提供的证据可以证明周某某自2015年4月起一直为家园公司就新化环卫项目的投标中标进行协助服务亦无不当。

例案二：江门市新会仁科电力集团有限公司等与天津中天东信能源进出口有限公司等有限公司民间借贷纠纷案

【法院】

天津市高级人民法院

【案号】

（2017）津民终81号

【当事人】

上诉人（原审被告）：江门市新会仁科电力集团有限公司

上诉人（原审被告）：梁某某

上诉人（原审被告）：区某顺

上诉人（原审被告）：区某柱

被上诉人（原审原告）：天津中天东信能源进出口有限公司

原审第三人：新会双水发电厂有限公司

原审第三人：新会双水发电（B厂）有限公司

【基本案情】

2013年3月4日天津中天东信能源进出口有限公司（以下简称中天东信公司）与案外人区某基通过电子邮件的方式签订《借款协议书》，约定：区某基向中天东信公司借款3500万元；用于购买新会双水发电厂有限公司（以下简称双水发电厂）和新会双水发电（B厂）有限公司（以下简称双水发电B厂）各20%股权；借款期限自2013年3月5日至2014年3月5日止；借款利息按银行1年期贷款基准利率的110%计收，本协议签订时银行贷款年利率为6%；中天东信公司应于签订合同后2日内，将上述款项转入区某基指定的工商银行江门市新会区双水支行账号为62×××33的账户内；区某基取得上述借款后，只能作为用于购买双水发电厂和双水发电B厂各20%股权的交易款，不得挪作其他用途；区某基在购得上述股权并办理完工商登记后60个工作日内将该股权中的70%评估作价后质押银行，用于办理质押贷款，并将该股权中的剩余未质押给银行的部分，即该股权中的30%，协议质押于中天东信公司，作为对本借款协议借款金额的担保，并依法办理股权质押登记。同时，“违约责任”约定，如区某基未按本协议约定的还款期限履行还款义务，一方面中天东信公司有权立即收回借款本金及利息，另一方面区某基应就该违约行为向中天东信公司另行支付5‰的违约金。还约定，本协议在履行过程中，出现任何争议双方应协商解决，如协商不成，任何一方有权向出借方所在地的人民法院提起诉讼。

上述协议签订后，中天东信公司于2013年3月4日通过中国银行天津和平支行向区某基在中国工商银行江门市新会支行的账户62×××33汇款3500万元。至2015年11月8日区某基因病去世，区某基未向中天东信公司履行还款义务。梁某某系区某基之妻，区某顺、区某柱系区某基之子女，三人为区某基的法定继承人。

中天东信公司起诉后，因本案的处理结果可能与江门市新会仁科电力集团有限公司（以下简称新会仁科公司）有法律上的利害关系，故一审法院依职权追加新会仁科公司为第三人参加诉讼。后，中天东信公司申请追加新会仁科公司为本案被告，一审法院审查后，依法准许其申请，将新会仁科公司列为被告。

另查，新会仁科公司的原法定代表人为区某基。2013年3月6日、3月11日、3月13日通过区某基个人银行账号62×××33共向新会仁科公司银行账号80×××13汇款3526万元。2016年10月21日，新会仁科公司向一审法院寄送书面答辩状，认可收到上述款项，并称该款项已用于公司的日常经营性支出，具体用途并不限于用来购买双水发电厂及双水发电B厂各20%的股权。上述款项现已全部列支完毕。2016年1月21日新会仁科公司的法定代表人变更为郑某雄。

2016年1月7日，梁某某、区某顺、区某柱就登记在区某基名下的新会仁科公司51%股权的继承权进行了公证。广东省江门市新会公证处出具了（2015）粤江新会第019878号公证书，载明：区某基名下的新会仁科公司51%股权由梁某某、区某顺继承，区某柱放弃继承。庭审中，梁某某、区某顺认可新会仁科公司原工商登记在区某基名下的51%股权现已变更为梁某某50.5%，区某顺0.5%的事实。

2012年12月8日，江门市新会区双水镇人民政府批准案外人江门市新会恒业投资有限公司（以下简称恒业投资公司）将其持有的双水发电厂、双水发电B厂的60%股权中的20%在产权交易机构进行挂牌转让。

2013年4月8日，恒业投资公司就其持有的双水发电厂、双水发电B厂的各20%股权转让事宜与新会仁科公司签订《产权交易合同》，约定转让价格分别为7791万元和4208万元。截至2013年4月15日，新会仁科公司支付了上述转让价款的30%。上述交易行为是在南方联合产权交易中心挂牌交易的。

【案件争点】

电子证据的司法认定。

【裁判要旨】

关于中天东信公司与区某基之间是否存在民间借贷法律关系问题，新会仁科公司以中天东信公司未提交《借款协议书》“原件”为由，不认可区某基与中天东信公司之间存在3500万元借贷关系。

法院认为：（1）中天东信公司主张涉诉《借款协议书》是区某基签字、捺印后以电子邮件附件的形式发送给中天东信公司，由中天东信公司签字、盖章后订立的，并提供和演示了相关电子邮件。根据《民事诉讼法》第63条①、《民事诉讼法司法解释》第116条的规定，电子邮件属于法律规定的民事诉讼证据类型中电子数据的一种，打印出的纸质件仅是电子邮件可以被读取和识别的表现形式，不能简单地以是

① 该法已于2021年12月24日第四次修正，本案所涉第63条修改为第66条，内容未作修改。

否为“原件”判断其证据效力。而且，中天东信公司在天津，区某基在广东，双方通过电子邮件方式沟通和签订合同亦不违反常理。新会仁科公司虽然对以电子邮件形式签订的《借款协议书》的真实性不予认可，但并未提供足以反驳的相反证据，故其抗辩理由不能成立。

例案三：重庆中环建设有限公司与贵州兴安煤业有限公司建设工程施工合同纠纷案

【法院】

贵州省高级人民法院

【案号】

（2016）黔民终220号

【当事人】

上诉人（原审原告）：重庆中环建设有限公司

上诉人（原审被告）：贵州兴安煤业有限公司

【基本案情】

2005年12月31日，贵州兴安煤业有限公司（以下简称兴安煤业）（甲方）与重庆煤矿建设工程第五工程处（乙方）签订《煤矿建筑安装工程承包合同》，约定：（1）工程名称：糯东矿井进风斜井、1# 回风斜井；（2）合同价款：实际结算价；等等。

2008年7月16日，兴安煤业（甲方）与重庆中环建设有限公司（以下简称中环公司）（乙方）签订了《糯东矿井进风斜井、一号回风斜井补充协议》，载明：双方达成以下补充协议：（1）双方原于2005年12月31日签订的《糯东矿井进风斜井、一号回风斜井工程承包合同》（合同编号为：XMK-002）第13条第16款“乙方工程造价降幅3%，作为安全及工期奖励基金，由甲方自行支配”。不再执行。即乙方工程造价不降低。（2）合同其他条款双方遵照执行。

2008年7月16日，兴安煤业（甲方）与中环公司（乙方）签订《糯东矿井二、三期井巷工程建筑安装工程承包合同》，约定：（1）承包范围：（2）三期部分井巷工程掘进、支护；（3）合同价款：以中介机构审核后的竣工结算为合同总价款；等等。

2009年9月5日、2009年9月15日，淄博矿区质量监督站分别对糯东矿井进风斜井、一号回风斜井作出质量等级认证，上述工程质量为优良工程。中环公司承建的糯东矿井二期、三期井巷工程未经竣工验收，但已实际移交兴安煤业使用，中环公司陈述于2010年完工移交使用，兴安煤业陈述于2013年年底完工移交使用。

中环公司在一审中提供5份《工程结算书》复印件，载明：（1）2006年工程结算审核金额为14892425元，工程名称包含：进风斜井井筒及相关硐室、1#回风斜井井筒及相关硐室。（2）2007年工程结算审核金额为12126302元，工程名称包含：进风斜井井筒、1#回风斜井井筒及避难硐室、1#回风斜井引风道。（3）2007年11月至12月和2008年工程审定总金额为20378237元，工程名称包含：井巷工程。以上4份工程结算书均有建设单位（兴安煤业）、施工单位（中环公司）和审核单位（山东鲁煤工程造价有限公司）的签章，因没有原件核对，兴安煤业对上述三份结算书持保留意见。（4）2009年工程结算金额为1183万元，工程名称为：井巷工程。（5）2009年工程结算金额为923万元，工程名称为：井巷工程。

双方当事人均认可，截至2015年2月，兴安煤业共计向中环公司方支付工程款61766966.83元。现中环公司主张尚欠的工程款为6689997.17元。

兴安煤业根据双方当事人于2005年12月31日签订的《糯东矿井进风斜井、一号回风斜井》第16条"中环公司的工程造价降幅3%，作为安全及工期奖励基金，由兴安煤业自行支配"的规定，将2006年度、2007年度工程造价的3%（2006年度为439043元、2007年度为363676元）从工程价款中扣除，中环公司依据双方于2008年7月16日签订的《补充协议》第1条"《糯东矿井进风斜井、一号回风斜井》第16条不再执行，即乙方工程造价不降低"规定，诉请要求中环公司返还扣除的工程款802719元。

2011年8月24日中环公司将剩余的相关设备移交兴安煤业，兴安煤业在《材料汇总表》上签章确认，并确定设备折旧后的价值为660618元，中环公司据此主张兴安煤业应向其支付设备材料价款660618元，兴安煤业已经支付了3万元，剩余设备材料价款为630618元。

一审中，中环公司提供了日期为2013年11月13日和2014年11月10日两份《企业询证函》（均系电子邮件打印件）及一个电子邮箱，原审法院在双方当事人均在场的情况下打开邮箱进行核对，经过核实2014年11月10日的《企业询证函》系一个网名为"伊水秋晨"的人发送给中环公司的财务人员赵某景，《企业询证函》加盖了中环公司的财务印章，并写明"截至2014年10月31日欠贵公司6167547.67元，下列数据出自本公司账簿记录，如与贵公司记录相符，请在本函下端信息证明无误处签章证明"。2013年11月13日的《企业询证函》，中环公司称因为是离线文件发送，没有保存。

【案件争点】

电子证据的司法认定问题。

【裁判要旨】

《企业询证函》的证明力应予确认。一审中，中环公司提交了两份内容为《企业询证函》的电子证据，根据《民事诉讼法司法解释》第116条第2款“电子数据是指通过电子邮件、电子数据交换、网上聊天记录、博客、微博客、手机短信、电子签名、域名等形成或者存储在电子介质中的信息”的规定，该证据系证据的法定形式之一，可以作为定案依据。经查，前述电子证据中的《企业询证函》上加盖有兴安煤业的财务专用章，其中一份《企业询证函》仍保存于电子邮箱中。一审过程中，原审法院已当庭打开电子邮件进行了验证。法院认为，前述电子邮件产生时双方并未发生诉讼，其内容较为客观，且电子邮件一经发出后进行篡改的可能性较低。根据《民事诉讼法司法解释》108条第1款“对负有举证证明责任的当事人提供的证据，人民法院经审查并结合相关事实，确信待证事实的存在具有高度可能性的，应当认定该事实存在”的规定，法院对《企业询证函》的证明力予以确认。

三、裁判规则提要

（一）证据种类中的电子数据

证据种类指的是证据存在的不同形态。在2012年《民事诉讼法》修改之前，我国民事证据种类主要分为7种，分别为书证、物证、视听资料、证人证言、当事人的陈述、鉴定结论和勘验笔录。电子数据是2021年修改《民事诉讼法》时新增加的证据种类。目前，我国《民事诉讼法》第66条规定，证据包括：（1）当事人的陈述；（2）书证；（3）物证；（4）视听资料；（5）电子数据；（6）证人证言；（7）鉴定意见；（8）勘验笔录。

电子数据，指的是以数字化形式存储、处理、传输的能够证明案件事实的信息。根据定义，同时包含“数据”“电子”和“证据”三个要素，才属于电子证据。[①] 因此，从原则上看，电子化的证据一般都可以被认为是电子数据。在电子数据被修改后的《民事诉讼法》正式确认为证据种类之前，司法实践中的主流做法一般将电子

---

① 龙卫球、裴炜：《电子证据概念与审查认定规则的构建研究》，载《北京航空航天大学学报（社会科学版）》2016年第2期。

证据归入视听资料的部分，[①] 这是由于这两者之间的共性相对其他证据种类而言更为显著。在 2021 年《民事诉讼法》修改之前，视听资料指的是以对象事件或者物体的图像、音响或者计算机记录的数据、资料证明案件事实的证据，主要表现为声音和图像，使视听主体能够通过直观的音像、声音等再现案件事实的方式，直接凭人的感觉器官了解案件事实，[②] 总体来看形式比较单一，实际上与电子数据发挥的作用并不相同。但因其概念中包括了计算机记录的数据这一类型，因此在先前的司法实践中，视听资料这一证据种类在事实上却包含了本应被认为属于电子数据的这一证据种类。但是，根据我国《民事诉讼法》第 74 条的规定，对于视听资料，人民法院要结合其他证据才能审查确定其是否可以作为认定事实的依据，由此可以看到，视听资料这一证据种类并不能作为直接证据发挥作用，作为单独的证据在诉讼中常常面临被排除在证据范围外的风险。[③]

有鉴于此，2015 年实施的《民事诉讼法司法解释》特别设置了第 116 条，强调视听资料和电子数据两种证据种类的差异，明确视听资料主要包括录音资料和影像资料，而电子数据是指通过电子邮件、电子数据交换、网上聊天记录、博客、微博客、手机短信、电子签名、域名等形成或者存储在电子介质中的信息。此外，该条第 3 款还特别规定，存储在电子介质中的录音资料和影像资料，适用电子数据的规定。此后，2019 年《民事证据规定》第 14 条再次对《民事诉讼法司法解释》中电子数据的内容进行了细化，以详细列举的方式配合“兜底条款”对电子数据的具体种类进行了规定，明确电子数据包括下列信息、电子文件：（1）网页、博客、微博客等网络平台发布的信息；（2）手机短信、电子邮件、即时通信、通讯群组等网络应用服务的通信信息；（3）用户注册信息、身份认证信息、电子交易记录、通信记录、登录日志等信息；（4）文档、图片、音频、视频、数字证书、计算机程序等电子文件；（5）其他以数字化形式存储、处理、传输的能够证明案件事实的信息。由此可见，随着社会发展和科技进步，电子数据的范围在客观上也在不断地扩张，《民事证据规定》中对电子数据进行详细类型化为网络平台电子信息、应用服务电子信息、电子静态和动态信息以及电子文件等几大类型，能够帮助裁判者在审判时形成更为

---

① 除此之外，在 2012 年《民事诉讼法》修改之前也有电子数据书证说、物证说、混合证据说等各类观点，详见刘品新：《论电子证据的定位——基于中国现行证据法律的思辨》，载《法商研究》2002 年第 4 期。

② 江伟主编：《民事诉讼法学》（第二版），复旦大学出版社 2010 年版，第 217 页。

③ 常怡、王健：《论电子证据的独立地位》，载《法学论坛》2004 年第 1 期。

清晰的判案思路，更准确地理解和认定电子数据。

（二）本条规则主要内容

第一，关于电子数据的范围。随着大数据时代和5G时代的到来，当今高度信息化社会中的电子数据也随之呈现出范围越来越宽的趋势。从目前的司法实践情况看，目前的电子数据以数字数据为主，出现频率最高的主要包括网站平台信息、电子邮件、短消息、社交平台即时信息、数码照片和图像、计算机动画模拟图像以及GPS设备数据等。可见，相较于模拟电子数据，数字电子数据在当今司法实践中出现的数量占绝对多数。本条规则在2019年《民事证据规定》第14条的基础上，实际上是再次重申了凡能证明案件事实的所有以数字化形式存储、处理、传输的信息都可以被认定为是电子数据的这一重要理念，客观上拓宽了电子数据的范围。

第二，关于为何设立这一“兜底条款”。在英美法系国家中，陪审制的存在使得案件相关电子证据能够被陪审团和法官采纳成为当事人及其诉讼代理人首要考虑解决的问题，但电子证据的相关性却经常成为其被法庭采纳的最大障碍，部分类型特殊的电子证据在审判过程中往往会因为其特殊性被认定为不具有相关性。① 由此可以看到，由于立法客观上滞后于社会发展的必然性，随着科技的迅猛发展，期待当前立法时被类型化的几种电子证据在未来能够完全覆盖新的证据类型，显然不符合时代发展的规律。举例来说，就目前阶段，若要将独立人脸识别设备上存储的数据和记录、物联网概念中智能电器服务设施（诸如智能门禁、办公场所、酒店服务机器人、家用智能冰箱等）中存储的用户习惯数据与使用记录等电子信息归入2019年《民事证据规定》第14条规定的前4项电子数据类型就已经可能产生一定的争议，若在此直接适用第5项情形，就降低了对没有争议应被归入电子数据的信息在诉讼过程中引发争议带来的成本。又如，若无人驾驶技术在未来最终被投入大规模商业运用，此时无人驾驶车辆设备上自动存储的数据和信息，也将能够通过本条规则被明确认定为电子数据。综上，设置本条规则为“兜底条款”，其目的是在必要时涵盖将来出现的新类型电子数据，留出裁判者进行法律解释、进行自由裁量的充分空间。

（三）本条规则在司法实践中存在的问题

第一，电子数据中“与原件一致的副本”的采纳问题。2019年《民事证据规定》

① ［美］肖恩·博因:《电子证据的相关问题》，张爱艳、肖燕译，载《证据科学》2016年第2期。

第 15 条第 2 款规定，当事人以电子数据作为证据的，应当提供原件。电子数据的制作者制作的与原件一致的副本，或者直接来源于电子数据的打印件或其他可以显示、识别的输出介质，视为电子数据的原件。由于理解与适用该条规定具有一定的技术要求，司法实践中出现了不少裁判者因对“原件”特别是“与原件一致的副本”概念难以把握对电子数据“不会用、不敢用、不能用”问题，使得大量电子证据被排除在案件证据范围之外。[①] 根据最佳证据原则，原件即原始证据在证据法上具有不可替代的意义，但由于电子数据本身的特殊性，从理论上看，其副本在绝大多数情况下均从表面上具有与原件一致的属性。因此，“精准复制”的特征使得电子数据的采纳对最佳证据原则提出了挑战。诸如《美国联邦证据规则》第 1001 条第 3 款就规定，能够精确复制出存储在电脑中数据的副本以及打印件均被视为是原件。尽管我国 2001 年《民事证据规定》的规则表述也采取了这种理论，且理论界主流观点均认为应在诉讼中采信与原件一致的电子数据副本，[②] 但在司法实践中，许多裁判者仍然严格遵循最佳证据原则，对原件的精准复制副本一律不予采信，较为典型的即是对导出至另一台设备的微信聊天记录不予采信。据此，对于电子数据副本作为证据的采信问题，目前存在立法规定与实务操作脱节的情况。

第二，关于电子数据原始证据或传来证据性质的区分问题。与对于部分电子证据的性质是属于原件还是属于复印件，目前实务操作也存在差异，诸如对截屏获得的图像、录像以及打印件等非原始数据复制方式固定的电子数据是属于原件还是属于副本，目前暂无统一的做法，需要对有关规定进一步明确细化，以解决“三不用”问题。另外，在较为特殊情况下，已经被删除的电子原件又被通过技术进行恢复的情况，对这类电子原件，是将其认定为原始证据，还是因其曾已经灭失将其认定为传来证据，也是目前的规定暂未涉及的方面。针对这类情况，一种可行的思路是借鉴《电子签名法》第 5 条的规定，明确如果该电子数据能够有效地表现所载内容并且可以被随时调查取证且能够可靠地保证内容完整未被更改，则该电子数据应当被认定为可采信的证据。

第三，电子数据真实性和合法性认定问题。根据《民事诉讼法司法解释》第 104 条规定：“人民法院应当组织当事人围绕证据的真实性、合法性以及与待证事实的关

---

① 樊崇义、李思远：《论我国刑事诉讼电子证据规则》，载《证据科学》2015 年第 5 期。

② 譬如石现升、李美燕：《互联网电子证据运用与司法实践》，载《北京航空航天大学学报（社会科学版）》2016 年第 2 期；汪闽燕：《电子证据的形成与真实性认定》，载《法学》2017 年第 6 期。

联性进行质证，并针对证据有无证明力和证明力大小进行说明和辩论。能够反映案件真实情况、与待证事实相关联、来源和形式符合法律规定的证据，应当作为认定案件事实的根据。”证据的真实性，要求电子数据反映或者承载的内容与客观事实相符合。但是电子数据较为特殊之处在于，其在传输和存储方面具有极高的便利性，这就同时为电子数据的真实性带来了一定的篡改风险，因此电子数据的真实性与合法性之间的关系更为紧密。据此，2019 年《民事证据规定》第 93 条第 1 款首次明确了电子数据的真实性判断标准，规定人民法院对于电子数据的真实性，应当结合下列因素综合判断：（1）电子数据的生成、存储、传输所依赖的计算机系统的硬件、软件环境是否完整、可靠；（2）电子数据的生成、存储、传输所依赖的计算机系统的硬件、软件环境是否处于正常运行状态，或者不处于正常运行状态时对电子数据的生成、存储、传输是否有影响；（3）电子数据的生成、存储、传输所依赖的计算机系统的硬件、软件环境是否具备有效地防止出错的监测、核查手段；（4）电子数据是否被完整地保存、传输、提取，保存、传输、提取的方法是否可靠；（5）电子数据是否在正常的往来活动中形成和存储；（6）保存、传输、提取电子数据的主体是否适当；（7）影响电子数据完整性和可靠性的其他因素。此外，该条第 2 款还进一步规定，人民法院认为有必要的，可以通过鉴定或者勘验等方法审查判断电子数据的真实性。对于电子数据鉴定的标准，可以参考司法部发布的《电子数据司法鉴定通用实施规范》中的规定，坚持原始性、完整性、安全性、可靠性、可重现、可追溯和及时性原则，规范鉴定过程。综上，通过司法鉴定等方式判断电子数据的真实性，有利于降低裁判者因自身专业限制带来的认定证据性质不准确之风险，继而进一步提高诉讼效率。此外，2019 年《民事证据规定》第 94 条还首次明确了电子数据推定真实条款，规定电子数据存在下列情形的，人民法院可以确认其真实性，但有足以反驳的相反证据的除外：（1）由当事人提交或者保管的于己不利的电子数据；（2）由记录和保存电子数据的中立第三方平台提供或者确认的；（3）在正常业务活动中形成的；（4）以档案管理方式保管的；（5）以当事人约定的方式保存、传输、提取的。另外，电子数据的内容经公证机关公证的，人民法院应当确认其真实性，但有相反证据足以推翻的除外。

第四，电子数据的提取和固定问题。原则上基于最佳证据原则，电子数据一般仍然应当通过保存原始介质进行固定，诸如计算机硬盘、社交软件装载的原始电子设备等。然而，对于部分自始存储于云端或者第三方机构、平台数据库中的电子数据则可以进行适当变通，以确保对案件产生实质影响的电子数据不被排除在证据范围之外。如前所述，在这方面，实务界当前的惯常作法仍然需要与最新的法律规定进行加快磨合，以达到规范证据认定过程之目的。

（四）本条规则在实务适用中应注意的问题

第一，虚假电子数据的甄别问题。电子数据常常以数字形式存在于各种存储介质之上，因此其具有隐蔽性、易篡改性、易恢复性等固有特点。裁判者在认定电子证据时，应当考虑其来源、是否附有原始存储介质、是否完整等多个方面的问题，通过 2019 年《民事证据规定》第 93 条第 1 款规定的情形逐一判定，判断其有无经过篡改的可能，尽量避免采纳虚假、经过拼接或者剪辑的电子数据。另外，要结合案件中的其他证据对电子证据进行判断，做到内心确信清晰、充分。

第二，证据的客观性问题。人民法院在审理案件时，尤其是对非原始数据复制方式固定的电子数据，可以通过下列方式判断其客观性：（1）对电子数据说明其来源、制作时间、制作方式、制作过程；如果原始数据由当事人控制和保存的，还应同时提交原始数据或原始数据载体；（2）当双方通过明示或者默认方式表示对其真实性无异议时，认定电子证据具有完整性和可靠性；（3）非原始数据复制方式固定的电子数据包含当事人或第三人的陈述性内容的，应通过出庭质证或当事人具结等方式确定其可靠性。[①]

第三，证据认定方式多元化问题。在 2019 年《民事证据规定》第 94 条第 1 款和第 2 款的规定基础上对其进行总结可知，证据的认定也可以通过公证机构或者第三方专业机构的技术支持得到实现。诸如许多互联网买卖合同纠纷相关的电子数据实际上均在第三方机构的数据库中留有存档和记录，充分利用这类机构和平台的技术支持，有助于提升裁判者对案件证据的全面认知。对此有研究者认为，原则上法院可以直接认可来自于此第三方机构且形式完整的电子证据，但以下三种情况例外：机构提供的电子证据记录不完整或者有明显瑕疵，证据形式不满足；当事人提出异议并有相反证据证明该电子证据有伪造可能；人民法院认为有必要对该项电子证据进行再次审查以排除所有怀疑，如怀疑“公证欺骗”或者质疑鉴定水平等。[②] 对上述三种情况，法院仍然需要对电子证据真实性进行全面审查，除此以外，人民法院在

① 廖根为：《通过非原始数据复制方式固定电子数据的证据审查》，载《中国司法鉴定》2017 年第 5 期。

② 倪晶：《民事诉讼中电子证据的真实性认定》，载《北京航空航天大学学报（社会科学版）》2016 年第 2 期。

案件审理时对公证机构和第三方专业机构的电子数据可以直接采纳，以提高证据认定效力，推动程序进行。

四、辅助信息

2019年《民事证据规定》

第十四条 电子数据包括下列信息、电子文件：

（一）网页、博客、微博客等网络平台发布的信息；

（二）手机短信、电子邮件、即时通信、通讯群组等网络应用服务的通信信息；

（三）用户注册信息、身份认证信息、电子交易记录、通信记录、登录日志等信息；

（四）文档、图片、音频、视频、数字证书、计算机程序等电子文件；

（五）其他以数字化形式存储、处理、传输的能够证明案件事实的信息。

第十五条 当事人以视听资料作为证据的，应当提供存储该视听资料的原始载体。

当事人以电子数据作为证据的，应当提供原件。电子数据的制作者制作的与原件一致的副本，或者直接来源于电子数据的打印件或其他可以显示、识别的输出介质，视为电子数据的原件。

《民事诉讼法》

第六十六条 证据包括：

（一）当事人的陈述；

（二）书证；

（三）物证；

（四）视听资料；

（五）电子数据；

（六）证人证言；

（七）鉴定意见；

（八）勘验笔录。

证据必须查证属实，才能作为认定事实的根据。

《民事诉讼法司法解释》

第一百一十六条　视听资料包括录音资料和影像资料。

电子数据是指通过电子邮件、电子数据交换、网上聊天记录、博客、微博客、手机短信、电子签名、域名等形成或者存储在电子介质中的信息。

存储在电子介质中的录音资料和影像资料，适用电子数据的规定。